2017年江苏省研究生培养创新工程研究生教育教学改革研究与实践课题
“公共管理（MPA）案例教学的理论与实践研究”（JGZZ17_047）资助
2017年中国矿业大学研究生教育教学改革研究与实践项目“《领导学》案例
教学理论与实践研究”（YJSJG-2017-019）资助
中国矿业大学“十三五”品牌专业建设培育项目资助

领导学案例

——理论与实践

段鑫星 李 杨 主编

中国矿业大学出版社

内容提要

本书是一本领导学案例教材。本书甄选了53个人们耳熟能详的经典案例，每章围绕一个特定主题撰写案例及分析。全书共10章：领导特质、领导者自我管理、领导识人用人、领导沟通、领导激励、领导授权、领导决策、领导与组织变革、领导与组织危机管理、领导与组织文化建设。书中每个案例包含5个部分：案例导读、案例正文、案例分析、案例拓展和案例思考题。本书适合公共管理类、工商管理类等专业在校本科生、研究生，以及对领导学感兴趣、希望提高自身领导力的领导工作实践者阅读。

图书在版编目(CIP)数据

领导学案例：理论与实践 / 段鑫星，李杨主编. —徐州：中国矿业大学出版社，2018.12

ISBN 978-7-5646-3817-7

Ⅰ.①领… Ⅱ.①段…②李… Ⅲ.①领导学—案例 Ⅳ.①C933

中国版本图书馆 CIP 数据核字(2017)第 309240 号

书　　名	领导学案例——理论与实践
主　　编	段鑫星　李　杨
责任编辑	侯　明
出版发行	中国矿业大学出版社有限责任公司 (江苏省徐州市解放南路　邮编 221008)
营销热线	(0516)83884103　83885105
出版服务	(0516)83885789　83884920
网　　址	http://www.cumtp.com　**E-mail**:cumtpvip@cumtp.com
印　　刷	虎彩印艺股份有限公司
开　　本	787×960　1/16　**印张** 21　**字数** 388 千字
版次印次	2018 年 12 月第 1 版　2018 年 12 月第 1 次印刷
定　　价	38.00 元

(图书出现印装质量问题，本社负责调换)

前　言

纵观历史，几乎所有组织活动背后都离不开领导者和领导行为。从茹毛饮血的原始社会，到高度发达的现代社会，领导活动一直伴随着各种组织的发展与演变。尤其是在社会化大分工大背景下，领导的作用愈加凸显。

领导学，是一门研究现代领导活动及其发展规律的综合性科学，旨在揭示领导活动各个因素之间相互联系、相互作用的客观规律及其有效运用。如今，中国社会进入新时代，而新时代的领导者，应该具备高尚的品德、丰富的知识、宽阔的视野、辩证的思维，科学地开展领导活动，跳出纯粹依靠经验领导的老路子。因此，学习一定的领导学知识，无论是对于正处在认知发展阶段的学生，还是对于身处领导岗位的实践者来说，都是十分必要的。

理论与实践之间有一条巨大的鸿沟，对于领导学学习者尤其是初学者来说，通常面临的两个问题就是：领导理论如何应用于实践？实践中又体现了哪些领导理论？案例则恰好在理论与实践之间搭起了一座桥梁，巧妙地将实际发生的事件与现有的理论成果结合在一起，用通俗易懂、生动有趣的案例阐释深奥晦涩的领导理论，让学习者在把握理论的基础上举一反三，融会贯通。

开展案例教学，设计和编写案例教材是首要的基础工作。案例教材编写得如何，直接关系到教学实施的成效。我从事领导学教学工作至今已有二十余载，课堂上与学生分享过无数精彩、鲜活、经典的领导学案例，编写一本优质的领导学案例教材，让更多的人能够了解领导学、喜欢领导学，是我长久以来的心愿，也是创作本书的出发点。《领导学案例——理论与实践》这本书，坚持理论联系实际的原则，遵循“教师好教，学生好学”的宗旨，融合互动式、体验式教学的设计理念，以实际问题为导向激发学生的深度思考。

本书在案例选择上，有三个侧重：一是时代性，书中的许多案例都是由当今社会影响较广泛的事件改编而来，涉及的人物也多是人们耳熟能详的，贴近生活、贴近现实，力求让读者对案例发生的时代背景和环境产生共鸣；二是本土化，本书主要案例选择以国内案例为主，中西方在文化背景、个人价值观、领导环境、组织文化方面存在一定差异，而领导活动的开展又深受这些因素的影响，西方领导学案例中的一些做法在中国的适用性仍待探讨，选择国内案例可以弱化文化差异造成的“水土不服”问题；三是专业性，本书在案例选择上主要侧重能突出领导学内容的事件，为了迎合领导学学习的需要，在对案例的叙述方面，秉持非虚构写作的基本原则，尽可能保留专业性较强和必要的情节、细节，人物刻画和案例叙述也主要集中于领导者与领导行为方面，突出领导学科的专业性。

本书中所收录的案例尽可能都标明出处，也有一些是经过作者重新整理编写而成，在尊重事实的基础上进行了一些改写和润色，以方便领导学案例教学使用。对于书中的每一个案例，我们都试图从领导活动的多个角度进行剖析和解读，以此来引发读者的深入思考。但是，观察角度不同，得出的结论也可能不同，由于领导活动具有很大的不确定性，人们对某一具体事件的看法往往也是见仁见智，本书对于案例的分析也仅仅是提供一些方向性的启发，并不苛求得出完全正确的结论，也难以涵盖讨论的所有角度，从这一点上来说，本书尚且粗糙，读者若能提出更多观察、分析案例的角度和观点，则更好。

本书共分十章，从总体上可分为三个部分。第一部分包括第一章领导特质、第二章领导者自我管理，重点从领导者个人层面探讨领导者是否具有某些共性特质，领导者如何平衡生活与工作的关系以及领导者该怎样实现“修身”等。

第二部分包括第三章领导识人用人、第四章领导沟通、第五章领导激励、第六章领导授权，重点从“领导者—追随者”这一对二元关系中探讨领导活动的规律性，论述领导者在处理组织中关于人的问题方面所展现的技巧和艺术，发挥组织人力资源最大效能的选人与用人策略，以及如何进行良性的沟通和适度、有效的授权等。

第三部分包括第七章领导决策、第八章领导与组织变革、第九章领导与组织危机管理、第十章领导与组织文化建设，重点探讨领导活动与组织管理的交叉内容，包括领导者如何做出科学、合理、民主的决策，领导者的行为如何影响整个组织的发展进程，领导者在组织变革中所承担的角色，组织处于变革、危机等特殊时期领导者的价值选择及其结果，以及领导者构建积极组织文化的基本原则和策略等。

这三部分，从总体上遵循了由微观到宏观的认知逻辑，分别论述领导者与自我、领导者与追随者以及领导者与组织三个层面的内容，基本上涵盖了领导活动的主要方面。

领导是一门与人打交道的艺术，艺术就意味着千人千面，每个人对“好领导”都可能有不同的定义，而且，领导活动的实际开展也要根据具体的时间、地点、条件、环境为转移，给出一个恒定、明确而统一的“好领导”标准是困难的。

但是，对于各行各业的所有领导者来说，有一点却是相通的：领导活动是有其客观规律的，尊重规律的领导者才可能成功，而违背规律的领导活动必然以失败而告终。本书所要揭示的，便是历史长河中那些成功或失败的领导活动所留给我们的领导规律。

本书中所囊括的案例及分析浅显易懂，不仅适用于学生，也可作为领导工作实践者的参考。当然，案例本身并非学习的目的，希望学习者能够从案例中感悟和提炼出领导活动的共性规律和原则，在了解案例所蕴含理论的基础上，能够将其与实际学习、工作、生活联系起来，从实践中来，到实践中去。正如那些闻名天下的画家一样，任何炉火纯青的艺术都不是偶然得之的，而是经过千锤百炼的基础练习之后，才能臻于化境。领导也是一样，想要成为一个成功的领导者，必须掌握科学的领导知识、领导技能，在此基础上，不断改进自身的领导行为，不断总结规律及经验，最终形成自己的领导风格。

段鑫星

2018 年 11 月

目　录

第一章

领导特质

管理是把事情做好，而领导是做正确的事情。

——彼得·德鲁克

领导学研究的主要对象是领导者，领导者是组织的关键要素，也是组织实现目标不可缺少的一环。任何社会组织都是由人组成的，人本身带有经济人、理性人的属性，组织中个人理性的选择最终却往往导致集体的非理性结果。假设在没有外力引导和驱使的情况下，一个组织中的成员完全按照个人意愿行事，组织就会呈现出一盘散沙的状态，组织目标难以实现，任何需要劳动分工与合作的事情都难以做成，而领导者的作用，就在于聚力凝心、引导方向、影响个人，将组织中成员的个人力量汇合成合力，将大家的个人目标统一到组织目标上来。领导者凭借其掌控的带有主导性的实际权力，在不同的历史时期，根据环境的特点，以决策行为来对被领导者施加影响，为了共同利益而把他们努力引向某个特定目标。

领导者是组织的领头雁，其领导艺术和领导能力直接决定着一个团队的效率与成败。上至一个国家、一个政党、一套政府班子，下至一个企业、一个单位甚至一个家族，都需要一个好的领导者作为中流砥柱，带领其走向辉煌、长盛不衰。21 世纪最激烈的竞争是人才的竞争，优秀的领导人才对于社会来说无疑是一种宝贵的资源。尤其是在当下，我国改革开放进入深水区、攻坚期，各行各业都迫切地需要一批优秀的领导人才带领组织紧跟时代发展的步伐。当今社会对于领导者的要求不同于往日的传统领导者，仅凭经验、个人偏好来领导组织的时代已经过去。今天，一个优秀的领导者必须“德才兼备，以德为先”，不仅要有过硬的领导才能，掌握科学化、艺术化的领导方法，更重要的是其自身要有正确的思想觉悟和高尚的道德品质。只有兼备德与才，才能符合我国经济社会发展对于领导人才的要求。

在实践中我们会发现，成功的领导者之间往往有着鲜明的差异，不仅领导风格迥异，行为模式也是多种多样的，这一方面说明，成功的领导者并没有特定的特质指向，各种特质都有成为领导者的可能；另一方面也说明，领导者是可以通过后天培养的，任何人通过一定的培养和训练都可能走上领导岗位并取得成功。因此，要想成为一个优秀的领导者，就必须不断地学习科学的领导理论，不断地改进领导方法，不断地提高自我的领导能力。虽然成功的领导者在特质上没有一定之规，但通过大量对领导特质、领导行为、领导与下属之间关系的研究，学术界取得了丰硕的理论成果。本章甄选了经典的、富有时代性的领导学案例来帮助读者理解领导特质的相关理论。

案例一

“成也萧何，败也萧何”——拿破仑的起落人生

一、案例导读

拿破仑，法国近代史上著名的军事家和政治家，一个家喻户晓的军事天才。在法国人民眼中，他是一位极富个人魅力的领导者，睿智果断、自信勇敢，他似乎具有一种魔力，能够让身边的人为之折服。一方面，拿破仑戎马一生，战功赫赫，算得上是一位成功的领导者；但是，另一方面，他又是一位极度自信甚至自恋的人。由于自信与卓越的军事才能，他率领的军队赢得了大部分战役的胜利，但自恋又让他兵败滑铁卢，结束了政治生涯，以悲剧而告终。拿破仑人生的大起大落，让我们看到了一个魅力型领导者的光荣与悲哀。

二、案例正文

拿破仑·波拿巴(1769～1821年)，法国资产阶级政治家和军事家、法兰西共和国第一执政(1799～1804年)、法兰西第一帝国和百日王朝皇帝(1804～1814年，1815年)。生于科西嘉岛阿雅克肖城的没落贵族家庭，受启蒙思想影响，参加法国革命。雅各宾派专政时期任炮兵上尉。1793年因出色指挥土伦战役，击溃保王党军队，获少将衔。督政府时期因与雅各宾派关系密切一度被捕。1795年10月，任法军统帅，镇压保王党军队叛乱。1796年率军进攻意大利，1798年入侵埃及。1799年回国发动政变(11月9日，共和新历雾月18日)，成立执政府，自任第一执政。1804年称帝，建立法兰西第一帝国，颁布民法(即《拿破仑法典》)、商法和刑法，巩固资产阶级革命成果。他对内镇压保王党复辟势力；对外多次粉碎反法联盟，严重打击欧洲封建势力。1812年对俄战争失败。1814年反法联军攻陷巴黎，拿破仑被流放于厄尔巴岛。1815年重返巴黎，建立百日王朝，滑铁卢战役失败后被流放于圣赫勒拿岛。1821年病死于此。

(一) 起——自信使拿破仑不断挑战命运

拿破仑从小就争强好胜。孩童时常打比他大一岁的哥哥约瑟夫·波拿巴，却先到母亲那里哭鼻子告状，使约瑟夫再受母亲一顿训斥。有一次，小学教师把孩子们分成两组玩罗马人打败迦太基人的游戏。拿破仑起先被分在迦太基人组，但他说什么也不接受这个分派，因为他不甘做失败者。他又哭又闹，使得游戏无法开始，直到约瑟夫(被分在罗马人组)答应弟弟调换位置才结束了这场

风波。由于拿破仑勇猛好斗，他父亲在拿破仑10岁时就将他送到布里埃纳预备军官学校接受军事训练。初到军校时，拿破仑备受歧视。由于同学们都瞧不起他，拿破仑便与他们打架，直到那些同学不敢再歧视他。

1789年法国大革命爆发。拿破仑时任炮兵团少尉，积极投入这场革命运动。1793年，面对保王党分子的疯狂反扑，拿破仑被派去参加围攻土伦的战役。在战役中，他巧用炮兵，摧毁了敌军的工事，表现出非凡的军事才能与勇气，由此不断受到上级提拔。后来他又奉命出征意大利和埃及，多次创造了以少胜多的战绩，获得了"常胜将军"美誉，很快从科西嘉的一个乡巴佬荣升为法国最受欢迎的人。

拿破仑在早年生活中，相信自己胜过相信上帝，这为他后来的倒台埋下了伏笔。1799年10月9日，拿破仑率领五百精兵从埃及返回法国。16日抵达巴黎，受到万人空巷的欢迎。这愈加增强了他挑战命运的信心。同年11月9日，拿破仑发动"雾月政变"，解散了共和国的督政府，把权力交给以自己为首的三位临时执政，展现了钢铁般的意志和手腕。

拿破仑在法国的崛起极大地震撼了欧洲各国王室。他们视法国大革命为洪水猛兽，不屑与拿破仑这样行伍出身的政治暴发户对话。1800年，英、俄、奥等国组成的第二次反法同盟与拿破仑决战。拿破仑亲率两万兵马，出其不意地翻越了法国与意大利交界的羊肠小道，进入意大利境内，击败了奥军。同时，拿破仑又向沙皇保罗一世献殷勤，使他退出了反法同盟，最终使英国陷入孤立，不得不与法国签订《亚眠和约》，承认拿破仑在欧洲占领的疆土。

这一系列胜利使拿破仑在国内的声望升至极点，他被推举为法兰西共和国终身执政。但这并不能满足拿破仑的胃口，他的梦想是成为法国的第一位皇帝，并迫使法国元老院于1804年5月18日正式授予他"上承天佑共和国法律制定的法国人的皇帝"称号。1804年12月2日，拿破仑在巴黎圣母院举行加冕盛典。当教皇庇护七世拿起皇冠准备戴在拿破仑头上时，他突然接过皇冠自己戴在头上，又将另一顶较小的皇冠戴在皇后约瑟芬头上。拿破仑的这一举动震惊了所有与席的王公大臣。拿破仑视上帝如仆人，胆敢在加冕时自戴皇冠，打破君权神授的传说，他的野心已远远膨胀出欧洲的疆土，他要做这个世界的君主！

（二）落——野心使拿破仑向欧洲宣战

拿破仑的野心膨胀使他不满足于登上法国皇帝的宝座，他要令全欧洲服从法兰西的意志，由此他的自信越来越走向自恋。

1805年第三次反法同盟成立。拿破仑挥兵多瑙河，将奥军主力围困在乌尔姆要塞,迫使他们投降。接着他率军攻占维也纳,逼得奥皇弗朗西斯出奔奥尔莫乌茨;拿破仑引诱俄奥联军在奥斯特里茨决战并大胜联军,致使第三次反法同盟瓦解。拿破仑则乘机大肆瓜分欧洲领土,把自己的兄弟与近臣们分封到这些地方做国王大公,建立他的新欧洲秩序。

对于拿破仑的这些侵略行径,欧洲列强当然不会善罢甘休。三年后,第五次反法同盟又告成立,结果再次被拿破仑率军摧毁。到1810年,拿破仑不仅是法国的皇帝,还是意大利的国王、莱茵邦联的保护者、瑞士的仲裁人,以及西班牙、荷兰、那不勒斯王国、华沙大公国和其他附庸国的太上皇。为了进一步征服欧洲,拿破仑于1812年6月御驾亲征,率60万大军征讨俄国。他坚信战争会在1812年内结束。俄军统帅库图佐夫采取了主动撤退、坚壁清野的策略,在拿破仑逼近莫斯科时焚城3日,使拿破仑陷入空前的困境。5个星期后,拿破仑不得不下令撤军,没想到等着他的却是比库图佐夫更可怕的事情——俄国的严冬。在天寒地冻、风雪交加及俄国正规军与游击队的不断骚扰中,拿破仑的60万大军彻底崩溃,他只好率领2.7万残兵败将退回巴黎。

拿破仑征战俄国大败而归,敲响了他命运的丧钟。1813年春,俄、英、普、奥、瑞典等国组成第六次反法同盟。经过半年多的交战,拿破仑大军终于面临山穷水尽的局面。1814年4月6日,在众叛亲离、大势已去的情况下,拿破仑终于签署了退位诏书,被流放到地中海的厄尔巴岛。按照《枫丹白露条约》,他终身保留皇帝称号,拥有该岛完全的主权和所有权,还可以得到200万法郎的年金。作为一名战败者,这样的待遇应该说是很不错了。再说,拿破仑叱咤风云十几载,尽管最后兵败巴黎,但他那40余次光辉的胜利已足以使他本人自豪,使敌人望而生畏,自叹不如。所以,厄尔巴岛应该是他最体面的归宿。但是,这并不符合他的性格。他火焰般的生命注定还要闪烁出更加辉煌的光芒,他在把自己的政治才能下意识地用于治理这个微型国家并取得卓越成就的同时,依然密切地注视着欧洲政局的发展。

(三)再起——抓住机遇,夺回王位

拿破仑退位后,法国路易十八归国即位,允诺重民主宽政见。但路易十八在复辟后的短时间内就把1万多名军官免职,把无能的贵族安置在宫廷中及各个显要职位上领取厚薪,部分地恢复教会特权等。波旁王朝大行复辟之举,却又无力推倒由革命和拿破仑创建的革命大厦,这势必从根本上损害革命后广大法国人民的既得利益,资产阶级不满意,农民和军队更不满意。同时,战胜拿破仑的反法联军在弹冠相庆之时,彼此又为分赃不均在维也纳争吵不休,甚至剑拔弩张,无暇他顾。

对此，拿破仑全然了解，他决心抓住这一机会东山再起。他也深知这次风险更大。眼下，他只是这弹丸之地的统治者，面对的却是在反法联军支持下统治整个法国的波旁王朝这一敌对势力。他只有一只小小的队伍，远不能和他过去统帅的数十万百战百胜的法国精锐军团相比，甚至一次小规模的战斗便可决定他失败的命运。何况，在登陆之前，监视他的英法海军轻易便可将他消灭。前途充满险恶，他有的只是威名，他也几乎只是单独一个人带着他的威名向巴黎进发，向反动势力挑战。他坚信自己会成功。

1815 年 2 月 26 日，拿破仑趁岛上负责监视他的坎贝尔外出度假未归，于当日夜晚率 1 000 余名官兵乘船出发回国。拿破仑沉静地对部下说："我将到达巴黎，而不必发一枪。"他骗过了法军海军巡逻舰只，幸运地没有遇到英国军舰。经过 3 天航行，拿破仑在法国南部儒安港登陆。他发表了著名的演说，号召法国军队集合在他的麾下推翻波旁王朝的统治，士兵们热烈地欢呼响应。

拿破仑登陆的消息震惊了法国，王室派出大批部队去消灭他。拿破仑则一直避免与王室军队发生冲突，但在拉弗雷隘口碰到了马尔尚的军队，回避已不可能，退缩只是死路一条。拿破仑带头走向王室军队并命令军队左手持枪，枪口朝下，跟着他前进。在接近射击距离时，他示意军队停止前进，自己一个人继续前进。拿破仑解开上衣，敞开胸脯，大声对王室军队说："士兵们，你们认出我了吗？你们当中谁想打死自己的皇帝？我领受你们的子弹！"王室军队先是震惊，随即高喊："皇帝万岁！"疯狂地拥向拿破仑，加入皇帝的队伍。随即，不断有大批军队、农民、手工业者加入进来。拿破仑的队伍滚球似的向前推进。

波旁王朝又派内伊元帅率大军阻击拿破仑。内伊向王室夸口，要用一只铁笼子将拿破仑作为战俘装回来。王室对内伊寄予很大的希望。论实力，内伊的军队确实比拿破仑强大好多，他本人也坚信自己的所作所为是正义的：既然皇帝退位是拯救法国的唯一办法，那么，皇帝现在破坏与列强签订的条约，返回巴黎就必然要引起新的战争。所以，他必须制止拿破仑这种"疯狂"行为。内伊是一位极有军事才干的元帅，深得士兵喜爱。他鼓动军队勇敢地与皇帝作战，但他失望了。这时他收到了拿破仑派人送来的一张纸条，拿破仑很了解这位原来是自己"铁的队伍"中"勇士的勇士"。拿破仑告知他："内伊，到夏龙迎接我。我将像在莫斯科近郊之战的第二天那样迎接你。"内伊的不安和动摇停止了，他拔起军刀高喊："士兵们，波旁王朝的事业完蛋了。以后应由皇帝，我们的君主来统治这个美丽的国家！"他率领军队投向拿破仑，并立即准确地执行拿破仑调动军队的命令。法国军队已整个转向拿破仑，王室军队荡然无存。波旁王朝还计划派遣刺客暗杀拿破仑，但仓促之中也未能真正采取行动。3 月 20 日晚，拿破仑进入巴黎，欢呼的群众疯狂地拥向拿破仑，把他举起来抬进了王宫。一个现场目击的老保王党人慨叹道："这是真正的偶像崇拜。"

（四）再落——盲目相信，自食恶果

在法国人民支持下，拿破仑奇迹般地重新登上皇位。欧洲封建君主和英国统治阶级对拿破仑东山再起深感恐惧，立即组织英、普、俄、奥、意五国反法联盟向法国进攻。法国人民深深懂得，只有拿破仑才能保卫资产阶级革命的胜利果实。他们把30万热血男儿交给了拿破仑。

战争迫在眉睫，拿破仑认为只要能击败反法联盟的主力英、普两军就能瓦解反法联盟，因此决心争取主动。6月15日，他出其不意地开赴比利时，打败了布吕歇尔领导的普鲁士军队。随后命令骑兵将领格鲁希追击普军。他说："格鲁希，你的任务就是将可恶的普鲁士人赶回老家，最好是提着布吕歇尔的脑袋来见我。其他的事就由我来做好了。""是！将军！"格鲁希坚定地回答。

6月18日法军向英军发动了猛烈进攻。因惠灵顿进行了周密部署，双方伤亡都很严重，战斗处于胶着状态，援军成了决定胜负的关键。

遗憾的是率先出现的竟是普鲁士军队。原来，格鲁希由于行动缓慢使布吕歇尔逃脱。面对遥遥传来的枪炮声，布吕歇尔立即命令部队开赴战场，而格鲁希却无动于衷。当手下将领向他建议放弃追击普军转而支持拿破仑将军时，格鲁希竟说："军人以服从命令为天职，将军（拿破仑）只授予我追击布吕歇尔的权力，没有授予我改变计划的权力，你们懂吗?"就这样，格鲁希无视将领们的苦苦哀求和远处传来的愈来愈激烈的枪炮声，依然令部队追击，白白将有利战机送给了普军，致使拿破仑在英普军队夹击下，寡不敌众，大败而归。滑铁卢一役，拿破仑失败的原因，关键在于援军未能及时赶到。试想如果在关键时刻出现的是格鲁希率领的法军，那么这次战役的胜负之数恐怕就要重论，整个欧洲的历史发展恐怕也需要重写了。

案例改编自：

[1] 周振林，杨娟，刘兰芬. 领导科学案例[M]. 北京：中国经济出版社，2001:226-228.

[2] 岳晓东. 历史中的心理学[M]. 北京：机械工业出版社，2010.

三、案例分析

(1) 魅力型领导者善于利用自身魅力影响追随者。相较于其他类型的领导者，魅力型领导者领导的下属更适合用"追随者"一词来表述。魅力型领导者以个人的号召力来影响追随者的行为，通过调动追随者情感上对共同价值观的强烈的忠诚来激励和领导他们，通过本身的卓越才能和超凡魅力来影响下属，从而使既定目标得以实现。个人魅力是魅力型领导者的利器。拿破仑是一位典型的魅力型领导者，他自身品格中的勇敢和睿智、无畏的精神、天生的领导才能使得他富有一种独一无二的领导魅力，这种独特的个人魅力让法国军队中的将士们对他十分忠诚，即使拿破仑是在失势的情况下，依然能够凭借个人的领导魅力掌控局面、东山再起。本案例中，当拿破仑面对前来堵截的昔日部下时，表现出了勇敢无畏的风范，他对法国士兵说："士兵们，你们认出我了吗？你们当中谁想打死自己的皇帝？我领受你们的子弹！"这句话表明，拿破仑对于自己的领导魅力有充分的自信心，并且他懂得利用这种领导魅力来唤起下属的忠诚。在这种情况下，手无寸铁的一人也抵得上千军万马。因此，领导魅力是领导者的一种重要的软实力，有魅力的领导者往往能够获得追随者发自内心的、稳定的、不受利益牵扯的信任和拥戴。所以，领导者除了完成领导工作外，还应该特别注意保持良好的个人形象，保持良好的品行举止，注意塑造自己在下属心目中的形象，增添个人魅力。

（2）魅力型领导者有充分的自信，但这种自信也容易发展为自负。魅力型领导者无论是对于自身的领导能力，还是对于自己所领导组织的发展前景都具有极大的信心，组织的其他成员受其影响，相信其所描述的愿景是可靠的、值得信任的，进而愿意为组织目标的实现贡献力量。但是这种自信所带来的负面影响，就是组织上下都过于乐观，容易忽略潜在的危险，即便是有成员发现问题，迫于领导权威和组织氛围也不敢提出反对的声音。此外，这种自信若超过了一定的度，就变成了自负。魅力型领导者中有很多人都具有自负型的人格特质，这使得魅力型领导者在为人处世中盲目自信，为所欲为，听不进他人反对的声音，完全按自我意志行事，不顾及他人感受。成也萧何败也萧何，拿破仑因极具魅力的领导风格而崛起，最终也因魅力型领导的自负而倒下。魅力型领导者的自负人格在拿破仑身上有两种表现：一是过度相信自己；二是过度相信下属。

当魅力型领导者的自信人格滑向自负的极端时，更容易进行膨胀的自我描述，以及对自我价值感的夸大。他们通常相信自己是出众的、特别的，对无限的成功、权力、荣誉、美丽或理想爱情有非分之想。在案例中，拿破仑的自恋型人格使他陷入盲目自信的泥潭之中，导致拿破仑难以理性地看待现实与理想之间的差距。拿破仑一心想统治世界，信心满满地远征俄国，却没有理性地分析国内外局势：国内因常年战争而民生凋敝，欧洲其他国家因遭受其侵略而怨声四起，再加上俄国路途遥远气候恶劣。通过理性分析可以发现，当时的客观条件导致这一仗败多胜少。但拿破仑对此全然不顾，认为凭借自己英明神武的领导能力就能克服一切不利条件打赢战争。这反映出：魅力型领导者往往被梦想冲昏头脑，忽视现实条件。拿破仑没有意识到，一时的成功不等于一世的成功，虽有赫赫战绩也不代表就能百战百胜。

魅力型领导者除了自身带有自信的品质，还对下属寄予厚望，但是，这种对下属的信心一旦建立在未经仔细考察的基础上，反而会酿成恶果。本案例中，拿破仑过度相信格鲁希，将大量兵力交由他指挥，但格鲁希只知道机械地执行拿破仑的命令，不知灵活变通地增援被围困的拿破仑，致使贻误战机，敌方援军到来，战局急转直下，拿破仑腹背受敌，最后大败。

(3) 魅力型领导者难以培养出优秀的继任者。首先，魅力型领导者与下属的关系更适合用“领导—追随者”的关系来表达，领导与下属之间是一种单向的个人崇拜关系，下属对于领导者的影响往往微乎其微。魅力型领导者倾向于将他人视为自我的延伸，其下属往往活在领导者的影子里。其次，魅力型领导者对于工作和权力有较高的欲望偏好，通常不愿意让渡领导权力给他人，只注重塑造良好的自我，却并不重视继任者的培养，经常造成组织“后继无人”的情况。最后，魅力型领导者的领导是一种自上而下的影响，强调自我对他人的影响与控制，使下属缺乏独立思考、独立判断和处理复杂情况的机会和经验。魅力型领导的领导权威更加集中，具有领导能力的下属在组织中难以获得认同，这对于组织的长远发展是不利的。长期由魅力型领导者领导的组织将带有明显的个人特色，一旦脱离了特定的魅力型领导者，轻则需要一段时间过渡调整，重则直接陷入瘫痪的境地。在漫长的征战生涯中，大量的战役都是由拿破仑自己亲自指挥的，他的确展现了高超的领导能力，但却压制了下属的发展机会和锻炼机会。

当统治范围只局限于法国时，拿破仑凭个人才能尚可应付，但当统治范围扩大到整个欧洲时，拿破仑只能疲于奔命，到处亲征。拿破仑在一生中最为关键的滑铁卢一役中，尝到了自己不善培养人才的恶果。格鲁希只会执行领导者的命令，却不懂得该如何做一个领导者。面对突发的、意料之外的情况，他表现出的是盲目、机械地服从。假如拿破仑平日重视对格鲁希的培养，使其懂得该如何应对战场上瞬息万变的局面，能够在关键时刻灵活变通，及时支援拿破仑，那么这次战役的胜负恐怕难以定论，整个历史也许会被重写。

当领导者的事务随着组织扩大而不断增多时，事必躬亲往往导致捉襟见肘的结果。在这种情况下，拿破仑却没有杰出的管理型将领可以任用。在拿破仑时代，一个人的光辉掩盖了其他所有人，这其实是种悲剧，因为一个可持续发展的、健康的组织，必然是人才辈出、群英荟萃的。

(4) 魅力型领导者更适合动荡时期而不适合稳定时期。魅力型领导者只要应用得当,在特定情境下能产生其他类型领导者难以比拟的效果。大量研究显示,在困难时期和危险情境中,这种领导风格是十分有效的。

首先,由于困难时期和危险情境会使组织成员产生无助感,陷入恐慌,此时,魅力型领导者将会成为组织成员的信心来源,为组织成员提供了一个可依赖的心理寄托,以共同应对不确定性环境的挑战。其次,在组织发展陷入瓶颈期时,魅力型领导者进行更加大胆的、不拘泥于传统的组织变革,有可能会使组织取得跨越式的发展。当组织面临困难情境时,魅力型领导者能在高度不确定的情境中提振信心,以强大的执行力和号召力帮助组织脱离当前的困难情境。最后,魅力型领导所领导的组织多数具有强大的向心力,即使是在组织遇到困难、陷入困境时,组织仍然会有良好的行动力,当下属的个人利益受到损失时,只要在其承受范围之内,就不会影响其为实现组织目标所做出的努力。综上所述,一般来说,在困难时期和危险情境下,魅力型领导者所发挥的作用会更加突出。

拿破仑是一个骁勇善战、战功显赫的将军,在法国人民心目中拥有很高的地位。法国大革命时期,法国国内战火不断,党派林立,内忧外患并起,人民十分期待一个能够统一法国、驱逐外敌的领导者。这一时期,拿破仑以极具魅力、自信勇敢的领导者形象出现,得到了法国人民的一致拥护。当法国面临危机时,拿破仑带领法国人民英勇反抗,是法国人民乃至世界人民心目中的英雄。但是后来,随着拿破仑的野心膨胀,四处侵略,战争成了他满足私人统治欲望的手段,使得法国人民对他的态度随之发生了转变,这也是他悲剧命运的开始。可以说,拿破仑是一个优秀的开拓者,却不是一个好的管理者。虽然他在军事上的成就无可置疑,但是在管理国家和领土上,在解决国内的内部矛盾问题上却乏善可陈。

我们常说"乱世出英雄",在大变革时代,出现一个魅力型领导者对于组织发展的影响甚至可以说是历史性、关键性的。当今社会,无论是公共部门还是非公共部门,变革都是组织发展所必经之路,而变革通常伴随着不确定性,这就给魅力型领导者提供了施展才华的舞台。魅力型领导者能汇集和整合组织中的各种力量,形成凝聚力,促进组织在变革中发展。此外,魅力型领导者通常能在危险和困难情境下起到提振信心的作用,这是魅力型领导者在困难时期和危险情境下的优势所在。

四、案例拓展

魅力型领导理论(Charismatic Leadership Theory)是指领导者利用其自身的魅力鼓励追随者并做出重大组织变革的一种领导理论。该理论强调领导者以个人的号召力来影响下属的行为,通过调动下属情感上对共同价值观的强烈的忠诚来激励和领导他们,通过本身的卓越才能和超凡魅力来影响下属,从而使既定目标得以实现。魅力型领导者通常具有以下几点特征。

(1) 具有坚定的目标并且能够激励下属为实现目标做出努力。魅力型领导者对于实现自己所设立的目标抱有很大的希望,他们通过亲力亲为来激发下属的模仿心理,具有一定的牺牲精神,竭尽全力为实现组织目标服务。魅力型领导者对于自己的信仰和理念十分坚定,并能够通过描述愿景的方式向下属传达这种信心。此外,魅力型领导行为可以提高团队成员对共同目标的认同感,从而增强团队成员完成目标的动机。①

(2) 具有远见和过人的眼光。魅力型领导者对于时局有着精准的把握,对于组织的发展有着明确的规划,对于组织的任务有着清醒的认识,善于利用自己敏锐的洞察力和超前的眼光为组织发展寻找契机。魅力型领导者对组织内外环境的变化非常敏感,他们会实事求是地评价组织内外的各种环境资源和条件限制。超过常人的眼光使得魅力型领导者经常会创造出一种"戏剧化"的成功情境,以此来凸显自己的远见卓识,让组织其他成员更加信服,从而增强对其个人的崇拜心理。这种效应循环往复地进行叠加,最终达到巩固其领导权威和地位的效果。

(3) 反对传统,积极倡导变革。魅力型领导者的领导措施通常是反传统化的,其领导风格有明显的个人特色,并且这种风格与众不同。魅力型领导者经常突破现有秩序的框架,采用异乎寻常的手段来达到目标,被认为是改革创新的代表人物,他们通过改造其追随者以实现其理想化目标。

(4) 自信并相信下属。魅力型领导者无论是对于自身的领导能力,还是对于组织的发展前景都具有很大的信心,也正是因为他们作为一个组织的领导者有这样的自信品质,才使得组织的其他成员受其感染,并且相信其所描述的组织愿景是可靠的、值得信任的,进而愿意为组织目标的实现而做出努力。同时,魅力型领导者对于下属的能力没有过多的担忧,相信下属具有完成组织任务的

---

① 胡海军,翁清雄,曹威麟.基于元分析的魅力型领导与组织绩效的关系研究[J].管理学报,2015(2):224.

能力和意愿，并且由于魅力型领导者对于组织成员有足够的信任和期待，所以他们更愿意让下属充分发挥能动性，给予组织成员更大的自主性而减少干预。

五、案例思考题

1. 你认为领导者的魅力是天生的还是后天养成的？
2. 在你看来，魅力型领导适合于当今社会吗？为什么？
3. 你认为魅力型领导是利大于弊，还是弊大于利？
4. 你还知道哪些魅力型领导者？请列举出他（她）的一些特征。

案例二

马云：描绘愿景的"神笔马良"

一、案例导读

马云的创业历程始于 20 世纪 90 年代中期。他从一无所有开始，一直到 10 年之后在商场之中建立起自己的商业帝国，成为中国互联网行业的领军人物。当今的马云可以说是功成名就了，但是在创业初期，马云却并不是一帆风顺的，缺乏资金、缺乏技术、缺乏经验等问题无一不在困扰着年轻的创业团队，但是马云却用伟大的梦想吸引了志同道合的人才，用乐观主义打败了艰难困苦。从中，我们看到了领导者用愿景凝聚力量，用愿景克服困难，并带领下属一步步将愿景变为现实的过程。

二、案例正文

马云是我国著名的企业家，阿里巴巴集团主要创始人之一，他是《福布斯》杂志创办以来成为封面人物的首位大陆企业家。

马云创业的时候，初期的 50 万元是 18 名员工一起凑出来的，这 18 名员工后来被称为阿里的"十八罗汉"。自创业以来，历经诸多风风雨雨，这 18 名员工一直与马云共进退，他们是马云的坚定支持者，也是阿里巴巴公司的中流砥柱，即便是在最困难的时期也没有人离开，这种非常的凝聚力正是马云的特征之一。

1994 年，马云初次听闻互联网。那时，在他工作的地方有一个外教，是美国西雅图人。他来到杭州后，和马云大谈互联网。虽然马云并不知道互联网具体是什么，但是听完这位外教的激情言论后，他感到全身都很兴奋，十分激动，甚至比这位外教还要激动。从那一刻开始，在马云的脑海里便出现了接触互联网的想法。

1995 年，身为杭州电子工业学院外语老师的马云去美国西雅图看望一个朋友比尔，比尔带着马云参观了第一个 ISP（互联网服务提供商）公司 VBN。就是这个偶然的机会，让马云感受到了互联网的神奇之处。对电脑的陌生使马云老师甚至害怕触摸电脑键盘。他想：谁知道这玩意多少钱呢？我要把它弄坏了就赔大了。可很快马云就对熟悉又陌生的电脑和互联网产生了浓厚的兴趣。他好奇地对朋友说在搜索引擎上输入单词"啤酒"，结果只找到了美国和德国的品牌。当时他就起了用互联网帮助中国公司被世界所熟悉的念头。

就这样，“杭州十大杰出青年教师”之一的马老师辞了职，借了2 000美元，1995年4月开办了“中国黄页”，这是中国第一批互联网公司之一。1999年，马云来到了杭州，他想要创立阿里巴巴电子商务公司。他召集了很多人在家中开会。他表情严肃，饱含激情地说：“黑暗之中，我们一起摸索，一直往前冲。你们喊叫着往前冲的时候，你们就都不会慌了。你们拿着大刀，一直往前冲，有什么好慌的?”听完马云的一番讲话，所有人都受到了鼓励。在这时，他也不忘提醒各位要随时准备面对一切艰难险阻。那时，马云根本就没有充足的创业资金，所以，在场的人都投资了他，为他凑了50万元。但是马云却明确地告诉大家，不要以为自己资历高就可以做高级干部，这些人才必须通过应聘才可以。在这之后，马云又激动地进行了演说：“我们现在要办的是一家电子商务公司，我们的目标有三个：第一，我们要建立一家生存102年的公司；第二，我们要建立一家为中国中小企业服务的电子商务公司；第三，我们要建成世界上最大的电子商务公司，要进入全球网站排名前十位。”通过马云激昂的演说，所有人的斗志似乎都被激发起来了。

有人曾经这样形容过马云：“他就像是一剂毒药，把所有的不可能都变成了可能。”如今被定格为阿里巴巴创始人的蔡崇信，当初只是到阿里巴巴探讨投资可能性，却没想到被马云的激情和思维折服，放弃了国外75万美元年薪的工作。刚刚加盟阿里巴巴的时候，蔡崇信仅仅领取500元的月薪。蔡崇信放弃高薪投身阿里巴巴的做法在当时把马云也吓了一跳。当然了，蔡崇信给阿里巴巴带来的不仅仅是激情和视野，更多的还有人脉。2000年5月，吴炯加入阿里巴巴，他是雅虎搜索引擎和许多应用技术的首席设计师。作为发明人，吴炯获得了美国授予的搜索引擎核心技术专利。吴炯带领一大批硅谷华人精英加入阿里巴巴在美国的研发中心。2001年，在GE(通用电气公司)工作了16年的关明生加入阿里巴巴，担任COO(首席运营官)；2003年，微软原人事总监、联想网站原财务总监加盟阿里巴巴。为什么这些世界顶级人才都在涌向马云呢？要知道，只有吸引人才才能做成事业。马云对阿里巴巴的宏伟设想，对于任何一个网络技术人员来说都是一种难以抵挡的诱惑。

马云是一只骄傲的孔雀，言谈中总能流露出我行我素和不羁。而马云之所以每次都能够那样自信地出言不逊是因为他有预见性的眼光。有一个很有意思的小故事。阿里巴巴的投资者中有些人曾质疑过阿里巴巴模式，马云在接受采访时说：“投钱给我的创投基金，从第一天开始就听不懂我的话，但还是每年投钱进来，现在他们都说：‘Jack，我不跟你吵，你去干吧！’我跟公司的COO也是吵了6年了，每年我们打赌1万元看我说出的话能否做到，结果第七年他都不跟我吵，也不再跟我打赌了。”

马云有句话：“光脚不怕穿鞋的。”这是那个时候的真实写照，是马云带着那群人光着脚为梦想疯狂了一把，然而这种疯狂也是一个创业领军人的风范所在。

一个领导者的疯狂与执着是可以感染到身边的人的，这好比是一场激情四射的舞蹈秀，让你不自觉地融入那个节拍。“无论什么时候看到他，你在他眼中看到的都是自信，和一定能赢的信心。你跟他在一起就充满了活力。”“十八罗汉”之一的阿里巴巴副总裁戴珊如是说。“在你绝望的时候能让你看到希望，能跟着走。”刘伟也如此评价。

创业的时候马云强调：“现在、立刻、马上！”后来虽然还是强调执行能力，但马云也信任自己的员工，只要是在公司价值观的基础上做事，马云就不会干涉太多，他懂得尊重内行和每一位普通员工。当一个人的心境宽广了，他的生活状态也会不一样。

马云一直是一个顽童似的领导者，在很多宣传海报上、演讲录像上马云的举动异常可爱。白雪公主的优雅、朋克造型的张扬，马云都曾在公众面前上演过。对于一个经历如此挫折的人来说能保持这样的乐观也是一种本领。没有人会拒绝快乐，马云带着一群人在高速发展的时代，在尔虞我诈的商业界，在巨大工作压力的负担下以微笑的表情工作和生活。有一句老歌词很形象：“阿里巴巴是个快乐的青年。”

案例改编自：

[1] 周云炜. 超级 CEO 成功哲学课 • 马云[M]. 成都：四川人民出版社，2014.

[2] 俞立平. 网络营销[M]. 南京：东南大学出版社，2009：131.

三、案例分析

(1) 领导者要重视发挥组织愿景的作用。共同愿景实质上是组织共享价值观在组织目标、组织使命等方面的具体化。全体成员共同景象是建立在共享价值观基础上的。没有共享价值观，组织成员奋斗的目标与方向必然难以统一，领导提出的“愿景”也必然流于形式、局限于一幅虚幻的图景。领导者要用极具感染力的语言表达愿景，并将组织愿景与下属的个人愿景相结合，让组织中的成员看到组织发展为个人所带来的好处。本案例中，马云作为领导者，一方面让下属明白他们的工作是在改变中国，改变世界，将自我价值的实现融入组织目标中；另一方面，他还向员工描述未来的美好生活，让他们懂得公司的发展必然会给公司中的员工带来精神上和物质上的丰厚回报。因此，阿里巴巴创业团队中的每一个人都认为前景是光明的，所以即使是在最艰苦的情况下，他们也愿意为实现组织目标做出个人的牺牲。蔡崇信放弃75万美元年薪而接受马云的500元月薪，吴炯带领一大批硅谷华人精英加入阿里巴巴在美国的研发中心，在GE工作16年的关明生加入阿里巴巴……阿里巴巴创业过程中这种故事俯拾皆是，人才涌向马云都是因为他们被马云所描绘的愿景所深深折服和吸引。

（2）愿景型领导者能够将个人愿景统一到组织愿景上来。组织愿景承载着组织成员的个人愿景，愿景型领导者擅长把组织成员的个人愿景统一到组织愿景上来，将组织的发展与个人的发展结合到一起，增进下属对于工作价值的认知。领导学学者本尼斯提出愿景型领导者应具备4种能力：愿景和目标意识、表达愿景的能力、执着地实现愿景的决心、自知之明。本案例中，马云恰好具有这4种能力。最初创业时，马云并没有雄厚的资本，也缺乏过硬的关系背景，其本身也没有超乎常人之处——长相平平、学历平平，在这样的条件下，马云依然能够广纳贤才，凝聚力量，做出一番事业，在很大程度上得益于其对愿景的把握和表达能力。马云充分展现了一个愿景型领导者的优势。马云本身具有良好的表达能力。在创业初期，他向追随者生动形象、信心满满地描述未来的商业蓝图，让追随者看到了未来的希望。同时，马云对阿里巴巴公司的发展前景极具信心，对实现愿景具有坚定不移的决心，这种对愿景的狂热和永不放弃的精神，使得追随者相信他所描述的愿景是可靠的。此外，马云还对现实情况有着客观理性的把握和分析，他提出实现愿景的每一步战术层面的策略，为实现伟大愿景提供了现实可能性。

（3）好奇心和求知欲是领导者的必备素质。人对于未知事物的好奇心和求知欲是创新创造的源泉，而一个优秀的领导者必然是极具创新思维的，因此，好奇心和求知欲是领导者应该具备的素质之一。领导者是一个组织的风向标，组织要想跟上日新月异的时代，就要了解时代，了解新事物。领导者对于新事物要具有敏锐的嗅觉，对时代风向有敏锐的洞察力，这样才能及时预判危险和机遇，及时地进行组织调整和变革。尤其是当今时代，社会发展日新月异，缺乏好奇心，不及时学习新知识，脱离时代的领导者必然会被时代所抛弃。本案例中，马云在美国第一次见互联网时，便对其产生了浓厚的兴趣和巨大的好奇心，同时，一个领导者的敏锐嗅觉使他意识到，对于未来的中国，这将是一个巨大的机遇。结果也正如他所料，互联网时代如大潮一般势不可挡，马云后来所成就的事业，起初都建立在这样一个正确的判断之上。

（4）无论处境如何，领导者务必保持乐观主义精神。乐观主义精神对于领导者来说是必要的，一方面，它能够让领导者在面对任何复杂繁重的任务时都能应对自如、举重若轻，不至于陷入精神崩溃的境地；另一方面，领导者的乐观主义精神能够感染下属，使下属时刻对领导者充满信心、对组织前景充满信心。在多数情况下，负面情绪在组织中的蔓延比现实困难危害更大，就像罗斯福所说的那样："令人恐惧的只是恐惧本身。"无论是创业，还是改革，抑或带领组织渡过难关，每每到了组织困难时期，领导者就成了组织成员的精神依靠，领导者的情绪能够感染组织中的大多数人，为他们带来希望和力量，所以领导者必须时刻保持乐观。本案例中，马云一直是个顽童似的领导者，在许多宣传海报、视频上马云的举动异常可爱。白雪公主的优雅、朋克造型的张扬，马云都曾在公众面前上演过。对于一个经历如此挫折的人来说能保持这样的乐观也是一种本领。马云在组织中成功地树立了一个乐观、积极、向上的领导者形象，将乐观主义精神注入到企业的灵魂中。这样的组织即便是遇到困难，遇到挫折，也能在领导者的带领下保持良好的心态。马云带着一群人在高速发展的时代，在尔虞我诈的商业界，在巨大工作压力的负担下以微笑的表情工作和生活。

四、案例拓展

所谓愿景型领导者指的是：领导者能够在充分理解组织现状和组织使命的基础上，利用个人领导力引导组织成员对组织的未来进行思考，通过建立组织共同的心智模式来构建与完善组织愿景，并使组织愿景成为激励成员不断朝着组织目标努力、推动组织进步的强大动力。与传统领导者相比，愿景型领导者要对组织内、外部因素有清醒的认识和把握，树立组织强大的向心力，能够有效地将组织成员紧密团结在一起，为组织发展形成强大的推动力。

一般来说，愿景型领导者具备的素质有如下几点：

（1）领导者应该有能力去构建愿景，这是实施愿景领导的基础；

（2）领导者能采用有效方法与组织成员沟通愿景，同时能激励组织成员并向其有效授权，以共同实现组织愿景；

（3）领导者应该具备向组织中其他人清晰、有效地解释组织愿景的能力；

（4）领导者能把愿景延伸到不同的领导环境中，并使其在不同情境下都能适用；

（5）领导者能在组织成员中推广价值和信任，建立富有生命力的新型文化；

（6）领导者应善于树立和引入新的规范、信任和价值观，能说服下属并让他们意识到领导者知道如何实现组织愿景，能将组织愿景与其战略有效整合。

五、案例思考题

1. 你认为马云的人格特质有哪些？有何表现？
2. 在你看来，愿景型领导者的优点和缺点有哪些？
3. 你还知道哪些领导者属于愿景型领导者？请列举其特征。

案例三

商人总统的"生意经"

一、案例导读

2016年,全球政治最大的黑天鹅事件应该是特朗普击败希拉里当选美国总统,这样一个颇具吊诡色彩的结果,着实让许多人惊掉了下巴。人们议论的焦点,不仅在于选举结果本身,还在于新任总统特朗普鲜明的个人特点:口无遮拦、一意孤行、反复无常。如果选出历史上最特立独行的领导者,当今的美国总统特朗普应该算一个。他似乎打破了我们原本意识中所有关于领导者形象的描述,但是不管怎么样,他赢了。这不得不让我们重新考虑一个问题:领导者究竟有没有一个标准的样板,或者领导应具备的某些特质根本就是个伪命题?

二、案例正文

唐纳德·特朗普(Donald Trump)原本继承了父亲的衣钵,是一个地产商人,但他比父亲有更大的野心,也有独到的投资眼光和远见。他敢想,也敢干,进入商业战场第一步就进军了他老爸一辈子都没敢进的曼哈顿做生意。接下来,像坐过山车一样,这几年赚几千万美元,过几年又破产。在他的经商史上,至少破产了4次,但他每次都能想办法东山再起,最终成为全球闻名的大房地产商。当然,这还不是他最后的目标,他的目标是成为世界上最有权势的人——美国总统。

口无遮拦

"她怎么了?我当时还在看电视直播,她就这样消失了,去哪儿了?我知道她去哪儿了,但这太恶心了,我不想说。"(讥讽希拉里)

"太可悲了,让人不忍直视。""接近于无能。""智商非常接近于零。""太笨。""这个国家最不需要的就是另一个布什,笨得像块石头。"(讥讽杰布·布什)

"看看那张脸!会有人投给她吗?""你能想象吗?我们下届总统的脸。"(讥讽卡莉·菲奥莉)

"我可以在第五大道开枪打死人,同时不会因此失去我的支持者。"

"我们需要(在美国和墨西哥之间)建一座墙,还得快点儿。"

"伊万卡(特朗普女儿)非常漂亮,如果她不是我女儿的话,我可能会追她。"

以上这些话均是出自当今美国总统唐纳德·特朗普之口。在总统竞选期间，特朗普极尽谩骂、攻击之所能，用各种言语侮辱自己的竞争对手。这些情绪化、粗俗还带点侮辱性的语言从一个大国领导人口中说出，着实让人大跌眼镜。不光是我们，连美国人民自己也从未见过这样的总统，彻底颠覆了以往那种言辞优雅、举止庄重的传统政治精英形象。但更加吊诡的是，这样的总统候选人竟然在大选中获胜了。

特朗普上任后，还开创了史无前例的"推特治国"（推特是一个美国的网络社交平台），常在推特上发表自己的政见。但特朗普发言、发推特从不仔细考虑后果，无所顾忌、口无遮拦是他的代名词。这给特朗普的官方发言人带来了无尽的麻烦，因为特朗普发推特从来不和他们打招呼，却总是留下一堆烂摊子让他们去收拾。甚至连他的国务卿雷克斯·蒂勒森在接受采访时都表示："美国总统特朗普所说的话只代表他自己。"言下之意，特朗普说的话不能代表美国。

一意孤行

自从特朗普上台后，他便开始着手施展自己的政治抱负。特朗普坚持所谓的"美国优先策略"，本质上是一种零和博弈而不是共赢。所以，他的许多政策都遭到了国际社会甚至本国人民的反对。特朗普在竞选时做出了许多承诺，这些承诺看起来十分荒诞，即便很多选民都没把他的话当真，但特朗普真的打算这么干。

他打算在美国和墨西哥边境修一堵墙，还打算让墨西哥出钱，这一设想很快得到了墨西哥方面的回应：不出。特朗普上任以来，美国与墨西哥之间的关系已经落到了冰点——而且没有回暖的迹象。

特朗普对待移民的态度始终饱受诟病。特朗普签署了一份"禁穆令"，标题为"阻止外国恐怖分子进入美国的国家保护计划"，其涉及范围之广泛，即使没有犯罪记录或恐怖主义背景的移民也将被阻挡在美国国门之外。这一歧视性的禁令在美国国内外引起了轩然大波，大规模的抗议活动频频爆发，但特朗普却不为所动。

贸易全球化本是历史发展的大趋势，但特朗普却一意孤行，逆时代潮流而为，企图逆转全球化趋势，主动发起贸易战，大搞贸易保护主义。他频频挥出的关税大棒，打击面不仅仅有中国这样的新崛起国家，还连带许多老牌"伙伴"。对于特朗普的贸易保护主义，中国、欧盟、加拿大、墨西哥都制定了报复性反制措施，美国已然是四面楚歌，但特朗普却选择继续加高贸易壁垒来还击，全球性的贸易大战愈演愈烈。

特朗普突然宣布承认耶路撒冷为以色列首都，这无异于给已经十分紧张的巴以局势添了一把火。安理会紧急开会讨论，最后 15 个国家投票，14 国谴责美国行为,但美国悍然行使了一票否决权。

特朗普这样恣意妄为的行径,难道特朗普班子里没有人阻止他吗?其实是有的,但他们都被特朗普直接“踢出局”。他开除了自己的国务卿、司法部长、联邦调查局局长、白宫通讯主任等一系列高层官员。总体来说,凡是“不听话”的,凡是与自己意见不统一者,都开除了事,进行了一次大换血。

美国本土媒体也对特朗普的种种政策进行了猛烈的批判。在当今社会,媒体作为一种强大的政治力量,与政治家的关系十分微妙,以往的政治家必须尽心竭力处理好与媒体的关系,因为他们深知宣传对于自己的政策主张十分重要。但特朗普则选择直接与媒体分道扬镳,他指责那些他认为的“带有偏见的主流媒体”为“假新闻”(fake news)。

反复无常

与以往稳重老道的政治家相比,特朗普自上任以来便一直以琢磨不定的处事风格,让与其打交道的政客难以招架。特朗普为获取最大的利益,将大国之间达成的协议视为儿戏,惯用伎俩是谈好的协议转瞬即变,变脸的速度堪比翻书。

最近朝鲜问题让各方充分认识到了特朗普的手段有多么“灵活”。2017 年 9 月,特朗普不顾朝鲜半岛的紧张态势,在联合国大会上大放厥词,主要矛头对准朝鲜、伊朗等“对头”国家,将朝鲜、伊朗、委内瑞拉和叙利亚成为“流氓国家”,而将朝鲜领导人金正恩戏谑地称为“火箭人”。金正恩则回呛特朗普是“老糊涂”。你来我往,火药味十足。2018 年初,特朗普还在推特上不遗余力地攻击金正恩。但是,自 2 月起,特朗普却开始暗示寻求同朝鲜进行“交易”。5 月 10 日,特朗普突然之间宣布将在 6 月 12 日举行美朝首脑会谈,随后就是充满友好气息的大批推文,局势变得很微妙。但仅仅两周之后的 24 日,在毫无征兆的情况下,特朗普又突然宣布取消会谈。更惊人的是,次日特朗普转而又表示会谈还是还很有可能的。

事实上,特朗普这种“灵活性”在此之前也已经多次展现,他很倾向于在挑起议题后用这种手段来获取优势,尤其是在国际谈判之中,在北约问题、钢铝关税问题和北美自由贸易协定问题上,特朗普无一例外地出尔反尔了。反转的速度令人惊异的快,通常是刚刚表示谈判很成功,没几天就转过头来大发雷霆。

近期,特朗普在中美贸易摩擦中依然延续了这一套路。2017 年 8 月,美国贸易代表署发布公告,正式对中国启动“301”调查,还打出了芯片禁售这张王牌,差点让中兴公司走上绝路。中方为避免两败俱伤的贸易战,在双边贸易方面给出美方最大的诚意和让步,这才让特朗普放松了对芯片的管制。2018 年 5

月19日《中美经贸磋商的联合声明》发布当天，国内市场一片欢呼，当很多人以为贸易战就此结束时，殊不知，这才是刚刚开始。特朗普又上演了“变脸”的戏码，仅隔10天美方单方面撕毁联合声明。5月29日白宫声明表示，美国将对500亿美元含有“重要工业技术”的中国进口商品加征25%的关税。

选民支持

特朗普热衷于推特宣传，这种免费的自媒体，很直接地传达着他的“治国”理念，让其成为更接近于民众、更接地气的一国领导，同样也会更受民众的关注。根据盖洛普的民意调查，大约有130万美国人是特朗普的忠实关注者——他们每天都阅读特朗普所发送的所有推特消息，并且经常转发。这种扩散效果是极为惊人的——约有76%的成年美国人经常看到特朗普的推特消息，这远远超过了选举投票率。

不管外界评价如何，特朗普的一系列举措确实为美国争取到了一定的利益。美朝关系向积极方向发展，不稳定性因素降低，此外，特朗普在贸易战中让美国普通民众得到了好处，短期来看，失业率的连续下降和经济的持续回暖证明了这位“商人”总统的经商头脑。

在美国经济势头向好的背景下，2018年2月份由美国昆尼皮亚克大学发起的一项民调显示：当月，特朗普的支持率创7个月以来新高，40%的美国人对特朗普的工作表示认可，并且民调显示，这是美国人首次认为国家经济发展向好应归功于特朗普而不是前总统奥巴马。此外，根据2018年2月份哥伦比亚广播公司的另一项民调显示：近八成的民众认为特朗普致力于团结国家，而不是分裂。也就是说，美国的主流社会已经逐渐认同了特朗普的施政策略，特朗普也在白宫站稳了脚跟。

案例改编自：肖立晟，袁野. 社科院专家分析了特朗普3200条“推特”，发现他还活在1988年[EB/OL]. (2018-06-16)[2018-06-21]. https://mp.weixin.qq.com/s/uj2YijnYOd7e6cDoyXDoOw.

三、案例分析

(1) 领导者要以结果为导向，卓越领导者必须对结果负责。人们常说“结果不重要，过程才重要”，但是，一个组织想存续、想发展、想进步，必须要用成绩来说话。“以结果为导向”的本源是从“目标管理”这一概念理解和派生出来的。彼得·德鲁克著名的《管理实践》一书最先提出了“目标管理”的概念。德鲁克认为，“组织的运作要求各项工作都必须以整个组织的目标为导向”。学者戴维·尤里奇在其所著《结果导向的领导力》中提出一个公式：领导力有效性＝领导力特性×领导结果。组织中领导力的有效性取决于两个方面，一方面是领导力特性，例如领导风格、领导个人魅力、领导个人特质等；另一方面是领导结果，包括四个方面：员工结果（人力资本）、组织结果（学习、创新）、顾客结果（让目标顾客满意）、投资者结果（现金流）。这揭示了一个问题：为何很多领导者因为脾气暴躁、口无遮拦、冷漠严峻等个人性格原因，或者因为独裁专制的领导风格原因实际上并不受被领导者情感上的喜欢，但却依然能够获得被领导者的认同，具有强大的领导效能，其关键在于：该领导者是否带领组织取得了可见的、公认的成绩。

日常实践中，确实有很多领导者并没有明确的结果目标，而是安于现状或只顾及短期目标，组织虽然能够运转但难以发生实质性的改变，最终也会被时代所抛弃。为避免这种宿命，领导者需时常问自己一个问题："我所在的组织想要并且期望我和我的团队取得怎样的结果？"这个问题强调的重点不是"我必须成为一个什么样的人？"在明确了应该取得的结果之后，一个人的品质才能充分地发挥出来。要追求的结果（在开始阶段反映为目标）确定以后，剩下的工作便是去寻求实现期望结果的种种思路和方法。在实现结果的过程中，领导者可以通过自问"我现在取得了什么样的结果？"这个问题来识别现实与结果之间的差距，校正自己及组织的行为动向。

特朗普知道，美国人民已经对总统选举时候选人的"口头承诺""空头支票"这套把戏十分厌烦了，只有拿出成绩才能保证支持率居高不下。他明白无论何种形式的宣传，其效果都是暂时性的，最终必须有货真价实的成果，没有人可以永远欺骗顾客。从退出 TPP，到修建边境墙，从废除医改法案，到禁止穆斯林入境，特朗普在竞选时所做出的承诺，在上任后都付出了实际行动，一项一项地兑现，最终必须有成果。言出必践，这是特朗普自我标榜的不同于其他政客的最大特质之一。领导者言出必行、恪守承诺才能换取被领导者的信任。

领导者所确定的目标还必须通过清晰地阐述以让下属、被领导者清楚地理解。特朗普在这一点上做得很好，他不仅让自己的官僚体系明白自己的目标是什么，还通过最通俗的语言、最情绪化的表达、最大众的渠道（推特）把自己"一切都是为了美国利益"的目标明确地传递给美国人民甚至是整个世界。虽然有很多并未达到预期目标，但是特朗普正在竭尽全力地证明，自己作为总统提供的服务，是"货真价实"的。

领导者不能成为空想家，而必须是实干家，领导者也必须让被领导者成为实干家。特朗普为达成目标，在谈判时常常出尔反尔、不讲信用、不顾大局，这一切荒诞不经的言辞和行径，实际上都指向最终的结果。从结果来看，特朗普确实为美国争取到了相当的利益，手段虽谈不上光明磊落，但对于美国人民来说，得到的实惠却是实实在在的。

(2) 看似没有套路才是特朗普最大的“套路”。特朗普在做总统前一直是名商人，他将“做生意的艺术”带到了政治场上。这种处事艺术在面对需要解决的问题时基本分为4个阶段：① 提出惊人的目标；② 大肆宣传；③ 决策反复摇摆；④ 获得直观结果。首先，敢想，这是特朗普的重要特质。有时，他开出的条件、提出的设想极为大胆，外界往往目之为疯狂，但他却沾沾自喜。“我认为大胆的想就像一种受控的精神病，我在很多成功企业家身上都见识过这种品质”。其次，特朗普十分重视宣传和舆论工作的重要性。为迎合潮流，他选择了推特作为自己的舆论主阵地，这种平民化的社交方式为特朗普赢得了众多的关注，而且几乎是零成本。摇摆不定、反复调整决策是特朗普从谈判交易中获取最大利益的手段。他认为，当对手被其抛出的惊人要求吓得目瞪口呆之后，最忌讳的事就是急于成交，这时候要留有余地，以让宣传进一步发酵，给对方施加压力。最后，通过以上一系列“组合拳”，他得到了自己想要的结果，并且是一种直观可见的成果。他不信任那些繁杂的报表和专家们的评估，他更关注普通人的直观感受。特朗普声称：“我会去问出租车司机，翻来覆去地问，直到我有了某种直觉，那时就是我做决定的时候了。”

四、案例拓展

(1) 领导者并不存在绝对化的标准，也不存在放之四海而皆准的真理，这是领导学的艺术性所在。管理学家肯尼思·布兰查德(Kenneth Blanchard)说：“没有最好的领导形态，只有最适当的领导形态。”通常，我们习惯用“脸谱化”的观点去理解领导者，片面地界定什么是“好”，什么是“坏”。事实上，没有放之四海而皆准的领导准则，也没有一成不变的成功领导样板，领导者与环境的权变匹配关系，才是领导者获得领导效能的关键。一切要以特定的时间、特点的地点、特点的情境为转移，由此发展出了权变领导理论。

权变领导理论的基本观点在于：并不存在一成不变、普遍适用的最佳领导理论和方法，领导应根据组织所处的内外部环境随机应变。权变领导理论中，最具代表性的是菲德勒的权变模型理论以及“路径—目标”理论。

① 菲德勒的权变模型理论。菲德勒认为，任何领导风格都可能是有效的，关键是要与环境相适应，领导有效性是领导风格和领导情境的一个函数，如果领导风格和情境匹配，则领导是有效的；反之是无效的。

A. 领导风格。为了了解领导者的领导风格，菲德勒开发了最难共事者

(LPC)问卷来测量领导风格。问卷测量的结果有两种趋向:如果领导者对最难共事的同事仍能给予很高的评价,即高 LPC,表明他是一位“以人为中心”的领导者;反之,低 LPC 则证明他是一位“以任务为中心”的领导者。

B. 领导情境。领导情境包含 3 种因素:领导者与成员的关系、工作任务结构和职位权力。领导者与成员关系指的是领导者对下属信任、信赖和尊重的程度,或是下属爱戴、信任、情愿追随领导者的程度;工作任务结构指的是执行工作任务的标准化程度、对工作任务描述的明确程度以及对工作过程的控制性程度;职位权力指领导者利用来自组织所赋予的权力(如招聘、解雇、训导、晋升)等使下属遵从他指挥的程度。

C. 领导风格与领导情境的匹配。菲德勒从情境出发,将领导所处的情境分为 8 种类型,并列举出了在相应的情境下最有效领导的领导风格见表 1-1。

表 1-1　不同情景下最适合的领导风格

情境	领导者与成员关系	工作任务结构	职位权力	环境对领导的有利程度	有效领导风格
1	好	明确	强	最有利	低 LPC
2	好	明确	弱	比较有利	低 LPC
3	好	不明确	强	比较有利	低 LPC
4	好	不明确	弱	中等有利	高 LPC
5	差	明确	强	中等有利	高 LPC
6	差	明确	弱	不太有利	高 LPC
7	差	不明确	强	不太有利	高 LPC
8	差	不明确	弱	最为不利	低 LPC

根据菲德勒的权变模型理论,领导者要想提高领导有效性,可以通过两种途径:一是改变领导风格以适应情境;二是改变领导情境以适应风格。

② 路径—目标理论。路径—目标理论以期望理论和领导行为四分图为基础。该理论认为,领导者的任务包括两个方面:一是阐明对追随者工作任务的要求,帮助追随者排除实现目标过程中的障碍,使他们能够顺利达成目标;二是在实现目标的过程中,满足追随者的需要,给予其成长发展的机会。因此,在选择领导类型时,应该以实现这两个方面的领导任务为依据。

A. 领导类型。路径—目标理论归纳了 4 种不同的领导类型:

a. 指令型。指令型领导者告知下属应该做什么,并对其怎样做给予指导,确信领导者的指令在组织中会得到很好的理解。这种类型的领导者要做的是进行严格的计划，坚持固定的标准，并激励下属遵守标准和规则。

b. 支持型。支持型领导者很友善，关心下属，平等待人，为下属提供支持性的氛围。当下属面临工作困难、信心不足时，这种领导类型很有效。

c. 参与型。参与型领导者在做决策时，注重下属的意见，采用磋商的领导方式，认真对待下属的各种主意、建议。在面临复杂任务时，参与型领导还有提升士气的作用。

d. 成就导向型。成就导向型领导者强调出色的工作表现，并坚信下属能够达到规定标准的要求。这种类型的领导者通常会树立一个具有挑战性的工作目标，帮助下属最大限度地发挥潜力，实现组织目标。

B. 领导类型影响因素——下属和环境的特点。领导者选择的领导类型的依据包括两个方面，一是下属的特点，包括下属的能力、自控力、需求和动机等方面；二是工作情景的特点，包括下属的任务、组织的正式职权体系、主要的工作群体等。在不同情境下，对待不同下属时，领导者可能会表现出这 4 种领导行为中的一种或者几种。领导者的风格不是固定且唯一的，而是可能会随着下属的动机需求及情境的不同而改变。

总体来说，优秀的领导者应该像水一样，水利万物而不争，并且水既无形，也可以是任何形状，关键在于器皿，也就是领导者所处的环境。领导者所面临的环境不同，所领导的下属特征也不同，经验主义的学习和思考方式并不能给出面对每种情况该怎样去做的答案。学习领导学，是为了学会运用领导思维，即全面而非局部、宏观而非微观、长远而非短期的思维模式，在个体现有特质、环境、条件下改善领导行为，提高领导力。

领导的艺术性还体现在艺术化的处事方式上。领导工作本身就带有显著的领导个人风格，民主或专制、侃侃而谈或沉默寡言、脾气暴躁或温文尔雅的领导者在历史和现实中都能找到成功的例证。领导者应该从他人成功或失败的故事里得到启发，而不是盲目模仿、效法，那样往往会适得其反。

(2) 权威接受论认为：领导权威来自于被领导者的认同而不是领导者本身。切斯特·巴纳德的"权威接受论"观点认为：一项命令是否具有权威，决定于命令的接受者，而不在于命令的发布者。领导者的权威不是来自上级授予，而是来自下级的认可。上级只能授给你权力，但无法授给你威信。进一步来讲，领导者在一个组织中是否具有领导权威，关键取决于被领导者对其的认可程度。当前，以希拉里为代表的美国精英政治家的溃退，特朗普的上台，民众的选择起到了关键性作用，由此我们也看出：卓越、杰出的个人不一定能够做一个卓有成效的领导者，而优秀的领导者也不一定都是完美的。

五、案例思考题

1. 当前，美国一意孤行挑起贸易战，面对特朗普这样的对手，我们应该采取怎样的应对策略？

2. 你最推崇的领导者是谁？他有怎样的特质？

3. 你认为特朗普的领导风格和领导行为有哪些缺陷？

案例四

格力女强人——董明珠

一、案例导读

董明珠的身上有一股永不服输的劲头。36 岁才开始南下打工，一步步走到著名企业家，她卓越的经营才能和领导水平，已经得到了社会各界的好评。她先后荣获“全国五一劳动奖章”“全国杰出创业女性”“全国三八红旗手”“全球商界女强人 50 强”等荣誉和称号，用成绩证明了女性领导者也可以撑起一片天。在当今社会，男女平等的观念日益深入人心，但各行各业的领导岗位仍然是以男性为主导，那么，董明珠是如何在领导岗位上打拼出一片天地的？

二、案例正文

1990 年，36 岁的董明珠毅然决然地辞掉南京的工作，首先南下来到深圳，接着辗转到了珠海，用董明珠的话说，她一下车就喜欢上了这座干净整洁、充满朝气的城市。但要留在珠海，还必须找一份收入稳定、可观的工作。董明珠买来几份报纸，在报纸的缝隙中一份招工信息映入眼帘：海利空调厂（格力前身）重薪招聘业务员。就这样，董明珠与格力结下了不解之缘。

初到格力，追回 42 万欠款

董明珠到格力空调厂工作后不久，就被领导派去安徽开拓新市场。到达安徽后，董明珠做的第一件事，就是要去讨一笔 42 万应收账款。要账很难，同事们都劝她不要去追了，公司已经尝试过很多次还是没能成功，所以要不回也不会怪罪她，也有人安慰她这个烂摊子跟她没关系，没有必要揽在自己身上。但董明珠坚定地说：“我是格力公司的员工，今天我接替他的位置，我就要对企业负责。”

要账前期总是会吃闭门羹。欠债的经销商对董明珠毫不客气，说董明珠不懂行规，从来都是卖完了货才给钱，最后以“我很忙，我还有会”为由下了逐客令。后来，董明珠又多次上门，这位经销商告诉董明珠没有钱，但可以把货退给她。董明珠同意了，但这位经销商却玩起了“捉迷藏”，干脆避而不见。董明珠就在附近找了家旅馆安营扎寨，住了下来，天天去公司堵这位经销商。

董明珠整整坚守了 40 多天，终于有一天，董明珠把他堵住了。一见面，董明珠就先发制人，骂他不守信用。经销商推脱说：“没有车，明天再说吧。”董明珠说自己已经雇好了车。老总一看这招不灵，又说手下人不同意退货，还需要时间做他们思想工作。

这种无赖行径激怒了董明珠，她失声大叫："你是不是总经理？你当面讲给我退货，现在又说话不算数了？从现在起，你走到哪里我跟到哪里！"对方一看这架势，只好同意退货。第二天一大早，董明珠带着租来的货车来到对方仓库，并且自己也跟着工人搬空调。空调很重，她咬着牙，搬不动了就往车上拖，最后终于把货都装好。离开时，董明珠深感讨债不易，流下来了泪水，她从车里探出头冲着对方大喊："从今往后，再也不和你做生意了！"

这次追债，让格力的管理层注意到了董明珠，也令业界不少人对她刮目相看。追债事件的教训，让董明珠设立了一条规矩：先款后货，绝不赊账。在她手中，再也没有出现过一笔应收款，后来这也成为格力电器在业内独树一帜的规矩。

当时的董事长朱江洪很快发现董明珠是个"好苗子"，和大多数业务员不考虑公司利益，只拨自己的小算盘不同，董明珠不仅有责任心，还有很好的悟性。于是朱江洪干脆把江苏市场也交到董明珠手里，而董明珠也不负众望，一年之内把格力在江苏的销售额翻了10倍。董明珠一个人的销售额占了整个公司当年销售额的1/6。

令行禁止，谁也不能违反纪律

在董明珠的领导下，格力公司的纪律是出了名的严格。但这种严格不仅是对下属，董明珠对自己的要求甚至达到了苛刻的地步。当业务员时，她曾经因为"觉得一个女人在火车上吃东西不好看"，整整一天都没有吃过任何东西。后来，董明珠也曾公开表示过她对工作时间吃东西的不满："女人喜欢吃东西、吃零食，在营业部大家都习以为常。但如果这个时候一个客户走进来了，看见一群正在吃东西的嘻嘻哈哈的女人，他会对这个企业有信心吗？"于是，"不能在办公时间吃东西"成了格力的纪律。

有一次董明珠的员工从乡下老家带来了一些土特产，离下班还有5分钟的时候，她就迫不及待地把土特产拿出来分享给她的同事，这些同事非常高兴，就纷纷凑上来一起分享这些土特产的美味。但这件事情刚好被董明珠看到，当场对大家进行了批评，未到下班时间就吃东西，违反了公司的规定，对带土特产的下属罚款100元。

这个员工觉得非常委屈，本是一片好心，最后闹得大家都不愉快，董明珠虽然处罚了这位员工，心里也很难受。董明珠后来了解到，这位员工的丈夫常年出差在外，她一个人带着孩子，生活状况不理想。事后，董明珠自掏腰包给了被罚款的员工 100 元。她对员工说："当时那个时候，如果我不处罚你，那么将来会存在很多人情、很多问题，制度就不能执行，希望你能够理解。"

1995 年格力空调成了市场上的紧俏货。一个经销商找到董明珠的哥哥，想通过他的关系进 3 000 多万元的货，答应给其 2%的提成。哥哥从南京千里迢迢赶到珠海，不料却被妹妹无情地拒之门外。之后，兄妹十多年没来往，家里人也指责她六亲不认。

果断决策，跟随自己的心意走

"我从来就没有失误过，我从不认错，我永远是对的。"这是董明珠面对记者采访时的独白。在外界看来，董明珠是一个不按常理出牌的人，但是董明珠始终坚持一条原则：自己认准了的事，就一定要做下去。

2004 年 2 月，国美商城在未经格力允许的情况下擅自将格力空调降价销售，这一举动扰乱了格力的正常市场价格。董明珠当即做出停止向国美供货的决定。国美是当时中国家电市场销售行业的巨头，许多厂家都将国美作为主要的销售渠道。跟国美决裂，也就意味着一条重要的销售渠道没有了，这对于格力来说无疑是一个颇具风险的决定，但董明珠认准了的事谁也改变不了。仅仅一个月后，国美在全国的销售分支机构对格力清场、清库存，双方矛盾骤然升级，关系急剧恶化。董明珠认为和国美这样的大型零售连锁店合作，对于很多制造企业来说只会死得更快，于是便决定建设自己的销售渠道和线下门店，被称为"格力模式"。两年之后，事实证明，董明珠的决策是正确的。撤出与国美的合作，格力的销售额不仅没有下降，反而一路飙升，格力也一直处于国内空调行业的龙头地位。"格力模式"取得了良好的效果，并被很多厂家纷纷效仿。

一般而言，每年 9 月到次年 3 月是空调销售淡季，4 月到 8 月是销售旺季，淡季价格比旺季便宜一些。很多空调厂家挖空心思把旺季从 4 月提前到 3 月，提前加价以获得更高的利润，但董明珠却背道而驰，把淡季延长一个月，4 月继续实行淡季价，这一举措使众多大经销商纷纷抢购格力公司的空调，格力通过走量赢利不少。

追求极致，把产品做成艺术品

董明珠认为，产品质量过硬，不需要售后服务，就是最好的服务。"我要把格力的产品做到极致，做成一个艺术品。"每一次新产品研发出来，董明珠总是把自己当作第一个消费者和体验者进行"百般挑剔"。她毫不客气的批评和苛责，让每一个在场的研发人员后背发凉、坐立难安。

格力电器设计中心部长吴欢龙最直接地感受到了董明珠对于细节的重视：

“董总的要求近乎苛刻，她在市场上看到过太多优秀的产品，这意味着她对时尚和品位的要求更高。她的眼神很犀利，看一眼，几秒钟之内，她就能指出问题的要害。当然，她的表达方式比较严厉。”

近几年，格力集团除了空调领域外，还开始向电饭煲、冰箱、净水器等各类家电市场进军。2016 年 3 月 8 日，作为集团董事长的董明珠在北京设了一个特殊的饭局。董明珠用自己公司生产的电饭煲和国外生产的 3 款电饭煲分别煮饭，将 4 种品牌的电饭煲蒸出来饭编上编号，让现场的来宾们品尝，对其口感进行“盲测”，然后进行投票。“盲测”的结果是董明珠公司生产的电饭煲得票数遥遥领先。这个轰动一时的“饭局”，让刚推出的 IH 电饭煲一炮走红，也颠覆了很多人心中“中国制造”比外国的差的印象。新推出的 IH 电饭煲之所以大受欢迎，很大程度上源于董明珠对于产品细节近乎苛刻的要求。

春节后上班的第一天，当研发和生产部门的所有人员高高兴兴地捧着自己辛苦两年生产出来的 IH 电饭煲让董明珠检验时，换来的却是她的大发雷霆，让他们打回重做，而当时距离上市的时间只剩下 20 多天。

原来，当时董明珠见到自己公司生产的 IH 电饭煲后，发现电饭煲的煲盖打开时弹出太快，手感不好，装饰圈的光亮程度不够高端大气，饭煲上下两部分接缝过大等细节问题没有处理好。其实，当时这几处工艺已经达到了行业内要求的标准，如果按照董明珠近乎“苛刻”的要求来做，不但当时的工艺条件下很难达到，而且报废率会非常高。果然，按照董明珠的要求重新生产电饭煲，一开始合格率只有 20%，报废率却高达 80%。整个团队不得不对工艺进行了大规模升级，通过 20 个日日夜夜的加班加点，终于生产出了让董明珠满意的 IH 电饭煲，并在 3 月 8 日北京的那场特殊的“饭局”上一炮打响，在市场上卖断了货。

董明珠说：“要做就要做精品，并不是指一个设计人员，是企业每一个员工把自己岗位的工作要做到极致，这就是工匠精神。”

董明珠向来不愿意强调“亲和力”“细致”这样带有女性特质的词语，相反，在她的自传中，“打仗”“斗争”这样剑拔弩张的词语却常常出现。董明珠在市场中打拼了近 30 年，她似乎从不服输，对竞争对手是这样，对命运是这样，对时间也是这样。2018 年 5 月，在一场格力公司晚会上，董明珠铿锵有力地说道：“最近网上闹得很厉害，说（格力）快换届了，董明珠到底退不退休？退休是一个自然规律，但是我认为我今天还很年轻。虽然我已经 60 多岁了，但是我的心像 25 岁一样。”

案例改编自：

[1] 张廷伟．营销女皇董明珠[M]．北京：中华工商联合出版社，2007．

[2] 董明珠. 棋行天下[M]. 广州:花城出版社,2000.

三、案例分析

随着社会的进步和知识经济时代的来临,生理特征给女性造成的弱势已不再明显,组织环境也在发生着前所未有的变化,管理学大师德鲁克说:“这种时代的转变,正好符合女性的特质。”社会各个方面的因素为女性担当领导职务提供了更多的空间和可能性,更多的女性开始走上领导岗位,在社会的政治、经济领域发挥着重要的作用。

(1) 女性领导者更善于凭借直觉进行决策。从决策能力的角度来看,女性领导者更善于运用直觉,因此决策更加果断。成功的决策必须具备价值性和时间性,而决策过程中信息通常是不充分的,所以直觉判断很重要。女性领导者的生理特点和感情特征使得女性领导者凭借对问题的敏锐感受,洞察目标和事物本质,果断地做出适当的决策。而且随着经验和阅历的积累,女性的直觉力会更加敏感和准确。董明珠对于自己的决策能力有十足的自信,在格力与国美的对抗中,董明珠坚持按自己的直觉行事,最终走出一条新道路。

(2) 女性领导者更注重细节。女性领导者相比男性领导者,在思维能力上更细致、更善于把握细节。敏锐的观察力和细腻的感悟能力使得女性领导者更能体察被别人忽略的细小差异。董明珠对于细节的执着突出体现在对产品的苛刻要求上。她要求将产品做成“艺术品”,追求极致,不放过任何细节。例如“电饭煲的煲盖打开时弹出太快,手感不好,装饰圈的光亮程度不够高端大气,饭煲上下两部分接缝过大”此类的瑕疵在董明珠看来都是不可接受的。对于产品细节苛刻要求的结果是,在激烈的市场竞争中,格力凭借艺术品般的品质赢得了市场的青睐。

(3) 莎莉·赫格森提出了女性领导风格学说,她认为女性领导者更加注重沟通、协调、良好的人际关系以及集体的成功。并且,女性具有更好的人际交往技能和敏感性,因此她们通常可以成为优秀的领导者。虽然董明珠对下属十分严厉,但她作为女性对于他人情感的感知还是敏锐的。员工下班前几分钟吃东西,董明珠坚持要按规定罚款,看似有些不近人情,但为了维护秩序,这是必要的手段,并且,董明珠采用了一种柔性的处理方式,自掏腰包将罚款补给员工,使得人情和原则都可以兼顾,还照顾到下属的情绪。

(4) 女性领导者领导风格严厉可以提高并维护领导威信。对于女性领导者来说,获得领导威信是一个较大的难题,这也是很多女性在组织中遭遇“玻璃天花板”效应的重要原因。男权思维影响下的社会,尽管男、女性领导者在正式权力的授予上无差别，但在非权力影响力上有差别。领导威信的树立离不开权力影响与非权力影响的交互作用，两者共同构成了领导威信。由于社会存在的固有性别偏见，部分男下属对女性领导者会有一种“不服”的心理，女性领导者的非权力影响力总体不及男性领导者。董明珠在工作中时常发脾气，训斥下属，强势、严厉的领导风格使得下属有所畏惧。为了不被老板骂，格力员工始终保持谨慎的态度和适当的压力，在一定程度上可以防止大企业作风涣散的通病。此外，董明珠的这种领导风格有效地增强了其对下属的非权力影响，通过强势的性格特征提高本身而非职位对于下属的威慑力，有效地巩固了领导威信。

由于一定的社会文化因素，很多女性领导者为了适应群体规范而放弃了本身风格、不愿强调自己的女性特征，而女性领导特质也有与男性领导特质相融合的趋势，但是在实践中，男性和女性在生理和心理上存在的客观差异，使得这两个群体存在事实上的差别。但这也只是从整体角度来看，并不代表全部。董明珠在领导风格上雷厉风行、好胜心强、严厉甚至苛刻，这些表现更接近传统观念中的男性领导风格。不止董明珠，纵观事业有成的女性领导者，大多都具有“女强人”的特点。这也更加证明，无论男女，成功领导者的领导风格并无一定之规或固定模板，只要适合组织、适合下属就是最好的。

四、案例拓展

现实中，女性领导者群体已经在各行业、各组织中崛起，女性领导者的魅力和影响力对于推动组织发展和社会进步正在发挥着越来越大的作用。但是，直到今日，由于传统社会偏见和女性自身的某些弱点这两方面因素，女性领导者在职业发展中常常遭遇瓶颈，阻碍了其事业的发展。女性领导者想要获得事业上的成功，应该重点从以下几方面提升自己：

(1) 培养自信、自立、自强的心理素质。男权思维影响下的社会中，女性积淀了天然的弱点：软弱性和依赖性，有些女性潜意识里缺乏自我奋斗的动力。女性领导者要有所作为，首先要树立自信心，提高自己的胆识和魄力。自信是自强的基石和成功的法宝。面对复杂局面和挑战性强的工作，女性领导者要努力克服退缩心理，大胆独立，勇于承担责任。其次，女性领导者要摆脱思维定式的羁绊，树立自强不息的新女性意识，建立积极的心态，主动应对挑战，在工作中磨砺自己。最后，女性领导者要打开心灵的枷锁，正视自己的女性特质在领导活动中的种种优势，善于运用自己的优势，展现自我的魅力；同时，正视自身的劣势，学习男性领导者的优势弥补自己的不足，不要让性别束缚自己的才能。

(2) 坚持学习。女性走上领导岗位并且驾驭领导工作需要付出比男性更多的心智和精力，需要良好的知识底蕴与文化修养作为基础。首先，女性领导者要树立终身学习的观念，不断吸收、掌握新知识改善工作实践，紧跟时代发展步伐；其次，在学有专长的同时，要努力扩展知识面，扩宽视野，打破职业限制，为自己谋求更广阔的职业道路；最后，要善于从工作中汲取知识、积累经验，向优秀的上级领导、同事学习，充实自己的职业生涯。

(3) 在生活与工作之间做好角色转换。女性领导者往往肩挑事业、家庭双重重担，既要“相夫教子”，又要挑战未来。当多重角色发生冲突时，女性领导者往往陷入价值观的矛盾中苦苦挣扎。女性领导者面对不同角色要善于通过自我调适灵活地处理好多重微妙关系，工作与家庭并不冲突，在认真做好本职工作的同时，尽力照顾好家庭，扮演好贤妻、良母、孝子等多重角色，使事业成功成为家庭幸福的基石，使家庭美满成为成就事业的坚强后盾，取得家庭事业双丰收。

(4) 放宽心胸着眼大事。女性往往细腻、感性、注重细节，但是要把握好度，避免陷入心胸狭隘的心理误区。女性领导者特别要注意：一是要有容人之量，能容纳他人的批评和建议，真诚待人，团结不同性格、不同能力、不同年龄、不同意见的人合作共事，发挥女性的感性特质凝聚人心、团结上下级；二是要有容事之度，身处领导岗位，要心中想大事、手上抓大事、敢于办大事，提升自身承受巨大压力的毅力和不达目的誓不罢休的意志，大事不糊涂，小事讲风格，将女性领导者的细腻与大气融为一体。

综上，女性领导者只要能够保持良好心态，不断充实、调整自我，以坚强的意志和坚实的责任感去面对职业成长过程中的层层障碍，就可以取得事业的更大成就。

五、案例思考题

1. 你认为女性领导者应该展现出怎样的领导风格？温和、知性还是强势、严厉？

2. 在你看来，当今社会对于女性领导者的事业发展有何阻碍？有何促进？

第二章

领导者自我管理

倘若你想征服全世界，你首先得征服你自己。

——陀思妥耶夫斯基

自我管理(self-management),是指个体对自己本身,对自己的目标、思想、身体、心理和行为等表现进行的管理,自己把自己组织起来,自己管理自己,自己约束自己,自己激励自己,自己调节自己,自己管理自己的事务,最终实现自我奋斗目标的一个过程。自我管理注重的是一个人的自我教导及约束的力量,亦即行为的制约是透过内控的力量,而非传统的外控力量。

曾子在《礼记·大学》中说:"修身,齐家,治国,平天下。"无论哪个阶层的领导者,"修身"都是排在第一次序的。自我管理的思想与能力是个人事业成功的必备条件,而领导者的自我管理不仅关系到个人的发展,还与组织的发展密切相关。一方面,领导者不仅是组织的当家人、主心骨,更是全体组织成员的学习榜样和模仿对象,是下属心中的"理想自我"。所谓上行下效,领导者的身体力行、以身作则是对下属最好的教育方式。成功领导者所展现的人格形象往往与组织所倡导的价值观高度吻合,以行动诠释理念,这是领导积极开展自我管理的结果。另一方面,自我管理与领导工作是密不可分的。自我管理的要求来自于工作的需要,自我管理的目标是改善工作实践,领导者自我管理的过程必须融入领导工作中,与领导工作相互适应、相互促进。领导者自我管理要着眼于工作中的言谈举止、思想方法、工作行为等,对其进行不断的修正、改造、提高,以提高领导者的个人魅力和领导效能。

"一屋不扫何以扫天下",一个人管理不好自己,很难管理好一个组织。当今的领导者们把眼光放在"管人"和"管事"上,但却很少仔细地审视自身,放松了对自我的管理。纵观古往今来的众多成功领导者的典范,无一例外具有强大的自我管理能力和良好的自我管理习惯,因此,要想成为一个具有强大领导力的领导者,首先要提高自己管理自己的能力和技巧。

作为领导者,对于自身的要求应比普通人更加严格,自我管理的内容也是多方面的。在领导组织的过程中,领导者的自我管理可以归纳为"思想、身心、形象"3个方面,具体来说:一是在工作中通过不断反思、不断学习以不断提高自我的认知水平和领导思想;二是科学合理地分配、调节工作与生活之间的关系,持续关注并保持良好的身心健康状态;三是通过有意地对个人的行为、外表、情绪、言语等形象因素进行设计和管理,适应领导角色,营造良好的公众形象。因此,本章主要从情绪管理、学习管理、时间管理、健康管理、形象管理、压力管理这5个方面举例介绍较为经典的领导案例,提炼自我管理成功的经验,剖析管理失败的原因及启示。

案例一

王石:白首穷经

一、案例导读

领导者是一个组织的天花板,要想将这块“天花板”拔高,最好的办法便是学习。王石是一个时代具有代表性的商业领袖,一生在商场中搏击风浪的他,如今已年过花甲,却做出惊人之举:勇敢地放下一切远赴国外游学长达3年之久。其间,反对的声音、质疑的声音不断,有人说他作秀,有人说他不务正业,但是真实的答案只有王石自己内心知道。一个人真正老了的标志,便是不再学习、不再接受新事物。从这个角度来说,王石永远不会老,因为他热爱生活,热爱新事物。学习不仅是他提高自我能力、思维的途径,更是一种生活方式。“王石给人的感觉,就是他的前面有一束光,指引着他永远向前。”作为一家大型企业的领导者,如何在变幻莫测的市场环境中笃定前行,如何让企业在时代洪流中屹立不倒?本案例中,王石给了我们答案。

二、案例正文

2017年6月30日,万科召开股东大会,万科的灵魂人物——王石正式辞任万科董事会主席。当你亲眼见到王石时,你很难将这个体型精悍、精神焕发的男人与一个古稀之年的老人联系起来,但现实是,王石已经67岁了,不再年轻了。在攀登了珠峰、游学哈佛、陷入宝万之争旋涡之后,王石最终还是要离开万科的第一把交椅了。但是,对于热爱学习、热衷于接受新事物的王石来说,生命并不曾有终点,这一段的结束,只不过是下一段旅程的开始。

王石曾说:“作为万科的董事长,只有不断地读书、学习,接受新的观念、学习新的方法,才能在知识创造财富的时代,不被淘汰。就像登山一样,读书也是一种生活状态。”学习是王石的习惯,也是王石的生活方式。对于学习的热爱,从王石年轻时便显现出来。王石在新疆当兵期间,每天站岗执勤以后,还要坚持在熄灯后蒙在被窝里读书和学习,这是他在漫漫黄沙的戈壁滩中唯一的乐趣。

这种早年勤奋好学的经历也为王石后来的人生发展打下了良好的基础。刚开始工作时,王石就发现自己同周围人的思维方式不一样,总能率先发现机遇,快速把握信息,准确预判市场。这要得益于王石的英文阅读能力,经常阅读英文书籍、报刊等,使得他能够比其他人具有更加广泛、更加迅速、更加准确地信息获取渠道。另外,王石对于政治经济学十分感兴趣,曾翻阅了大量的相关资料,使得他对商品经济和市场规律有了一定的把握,这在改革开放初期是十分难得的。

后来,王石自己开始做企业,愈发感觉自己的知识储备不够用,于是王石就利用每次出差的机会,购买了很多财务会计、企业管理方面的书。创业的头几年,王石每天在外面跑业务,晚上回到住处无论多晚也要自学两个小时的课程。

王石读过很多的书,但其中最喜欢的要数汤因比的《历史研究》简写本。刚开始得到这本书时,他如获至宝,尽管很不好读,但是王石还是每天坚持读一些,用了8个月的时间才通读了一遍。

有人曾问过王石是怎么读书的,王石也给予了详细的回答:

"首先我自己也是比较喜欢看书的,我是每天早晨躺在床上看书的,睡觉之前也看书。早晨看的书是我今天需要借鉴的,晚上看的书有两种:一种是你今天心情不好,就找点儿有趣的书;另一种就是你睡不着就看哲学书,哲学书的催眠效果是最好的。另外,我去洗手间一定要看书的,那是很惬意的事情。再一个在交通工具上我也会看书。我眼睛的平衡能力非常好,在高速公路上我看书也没有问题。在旅途中的看书不仅仅是打发时间,也增长了知识。我会同时看五六本书,就是这样的读书方法。有的书可以一晚上就看完,也有的书看半年还没有读完,也有的书永远读不完,没有什么针对性。针对自己的读书兴趣点,比如说我对历史书是比较感兴趣的,对军事书也感兴趣,对中国军事史中的近代军事史更感兴趣,因为它有相当的侧重面,比如说台海关系,中日的军事对比……这些都是我非常感兴趣的话题。当然,大历史我也是蛮喜欢的。再一个,就是心理学,我也是非常感兴趣的,尤其现在最前沿的计划经济学,用来讨论是非常引人入胜的。除此之外就非常杂了。"

王石对于学习的热爱可不仅仅是读书这么简单。2011年,王石已年过花甲,但他毅然决定要去美国哈佛大学游学。这一去,就是三年。尽管面临外界各种非议,有人说他作为万科老总游学是失职,有人说他这个岁数游学是作秀,但是王石依然坚持自己的决定。

在哈佛游学的3年,王石基本上和公司事务隔绝开来,专心学习。但是,即便是每天学习的日子,王石依然觉得"时间总是不够用"。上午8:40～11:00,哈佛听主课;下午1:00～2:30,英语选修课;2:45～6:00英语语法课。每周两次晚7:30～9:00口语课;每晚看资料做笔记至凌晨1点——这是王石在哈佛游学期间的日程安排表。

这样高强度的学习,让已过花甲之年的王石有些吃不消。但身体上的劳累还不是困难的全部，最令王石感到苦恼的，是语言差异和年龄增长导致的学习能力下降。

“我也经历过小学、中学、工农兵大学，虽然不是最优秀的，成绩也是中等偏上。这次算是体会到什么叫后进生。”王石说，他生平第一次感觉脑袋累，是脑壳里那种累，半夜两三点很疲劳，但睡不着。“有点像某种病态，一度担心别在哈佛没学到东西，变神经了，想放弃。但第二天，太阳照常升起，又背着书包去上学。”王石对《外滩画报》记者说。

即便再多困难，王石也坚持将游学之旅完成。付出终有回报，游学给王石所带来的精神财富，使得他对人生、事业、工作的认识又提高了一个境界。回忆起这段游学时光，王石说：“每个礼拜，我都觉得打开了一片新天地”。

一位曾在万科工作多年的员工评价说，王石让她联想到日本建筑师安藤忠雄的一句话：一个人真正的幸福并不是待在光明之中，而是从远处凝望光明，朝它奔去，就在那拼命忘我的时间里，才有人生真正的充实。“王石给人的感觉，就是他的前面有一束光，指引着他永远向前。”

案例改编自：王晓易．我为什么要去哈佛？王石讲述哈佛游学生活[EB/OL]．(2012-08-12)[2018-07-01]. http://edu.163.com/12/0829/18/8A3ICNTM00294IIE_all.html.

三、案例分析

领导学教授本尼斯说：“伟大的领导者都是伟大的学习者。”在知识经济时代，知识更新速度快，社会形势变化迅速，根据科学家的估算，全世界的知识总量7～10年就可以翻一番。知识的爆发式增长对于组织领导来说，既是机遇，也是挑战，关键在于领导者是否具有学习力。

学习是个体通过后天努力提高领导力的重要途径，学习力是领导力提升的基础。学习力是指领导干部发挥主观能动性通过多种渠道、运用多种形式、采取多种手段获取知识的能力。学习力在领导干部的各种能力中处于极为重要的地位，是领导能力提升的基础，也是领导干部各种能力的综合反映。领导干部解决问题的能力，实质上是学习力释放的过程。[①] 王石之所以能够掌舵万科这艘“航空母舰”，其能力并非与生俱来的，更多的是通过后天的不断学习、实践、反思而历练出来的领导力。从一开始参加工作，王石便发现了长期坚持的学习习惯所带来的好处——“总能率先发现机遇，快速把握信息，准确预判市

① 周评．领导力再造[M]．上海：华东理工大学出版社，2012：214.

场”。正因为体会到了学习的好处，王石在工作生涯中不断学习新知，不断武装大脑，使他具有了异于常人的对于市场的敏锐洞察力和领导公司不断取得新突破的底气。学习对于领导工作具有3种促进作用：一是使领导者保持敏锐的洞察力和判断力，提升领导思维能力，对组织问题做出正确的判断和决策；二是获取新知识、新信息，了解新形势、新政策、新挑战，了解本行业的前沿动态，避免与社会、市场脱节；三是为组织的生存、发展、变革寻求方向和方法。

领导者的学习要做到“三个结合”。首先，理论与实践结合。① 作为领导者要明白领导者的学习不同于学生或专家学者的学习，而是更加具有针对性和实践导向，领导学习的目的在于应用，能够把所学知识运用到工作中去，能够有效地指导自己的工作。因此，领导者在构筑知识结构的过程中，应当充分注意理论与实践的结合点，把两者有机地结合起来。具体来说，学习过程应有问题意识，有的放矢地解决实际问题，同时，又要在实践中研究新问题、新情况，并从中找出规律性的东西，使之上升到理论的高度。其次，“博采众长”与“集中重点”相结合。“博采众长”就是广泛吸收人类文明成果，要求领导者学习的知识面要开阔，不仅要学习业务知识，还要学习政治、哲学、人文、历史、经济、科技等综合知识；“集中重点”要求领导者“术业有专攻”，在广泛学习各领域知识的同时，向自己的行业领域纵深发展，深入把握学科精髓。最后，系统学习与平时积累相结合。系统学习就是集中时间、精力，在固定的学习场所，全面地、系统地、循序渐进地学习。平时积累则是日积月累，在工作和生活中利用业余时间坚持不懈地学习。系统学习与平时积累是互为补充的。只有经过系统的学习，达到一定的知识水准，才能有效地做好平时积累；也只有通过长期的积累，不断充实新的知识，才能使知识体系更加系统完备。本案例中，王石的学习方法贯穿了“三个结合”：在开始创业时发现自己的知识不够，便开始自学企业管理和财务方面的知识，带着工作中的问题和需要去读书，并将书中所学运用于解决实际问题；王石在读书习惯上，涉猎十分广泛，包括哲学、经济、历史、军事等，同时，针对自己所从事的商业领域以及感兴趣的话题，王石也进行了重点的研读；读书习惯是王石的生活方式，常常利用业余时间读书，这是平时积累，但他又热衷于参加学习班、游学，接受课堂的系统化教育，这是系统学习。

四、案例拓展

2018年4月18日，国务院常务会议确定推行终身职业技能培训制度的政

① 孟宪忠，瞿怀明. 领导艺术与实践[M]. 沈阳：辽宁教育出版社，1995：362-364.

策措施，以提高劳动者素质，促进高质量发展。这意味着，社会各行各业即将进入一个全民终身学习的时代，尤其是领导这样一种需要紧跟时代步伐、保持思想高度的职位来说，终身学习是必然趋势。但是，由于工作性质的原因，领导者不能盲目学习，而是要对自己的学习进行管理。

在学习规划上，体现二八法则。领导者的时间是有限的，在有限的时间内，既要做好领导组织实现目标的本职工作，又要利用闲余时间学习以提升自我，那么，领导者的学习方法和策略就必须有规划、有重点、有目的、有方法，不能一味求大求全。二八法则又称帕累托定律，即对于学习来说，在任何一门学科的知识构成中，最重要的、在生活和工作中最常用到的只占其中一小部分，约20%，其余80%尽管是多数，却是次要的。领导者不需要精通所有学科的知识，那样在精力和时间上也是办不到的，但领导者必须掌握管理、财务、技术以及与组织业务相关的专业领域方面的核心知识，才能了解组织发展的整体情况，并对组织的各项工作做出规划，对下属的工作进行必要的方向性的指导。因此，领导者的学习策略应该是：在有限的时间内，迅速地掌握、熟悉一个领域的重点、关键内容。这要求领导学习书本知识的时候要学会把书由厚读薄，把一本书、一个专业甚至一门学科的核心理论进行浓缩，最好是上升为哲学层面的思考，以此来指导自己的工作。①

在学习内容上，不论何种行业的领导者，都必须掌握以下方面知识。首先，要认真学习马克思主义理论，包括马克思主义哲学、政治经济学和科学社会主义等。其次，要认真学习党的各项方针、政策，学习中国特色社会主义理论，了解基础法律知识。再次，要认真学习现代科学的管理方法，学习领导和组织相关理论。最后，要认真学习科学技术，尤其是本行业领域的前沿技术。

在学习途径上，领导者学习的途径是多元化的，不只有书本知识，更要善于学习经验知识。领导者要善于从自我和他人的工作经验中汲取智慧，升华经验，进而应用到工作中。领导者学习可以采用的形式既可以是自己读书，也可以参加党校、行政学院等培训机构的学习，还可以通过专题研讨或讲座来相互学习、相互总结，与组织共同提高。

在学习形式上，领导者不仅要从“书”中学习，更要从“人”和“事”中进行学习。对于事情的经验要反思与总结，进而上升为内心的感悟，唯有自己内心自觉，心领神会，才能得到真知。修身炼己，知行合一，经世致用，做到“存乎心，行乎四体”，知识才能真正促成行为改变，才能重塑自我，实现领导力的提升和再

① 刘峰．领导科学与艺术[M]．北京：北京大学出版社，2014：265．

造。荀子认为："学者，非必为仕；而仕者，必如学。"从领导力和学习力之间的角度去理解，学习力强并不必然导致领导力强，但卓越的领导力必然是以非凡的学习力为后盾的。[①]

领导者善于学习不仅是自己学习，更要带领大家一起学习，知识经济社会是一个学习型社会，只有学习型组织才能适应社会的形势变化，领导者与追随者都要树立终生学习的意识。领导者只有善于学习，才可能善于创新，不断创新。

五、案例思考题

1. 在你看来，王石年过花甲仍然去游学是否有必要？为什么？
2. 在当今社会，领导者应该成为全面型人才还是专业型人才？
3. 领导者学习应该侧重于哪些方面？

① 周评. 领导力再造[M]. 上海：华东理工大学出版社，2012：214.

案例二

傅莹：以柔克刚的智慧

一、案例导读

外交是看不见硝烟的战场。在外交舞台上，总有几个靓丽的身影，为中国的大国形象增添了几分温情，傅莹就是其中一个活跃在外交场上并为人所熟知的女外交官。许多人见到傅莹的第一面，脑海中首先浮现的三个词语是："优雅，自信，谦和"。的确，这三个字是傅莹一生的真实写照。傅莹是一个被岁月善待的人，尽管年逾花甲，但时光似乎并没有在她脸上留下痕迹，反而赋予她一种自内而外的智慧与从容。无论是做外交官，还是做新闻发言人，傅莹总能完美地应对各种刁钻问题和突发情况，表现出高超的外交智慧，在这背后，是傅莹强大的自我情绪管理能力支撑着她。

二、案例正文

作为一名外交人员，自我情绪管理能力是必不可少的能力之一。外交官虽然以个人形象出现，但代表着的却是一个国家的形象。外交官在国际舞台上的言谈举止、一言一行，甚至是语气和表情，都要时刻保持审慎，一旦有不合时宜的言行举止出现，就会被媒体过度放大和误读，造成不必要的国际争端。因此，外交官的工作压力不言而喻。

在 2016 年的慕尼黑安全会议上，傅莹被问了一个不怀好意的问题："中国是否对前盟友朝鲜失去了控制。"面对如此刻意刁难，想必傅莹心中是有些愤怒的，即便如此，她依然能够面带微笑地应对自如，而不是面露不悦、大发雷霆。将中国与朝鲜的关系用"控制"一词联系起来，无论回答"是"或者"不是"都等于间接承认了中国在试图控制他国主权。对此，傅莹见招拆招，其回答相当机智却不失威严。"这种用语很西方。对一个国家失去了控制，（而且还是）一个主权国家，中国不是这么想的。我们不控制任何国家，我们也从来没控制过任何国家，我们也不想被任何国家控制"，进而，傅莹巧妙地将该问题引到了美国的霸权主义问题和韩国部署萨德的问题上，"中国民众也对朝核问题很生气，但如今，他们对美韩部署萨德更生气……"这一回答让美国和韩国哑口无言、自食其果。本次会议中，美方外交人员的发言十分无礼，一口一个中国"偷窃"美国。对此，傅莹收起来笑容，严肃地回应道："你很喜欢用'偷窃'这个词，而且一直指向中国。'偷窃'是长辈指责晚辈的用词，这个词很不敬。如果我们两国之间存在技术性的问题，我们可以摊开来说，但你需要向我们提供证据。”在有关国家尊严的问题上，傅莹表现出了不容侵犯的强硬姿态，其不卑不亢的回答与美方人员的无礼形成鲜明的对比，在众人心中高下立判。

时隔一年后的2017年，傅莹再次受邀出席了慕尼黑安全会议。在这次会议上，西方国家对于中国的刁难依旧是老调重弹、故技重施。伦敦国际战略研究所所长奇普曼将矛头对准中国军费，他在发言中称：“亚洲国家军事发展快，军费庞大，2012年超过欧洲，2016年达到后者的1.3倍，其中中国的军费最高，2016年是日本和韩国总和的1.8倍，是其他南海沿岸国总和的3.7倍。”拿中国的军费开支说事是西方国家的惯用伎俩，傅莹对此进行了驳斥：此次慕安会重点讨论如何确保北约成员国将国防预算提高至GDP的2%，分担安全经费，但刚才在提到中国的国防预算时的态度明显不同。实际上中国的国防预算一直保持在GDP的1.5%，却被渲染为威胁，这是否存在双重标准？中国历史上多次遭受外来侵略，现在人们对国家能增强军力保卫主权和安全感到自豪。大音希声，大象无形。高手之间的对决，往往见不到剑拔弩张的情景，思维敏锐、逻辑严谨的她，往往以“绵里藏针”的方式，展现出“以柔克刚”的风采。

说话声音大不代表有道理，作为国家对外形象的代表，傅莹虽然是女性，但每句话都掷地有声，铿锵有力，气势上丝毫不弱于男性。傅莹所表现出的幽默与机智，既有让人不敢侵犯的坚定态度，又有让人难以拒绝的柔性的表达方式，这形成了她自身独特的气质和个性的语言，一改往日中国官员在外媒心中“不苟言笑、铁板一块”的固有形象，获得了国内外的广泛赞誉。英国《外交官》杂志曾授予傅莹“年度亚洲外交官奖”，称赞她“以难得的坦率和富有人情味的方式……充分显示了中国希望通过合作寻求和平发展，在应对国际社会面临的共同挑战方面发挥更大作用，最终建立一个和谐世界的愿望”。同时，也正是她屡屡在关键时刻发出直击人心灵的声音，有理有据，让人为之折服，也成就了她“危机大使”的美誉。

外交场上的“铁娘子”在生活中也有柔情似水、真性情的一面。在女儿的婚宴上，傅莹唱起了《送亲歌》，跳起了传统的蒙古舞，用最传统、最本真的方式表达喜悦之情和对女儿的祝福。尽管那时她已经60岁了，但依旧舞步娴熟、舞姿优美。

三、案例分析

当今，西方媒体在国际舞台上刻意散布“中国威胁论”，企图让世界各国对中国保持高度戒备，阻挠中国的发展道路，破坏中国的睦邻友好关系，将中国与霸权主义挂上钩。这是以美国为首的西方国家的阴谋。中国的外交官要在各种场合，向世界表达中国希望和平发展的意愿，灵活地处理观点交锋和利益冲突。对于外交官来说，在原则问题上，一定严肃对待，绝不含糊，没有半点退让和商量的余地；但是另一方面，在表达方式上，不需要盛气凌人，有理不在声高，善用话语技巧更能体现素质，让世界对中国形成良好印象。任用傅莹等女外交官、新闻发言人来代表国家形象，以女性特有的温和、知性、优雅来传递中国声音，有利于消除国际社会对于中国发展的紧张情绪。

外交场合记者的提问总是充满不确定性，外交人员必须时刻保持理智、清醒、机敏。尽管有些问题别有用心，有些问题言辞冒犯，有些问题咄咄逼人，外交官也必须掌控自我情绪，不能让情绪冲昏头脑。傅莹对于自我情绪的管理能力和时刻保持清醒理智的才能，也并非是天生就有的。今天我们所看到的她，在外交场上表现出的游刃有余、沉着淡定，这与其早年的学习和生活经历是分不开的。

傅莹出生于一个知识分子家庭，在家庭氛围的熏陶下，傅莹从小就对读书、学习充满了兴趣。但是，天有不测风云，“文化大革命”开始后，傅莹的父亲蒙冤入狱，傅莹的读书梦也被打碎了。当时年仅 16 岁的她，不得不担负起家庭的重担，来到了内蒙古西部偏远地区的一个建设兵团参加“上山下乡”运动。在这段时间里，她往返于兵团各处，不辞劳苦地爬电线杆、架银幕，给战友们放映电影。工作的艰苦并没有磨灭掉她对学习的渴望。在工作之余，她自学了高中所有科目，并在 1973 年作为工农兵学员进入北京外国语学院学习英语。这期间，她不仅保持了各科成绩名列前茅，更是经常在数学考试中考出满分的成绩。除此之外，她不满足于英语学习，还自学了法语、罗马尼亚语等多门外语，为未来的工作打下了良好的基础。将命运之苦水作美酒饮，也正是年轻时众多挫折、困顿的磨砺和锻炼，使得傅莹逐渐成长为一个出色的外交官。努力的人总会受到命运的青睐。1984 年，中英两国政府在北京正式签署关于香港问题的联合声明，邓小平出席签字仪式并会见英国首相撒切尔夫人，傅莹作为中方翻译，见证并参与了中国历史上重要的一刻。

由傅莹的经历我们可以归纳出，领导者情绪管理能力与三个方面因素相关：

首先，领导者自我情绪管理能力与个人阅历相关，久经风浪的领导者往往具有较强的情绪把控能力。从人的成长规律来看，随着年龄和阅历的不断增长，人的情绪管理能力会得到不同程度的提升。人在年少时，往往年轻气盛，容易冲动，而年老时，则性情会变得温和许多。年轻时阅历尚浅，情绪阈值较低，对于外界的刺激更加敏感，在情绪上的反应更加激烈。《孟子·尽心》中有语："观于海者难为水"。意思是见过大海的人不会把小溪小河的水放在眼里。同样，若是经历过跌宕起伏的人生，对于生活和工作中小的困难和挫折就不会感到焦虑。

其次，领导者的情绪管理能力与个人情商有关。戈尔曼在《情商》一书中指出，情商具有五个维度：了解自我，管理自我，自我激励，识别他人情绪，处理人际关系。其中，"管理自我"指的是能够及时调控自我的情绪，使之适时适地适度，而这种能力建立在自我知觉的基础之上。除此之外，情商中的"识别他人情绪"这一维度主要是指移情，即能通过细微的社会信号，敏锐地感受到他人的情绪变化。综上可知，情商是情绪管理的基础和重要影响因素，而情绪管理则是情商的外在表现。

最后，领导者自我情绪管理能力与个人知识背景有关。现代研究证明，个体的情绪管理能力既有先天因素的影响，也有后天因素的塑造，而在各种后天因素中，受教育程度是十分重要的一个因素。我国古人便有诗云："富有诗书气自华"。而知识越少的人，脾气越大，这是因为：无知使人更容易因为未知事物和不确定性而感到焦虑、威胁，故而引发愤怒、忧伤等消极情绪。知识在一定程度上可以丰富个人的涵养，了解待人处世的明规则和潜规则，即便面对未知也充满自信，勇敢地面对各种挑战。

四、案例拓展

领导者代表组织形象，往往受到社会的广泛关注。无论是领导人公开演讲、参与竞选活动，还是领导者与下属的交流中，情绪都是除了语言之外十分重要的情感表达方式和信息传递方式。情绪管理是指人们对自身情绪和他人情绪的感知、协调、引导、互动和控制，是对情绪智力的挖掘和培植，是培养和驾驭情绪的能力，是建立和维护良好情绪的一系列过程和方法。情绪管理能力已经成为当今领导能力的重要组成部分，对于领导者的领导效能及个人发展起着重要作用。因此，领导者必须重视对自我情绪以及下属情绪的关注、感知和调整。

情绪本身并无好坏之分，情绪管理的最终目的是：在特定的时间、地点、条件下展现合宜的情绪。何为合宜的情绪？情绪合宜与否，要看情绪表现是否有助于实现以下三个目标：

一是塑造领导者有血有肉的公众形象，二是增进领导者与下属之间的感情，三是促进组织目标的实现。具体来说，作为一个领导者，当下属个人遭遇不幸时，要表现出同情；在集体情绪消沉时，要展现出乐观；该喜则喜，该怒则怒，该悲则悲。

对于普通人来说，感受情绪进而表达情绪并无不妥，而对于领导来说，提高情绪发生阈值则显得尤为重要。提高情绪发生阈值，即延缓、减弱情绪产生和发展的整个过程，降低情感波动，提高情绪爆发的临界值。简单来说，就是让人对能够引起情绪巨大波动的刺激源在心理上脱敏，让情绪反应“迟钝”一些。这也是领导者情绪管理的目标之一。历史上许多优秀的领导者都具有极高的情绪发生阈值，抵抗情绪波动能力远在普通人之上。

当前很多领导者推崇“真性情”，错误地将真性情理解为恣意释放情绪，全然不顾时间、地点、场合。将不良情绪毫无保留地宣泄并不是解决问题的最好方式，甚至还会影响沟通的效果。对于领导者来说，情绪是一把双刃剑。情绪掌控得好，可以使领导者散发独特的人格魅力，激发下属对组织的认同；而在掌握、管理情绪方面表现不佳的领导者，往往会使下属情感上受到伤害，为组织做贡献的动机受到打击，或是对领导者个人的领导能力产生怀疑。如此结果是，领导者可能会受到下属的非议和排斥，导致组织内耗骤增，组织目标难以顺利实现。实际上，“真性情”恰恰是领导者善于掌握、管理自我情绪的体现。在该表现某种情绪的时候表现情绪，往往能够与下属产生一种情感上的共鸣，塑造出一种有血有肉的领导形象，体现出对下属的人文关怀，此举能加深领导者与下属之间的感情，拉近两者的距离。

掌握管理情绪的艺术，将情绪表现得恰到好处，其前提是——通情，即设身处地地站在对方立场上进行思考的一种艺术。领导者进行自我情绪管理的前提是要对下属的情绪有良好的感知，可采用的途径有沟通、倾听、观察、下属的自我反馈等。在了解下属的情绪状况基础上，领导者便可有针对性地选择恰当的情绪表现。

五、案例思考题

1. 你认为领导者应该在下属面前真实地表达自己的情绪吗？为什么？
2. 案例中，傅莹的情绪管理能力是怎样培养出来的？
3. 领导者的情绪管理能力对于领导工作有什么作用？请举例说明。

案例三

“身体是革命的本钱”

一、案例导读

快节奏、高强度的工作是现代生活的重要特征，而领导者又是各行各业“旋涡的中心”，其身心健康情况是需要重点关注的。现实生活中，许多领导者将工作放在第一位，甚至不惜牺牲健康，但是，健康与工作并非对立面，健康是工作的基础，并且直接关系到工作的成效。面对工作压力和亚健康状态，领导者该如何打好这场“健康保卫战”？华尔街的精英们给出了自己的答案。

二、案例正文

在压力下跳舞：华尔街运动会

提起华尔街，我们首先想到的可能是世界上最顶尖的金融人才，每天在金融市场上运筹帷幄、呼风唤雨的商界精英，或者是毕业于世界顶级名校的高才生。但是你也许没想到的是，这些金融界精英们不仅有高智商的大脑，还有堪比专业运动员的体魄。

自 2008 年以来，美国华尔街的加拿大皇家银行(RBC)每年都会举办一场十项铁人赛。在华尔街工作的精英，从 22 岁刚入职不久的业务员，到 62 岁的老银行家，凡是体育爱好者悉数参加。4 个小时内，他们要参加包括 400 米跑、扔橄榄球、引体向上、40 码(37 米)冲刺、双杠下撑、500 米划桨、撑杆跳、20 码穿梭、卧推和 800 米跑在内的组合赛事。

如果华尔街的金融精英们只是热衷参加一场运动会并不足为奇，但看看这些华尔街精英们的成绩单，着实令当前的大多数人汗颜：

30 岁的毅联汇业公司(ICAP)副总裁鲁宾第五次次蝉联“华尔街最佳运动员”的称号，他不但智商超群，还是美国前 NFL(美式橄榄球大联盟)球员出身，甚至曾击败过奥运游泳冠军菲尔普斯。

40 码冲刺跑比赛中，巴克莱公司分析师 Jacob Stoller 跑了 4.96 秒；苏格兰皇家银行的 Jared Sholly 跑了 4.85 秒。摩根大通公司的分析师 Jonathan Mason 只用了 4.7 秒。

交易型开放式指数基金的创始人 John Osbon 已经年逾花甲，在这场比赛中连续做了 7 次引体向上。Osbon 的儿子 Max 做了 19 个引体向上。摩根士丹利交易员 Ted Finan 做了 29 个引体向上。

摩根大通公司的 27 岁经理 Michael Bennett 做了 25 次卧推；杰弗里斯银行的经理 Randy Giveans 做了 24 次卧推。前哈佛球队队长 Collin Zych 现在在德州的 Cogent Partners 工作，做了 26 次卧推。峰堡投资集团分析师 Amin Gillespie 做了 26 次卧推；一家私人投行的分析师 Jay Li 做了 35 次卧推。早前杜克大学足球队后卫 Phillip Alexander，为摩根大通公司团队做了 42 次卧推。

花旗银行的 Nicholas Barone 400 米跑仅用了 55.12 秒。摩根大通的经理 Jason Price 跑场最强，400 米跑仅用 49.41 秒，800 米跑用了 2 分 03 秒。高盛公司副总 Andrew Hogue 400 米跑用了 53.51 秒，800 米跑用了 2 分 27 秒。

这项赛事不仅仅是一场运动赛事，还是一场慈善活动，其主旨是调动金融行业从业者的运动情趣和慈善奉献精神，为癌症研究募集善款。这场赛事募集善款总计达 600 多万美元。华尔街运动会上，这些精英们既锻炼了身体，释放了工作压力，又促进了社交，同时还产生了良好的社会效应，可以算得上是一件利人利己的好事了。

在压力下沉沦：领导群体高猝死率、高自杀率

近年来，企业家猝死的新闻在媒体上屡见不鲜，其中不乏三四十岁的青壮年企业家，本该是为社会、家庭贡献力量的黄金时期，却成了猝死的高发群体，一幕幕悲剧频频上演，一个个鲜活生命瞬间倒下：

2008 年，北京同仁堂股份有限公司董事长张生瑜突发心脏病去世，年仅 39 岁；

2011 年 7 月，原凤凰网总编辑、百视通首席运营官吴征游泳时突发疾病，经紧急抢救无效病逝，年仅 39 岁；

2013 年，御泥坊前董事长吴立君突发脑疾去世，年仅 36 岁；

2013 年，南阳通宇集团董事长王庆来突发脑溢血去世，年仅 43 岁；

2016 年 6 月，前阿里巴巴集团数据技术及产品部（DT）总监欧吉良猝死，年仅 34 岁；

2016 年 6 月，天涯副主编金波猝死地铁，年仅 34 岁；

2016 年 10 月，春雨天下软件有限公司（春雨医生）创始人、CEO 张锐因突发心肌梗死去世，年仅 44 岁；

2018 年 1 月 14 日，朗科智能公司董事长刘显武因突发疾病医治无效去世；

……

这些鲜活的生命在不经意间戛然而止，令人扼腕叹息，感慨之余，也留给我们的沉重的思考。高强度、快节奏的工作的确是一个重要诱因，但中国企业家

对待健康的态度仍值得我们反思。《2016年中国企业家健康绿皮书》通过对6 000余位企业家样本数据的16类常见体检指标异常进行分析，结果发现：在样本人群中，血压、血脂、血糖异常及超重肥胖的发生率分别为27.1%、54.7%、13.9%和54.2%，均高于报告中报道的全国患病水平。而抽烟、酗酒、熬夜、过度劳累、缺少运动等不良生活习惯则是造成这一状况的元凶。除了生理上的问题，许多领导干部在心理上也出现了疾病的症状，严重者甚至选择通过自杀结束宝贵的生命。

2017年4月9日下午，安徽省蚌埠市人大财经委员会副主任肖某在办公室坠楼身亡；

2017年4月10日上午，湖南娄底市检察院副检察长邹某某在家属楼坠楼身亡；

2017年5月1日，荆门市东宝区区委常委、常务副区长徐某某被发现在其办公室内自缢身亡，其所留的遗书称：不堪病痛折磨，太抑郁，让我安静地走；

2017年5月12日上午，江苏省徐州市政协副主席、市财政局局长李某某，被家人发现在家中自缢身亡。经现场勘查，发现现场一份《瞭望》杂志上留有“忧郁严重，彻夜难眠，痛苦万分，以此了结”的手书文字……

当前，无论企业家还是行政官员，各行各业的领导者们的身心健康问题已然成了一种社会问题，从统计数据来看可以说是触目惊心。

据中央国家机关职工心理健康咨询中心的统计数据显示，2009～2016年间，全国共有243名领导干部自杀，其中约半数被明确诊断为抑郁症。[①] 据《中国青年报》不完全统计，仅仅在2013年1月1日～2014年4月10日期间，国内共有54名各级官员非正常死亡。其中23人是自杀身亡，占42.6%。调查表明，除个别官员确实因涉及腐败而畏罪自杀外，多数以自杀来结束生命的官员是心理健康出了问题，其中很多是长期抑郁所致。压力是诱发抑郁症最根本的因素，包括对现状不满、工作压力大、遭遇或目睹不公平、个人升迁受挫、家庭压力、感情纠葛等。因压力大而罹患抑郁症的阴霾不仅笼罩在政府官员头上，企业家更是易患心理疾病的群体。清华大学心理学教授彭凯平说：“全社会自杀率大概是十万分之二十五，而企业家的自杀比例比老百姓自杀比例要高很多。”

案例改编自：罗雪婷. 华尔街上的第11种人：运动型男神们[EB/OL].(2016-06-18)[2018-09-02]. http://edu.163.com/16/0618/06/BPQRPQHP00294NE9.html.

① 李朝波. 情绪劳动视角下领导干部抑郁现象分析[J]. 中国党政干部论坛，2017(12)：66-69.

三、案例分析

领导者的健康问题不仅仅是领导者的个人问题，更是影响组织发展的重要因素。一方面，被领导者或选民会在推选领导者时将健康情况纳入考虑范围；另一方面，领导者的身心健康也是组织目标顺利实现的保障。具体来说，领导者的身心健康与组织发展之间有以下几种关系：

（1）领导者的健康问题关系到政策的连贯性和延续性。在组织中，领导者是政策制定和执行的主要推动力量。一旦领导者身心健康状态不佳，难以承担领导工作，为了保障组织的正常运作和组织目标的顺利实现，就不得不对领导岗位或领导集体进行人员组成上的变动和调整，但是，这种领导层尤其是主要领导的变动，对组织可能产生两种不良后果：一是会使原有的政策、路线、计划难以为继，前期成本沉没；二是组织权力结构的变化会带来组织或大或小的震荡。考虑到这一点，当被领导者在选举组织的领导者，或是上级在任命组织的领导者时，都会对领导者当前以及未来的身体健康状况进行考察。例如，2016年总统大选期间，就希拉里和特朗普这两位候选者的身体健康问题，双方展开了激烈的论战：希拉里在出席“9·11”事件周年纪念会上因为健康问题提前退场，结果被记者拍到瘫倒在上车之前。这次摔倒事件让候选人的健康问题成为总统竞选的热门话题，特朗普借此大做文章，各种猜测、阴谋论层出不穷……民众、媒体之所以关心总统候选人的健康状况，原因无外乎一个：领导者的身体必须能够胜任这份工作，健康问题不能成为阻碍。

（2）领导者只有身体健康，才能胜任领导职责，否则将会影响到领导岗位职责的履行。身体是革命的本钱。只有拥有了健康的体魄，才能勇敢地迎接挑战，才能从容地面对艰巨复杂的领导工作。领导可以说是一个组织中压力最大、责任最重、事务最繁杂的岗位。胜任领导岗位的人，不仅要具备相应的领导才能和知识背景，还要有好的身体和心理素质，因为这是抗压能力的基础。领导者的身心健康虽然貌似和领导效能并无直接关系，但却是领导者开展领导活动，履行领导职责的基础条件。只有具备良好的身心状态的领导者，才能带领组织成员顺利实现组织目标。

（3）健康的体魄是领导魅力的重要组成部分。领导者需要在组织中时刻展现充满活力的形象，健康的身体能够让领导者看起来充满自信、阳光，有助于提升领导魅力。下属对于领导者的追随，不仅来源于组织的人事安排，更来源于下属对领导者个人的认同、崇拜，因此，领导者应该起到表率、模范作用，不仅是在工作方面，在生活方面也是一样。

四、案例拓展

领导者本身所具有的多重社会角色，导致领导者往往面临着交叉压力：上级与下级、工作与家庭、工作与自我提升，等等。在这种高压状态下，领导者往往忽视了自身的身心健康状况，身心健康问题最终会影响到领导效能，所以，领导者必须对健康问题提高重视，具体来说，有以下几点：

一是要形成良好的生活习惯，包括饮食习惯、锻炼习惯、作息习惯等。领导者经常要处理非常规性事件和突发事件，正常的作息往往难以保证，并且，中国特有的"酒桌文化"也在侵蚀着领导者健康的身体。

二是要掌握一条适合自己的释放压力的途径。压力不断累积是一种巨大的身心能量，这种能量如果不能及时释放，会给身心带来损害。释放压力的途径要以适合自己为佳，很多不适合自己的减压方式反而会给自身带来新的压力。

三是要定期进行身体检查，接受专业的心理测试，当发现心理问题时，及早进行危机干预，接受专业的心理治疗。领导者所面临的经常是时间紧迫、事关重大的高压情境，人体本身具有应对压力的系统，但持续性、高强度的压力还是会超出压力系统的调节能力，对身心造成损害。领导者往往表面上光鲜亮丽，背地里却常常处于身心俱疲的状态。

领导者在交叉压力之下，加之特殊的工作性质，致使领导者心理问题宣泄和疏导的渠道较为匮乏，若超出其心理承受能力，容易出现身心健康问题，甚至导致悲剧的发生。不只是领导者，组织中的每个人的健康问题都值得深切关注。根据自身的实际情况，组织中应该建立科学化的心理健康教育、心理咨询治疗体系，通过定期开展心理健康教育、普及心理健康知识，降低组织中成员心理问题的发生率。

五、案例思考题

1. 领导者该怎样协调健康与工作之间的关系？

2. 为什么说领导者的身心健康关系到组织的发展？两者之间有什么样的关系？

3. 领导者在日常生活中应该怎样保持身心健康？

案例四

领导者的形象管理

一、案例导读

一个领导者所展现的公众形象，主要由两个方面构成：一方面是领导者内在的人格、品行、行事风格，另一方面是领导者的外在形象、衣着打扮。无论是活跃在政治舞台上的领导者，还是知名企业的领导者，他们往往会在形象上花费一定的心思，甚至聘请专门的形象设计师为自己量身打造形象。这种对于外观形象的追求，不仅仅是女性领导者的专利，同样也见诸男性领导者。但是，领导者对于形象的追求，可不仅仅是为了美观而已。

二、案例正文

当今社会，随着传媒网络的不断发展，无论是商界领袖，还是政治精英，其曝光率有与日俱增的趋势，领导者有更多的机会在公众面前展示自我。领导者形象所代表的不仅是其个人，更与其背后的组织有着千丝万缕的联系，因此，当代领导者特别注意公众形象的塑造，希望通过良好的形象和独特的个人魅力获得公众的支持、拥护和关注。

英国政坛的不变传统

英国历史上著名的“铁娘子”撒切尔夫人在塑造公众形象上可谓是不遗余力，她非常在意自己的发型，曾经直言“发型关乎政治”。据英国国家档案馆披露，撒切尔夫人在 1984 年的任期内曾约见她的私人发型师达 118 次，平均下来每 3 天就要打理 1 次头发。特别是在七国集团峰会期间连续 5 天护理头发，给英国乃至全世界人民心中留下的不仅有“铁娘子”的形象，还有她那一头优雅端庄的秀发。

坚持同一发型多年的还有英国女王伊丽莎白二世。伊丽莎白二世的发型 50 多年基本没有变过，保持着她一贯的高贵和庄重。在时尚风向标日新月异的今天，女王在服装上经常会有不同的穿搭变化，但身为大不列颠及北爱尔兰联合王国的精神纽带和英国王室的象征，一头亘古不变的发型昭示了王室的可信、稳固，以及世代相承的英国文化和道德标准。

希拉里：从饱受诟病到时尚先锋

2017 年，伴随着与特朗普在总统大选中的竞争，希拉里成了美国政坛上炙手可热的人物。公众面前的希拉里，衣着时尚且得体，配上一头干练的短发，使得其富有一种中性、睿智、优雅的气质。但是，希拉里初涉政坛时并不是这样，她曾在自我形象管理上走过许多弯路。从刚开始被记者挖苦嘲讽，到今天随心所欲、无形胜有形的老江湖，希拉里在公众形象塑造这条路上走了30多年。

1975年，希拉里刚嫁给克林顿时，她衣着单点朴素，看起来像是女仆。3年后，克林顿当选阿肯色州州长，希拉里被任命为教育标准委员会负责人。此时的她，一身行头更像是贤内助，梳着老气横秋的齐肩发，穿着带有厚厚肩垫的红色套装。再后来，希拉里一度成为女权运动的领导者，造型就更加“引人侧目”了，厚如酒瓶底的黑框眼镜，大格子西服，成为人们贬损的对象。

1992年，希拉里作为妻子出席克林顿的总统竞选活动，一套不得体的蓝白色竖条连衣裙使得其形象大打折扣。这种形象违背了美国人心目中高贵、优雅、知性的第一夫人形象，甚至因此而影响到了克林顿竞选总统时的选票。

但是，随着在政界的摸爬滚打，希拉里一路成长一路改变自己的衣品，在镁光灯下愈发轻车熟路。希拉里在专业时尚人士的点拨指导下越来越上道，应对不同的场合变得游刃有余，2008年还将著名时尚杂志的“年度魅力女性”的荣誉收入囊中。希拉里不仅摆脱了当年造型骇人的噩梦，还成了全美国的时尚典范。伴随着衣着品位的提升，希拉里的职业生涯也是一路向上。自从希拉里改变了自身的形象后，她在政治生涯中便踏上了康庄大道，一路攀升到了美国权力的巅峰，虽然在与特朗普的总统竞选中落败了，但依然获得了极高的支持率。对于一个女性政治家来说，这在美国政治史上也足以载入史册。希拉里不再是那个庇荫于总统丈夫光辉之下的第一夫人，而是以自己强硬的政治手腕、老道的政治智慧和独特的女性政治家风范在奉行强人政治的美国政坛上搏出了自己的一片天地。

从希拉里个人形象与领导生涯之间的关联性来讲，虽然不能将其全部归因于形象的改变，但这也绝对是一个重要因素。良好的形象，使得希拉里在政治生涯中如虎添翼。

好着装会说话

人靠衣装马靠鞍，政治舞台上的领导人皆深谙造型之道，从发型、服装、妆容到小小的配饰，最后呈现在世人眼前的形象背后都花费了不少心思。政治领导者的造型是其表达个性、政见、主张和政治偏好的利器，而民众和媒体也可以通过政治舞台上的领导者造型的变化嗅到一些不同寻常的政治隐喻。

朝鲜领导人金正恩，喜欢将头发两鬓剃光，中间头发向后梳，这样的造型却有着特殊的政治意味。最高的崇拜便是模仿，朝鲜领导人金正恩在形象上倾向于模仿其父亲和祖父，这代表着金正恩在政治上将会沿袭其父亲、祖父的强硬路线和一些基本策略，同时，在造型上对于父辈的模仿，也是向世人强调其领导权威的合法性来源，希望将朝鲜民众对于其祖父金日成的爱戴和拥护转移、承袭到自己身上。

即使是在和平年代，古巴的革命领导人卡斯特罗也往往以一身戎装呈现在公众眼前。自 1959 年和切·格瓦拉一起推翻巴蒂斯塔独裁政权，直到宣布退休，卡斯特罗在长达 50 多年的执政生涯中对外保持了硬汉形象。古巴与美国隔海相望，美国多次企图颠覆古巴政权、暗杀卡斯特罗而未取得成功，卡斯特罗一身戎装表达了绝不屈服于美国强权、顽强抗争的自由意志，成为一种鲜明的政治符号。

美国第 64 任国务卿玛德琳·奥尔布赖特是美国有史以来的第一位女性国务卿，同时，她还以其独特的“胸针外交”闻名于世。在公开会议上，媒体只需要看看她当天佩戴的胸针，就可以知道她要表达的观点和态度。一枚小小的胸针在这位女国务卿手里成了政治晴雨表。在担任美国驻联合国大使期间，伊拉克军队入侵科威特，美国对此十分不满，奥尔布赖特在会见伊拉克外交人员时佩戴了一枚蛇形胸针，告诉对方美国就像是一条极具攻击性的蛇，一旦触怒它便会受到惩罚。在就任国务卿时，奥尔布赖特佩戴鹰型胸针，鹰是美国的象征，她用这枚胸针表达了她对美国人民的忠诚；在会见曼德拉时，其所佩戴的斑马胸针呼应了非洲的大草原；出席美俄外长会议时，她别了一枚拦截导弹的胸针；在向卢旺达种族灭绝大屠杀中的遇难者致敬时佩戴和平鸽胸针；在中美经贸洽谈时，佩戴了一枚陶瓷烧制的中国龙胸针，以此来表达善意。

领导者在领导形象上的“不拘小节”，则可能会给自身的领导生涯带来严重的危机。2016 年泰国老国王普密蓬·阿杜德逝世后，泰国王储玛哈·哇集拉隆功承袭王位，成为新一任的泰国国王，但是，国内外对于这位新国王的批判之声自其即位以来便不绝于耳。2016 年 7 月，哇集拉隆功出访德国，媒体爆出这位泰国王储竟然穿着卷到腰部的露脐背心和运动凉鞋出现在了德国的慕尼黑机场，显得十分不雅。这在泰国媒体上引起了轩然大波，泰国国内甚至出现了要求哇集拉隆功下台的声音。泰国王储代表国家参加国事访问这样的重大外交活动，竟然衣不蔽体，这既是对访问国德国的不尊重，也是对其所代表的泰国的亵渎。

对形象管理重视的可不仅仅有政治舞台上的领导者，许多企业领导者在公众形象塑造上也有自己的心得。

2012 年，苹果公司的灵魂人物乔布斯去世了。在乔布斯任职苹果公司

CEO期间，每一场苹果公司的新品发布会上，都可以看到乔布斯穿着几乎同样的衣服——黑色高领毛衣、牛仔裤和运动鞋。苹果公司的产品不断地更新换代，但其CEO的衣着几乎一成不变，这种习惯来源于19世纪80年代初乔布斯对于日本索尼公司的一次考察。在那次考察中，乔布斯惊叹于索尼公司从上到下的统一着装，与严谨的工业精神、严明的组织纪律、勤勉自律的企业文化一起，成为索尼公司特殊的组织文化缩影，起到了凝聚员工与企业精神的纽带作用。这给乔布斯的心灵带来了极大的震撼，乔布斯回忆说："我决定，我要苹果也有这样的凝聚力。"虽然最后统一制服的设想并未被所有员工接受，但他却从自身做起，将一种永恒不变的形象一直贯彻到其去世。

案例改编自：张晓峰. 行政领导学经典案例释义[M]. 哈尔滨：黑龙江人民出版社，2017：274-277.

三、案例分析

通过上述案例可以看出，领导者对于自身形象管理的重视并不是个别现象，而是一种普遍现象，不论男女，不论年龄，不论政界还是商界。当今社会的领导者普遍认识到，自我形象管理与领导效能之间存在着正相关关系。那么，领导者形象又是如何影响领导效能的呢？

在工作和生活中，认知偏差使大多数人普遍存在"以貌取人"的心理，领导者塑造良好的公众形象是一种认知优势，能够获得组织和社会的天然好感。任何人在接触、认识一个人的时候，都难免会产生认知偏差，常见的认知偏差有首因效应、晕轮效应和投射效应。

首因效应是指人的第一印象会对后来的交往产生很大的影响。领导者在竞选时，为了给选民留下美好的第一印象，通常会花费大量的心思设计自己的造型。晕轮效应是指人们常常将认知对象的某个特征泛化到整体，以局部的信息去推断整体印象。例如，当追随者看到形象邋遢、造型失败的领导者时，通常会认为他在工作上也是一个不负责任的人，因此领导者必须时刻保持自己干净利索的形象，不能把自己不好的一面示众。投射效应指在对他人形成印象时，总是习惯于以自己的偏好去推断他人，希望他人也具备与自己相似的特性。因此领导者在着装上要做到"到什么山头唱什么歌""见什么人穿什么衣"，投其所好，才能拉近心理距离。

在案例中我们可以看到，很多知名的领导者都采用了固化形象的策略，实际上，这种行为也有其特殊考虑。

首先，心理学研究表明，人的大脑记忆有简化的过程，在短时间内，人们往往更倾向于记住特殊的细节、部分而不是整体。曾为多名政客服务过的美发师威廉·托雅克说："历来，想要出名的政客应该有自己的特色发型并保持不变，这会成为一种标志，让人们一看就知道是他。"领导者少有变化的公众形象，有助于降低群体的认知成本，为自我树立"品牌效应"，让人们有一种亲切感、熟悉感和信任感。

其次，领导者最初进入一个组织，若想要获得群体的广泛熟知和认可，首先要做的是在群体中留下特色鲜明的印象。尤其是在大范围的竞选时，候选者与选民之间有较大的信息鸿沟，当公众对于领导者候选人普遍认知度不高的时候，这种特色鲜明的个人形象符号便成为一种竞选优势，能够被社会公众迅速、广泛地识记、传播。

最后，领导者选择每天同样的造型着装，可以节省时间和精力去做更多有意义的事。比如，奥巴马的衣柜构成就很简单，里面可选的不多，平时他只穿蓝色和灰色的西装，他说："你们会看到我只穿灰色或蓝色的西装，是因为我努力把选择变少。我不想在吃什么或穿什么上面做决定，因为我需要做太多其他的决定。"所以，在某种造型已经获得了社会的认可后，形象固定化是一种省时省力的策略。毕竟，对于领导者来说，不在琐事上费心，才有时间做大事。

四、案例拓展

服装是人的第二皮肤，也是内在自我的表达与延伸。领导者不能胡乱穿衣、随意打扮，而是通常要遵循一定的原则，总的来说：一是要符合职业特征。不同行业的领导者都有其明文规定的或潜在的服装规范，例如军队领导常以军装示人，而行政领导则常以西装为主；二是要符合价值观念，不同国家、不同地区、不同文化在着装上亦有不同；三是要符合形体气质，人的气质各不相同、形体也存在差异，在着装上，即便不能量身定做，也要选择能够尽量规避形体缺点的着装；四是要符合场所、气氛，领导者出席不同的场合、活动要选择适应当时场合的服装搭配，要充分照顾到群众的心情。

总体来说，领导者的形象管理要符合追随者的心理预期。领导者对自身进行形象塑造时要以社会的主流审美为标准，太过前卫或落后于时代的衣着发型都是不恰当的。除时尚行业相关的领导者之外，大多数企业或行政领导者所要面对的是广泛的社会公众，领导者要想获得他们的认可、支持和拥护，就要在形象塑造上符合其预期和主流偏好，这样才能让绝大多数被领导者产生一种认同感和亲切感。太过前卫的造型超出主流群体的审美能力，往往不能被大众所接受；而太过落后的装扮则显示出领导者是落后于时代的"老古板"，这也不符合被领导者对领导者所应具备的与时俱进精神的期待。

领导者形象塑造的经典案例可谓俯拾皆是。形象对于领导者来说就像是一把双刃剑：形象塑造得成功，可以增添领导者的个人魅力，提高下属对于领导的认可度、忠诚度和承诺感，对领导工作的开展大有裨益，甚至可以在历史上留下经久不衰的经典形象，为世人所铭记；领导形象塑造不力，则会使自身的领导力受损，轻则缺乏特色和辨识度不容易被人记住，重则削弱下属和社会的支持度和忠诚度，为领导工作增添了阻碍。

但是我们也必须认识到，领导对于自我形象的塑造和管理只是表面工作，对于一个优秀的领导者来说，最为重要的工作并不是这些，而是不遗余力地带领下属更快、更好地实现组织目标，这才是一个领导者的本职工作。形象管理对于领导者来说是“锦上添花”的事情，如果没有“锦”作为基础，那么“花”的存在也就毫无意义。

五、案例思考题

1. 领导者们在造型上有哪些“规矩”？

2. 领导者除了造型等方面提升形象外，还应从哪些方面来塑造形象？民众更看重领导者的哪些形象和品质？

案例五

“首富”的行程表

一、案例导读

在一档访谈节目中，万达董事长王健林的那句“先给自己定一个小目标，比方说我先挣它一个亿”着实让他火了一把。最近，网上流传出一份王健林的行程安排表，看完这个，我们大概明白了，首富喊出一个亿的“小目标”，确实有底气。欲戴王冠，必承其重，同样是一天24小时，领导者们是如何与普通人拉开差距的？

二、案例正文

王健林作为当代中国成功企业家的代表性人物，曾经的中国首富，在中国可以称得上家喻户晓了。即便你不关注福布斯排行榜，也不认识王健林，但也一定知道或者去过他一手创办的万达广场。如今，万达广场基本上成了中国各大、中城市的标配，为发展地方经济和丰富人民生活做出了一定贡献。

最近，“新晋网红”王健林在网上火了。在接受采访时，他说了一句经典的话：“先给自己定一个小目标，比方说我先挣它一个亿。”随后，“小目标”成为热点词，在网络上迅速传播，也使王健林成了新晋“网红”。人们既惊叹于首富口中遥不可及的“小目标”，同时也感觉到了富人与普通人在思想观念上的差异。但是，王健林第二次在网上火了，却是因为万达集团微信公众号公布了一张日常的工作行程表，并配文称：“这是不平凡的一天，又是他普通的一天。”这张行程表的内容如下：

11月30日王健林行程

4:00	起床
4:15～5:00	健身
5:00～5:30	早餐
5:46～6:30	前往机场
7:00～12:15	雅加达飞海口
12:20～12:45	到达海南迎宾馆
12:45～13:00	海南领导会见
13:00～13:20	海南万达城项目签约仪式
13:20～14:10	便餐

14:10～15:00	前往机场
15:00～18:10	海口飞北京
18:30～19:10	到达办公室

从这张时间表来看，王健林早上4点起床，6点30到达机场，从印尼的雅加达飞到海南海口，一系列工作结束后又飞回北京。一天之内，两个国家，三个城市，他与省领导见面，签约500多亿的生意，飞行6 000公里。即便是这样紧张的行程，王健林在飞机上的时间也并没有休息，一直在与同行人员讨论海口万达城的项目图纸和规划。回到北京后，他并没有直接回家，而是马不停蹄地去办公室处理当天未完成的工作。

当谈及成功，王健林总结自己的一生说："成功一是要勤奋，二是要有智慧，三是靠运气。"在智慧和运气上，我们可能短时间内无法改变什么，但想获得成功，就必须做到勤奋。

当今社会，不论何种岗位，都会有大量的碎片化时间，如何利用好每天的碎片时间，决定着我们人生的高度。案例中，王健林在飞机上度过了8个小时，但这8个小时却能够被他充分利用起来，探讨问题，制定决策。万达公司的很多重要决策都是在出差途中讨论出来的。

每天日程安排紧锣密鼓的不只有王健林，很多知名的成功企业家皆是如此。如今已90岁高龄的李嘉诚每天坚持6点钟起床，8点钟到办公室工作；联想创始人柳传志每天5点前起床，运动1小时后开始工作；百度创始人李彦宏说"自己每天早晨5点多就会被机会叫醒"，并且每天工作时间都超过12个小时；小米创始人雷军接受采访时说道："我现在基本每天中午饭大概3分钟的时间"……

当一个人通过努力实现了自己的目标、获得一定的成功后，他会感到努力是有价值的，因此会更加地努力，进而获得更大的成功。所以我们经常看到，越成功的人，越努力，因为努力已然成为他们的一种习惯。

三、案例分析

(1) 优秀的领导者基本上都是视时间如生命的人，领导者必须学会时间管理的方法。时间是有限的，也是公平的，无论是对于领导者还是普通人来说，每一天都是24小时，因此，学会合理分配时间，掌握管理时间的科学方法就显得特别重要。不善于管理时间的领导者，往往会被各种杂乱的小事情搞得焦头烂额，晕头转向；而精于时间管理的领导者，则能把自己的生活和工作很好地平衡，一切做到井然有序、有条不紊。

领导者管理时间的前提是将事务分出轻重缓急，学会在生活和工作中放权，可以由他人代劳的事情授权给下属，事必躬亲的结果往往是本末倒置。领导者身处组织关键位置，要把最宝贵的时间都用在必要且重要的事情上。从王健林的日程表可以看出，作为一家大型企业的掌舵人，王健林在日常工作中主抓大局，他所做的工作大多数都是会见领导、参加仪式、制定决策等代表企业或者能够影响企业未来发展方向的事务，特点是重要且必须由他本人参加。

领导者要善于利用日程表和时间规划来管理自己的时间。日程表和时间规划表是领导者管理时间的有效工具，审视工作时间表，分出事情的轻重缓急，要毫不留情地抛弃低价值的活动。日程表或时间规划表能够随时提醒我们该做什么事情和不该做什么事情，为每一件事情设定一个完成期限，最好中间再设一个提醒点，重要且长期性的工作应该分节设立小目标。当工作被分配到每一天、每一小时时，时间上的紧迫感会让人更有责任感，促进工作的快速落实。

(2) 劳逸结合，工作更高效。我们常说，身体健康是革命的本钱，领导者工作再忙，也要懂得休息。尽管成功的企业家都很会管理自己的时间，充分利用有效时间，但企业家也不是神，也需要一定的休息和调整。王健林说，不管自己多忙，每天都要保证早上的早餐和健身。对于领导者来说，时间是宝贵的，但即使是这样，也必须拿出一定的时间保证自己休息良好、饮食健康，这也是众多成功企业家的“秘诀”。

只有休息好，才能让自己的工作更高效。长时间的工作，会让我们的专注力大打折扣，精力损耗非常大，效率也会随之下降。因此，当你实在感觉疲惫时，不妨休息一会。磨刀不误砍柴工，休息良好可以使人更加精力充沛地去完成工作。

四、案例拓展

(1) 领导者要以存量思维管理时间。存量思维即时间是有限的，你在这一点上花费了时间，在另一点上就会缺乏时间。所以，领导者必须学会最大限度地实现时间的合理配置。在时间面前，领导者与普通人无异，但是，领导者之所以能够成为领导者，并且能够在有限的时间内完成纷繁复杂的领导工作，带领组织实现预定目标，并不是因为领导者能够扩展时间的量，而是领导者善于在有限的时间内实现各项工作之间的结构性优化。日本管理学家大前研一说过：只要自己不主动改变时间分配，人生就不会改变。一个人唯一能掌控的，只有时间分配。人生就是由无数选择组成的，你把时间用在哪里，你的战略就在哪里，你的人生方向和落脚点就在哪里，这才是时间管理的大智慧。

（2）四象限法则，也被称为ABCD法则，是时间管理的一个重要概念，其主要观点是应有重点地把主要的精力和时间集中地放在处理那些重要但不紧急的工作上，这样可以做到未雨绸缪，防患于未然。具体来说，就是将每天的工作归纳到ABCD四个象限中，见图2-1。

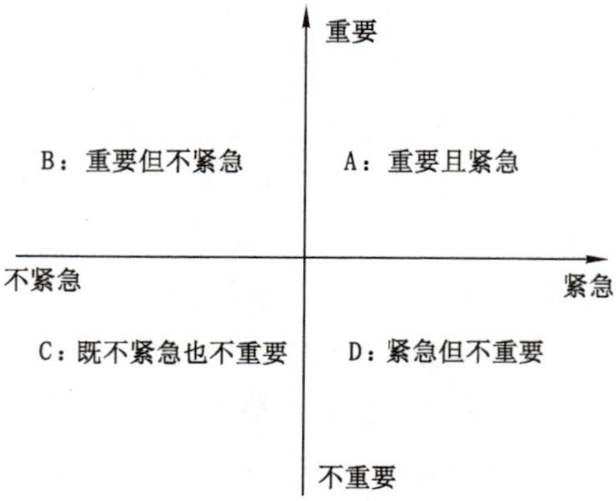

图2-1　时间管理四象限

A是指重要且紧急的工作，这一类的事情具有时间的紧迫性和影响的重要性，无法回避也不能拖延，必须首先处理优先解决，也是领导工作的重点内容。例如公司的重大项目的谈判，重要的会议工作，亟待做出的重大决策事项等。

B是指重要但不紧急的工作，该类工作不具有时间上的紧迫性，但是，它依然具有重大的影响，对于个人或者组织的存在和发展以及周围环境的建立维护，都具有重大的意义。例如个人的学习，组织的文化建设，与合作伙伴的关系维护等。

C是指紧急但不重要的工作，这些事情在时间上很紧急但却并不重要，因此这一象限的事件具有很大的欺骗性。很多人认识上有误区，认为紧急的事情都显得重要，实际上，像无谓的电话、附和别人期望的事、打麻将三缺一等事件都并不重要。这些不重要的事件往往因为它紧急，就会占据人们很多的宝贵时间。

D是指既不紧急也不重要的工作，此类事务应尽量避免，它们大多是些琐碎的杂事，没有时间的紧迫性，也没有任何的重要性，这种事件与时间的结合纯粹是在扼杀时间，是在浪费生命，例如打游戏、闲聊、游逛等。

根据上述四个象限事务的特征，领导者可以将自己每天所从事的工作进行归类，归类之后，对于每一类工作，领导者的处理方式如下：

A类工作——马上做：领导者应优先、着重解决此类工作，要求领导者首先要有准确的判断能力，确定是既紧急又重要的事情，然后优先处理。但是，如果你总是有紧急又重要的事情要做，则说明你在时间管理上存在问题，要尝试调整自己的时间规划。

B类工作——计划做：领导者要将空闲时间多投资此类工作，该类工作很重要，而且会有充足的时间去准备。很多A类工作实际上是B类工作的延伸，所以，未雨绸缪，早做打算，只要在没有A类工作的前提下就应当尽快去做，而不是无限期拖延，尽可能地把时间花在重要但不紧急的事情上，这样才能减少A类工作量。

C类工作——授权做：作为领导者应该尽量把该类工作授权给有能力的下属或秘书去做，以便将更多的时间腾出来处理A、B两类重要的事情。这样安排，可以提高效率，充分利用有效时间和精力，合理分配工作任务。

D类工作——减少做：第四象限的事情是没有意义的，必须想方设法走出第四象限，尽量减少此类工作浪费的时间。

A类工作和C类工作很难区分，C类工作对人的欺骗性最大，它很紧急的事实造成了它很重要的假象，耗费了人们大量的时间。人们往往习惯于把紧急程度作为安排事情的第一序列，但却忽视了事情的重要程度。其实，对于那些不重要的工作来说，适当拖一拖也无关大局。区分这两类工作的唯一标准是看这件事是否重要，也就是按照自己的人生目标和人生规划来衡量这件事的重要性。如果它重要，就属于A类工作的内容；如果它不重要，就属于C类工作的内容。

总体来说，领导者要突出重点，对完成中心工作有直接联系或重要的工作，要优先安排，在时间上加以保证，以便领导者集中力量办大事，防止因各种零碎小事而疲于奔命。

五、案例思考题

1. 根据时间管理四象限法则，领导工作中的哪些事情分别属于A、B、C、D四类工作？请举例说明。

2. 除了案例中的时间管理方法，你还知道哪些有效的时间管理方法？

案例六

毛大庆："跑"出新人生

一、案例导读

毛大庆算得上是当今中国房地产圈子里的名人。2002～2015年就职于万科期间，毛大庆带领万科公司实现了从43亿到200多亿销售收入的业绩飙升，成为当时房地产市场的风云人物。但是，鲜为人知的是，在他无限风光的背后，是高强度的工作压力对身心的摧残，导致其一度罹患抑郁症。毛大庆并没有就此沉沦，而是找到了一剂自我治愈的良药，那是什么呢？

二、案例正文

在交流会上，与年轻人热情交流的毛大庆话语诙谐幽默，乐观向上，但是你可能想不到的是，几年前，毛大庆因工作上的压力过大，罹患抑郁症，精神状况一度到了危险的边缘，最严重时"曾经想到过自杀"。而让毛大庆倍感压力、最为难熬的阶段，是发生于2011年的香河违规圈地事件。

河北廊坊香河县从2008年以来，打着城乡统筹、建设新农村的旗号，通过"以租代征"等方式，大规模"圈占"耕地。当地政府占用农民1亩地租金每年1 000多元，而转手卖给房地产开发商达每亩60多万元。香河县土地违法违规问题在媒体曝光后，北京督察局高度重视，并督促当地国土资源管理部门予以严肃的立案处理。事件发酵后，迅速波及当时在香河县开展建设项目的众多房地产商，万科便是其中一家。

2011年5月23日，万科位于河北香河的欢庆城项目被叫停。因存在十分严重的土地违规问题，督查组责令万科欢庆城停工停建。然而，令督查组头痛的是，欢庆城项目一期300套房源，已经全部售出，这导致该地块无法恢复原状。7月25日，北京万科对外表示，已就欢庆城项目的善后解决方案与香河县政府达成一致：香河县政府收回该地块的土地使用权，在确保企业合法权益不受损失的前提下，对在建工程予以收购，欢庆城项目终止。

后来在接受记者采访时，毛大庆回忆当时的情境："2012年，香河那边的土地事件。万科投资了7亿～8亿，房子盖完都卖掉了，政府却突然说是违法的，地要收回去。8亿打水漂了，打官司没人听。那时虽然我不是创业者，但是负责人，上市公司8亿灰飞烟灭，承担的责任和压力巨大。虽然后面圆满解决掉，但解决的过程历时1年，多少动脑筋，多少后怕，多少不眠之夜，多少担心都尝遍了。"毛大庆至今回忆起来仍心有余悸。"我自己干了20多年房地产，很多年处在高节奏、高压力的工作状态里，房地产行业可能比任何一个行业都忽起忽落，政府干预、老百姓质疑，我们又在高管的位置上，漩涡的漩涡，轴心的轴心，经常感受到外部的压力。……一个房地产项目，盘子那么大，出问题都是巨大的，社会关联度极高。一会儿业主闹事儿，一会儿政府搞你了，要不然又出事儿了，一会儿好卖一会儿不好卖，我们长期处在这样的工作环境里，实际上抗压能力比其他人还强，但是面临的事情很复杂。"在多方压力如洪水一般涌来的时候，压力的副作用就会在人的身心上反映出来："第一个症状是整晚整晚睡不着觉，这或许可以解释为神经衰弱，但我又没有，半夜眼睛瞪得灯泡那么大，白天浑浑噩噩感觉很困，晚上又睡不着，折磨得一塌糊涂。有一两个月这种状态就够了，这个人基本上就结束了，你肯定内分泌不好，所以胃口就不好不想吃饭，食欲不振，然后免疫力下降，口腔溃疡、感冒等疾病都来了。我得这个病的时候，正处在天天喝大酒的状态，一天到晚要跟各种人打交道。那会儿还没限制大吃大喝，我要陪人家大吃大喝，很难保证良好的工作状态。之后我就表现出了极其强烈的负面情绪，什么都看不惯，随便一件事情，能总结出好几条不好的因素，什么都完蛋，前途一片黑暗。"

得了抑郁症后，毛大庆不愿意和人交流，很孤独，经常睡不着，也不愿意接客户的电话，到了后来需要秘书每天定时定点提醒吃药。但是后来出现了转机，就在毛大庆吃药的前前后后，万科推动员工要进行体育运动（万科创始人王石也是出了名的运动健将），因为总经理郁亮要登珠峰，要求所有高管都要跑步，他到哪个城市走访高管就得跑步，逼着他们跑步。起初毛大庆对于跑步是十分抗拒的。"我这也跑不动啊，就为了应景，找几个小孩，陪着总裁跑。我这不能跑啊，他们一跑，我就躲厕所里了，等他们跑回来，我再溜出来。"但是在公司大力提倡健康体育锻炼的氛围下，加上周围同事的鼓励，毛大庆也开始试着跑马拉松。跑着跑着，毛大庆发现他对跑步上瘾了。当谈起跑马拉松的感受，毛大庆感触颇深："马拉松的魅力在于享受那种留白，享受头脑的空白。村上春树说跑步的时候你在想什么，我什么都不想，因为什么也想不起来了，尤其是到30公里以后累得都不行了还想什么呀，所以这是一个极其美妙的生活状态。生活在北京这种城市，最希望的是找到一个能留白的事，人生没有留白是非常悲剧的。每一次享受马拉松，我就找到4小时的留白，那4个小时手机也不接，脑袋里什么事情也想不起来了，就是跑步，往前看，看眼前的风景。繁忙的人，从长跑里既获得人生的一抹留白，又锻炼了身体，还获得了快乐，这是多么可贵的一件事情。"

对于跑马拉松的益处，毛大庆也有一套自己的理论："从生理上讲，马拉松有很多优点，代谢、排毒，刺激你分泌一些快乐素，让你快乐，这是你身体造的一种兴奋剂，比吃药健康多了。马拉松是一种'正向沉溺'，没有什么太大的坏处，比你沉溺在一些胡思乱想中要好得多。"从那以后，毛大庆热爱跑马拉松到了痴迷的程度，据说他在有关任何话题的讲话中都"三句离不开跑步"，甚至一度媒体给毛大庆打上"马拉松推广大使"的标签。每当毛大庆感到工作上的压力，便跑一场马拉松来缓解，至今他已经跑了上百场马拉松。在跑步中，他不仅释放了工作上的压力，连抑郁症也不知不觉地痊愈了。

案例改编自：

[1] 毛大庆. 人活着信仰总还是要有的[EB/OL]. (2015-08-05)[2018-09-02]. https://finance.sina.com.cn/leadership/crz/20150805/202922886340.shtml.

[2] 高原. 毛大庆：跨越门槛的方法论[EB/OL]. (2017-02-22)[2018-09-02]. http://www.sohu.com/a/126977701_461469.

三、案例分析

领导者是高压力群体，巨大的不确定性通常是领导压力的来源，突发事故是领导压力的导火索，掌握压力管理方法很重要。当今社会的领导者处于一个充满高度不确定性和复杂性的环境中，而领导工作又需要面面俱到，处理事务繁杂，尤其是在面对负面的突发事件时，领导者的压力可能陡然增加。压力不仅会表现在情绪上，而且还会引发一系列的生理反应，使人心烦意乱、思维局限。在这种情况下，如果继续直面压力源，继续高强度地工作，工作效率和思维能力会大打折扣，也很难解决引起压力的实际问题，问题解决乏力，则会进一步增加压力，使人陷入一种消极循环状态。本案例中，当香河的地产项目遭遇挫折时，毛大庆"在多方压力如洪水一般涌来的时候"，压力的副作用便在身心上都反映了出来，结果是"很难保证良好的工作状态，之后又表现出了极其强烈的负面情绪"，消极的压力不仅使其工作上的问题并没有得到解决，毛大庆还一度陷入抑郁症的旋涡中不能自拔。

工作上的重大突发事故很可能成为现代人的压力源，这种压力如果得不到适当的宣泄，便会转化为巨大的负能量，当负能量在人的身心中积累得越来越多，就会对人的身心健康造成损害，甚至引发严重的生理反应或诸如抑郁症这样的心理疾病。在这种情况下，领导者必须找到一条适合自己的压力宣泄路径。对于毛大庆来说，他找到的宣泄路径是跑马拉松，这是一种宣泄压力的有效办法。跑马拉松是一种需要突破身体体能极限的运动，能够极大地释放人的负能量；同时，跑马拉松还是转移压力源的有效途径，它可以给紧张节奏的生活"留白"，使人从暂时的压力中心解脱出来。毛大庆从一开始抵触马拉松，到后来通过跑马拉松获得新生，是他找到了适合自己的纾解压力、放松心灵的方法，体验到了马拉松带来的好处，甚至成了马拉松宣传大使。对于领导者来说，除了马拉松，还有许多其他的途径可以释放压力，只要健康并且有效，就是最好的。

四、案例拓展

(1) 压力本身具有两面性，关键在于你怎么去看待它。

压力可能来源于生活，也可能来源于工作，压力几乎伴随人生的每个阶段。压力是在人备受挑战或者对事情应接不暇等情况下所产生的感觉。压力可能会导致亚健康状态，这种亚健康状态不仅体现在身体上，而且还反映为情绪的波动。在巨大的压力下，人常常会产生焦虑感、罪恶感、疲惫感、烦躁感、无助感和无用感等消极情绪。

但是，对于压力，不能片面地加以否定，压力既有消极作用，也有积极作用。有时候，工作中短期内的压力反而是有益的。它促使我们认真对待眼前的问题，压力会促使人积极思考，发掘自身的潜在能力，寻求解决问题的方法。此外，每一次压力情境都是人生的磨炼，在与压力对抗的过程中，我们获得了宝贵的职业经验和人生经验，没有压力，就没有成长。那么，如何才能发挥压力的积极作用而消除压力的消极作用呢？关键在于你怎样看待它。大部分情况下，对于压力的恐惧给人带来的危害要远远大于压力本身。

压力与焦虑似乎形影不离，但是人的焦虑并不完全来源于外部压力，有时候来源于自己内心深处对于压力的习惯性看法。我们通常认为，压力是有害的，所以我们对压力避之不及。殊不知，正是这种观念，使我们在工作外部压力之上又叠加了内部的心理压力，变得更加焦虑。

加州大学的凯丽·麦克尼格尔教授研究发现：尽管大部分人的身心健康受到了压力的影响，但却存在一小部分领导者的健康状况要远好于其他承受同样压力的领导者们，甚至比那些没什么压力的普通人都好。

通过进一步的研究发现，这一小部分领导普遍具有两个共性特征：一是他们休息的时间更长，生活更规律；二是他们对压力的主观看法与大部分人不同，他们没有将压力当作精神负担，而是将其看作能够激发潜力的有利因素。

所以，我们要改变对于压力的看法，在压力面前不应该恐慌，也不必逃避，而是应该选择正视压力，也许压力问题就能迎刃而解。

（2）领导者作为特殊的群体，处于组织的核心地位，是全体组织成员的主心骨，担负着带领组织发展的责任，其面临的责任更重、困惑更多、压力也更大。在当今社会，压力管理是领导者必备的技能，学会正确地看待压力和疏解压力，才能胜任复杂繁重的领导工作。

领导者的压力管理，主要分为两部分：一是针对压力源，即对工作中所面临的困难本身进行处理；二是纾解压力所造成的主观反应。针对压力源解决压力要根据领导者面临的具体问题具体来谈，这里不做赘述。

下面主要讲第二部分，即如何纾解压力造成的消极主观反应。具体来说，纾解压力有三种途径：一是放松法：通过听音乐、调整呼吸以及睡觉休息等方式放松肌肉。领导者应探索构建自身的休息系统。休息可以分为三种：低级休息、中级休息和高级休息。低级休息是短期的、高频率的，例如工作间隙起来活动活动，乏了累了小憩十几分钟，甚至停下来深呼吸几次调整状态都是低级休息；中级休息一般是用天来计算的，例如过个放松的周末，一整天不工作；高级休息是较长期的、低频率的，例如一年中给自己安排一个星期的度假时光和一次完美的旅行。

二是宣泄法：通过体育活动、诉说、涂鸦等方式宣泄情绪。纾解压力最好的方法便是来一场酣畅淋漓的有氧运动，加快人体的新陈代谢，消耗多余的负能量，提高人的抗压能力，或者是找亲密的亲人、朋友倾诉。从心理学角度来说，倾诉也是一种非常好的宣泄渠道，必要时，在不影响他人的情况下也可以大声吼几声，或者哭出来，都是缓解压力的好办法。总之，当感到压力时，适时排解，合理分担，不要自我封闭，要让他人开导、分担自我的心理压力。

三是转移法：离开当下的压力情境，从事自己喜欢的事情。通过从事一些自己喜欢的业余爱好，把压力源先暂时搁置，给自己留出调整心态的时间和机会，等心态平复后，再继续处理棘手的工作，这也是管理压力的途径。

要避免不适当的压力宣泄途径，例如抽烟、酗酒、暴力行为等，同时要培养自己宣泄压力的正当途径：例如听音乐、与朋友谈心、看喜欢的书或者来一场酣畅淋漓的有氧运动。总之，纾解压力的途径无好坏之分，只要适合自己的就是最好的，但前提是不能对他人和自己的身体造成伤害。

五、案例思考题

1. 在你的经历中，有没有类似毛大庆的压力情境？你是如何化解这种压力的？

2. 对于领导者来说，压力的来源可能有哪些方面？请举例说明。

第三章

领导识人用人

领导者的责任，归结起来，主要地是出主意、用干部两件事。

——毛泽东

人是组织中最关键的要素。只有广纳贤才、海纳百川的组织，方能历久弥新、长盛不衰。而领导者作为组织的一把手，须有伯乐相马的才能、周公吐哺的精神、求贤若渴的态度，才能获得宝贵的人才资源。

独木难成林，古今中外的领导者，必有大批优秀的人才辅佐方能成事。有了优质的人才资源，事情也就成功了一半。领导者为组织吸纳人才，包括识人和用人两个相互联系的阶段。

领导识人，是将那些“德才兼备”、与组织价值观一致的人才从茫茫人海中识别出来并将其纳入麾下，这要求领导者有独到的预见力、洞察力和辨别力。领导识人有四个关键：一是识别人才的独特优势，发现个体身上的“闪光点”；二是识别人才的行为方式，通过人的外在举止观其内心品性；三是识别人才的价值取向，甄选那些与组织目标和价值观相合的人；四是识别人才的业绩表现，要能看到下属的工作实绩，提拔成绩突出的人才。

传统用人理论是将人看作实现目标的工具，强调的是对人的束缚、控制、监督，强调人与岗位的永久搭配；现代用人理论则强调对人的激励、鼓舞、影响，强调发挥人的自主性和能动性。

领导用人，不仅是使用人，更是影响人、激励人、培养人、提升人。首先，用人的本质并非仅仅是利用他人，而是影响他人。只有被领导者愿意接受领导者的影响，接受领导者的激励，才能自觉地为实现组织目标发挥自己的才能和潜力。其次，领导者不仅要自己能干，还要激励他人能干。这个过程中，既要激励心，更要激发智。激励心就是领导者要传递正能量、激发下属热情；激发智就是辅导下属业务，教导下属行为，帮助其实现目标。再次，领导者要为下属提供环境、条件，让下属有更多机会独立面对问题、解决问题、快速成长，同时，要用人所长、避人所短，让人才在组织中能够各尽所能、适材适所，实现人力资源的优化配置和结构升级，从而产生“1＋1＞2”的效果。最后，领导用人的整个过程中，不仅是要实现组织目标，同时还肩负培养人、发展人、提升人的重任，要让个人和组织实现共同进步，个人目标与组织目标共同实现。

历史上有许多领导者任用贤能而成就大业的佳话，如今，这样的故事仍然在现实生活中接连上演。与以往有所不同的是，随着社会的进步和发展，人的知识素养、能力水平、自我意识都在不断提高，领导识人用人的思想也都与时俱进，带有鲜明的时代特点。本章选取了几个社会影响力较大的领导者识人用人的故事，借此探讨领导者该怎样识人用人。

案例一

"人情味"管理

一、案例导读

互联网巨头腾讯和调味品巨头老干妈，这两家公司都是当今中国成功企业的代表。看似毫无关联的两家企业，在管理员工方面却有相同的诀窍，那就是——"人情味"管理。领导者的体贴与关怀，为何有这样的魔力，能够让组织的凝聚力只增不减，让下属对领导者忠心耿耿？下面的案例或许能说明一些问题。

二、案例正文

在我国当今社会，提起"人情"这个词，闪现在人们脑海里的首先是"拉关系""走后门""任人唯亲"等含义。但是在这里，我们所要表述的"人情味"却有着截然不同的含义，它代表着一种以人为本的管理方式，重视组织成员的情感体验。

现代组织中，"人情"这个词为大多数领导者所忌讳，他们将"人情关系"看作是腐蚀一个组织战斗力的致命毒药。的确，如果每个人做事都将人情放在第一位，轻则严重影响工作效能，重则将成为滋生腐败的温床。但与此同时，我们也要看到人情的另外一面，将其作为一个中性概念，发挥它的有利作用。过度依赖人情关系必然是不可行的，但是组织可以将人情关系打造成健康的、积极向上的情感关系，将组织管理真正做到以人为本，助力领导者实现组织目标。要知道，"人情味"不仅能让你留住在职员工的心，还能俘虏离职员工的心。

马化腾的"人情投资"

年假结束，年后开工，许多公司举办开工仪式，如何帮助员工收回一颗"度假"的心，成了众多 CEO 的"头等大事"。领导者无法让员工收心，带来的便是工作效率的绝对低下，工作氛围散漫，各种摩擦也接踵而来，但是腾讯公司却没有这种烦恼。

假期综合征想必是每个员工都有的，但是，在腾讯公司有着这样一种"奇怪"的现象：长假第一天上班，员工一个比一个来得早，有的人甚至凌晨就来排队，往往到早上 9 点的时候，公司门口人山人海，场面蔚为壮观。究其原委，是因为他们知道，开工的这一天，马化腾必定会早早来到公司，第一时间送上节日祝福和开工红包。这些开工红包都是马化腾自掏腰包，虽然金额不多，但足以看出一个老板对员工的尊重和体贴。自 1998 年腾讯创立之初，马化腾就将这一传统延续至今，而现在我们使用的微信红包，最初灵感也是源于此。在腾讯公司，开工红包已经不仅仅代表了一种对员工的物质奖励，更是老板向员工传递真心的一座桥梁，将红包用于"人情"投资，塑造了一种和谐的企业文化，员工们也被老板的走心、真心、用心所感染，成为留住优秀员工、使得员工"投桃报李"的有效手段。

员工离职，并不是一件小事，轻则对公司正常运转带来影响，重则造成人心浮动，员工惶恐不安下甚至会造成公司结构坍塌。所以很多公司老板对待离职或者跳槽员工苦大仇深，认为这是一种不忠行为，会暗地里采取很多手段打压这些人，并且还会认为这些员工是在他们那里学到了本领，另攀高枝或自己单干，往往也会从事这个行业并且成为自己的有力竞争对手。所以对于很多企业，一旦出现离职的员工，领导者总会大力打压，对他们冷眼相看，甚至散播离职员工的坏话，这种现象屡见不鲜。

但是，马化腾对待离职员工却是另一番态度，即便知道某人要离职，对待他们也是尽心尽意，"人情味"十足。如果员工明确表示要离职，想要追求自己的理想目标，马化腾不但不会阻止，相反他会支持他们追求自己的目标，甚至拉他们一把，帮助他们实现理想抱负。众所周知，摩拜的高管胡玮炜曾经是马化腾的下属，在腾讯汽车频道任职过两年，后来离开腾讯去了摩拜，为新东家效力。按常理来说，马化腾对胡玮炜应该有一丝怨愤，但是实际上，马化腾非但没有"报复"过胡玮炜，甚至还处处帮忙，将摩拜单车纳入自己旗下的微信九宫格，使得摩拜单车具有更高的宣传度和市场占有度。虽然马化腾选择摩拜不仅仅是因为胡玮炜的关系，但从某种角度来说，这也是马化腾对以前下属工作的一种支持。马化腾对待离职员工的态度展现了一个大公司领导者的人品和胸怀，也让在职员工对公司更加忠心耿耿。马化腾知道，强扭的瓜不甜，为难要走的员工，不但会彻底失去已经离开的人，更会使得在职员工内心对腾讯的认同感和归属感降低，得不偿失。

截至 2017 年 11 月份腾讯市值突破 5 000 亿美金，跟巨头 Facebook 一样，未来前途一片光明。其成功的核心原因，大概与马化腾个人的领导风格有很大关系：懂得用人识人之道，做到了真心、用心地对待每一位员工，设身处地为自己的员工着想，用"人情味"留住在职员工的心，并且羁绊着离职员工的心。员工在见识到自家老总的真心后，亦是投桃报李，全身心投入工作中来报答马化腾。这种良好的氛围自然推动了腾讯公司向前发展，这种用人方式也为其他企业提供了学习和借鉴意义。

陶华碧的"干妈式"管理

近些年来,"老干妈"辣酱成了网红调味料,不仅风靡祖国的大江南北,还将这股麻辣风吹到了全世界,深受国内外消费者的青睐。

老干妈公司自成立以来,发展速度惊人,2016 年产值突破 45 亿元。巨大成功的背后,除了管理层和员工的辛勤努力以外,主要归功于老干妈创始人、董事长陶华碧充满人情味的用人方略。在陶华碧看来,企业老板和员工之间都是平等的,是讲感情的。陶华碧在用人识人方面有自己独到的见解,要将员工如同亲人一般对待,这样才能让员工产生归属感,为公司尽心尽力地做贡献。"靠心算管财,靠亲情管人"是陶华碧始终坚持的经营理念。

多年来,正是陶华碧一点一滴的关怀,使得员工们对她的爱戴之情至今不变。从当初 200 人的小工厂到现在 2 000 人的大公司,没有人叫她董事长,全都喊她"老干妈"。这是一种尊称,也是一种爱戴,也体现了陶华碧对员工的尊重和关心。

从开办工厂至今,老干妈坚持对所有员工一律包吃包住,帮他们解决生活上的后顾之忧。全厂 2 000 多名员工,陶华碧能叫出六成的人名。尽管日常工作任务繁重,但是陶华碧还是经常亲自去到员工家里串门,拉家常,了解员工的生活现状,及时帮助员工们解决生活上的困难。每每遇到员工的生日,她也会亲自下厨为员工煮长寿面,并且亲切地送上生日祝福。此外,有的员工因为工作原因出差,她也如同送自己的亲人一样,百般不舍、万分叮嘱。甚至于每个员工结婚,陶华碧都要当证婚人,为员工带上一份厚礼,送上一份祝福。陶华碧曾说过,所有从老干妈离职的人,不管是谁,只要在外面受委屈了,想她了,都可以重新回来上班,回到老干妈这个温暖的大家庭。

陶华碧董事长的用人方式充满了温情,她的"投桃"也获得了员工的"报李"。员工对老干妈企业更加认同,而且还把董事长当成长辈一样爱戴,对公司忠诚,对工作勤恳,对同事真诚。正是老干妈这种充满人情味儿的用人之道,公司里所有员工都将自己看作是公司的一分子,把公司当作"家"一样,为自己家付出也就变成理所当然起来。正是在这种工作氛围下,老干妈才能长盛不衰、再续辉煌。

案例改编自:

[1] 林军. 互联网大亨马化腾[J]. 资本市场,2015(04):82-101.

[2] 汪文."老干妈"陶华碧的传奇人生[J]. 企业文化,2016(05):57-62.

三、案例分析

(1) 领导者要善用“人情”凝聚“人心”。“人情味”管理中所说的人情，并非走后门、拉关系，而在于“人心”二字。古人云：得人心者得天下。掌权者如若尽得人心，下属自然竭尽全力，不敢懈怠。所以说，为领导者需要善于懂人情，知人心。案例中我们可以看到，马化腾几十年如一日，将员工放在心上，员工将心比心，为公司尽职尽责，从而使得腾讯公司从小公司成长为巨无霸。过完春节，别的公司都在焦虑如何让员工从假期收心，全心投入工作，而在腾讯公司却是一副热火朝天的景象，员工第一天上班就表现出极大的积极性，甚至不辞辛苦从凌晨开始准备进公司。其实开工红包并不是主导因素，也不是员工觉得工作比假期更有吸引力，马化腾的心意才是关键。马化腾关心所有员工，用红包传递出自己的一份真心，自然使得下属积极性大增，用心工作。此外，马化腾对于离职员工的人情味更显得浓重。对待离职员工，马化腾不是如其他公司老总一样心存怨愤，相反，他不仅允许职工追求自己的梦想，甚至可以助其一臂之力，帮助员工实现自己的理想。有足够的胸襟去包容员工，体现了领导者的人性化。他知道阻拦其实已经不太可能，只有用这种方式才可以凝聚公司人心，同时送出一份善缘，一份羁绊。士为知己者死，剩下的员工意识到其上司的一份真心，又何愁不会全心全意为公司奉献呢。

(2) 对于下属来说，尊重是最好的人文关怀。只有真诚对待下属，将心比心，他们才会以极大的热情完成工作。每个人都有自尊心，都渴望被别人尊重，领导对下属的尊重可以转化为一种动力或者说是不负使命的责任感，让下属工作劲头十足。某些领导认为自己大权在握，下属只是花钱雇来的劳动力，就一味发布命令，用权威迫使下属绝对服从，这种做法反而会使他们产生逆反心理。真正有魅力的领导会坚持“以人为本”的用人理念，充分考虑下属的精神和物质需求，不以支配者自居，这样的领导者也必然赢得下属的尊重。正如案例中的陶华碧，她将自己的员工看作是子女一样对待。作为一个市价高达数十亿元公司的董事长，陶华碧肯定有许多事情需要处理，但是她却仍然心系基层职工，了解他们的工作生活状况，嘘寒问暖，深入到员工的生活和内心，去感知他们真正的需求。陶华碧总是以慈母的形象，为员工解决生活难题，甚至在他们出差的时候都要叮嘱一番，待人以诚，回馈的自然是一分真心。正是这种如家长般的慈爱，才让她的员工能够真正融入这个大家庭，为公司贡献出一份力量。不难看出，如果领导者和下属之间能相安无事、相互尊重、相互爱护、相互理解，那么工作氛围必定使人舒心，工作效率也会有所提升，为企业的长远发展打下坚实的人际基础。基于此，陶华碧才能带领全体员工筚路蓝缕，最终成功。

四、案例拓展

日本社会学家横山宁夫提出了横山法则，该法则认为：自发的才是最有效的。有自觉性才有积极性，无自决权便无主动权。聪明的企业家懂得在“尊重”和“激励”上下功夫，了解员工的需要，然后满足他。只有这样，才能激起员工对企业和自己工作的认同，激发起他们的自发控制，从而变消极为积极。企业雇佣的不是机器，而是完整的人，完整的人则必然具有自己的思想和感情，因此企业用人要以人为本。充满人情味的用人策略，能构建和谐的组织氛围。当领导者与下属们建立起良好的关系、彼此信任时，员工们就会产生心理安全感和归属感，更愿意接受管理者的领导，自发产生组织公民行为，为组织目标的实现做出额外的努力。

此外，有实验研究表明，员工与领导之间的高质量关系能够减少员工的漠视性沉默行为。所谓漠视性沉默行为是指：由于对组织的感情不深和认同不够，消极地保留观点，对组织漠不关心。这种漠视性沉默行为类似于“人在曹营心在汉”。良好的工作关系还能减少员工之间的防御性沉默行为。所谓的防御性沉默行为是指员工为了防止被同事孤立而放弃发表不同见解，选择沉默。由此可见，领导者与员工之间、员工与员工之间的良好人际关系，是他们之间增强信任和认可的桥梁，只有建立良好的人际关系才能提高员工对自身工作和组织的认同感。

“人情味”管理在许多知名企业的管理中屡试不爽，但是在这种管理模式下，企业的领导者也应避免拉关系、走后门的现象，杜绝变异的“人情”对公司发展的损害，提倡一种健康的人情关系，让人情回归本真，拾回发自真心的关怀与爱，发挥“人情”双刃剑的有利影响。

五、案例思考题

1. 如果你是一名领导者，你会如何协调“人情味”管理与制度化管理的关系？

2. 你如何看待马化腾对待离职员工的行为？这样做的优点和缺点是什么？

3. 在你看来，将物质奖励作为凝聚人心的一种手段有哪些利弊？

案例二

林肯重用“酒鬼”将军

一、案例导读

林肯是美国历史上一位伟大的总统，他领导的南北战争维护了美国的统一。南北战争不仅成就了林肯，也证明了格兰特的军事才能。格兰特在战争中力挽狂澜，出色地完成了林肯下达的任务，一战成名，其雕像至今仍然矗立在美国国会大厦前。但是，南北战争早期，格兰特并不被大家看好，因为他所带领的军队在早期的一场战斗中失利，伤亡惨重，更重要的是，他嗜酒成性，因此而背上了“酒鬼”的骂名。林肯看准了格兰特的能力与勇气，力排众议，坚持要重用格兰特。事实证明，林肯的选择是正确的，格兰特用自己杰出的军事才能与赫赫战功向林肯交了一份满意的“答卷”，林肯总统重用“酒鬼”将军的故事也传为了一段佳话。

二、案例正文

1861 年，美国爆发了南北战争。时任总统的林肯发现，北方军队对战争的准备十分不足，只有一支装备可怜且缺乏训练的 1 万多人的军队，而它的指挥官斯科特已经是 75 岁高龄，不仅虚弱的体质使他根本不可能到战场上去指挥战斗，他的战争理论与战略思想也早已过时。这导致的结果是，尽管北方军队有人力、物力上的绝对优势，但在战争开始阶段却节节败退。林肯非常清楚，要想赢得战争胜利，必须找到一个更具战斗力的总指挥官。

林肯按照平时的用人原则，先后任命了 4 位德高望重的谦谦君子做北方军队的高级将领。这些将领身上几乎没有什么缺点，林肯想利用他们在人们心中的道德感召力，战胜南方的奴隶主军队。但事与愿违，这些没有什么缺点的将领在战争中却表现平庸，他们不是消极避战，就是沉迷于理论分析，北方军队很快就被南方军队一一击溃，甚至即将要打到华盛顿。这一意想不到的局面，引发了林肯的深思。他认真分析了对方的将领，发现这群人都是身上有大大小小缺点的人，但他们也各有所长：足够机智勇敢、善于用兵、敢打敢拼。而这些正是赢得战争的必备素质。反观自己的将领，忠厚、谦和、博学、处事谨慎。这些做人的品格在平时总是令人钦佩，但在充满血腥的战场上，却未必能够发挥关键的制胜作用。

1862 年，南北战争越打越艰难，对于北方来说，已经到了生死存亡的时刻。

面对不利形势，林肯痛定思痛，召开了一次紧急会议。

在会议上，林肯神色凝重地问在座的将领们："在座诸位，谁敢向我保证能够打败敌人？"面对如此战争形势，相信北方能够战胜的人实在寥寥无几，大家都低下头默而不语。

突然有个人站起来，坚定有力地回答林肯："总统先生，我想我可以！"这个人就是格兰特。格兰特是由一名普通士兵成长起来的军事指挥官，他长相平平甚至称得上有些丑陋，个子矮小，肩膀圆圆，缺乏风度和气质，在当时并不受重视。林肯在格兰特身上，看到了胜利的希望。他将格兰特安排到了战场上打了几场小仗，发现其确实是一个军事天才，于是，1863 年，林肯命令所有西部军队听从格兰特的指挥，格兰特一跃成为第五任军事总指挥。但此时，流言蜚语像洪水一般朝林肯涌来。有人说，格兰特有前科、劣迹斑斑、品德有问题，在做士兵时就曾因酗酒而受到处罚；有人说，格兰特在军校期间成绩平庸，而且"不听话"，是一匹"难以驯服的野马"；还有人举报说，在之前的一场战役中，格兰特在战场上喝醉了，被对手打了个措手不及，使其部队付出了惨重的伤亡代价。总而言之，就是不能让格兰特担任军队的总指挥。面对这些非议，林肯幽默回应道："我倒是很想知道他喜欢喝什么牌子的酒？因为我想送他几桶。"林肯也明白战场上酗酒可能误大事，但他清楚在联邦军中只有格兰特将军是决胜千里的帅才，也相信他能够分清轻重缓急，不会因为喝酒而耽误大事。后来，田纳西战斗中，格兰特指挥的北方军队伤亡惨重，这又招致了一波流言蜚语，各方向林肯施加压力要求解除格兰特的职务。对此，林肯坚定地说："我不能放弃这个人，因为他英勇善战，不找任何借口。"不仅如此，在 1864 年初，林肯正式提拔格兰特为中将，这是当时美国军事领域的最高指挥官，所有美国军队集中在格兰特的领导之下。在被赋予全部指挥权之后，格兰特决心不辜负林肯的信任和支持，发动全部力量对敌军发动了一场大战，这场大战后来被称为"荒原大战"。战争进行过程中，一连数天都没有格兰特的消息。这期间，格兰特对敌军发动了一次又一次的攻击，已经迫使敌军后退但还没取得最终的胜利。几天后，格兰特终于发来消息："我决定在这条战线上战斗到底，即便战局可能持续整个夏天。"林肯对周围的人说："有了格兰特的坚持不懈，我们就一定能获得胜利。"同时，林肯回电鼓励格兰特："要向猎犬一样紧紧咬住他、撕碎他、扼死他，消灭得越多越好。"格兰特看后大笑说："白宫里总统是最有胆量的人。"

最终，在 1865 年，格兰特这位"酒鬼"将军击败了曾经是战无不胜的南军总司令，带领北方打赢了南北战争，维护了美国联邦的统一。他本人也因此获得了"无敌尤利西斯"的称号，被视为民族英雄，后来还因为崇高的威望，登上了总统的宝座。

案例改编自：

[1] 李旭大.寻找格兰特将军[J].领导文萃,2007(10):56-59.
[2] 宗和.用人贵在用其所长[J].秘书工作,2010(9):1.
[3] 吴洪生.林肯用人[J].人才开发,2007(5):47-49.

三、案例分析

(1) 领导用人首先要用人之长，发现人的闪光点。唐太宗李世民在《帝范·审官篇》中有一句话："智者取其谋，愚者取其力，勇者取其威，怯者取其慎。"意思是说，用聪明的人要取其谋略，用愚钝的人要用其力气，用勇猛的人要用其威猛，用胆小的人要用其谨慎。这句话体现了一种极为重要的用人理念：人人皆可用，用人用其长。从静态上来说，领导者要善于发现个人的"闪光点"，把一定时期的特定组织成员放到合适的位置，使其发挥作用，即"用人所长"；从动态上来说，领导者要通过对组织成员的任用和培养，使组织成员的激情得以激发、智慧得以启迪、能力得以运用，使个人的"长"能确实为组织做出贡献。

用人之长的前提是领导者要了解下属的特点、能力以及心理特征，在布置任务和分配工作时，能够因人制宜，在考虑所用之人各方面的因素的基础上，将他们合理放置在不同的岗位上，利用下属的长处和优势充分发掘其潜能。

用人之长，是很多领导者都能做到的，但容人之短，则既需要勇气也需要智慧。完美的理想人才是不存在的，用人也要秉持"有限理性"原则，关键是引导、包容和互补。古人云："金无足赤，人无完人""君子用人如器，各取所长"。着眼于人的优点和长处，就能发现人才、用好人才、留住人才。领导者若求全责备，对下属总是百般挑剔，久而久之就会人心涣散。

容人之短就是用人不要只看他有什么缺点，而是看他能做什么。很多情况下，人的缺点并不影响工作和成就，杜拉克说："发挥人的长处，才是组织唯一的目的。"林肯的用人之长，也是在反思中学会的。在任用格兰特之前，林肯的用人策略是找那些没有缺点的"完人"，结果四位将领都在战场上受挫。因此，有缺点的人并不等于无用之人，关键在于如何克服其短而用其长。格兰特虽然有酗酒的缺点，但它具备一个将领最重要和最关键的素质，那就是英勇善战、意志坚定、善于用兵，与之前的几位将领优柔寡断、胆小怯懦、纸上谈兵等致命缺点比起来，酗酒实在是微不足道。

因此，在选拔人才上，应坚持发现人才的长处与认识人才的短处相结合的原则。在辩证法看来，任何事物都是一分为二的，人才也不例外。任何人都不可能是一个十全十美的人，人才也不例外。如果认为既然是人才，就不应该有缺点，或者说既然某人有缺点、就不可能是人才，都犯了形而上学的错误。那么，怎样判断一个人的优点和缺点孰轻孰重？怎样判断一个有缺点的人是否能够为我所用？用唯物辩证法的观点来看，领导识人阶段就要善于抓住主要矛盾，对于组织价值观以及个体所处的岗位来说，某个个体的优点占主要地位还是缺点占主要地位，不能一概而论。如本案例中，对于一个将领来说，意志坚定、英勇善战、能打胜仗是关键优点，而酗酒是次要缺点；纸上谈兵、优柔寡断、胆小怯懦、不能打仗是关键缺点，而谦和、博学、忠厚则是次要优点。

领导者在考察识别人才时，对其优点要认识够，对其缺点也要认识透，只有这样才能全面、公正地认识人才。特别值得注意的是在考察人才的长处与短处时须以考察长处为主，如果只注意人的缺点和错误，就可能对优点和成绩视而不见，永远也发现不了人才。

(2) 优秀人才因其业绩突出容易受到组织成员的关注，也容易遭人嫉妒，而这些人才身上的缺点则会被其他人有意放大，甚至恶意诋毁、诽谤。在必要的情况下，组织中的领导者应该保护那些略有瑕疵的优秀人才，尤其要能容忍下属的短处，甚至“偏袒”下属的短处，其用意当然不是喜欢或者纵容下属的短处，而是让下属能够在组织中发挥其长处，为组织带来更大的贡献。用人不疑、顶住压力、高度信任、全力支持，这是林肯用人的又一可贵之处。实践证明，受命于危难之际的格兰特也并没有让林肯失望，他不仅扭转了战局，从更深远的角度来看，他也扭转了美国的历史，并没有因为酗酒而误事。

但是，对于格兰特嗜酒的问题，还要辩证地看待。对于一个将军的要求不一定适合于士兵，将军的首要任务是分析战场形势并指挥战斗，而士兵的首要任务是遵守纪律。如果士兵酗酒，则会破坏军队的纪律，所以这是不允许的。作为领导者，要有海纳百川的气度，可以不计前嫌，容许自己的部下犯错误，而不是紧盯下属的短处，咄咄逼人。但是，对工作有严重危害的短处，领导者还必须时时警醒、告诫下属，以免铸成大错。

四、案例拓展

领导者要敏于识才，识人于未显之时，然后培养、使用，使其成熟，成为显才。领导者识别人才重在从四个方面入手：

一是识别人才的独特优势。识别人才一定要看其独特的地方，无论是性格上、能力上还是职业上的，一定要看其与众不同的地方。

二是识别人才的行为方式。不仅要看说得怎样，更要看干得怎样，尤其是要看所言所行是否一致。人的行为举止是无声的语言，往往能反映一个人的心灵，反映一个人的为人和道德品质，体现一个人的素质修养、精神气质。尤其是人的下意识的行为举止所透露出的信息，要比加工后的言语更能够直接、真实地表现一个人的心理活动和思想状况。

三是识别人才的价值取向。识别人才的行为方式背后的价值取向，就是看其为什么这样做。一般来说，每一个人的行为背后都有其价值取向。所以，识别人才不能只看表现的行为，还要看背后的原因。

四是识别人才的业绩表现。识别人才的关键还要看其工作实绩，工作突出、成绩突出的人更有可能是个人才。[①]

五、案例思考题

1. 领导者可以通过哪些渠道来了解下属的长处和短处？

2. 如果你是领导者，你认为一个人在哪些问题上犯错误可以原谅，哪些问题犯错误不能容忍？

① 刘峰.领导科学与领导艺术[M].北京：高等教育出版社，2014：89.

案例三

用人不疑，疑人不用

一、案例导读

古代皇权社会，君臣之间的关系向来十分微妙：一方面，君主要对大臣委以重任，借助他们的辅佐才能成大事；另一方面，君主又要处处提防大臣谋权篡位或者里通外国。信任与怀疑之间，上演了一幕幕历史大剧。魏文侯用乐羊不疑而破中山，汉武帝枉李陵而失大将。同样是面对大将征战在外，历史上的两位君主却表现出了不同的态度，从而导致了不同的结局，一则传为佳话，一则令人扼腕。直至今天，这两则故事仍值得领导者们借鉴。

二、案例正文

领导用人的大忌就是怀疑下属。对下属的不信任，往往会直接挫伤他们的自尊心，这样造成的直接后果是领导与下属离心离德，最终会导致组织衰败，甚至消亡。因此，领导者一旦认准了一个人，就应该给予其充分的信任，放手让他去干，不能给他加上桎梏，这样才能真正得到属下的忠心，才能使他全心全意为组织发展尽力。正所谓，疑人不用，用人不疑，用之前首先排除掉不可相信之人，再诚心相待，给予极大信任，方能引领组织走向成功，走向辉煌。

魏文侯用乐羊不疑而伐中山

魏文侯是战国时期有名的君主，知人善任，诚实守信，历史上流传着很多关于他用人的故事，任用乐羊攻打中山国就是其中一个。

韩、赵、魏三家分晋后，各自建都立宗庙，称为诸侯。在魏的东边有个小国中山国，国君昏庸无道，恰好此时魏国实力强盛，魏文侯便乘机举兵讨伐。讨伐大军需要一个主帅，魏文侯向大臣们征求意见，翟璜举荐乐羊做大将。当时，乐羊的身份是平民，但民间盛传其文武全能，是个人才。魏文侯决定起用乐羊为主帅，但大臣中有人反对，说乐羊文武全能不假，问题是他有一个儿子，名叫乐舒，是中山国的大官，父子沙场相见，乐羊肯出力拼命攻打中山国吗？翟璜说，乐羊是忠心为国之人，乐舒曾替中山国君聘请乐羊去做官，乐羊认为中山国君荒淫无道，不但没去，还劝儿子离开，可见他是很有见地的。

魏文侯随即召见了乐羊，明明白白地向他说出了自己的意图和顾虑，乐羊听后，拍着胸脯表示，自己绝对不会徇私情，公事公办，并且还立下军令状，一定拿下中山国。魏文侯很高兴，拨给他五万精锐部队，向中山国进军。魏军在乐羊的带领下，一路长驱直入，一直打到了中山国的国都，并把都城包围了起来。

中山国国君十分恐慌，但此时身边的谋士献计："不如叫乐舒到城头喊话，让他父亲退兵。"中山国君觉得此计甚好，但乐舒深知家父秉性，连连推辞，中山国君一定要乐舒去，乐舒只好硬着头皮来到城头。

父子见面，乐舒在城头高喊请父亲来相见，乐羊怒骂道："你贪图享乐，帮助昏君，真没出息！赶快叫他投降，我们父子还有相见之日。"中山国君见退兵无望，只好采用缓兵之计，让乐舒传话要求给他们一个月的时间考虑。乐羊答应了乐舒的请求。中山国君见乐羊果然没有攻城，他突然发现了乐羊的软肋，以为有他儿子乐舒在，中山国就是安全的。因此，一个月过去了，中山国君并没有投降的打算，乐羊派人来催中山国君投降，中山国君又叫乐舒去讨情，再宽限一个月，乐羊又答应了。到第二个月底，乐舒故技重施，又争取了一个月时间。但是，魏国这边人心乱了，军中下属对乐羊的做法感到不满，乐羊解释道："我不是为了顾全父子之情，只是为了收买人心罢了。我们如果一味攻城，只会让中山国的人团结起来，同仇敌忾对付我们。而如今，中山国国君再三食言，就会大失民心。"

魏国朝廷中一些大臣也纷纷上书，有大臣说："三个月围而不攻，果然是父子情深啊，要是不把乐羊召回，恐怕要前功尽弃了。"有消息说中山国和乐羊讲和了，中山国要分一半的土地给他，还有消息说乐羊和中山国君定计要联合反攻魏国。魏文侯把这些奏折一一看过，不予理会，全部封存了起来。此外，魏文侯还做了两件事：一是在都城繁华地段给乐羊盖了一座豪华的房子，只等他归来时入住；二是经常派人到前线军中送物资慰问乐羊，但对乐羊的所作所为不加任何干涉。

又一个月过去了，中山国君还是不肯投降，乐羊便率军攻城。中山国君见形势十分危急，又拿出了"乐舒"这张牌。他将乐舒押到城头，威胁乐羊退兵。乐羊见状，拿起弓箭就射向了自己的儿子乐舒，以此来表示自己的决心。中山国君见这招不管用了，更加惶恐，此时身边的谋士出了一条毒计：既然乐舒已经没有利用价值，不如把乐舒杀了，然后放进锅里煮成人肉羹送一碗给乐羊，到时候乐羊必定心神俱乱，主帅一旦丧失斗志，那么整支队伍就不战自溃了。中山国君想不出别的办法，只好照办。

乐羊见到人肉羹，得知儿子已经死了，化悲痛为力量，更加拼死攻城，于是魏军很快就攻破了中山国的国都。

乐羊班师回朝，魏文侯亲自出城迎接，大摆宴席款待乐羊，席间还亲自向乐羊敬酒，百官也都过来祝贺奉承。见此情景，乐羊也面露骄色。宴会结束后，魏文侯赠送给乐羊两个大箱子，大臣们都以为是金银财宝，羡慕不已。乐羊回家打开一看，里面全是攻打中山国的时候，大臣们弹劾他的奏章，各种危言耸听的谣言和恶毒的诽谤，乐羊读的汗流浃背。看完后他禁不住流下热泪，对夫人说："想不到我竟被朝中人如此诽谤，若不是明君信任自己，自己恐怕早已成为阶下囚了。"

后来，魏文侯认为乐羊有功，就封其为灵寿君。由于魏文侯知人善任、诚实守信，四方贤士都来归附，国势也就逐渐增强了。

汉武帝枉李陵而错失大将

李陵是西汉名将，李广的孙子。他因为擅长骑射，关爱士卒，曾经在军中颇得美名。与爷爷李广一样，李陵前半生立志为汉武帝开疆拓土、赴汤蹈火，但后半生却在匈奴军营中度过，他的一生充斥着国仇家恨的矛盾，极具戏剧性。

公元前 99 年，李广利统领 3 万骑兵从酒泉出发，攻击在天山一带活动的匈奴右贤王。汉武帝召见李陵，想要他为大军运送粮草辎重。李陵觉得后勤保障的任务没有挑战性，便自告奋勇、主动请缨，请求带本部 5 000 人马单独出击，分散匈奴的注意力，从而辅佐主帅李广利征讨匈奴。汉武帝回应说战马不足，所以没有战马供李陵驱使。李陵答道："不需马匹，我愿以少击多，只用 5 000 步兵直捣单于王庭。"

汉武帝同意了，并诏令强弩都尉路博德领兵配合李陵的部队。路博德私心作祟，认为配合李陵是一件很没面子的事情，并不想辅佐李陵，便私自上书说："现在刚进秋季，匈奴人的马正肥着呢，不能在这个时候和他们打仗，等到了春天匈奴人的马瘦了，必定能一举将他们歼灭。"

汉武帝十分生气，他怀疑这是李陵指使路博德说这些话的，想必是李陵当初在他面前夸下海口，现在害怕了，所以故找借口拖延不想出兵。于是他命令路博德赶往河西阻止匈奴入侵，而让李陵带领 5 000 步兵立刻出发，独自征战匈奴。

李陵率领 5 000 步兵从居延出发，向北行进 30 天，在浚稽山扎营，却被匈奴 3 万多骑兵包围。李陵军驻扎在两山之间，以大车作为营垒。匈奴见汉军人少，径直扑向汉军营垒。

李陵挥师搏击，千弩齐发，匈奴兵应弦而倒。匈奴军败退上山，汉军追击，杀匈奴兵数千。单于大惊，召集左贤王、右贤王部 8 万多骑兵一起围攻李陵。李陵誓与匈奴决一死战，斩杀匈奴 3 000 多人，边战边向东南方向突围，但到了第四天，却被大片沼泽芦苇挡住了去路。

匈奴军趁机在上风口纵火，李陵也令将士放火烧出一块空地才得以自救。又退到一座山下，单于已在南面山头上，命他儿子率骑兵向李陵发起攻击。李陵的步兵在树林间与匈奴骑兵拼杀，又杀匈奴兵数千，并发连弩射单于，单于下山退走。随后，李陵命部下把旌旗都砍断，把珍宝埋藏在地下，决心于夜间突围，但突围之时李陵却被俘了。李陵并非真的投降，只是诈降，准备找时机反击匈奴。

汉武帝起初以为李陵已经战死，安抚了李陵的家属，但当他后来得知李陵投降匈奴，非常愤怒，而朝廷的文武百官也都开始辱骂李陵。司马迁站出来为李陵说了几句公道话，汉武帝便让他进了大狱，并处以腐刑。

后来，汉武帝悔悟到李陵兵败是因无救援所致，便派公孙敖带兵深入匈奴境内接李陵。公孙敖无功而返，不好向汉武帝交差，就对汉武帝撒谎说自己没能接到李陵，是因为李陵在帮单于练兵对付汉军。汉武帝听后大怒，杀了李陵的母亲、兄弟和妻子。

李陵是至孝之人，得知自己的老母亲被汉武帝杀死，便决心不再为汉武帝效忠了，最终留在了匈奴。

案例改编自：杜杏华. 魏文侯以用人之道称雄战国初年[J]. 兰台世界，2014(30)：121-123.

三、案例分析

(1) 用人不疑的前提条件是疑人不用，疑人不用的目的是用人不疑。近年来，“用人不疑，疑人不用”的用人观在社会上引起了广泛讨论，有很多学者认为，“用人不疑”和“疑人不用”是错误的，是领导低能的表现。事实上，“用人不疑”与“疑人不用”这两句话绝不能割裂来看，它们必须是一个有机整体。首先，用人不疑的前提条件是疑人不用。领导用人，首先就是要识人，先把才能不足者、三心二意者、不堪大任者排除在外，也就是去掉“疑人”。这要求领导者有极高的识人眼光。其次，疑人不用的目的便是用人不疑，剔除了不合适的人，对组织中能够信任的下属必须要给他权限，使其放手去干。如果一方面对下属委以重任，另一方面又对其充满质疑，不仅会让下属自尊心受挫，觉得自己能力不足，还会使其感到尊严受辱，领导与下属两端心态不平，就无法齐心协力、坦诚协作了。最后，领导者对下属的质疑，除了下属本人得不到信任而丧失动力以外，更大的害处是其他的组织成员也会因此心有戚戚，觉得自己以后也会落到如此境地。这种思想一旦蔓延，会导致组织成员对组织和领导者都充满质疑和不信任感，不肯尽心尽力地为组织付出，最终损害组织的凝聚力，阻碍共同目标的实现。因此，若领导者用人仍然横加质疑，实属不智之举。

与用人不疑相反的用人态度就是用人多疑。在敌对双方的斗争中，离间计常常屡试不爽。离间计就是制造对方内部的相互猜疑和不信任，最终将堡垒从内部瓦解。本案例中，汉武帝任命李陵为大将征讨匈奴，李陵在仅有 5 000 步兵的情况下，依然奋勇杀敌，最后被俘也只是诈降，但汉武帝却三番两次听信谣言怀疑李陵，在未知真相的情况下，仅凭公孙敖一面之词，便杀了李陵全家。这对于李陵来说无异于断绝后路，他只好留在匈奴。可以说，是汉武帝的不信任，将李陵这一员大将硬生生推到了敌军的阵营中。

(2) 信任是一种降低人际复杂性和人际交往交易成本的社会机制。组织存在的目的，是为了实现一定群体的共同利益，或者个人的某种目标仅通过个人努力不能实现的情况下，人们就通过参与形成组织，通过共同努力来达到预期目标。因此，再有能力的领导者，都不可能单打独斗。而领导者与下属之间的互信关系，则是领导工作开展和组织目标实现的前提。最好的领导者，是能够充分信任下属并且能够被下属充分信任的人；而最好的下属，也是在工作中能够信任自己的领导并且让领导充分信任的人。

领导者不仅要充分地信任自己的下属，还要使下属感觉到领导者对自己的信任，这就是所谓的信任感。这种信任感的主要作用有：使下属产生心理上的安全感，增强工作的自信心，更加大胆独立地去施展才华；使下属对组织产生归属感和认同感，自觉地与组织中的其他成员保持一致，为维护组织利益而努力；使下属产生责任感，极大地激发下属的主动性和创造性，增强其克服困难的勇气、信心等。

本案例中的魏文侯，在许多大臣都诽谤乐羊，认为其因顾虑父子之情而叛敌的情况下，却坚持相信乐羊，将弹劾奏本压住不发。正是基于魏文侯对乐羊的无限信任，这才让乐羊有发挥的舞台，最后攻克中山国，建功立业。倘若没有魏文侯的坚定支持与信任，乐羊必定会在大业未成之时便性命不保，魏国与中山国之间的战争结果如何都未可知。

四、案例拓展

(1) 用人不疑是领导用人的一个重要原则。不用则已，既用之则信之。对于下属来说，只有领导者大胆放手让其工作，才能使其产生强烈的责任感和自信心，从而焕发出积极性、主动性和创造性。所以，信任也是一种有力的激励手段，其作用之大超乎想象。所以在用人的问题上，要做到用才而不疑，授权而有信。不要因下属的小节而生疑，更不能随意捕风捉影，无端地怀疑，造成节外生枝，使下属精神状态、工作干劲一落千丈。用人“不疑”主要包括两个方面：

一是相信下属的忠心。在一个组织中，成员的忠心是组织发展的基本要素。组织成员之间只有精诚团结、同心同德，才能拧成一股绳，把劲使到一处，完成共同目标。领导者作为组织中的“一把手”，对待下属更是要以诚相待，做出榜样，营造互信氛围，切忌疑神疑鬼，那样只能导致组织的分崩离析。

二是相信下属的能力。对于即将委派的工作，领导者在选人时要三思而后行，一旦确定人选，就不要轻易地更换。要充分相信下属的能力，千万不可一方面让其担当某项重任，另一方面又因怀疑其能力而私下委派他人，这是最伤害下属的做法，是对人极大的不信任。

（2）一般来讲，凡是有才华的人都有较强的自尊心、自信心、成就感和荣誉感，也有独立处理问题的能力和解决问题的方式，领导者要做的就是信任。而要做到用人不疑、疑人不用，还应该注意以下几点：

第一，要慧眼识英才。选拔人才，必然要独具慧眼，多加考察，充分认识下属各方面的素质，综合评估他的能力，给下属安排适合的职位。因此，人才选拔至关重要，它是日后用人不疑的前提与保障。

第二，要给下属自由发挥的空间。因为领导者了解下属、信任下属，才让他担当某一职务，负责某项工作。既然是这样，就应当对下属放心，放手让他去干，除在宏观上指导外，不要随时随地指手画脚，使下属无所适从，完全变成木偶；更不要让下属站在一边“歇凉”，自己去辛辛苦苦做下属应当做的事，这是费力不讨好的愚蠢的做法。

第三，设身处地为下属着想。下属有时会与领导者意见不一致，有时可能不接受领导者所分派的任务，有时也可能不能很好地完成领导者分派的任务。这时领导者不要片面认为下属是不服从管理，是不合作，是没有本事。下属也是人，也有思想，也有情绪，也要受到主客观条件的限制，领导者要冷静下来，替下属着想，认真地、心平气和地摸清状况后再做决定。

第四，要坦诚待人，表里如一。领导者应与下属时时沟通思想，有话当面交谈，切忌背后乱说下属的怪话、坏话。另外，受领导者信任的人往往遭人嫉妒，是流言蜚语攻击的对象。对于挑拨领导者与受信任者的流言蜚语，领导者更应谨慎对待。

总而言之，对于一名领导者来说，信任是网罗人心、推进上下级关系的一大法宝，如果领导者能够选择出可以信赖之才，并委以重任，那整个组织必是一片生机，关系融洽。[①]

五、案例思考题

1. 在你看来，“用人不疑，疑人不用”的用人思想是否可取？为什么？

2. 汉武帝在中国历史上得到了很高的评价，在你看来，是什么原因导致他不断质疑并最终错杀李陵家人？领导者又该如何避免这种冤枉下属的情况？

3. 你认为“审慎用人”是否与“用人不疑”相矛盾？为什么？

① 邢一麟. 识人　用人　管人[M]. 银川：宁夏人民出版社，2013：142-143.

案例四

柳传志与孙宏斌的"江湖恩怨"

一、案例导读

柳传志与孙宏斌这两个男人之间的恩怨情仇在"江湖"上已经流传多年，柳传志帮孙宏斌走上人生巅峰，后又亲手将他送进监狱。但是，与坊间传闻不同的是，直到今天，谈到柳传志，孙宏斌总是满怀敬意与感恩。柳传志常言："不生事，不怕事，天下无事；能善人，能恶人，方能正人。"能善人，是所谓菩萨心肠；能恶人，是所谓霹雳手段。在下面的故事中，柳传志将这一用人思想展现得淋漓尽致。

二、案例正文

2017 年的夏天，孙宏斌的名字伴随着"并购万达资产"的大手笔传遍中国。要说对孙宏斌人生影响最大的人，柳传志肯定算一个。某次采访中，当记者问外界关于孙宏斌与柳传志不和的传言时，孙宏斌回应道："都是扯淡。"

"其实我觉得和柳总的关系，已经可以盖棺定论了。我有今天，特别感谢他。"提到柳传志时，他下意识把身子直了一下。"柳总这些年对我算是亦师亦友吧。"顿了一下，他换了个词，"有时候觉得像长辈一样，亦父亦友。"

柳传志与孙宏斌之间的故事，开始于 1988 年。

缘起：孙宏斌入职联想，柳传志大力提携

1988 年，联想集团的业务发展进入快车道，但内部却出现了危机，主要是创业元老们把持重要岗位，创业精神有消退的迹象。柳传志认为，必须要找到新鲜血液，让公司重新焕发创业的激情。为此，柳传志特意对北京总部的几位管理层负责人发了话：联想从现在开始不仅要大量招聘年轻人，而且要大胆提拔年轻人，提拔错了不是错，但是不提拔、不培养是大错。在这样的背景下，一大批刚刚毕业不久或者还没有毕业仍在实习的年轻人加入了联想。随着联想的飞快成长，他们也飞快成长。到 1990 年，联想内部出现了一批"娃娃官"，其中分量比较重的是杨元庆、郭为，第三个便是孙宏斌。

孙宏斌能够"坐火箭"升职，和柳传志的大力提携是分不开的，而柳传志看中的，则是孙宏斌做事的能力。孙宏斌刚进入联想时只是销售部一个普通职员，但是仅仅几个月后，就因为突出的业绩从众人中脱颖而出，柳传志也开始关

注这个年轻人。1989 年联想成立企业部，25 岁的孙宏斌被任命为企业部经理。孙宏斌上任后，只花了 2 个月时间就建立起了 13 个独资分公司，不仅速度惊人，并且这些分公司个个运转良好。当年 12 月，公司产品出现库存积压，这些分公司像泄洪一样将价值 1 000 万元的产品销售一空，让压力顿解。这以后，柳传志更加重视和欣赏孙宏斌，在他身上倾注了大量心血。例如：孙宏斌说话缺乏逻辑性，而且山西口音很重，为了帮他完善这一缺点，柳传志每天逼着他到自己办公室讲一个故事。有一次，孙宏斌和供货部业务经理发生了矛盾，柳传志二话不说便把该经理撤职，并将其业务全权交给孙宏斌打理。当时在联想内部，柳传志对孙宏斌的评价是："人有三种，第一种，自己能干成事的。第二，能带着一群人干成事的。第三，能审时度势的，一眼看到底。最后这种人很少，小孙（孙宏斌）是其中之一。"但是，柳传志也发现了孙宏斌身上的问题——"做事不留余地"。

发展：野心膨胀误入歧途，"大船"之中造"小船"

世事变幻莫测，人心无常善变。柳、孙两人之间关系恶化开始于一份报纸。由于柳传志很重视企业文化建设，所以很早就在联想内部创办了一份《联想报》。但是有一天，他突然在公司发现了一份很陌生的《联想企业报》，在其头版刊登的《企业部纲领》中，第一条竟然赫然写着"企业部的利益高于一切"，这与联想集团着眼大局、坚持"企业利益第一"的领导思想完全相悖。得知这份报纸的创办者是孙宏斌，柳传志感觉事情似乎并没有这么简单。果然，柳传志调查后发现：孙宏斌的野心昭然若揭，由其负责的 18 家分公司，不仅人是由孙宏斌任命的，财务完全掌握在其手里，甚至有人说希望孙宏斌带领公司"独立"出去。对于柳传志来说，联想比他的命都重要，谁也不能打联想的主意，而此时孙宏斌的行为，用柳传志自己的话来说，就是"要从一个大船里面造一只小船出去，破坏力很大"。即便如此，柳传志仍然爱惜人才，他还想给这个年轻人一次机会。

高潮：千呼万唤不回头，老领导痛下狠手

柳传志将当时在香港开展业务的孙宏斌调回北京，从原来的企业部调任业务部，依然担任经理。但是，令柳传志万万没想到的是，孙宏斌此时已经野心膨胀到忘乎所以，不肯回头。柳传志在调回孙宏斌后开了一次业务说明会，主要是批评孙宏斌以自我为中心、缺乏大局意识的错误思想。但是，刚批评完，下面便有几个人站起来反驳说："柳总，我们不是帮会，你说我们有帮会成分，能不能具体说一下？""我们直接归孙宏斌领导，孙宏斌骂我们我们愿意听，这与总裁何干？"一个人说完，其他人马上跟着起哄，秩序十分混乱，会议也无法继续了。面对这样的局面，柳传志想借此机会探探孙宏斌的真心，要求孙宏斌把那几个下属开除掉，结果却被孙一口回绝，在老上司柳传志和下属之间，他选择了下属。至此，柳传志意识到问题已不可挽回，不禁仰天长叹。

此次会议结束当晚，孙宏斌向下属抱怨，一群年轻人跟着起哄，有人提议要将公司账面上的 1 700 万元占为己有，转移到别处。说者无意，听者有心，这句话马上传到了柳传志的耳朵里。这可吓坏了柳传志，倘若孙宏斌掌管的分公司真的将这 1 700 万卷走，必将置整个公司于巨大的财务危机和信誉危机之中。孙宏斌此时已经隐隐不受联想集团的控制了。为了避免出现更大的危机，柳传志马上向中科院保卫局报告了情况。由于该问题还触及法律，因此柳传志又向公安局和检察院报了案，并火速派人冻结分公司账目。而此时，孙宏斌手下的"猪队友"竟然搞出了"劫狱"的闹剧，又企图用暴力威胁柳传志。为此，公安机关还给柳传志安排了专门的保镖以保护其安全，这些行为促使局面进一步恶化。

1990 年 5 月 28 日，孙宏斌被北京警方拘留，10 天后正式逮捕，直到 1992 年 8 月，孙宏斌才以"挪用公款罪"被判处 5 年有期徒刑(2003 年无罪平反)。

尾声：渡尽劫波情意在，相逢一笑泯恩仇

如果事情就此结束，或许孙宏斌就成了一个默默无闻的小商人，但他之所以能够在出狱后迅速东山再起，成为光芒盖过中国首富的企业家，是因为他确实具有一般人不可比拟的气量和格局。

1994 年，孙宏斌仍在服刑，但有一次监狱派他出去购买电脑软件，他借此机会托人想见柳传志一面。柳传志得知后，毫不犹豫便答应了。在新世纪饭店的一家川菜馆里，曾经的老领导和得力干将相视片刻，四年的恩怨情仇顷刻间烟消云散了。几杯酒下肚，孙宏斌向柳传志敞开心扉，袒露心意，有悔恨、有倾诉，也有歉意。席间，柳传志问出狱后的打算，孙宏斌将自己打算做房产代理的想法说出。柳传志冰释前嫌，英雄相惜，当即决定帮助这个老部下出狱后东山再起。柳传志说："宏斌，你记住我说的话，以后任何时候你都可以对别人说，柳传志是你的朋友。如果需要什么帮助的话，我个人，包括李总、张总，我们都可以施以援手，入点股也行……"柳传志是这么说的，也确实是这么做的。据孙回忆，1994 年，他为出狱的孙宏斌提供了 50 万创业启动资金。要知道在 90 年代，50 万的数额并不是小数目，可见柳传志对于孙宏斌的信赖。后来，在孙宏斌的公司周转困难急需资金时，柳传志又借款 500 万元，以助他重整旗鼓。孙宏斌也确实没有辜负柳传志的赏识，在出狱后几年内便东山再起，在房地产市场上做得风生水起，尽管也有波折但最终成就了融创这匹"黑马"，也才有了后来孙宏斌的融创吞下万达这只“大象”的故事。

案例改编自：

[1] 吴晓波. 大败局2[M]. 杭州：浙江大学出版社，2013：154-178.

[2] 吴狄. 孙宏斌：优雅的“野蛮人”[EB/OL]. (2016-09-21)[2018-09-04]. https://www.yicai.com/news/5111132.html.

[3] 宁肯. 中关村笔记[M]. 北京：北京十月文艺出版社，2017：295-303.

三、案例分析

(1) 领导者应能善人，能恶人，一手仁慈，一手威严，缺一不可。领导者太过仁慈，下属缺乏敬畏心，容易无所顾忌；而领导者过于严厉，则使下属疏远，人心涣散。最好的办法，是将两者结合起来，该奖则奖，该罚则罚，正、负激励手段并用。

能善人，是所谓菩萨心肠；能恶人，是所谓霹雳手段。两者必须相辅相成。柳以爱才、识才、善于培养人才著称，但若有人触犯其原则与底线，他也会立刻施以霹雳手段。在孙宏斌初到联想时，柳传志对其大力栽培，公司新老冲突中，柳传志也明确站在年轻人一边，给孙宏斌最大的成长空间。但是，眼看孙宏斌误入歧途，在教导无效的情况下，本着“治病救人”的原则，柳传志毅然将其送入监狱，四年的牢狱生涯，对于孙宏斌来说是一个足以铭记一生的教训。在下决心对下属进行负面激励时，手腕必须要硬，一旦负激励措施不到位，下属不痛不痒，反而加倍削弱了领导的权威。

纵观联想发展史，从当年进出口许可证难题、联想桥四通桥冠名、香港联想危机、杨元庆与阿梅里奥的冲突等种种困境，柳传志所呈现出的“能善人”与“能恶人”之法，何时该“霹雳手段”，何时该“菩萨心肠”，几乎可以成为一部化解“冲突”教科书。本案例中，柳传志在处理与孙的关系上，完整体现了这一点。

(2) 领导者要对非正式组织密切关注，避免小团体破坏大团结。著名的霍桑实验证明：组织中除正式组织以外，还普遍存在非正式组织。非正式组织是指无正式规章、自发形成的，成员的地位与角色、权利与义务都不明确的群体。它不是由组织正式组建的，而是靠好恶或兴趣自然联系起来的群体，由于情感一致、利益接近或观点相同，以及彼此需要等原因把人们联结在一起，并依靠心理、情感的力量来维系。

非正式组织有一定的积极意义，它能够维护其成员的共同利益，使非正式组织成员获得归属感和满足社交需要，但同时，非正式组织也具有消极意义。若非正式组织的价值观和目标与正式组织发生偏离甚至相悖，非正式组织将会降低正式组织的凝聚力，造成小团体主义盛行、争权夺利、领导者被架空等消极影响。

非正式组织中，总会有几个关键人物成为带头人、骨干或意见领袖，他们对非正式组织的走向至关重要。本案例中，孙宏斌便是当年联想企业部非正式组织的关键人物，由其负责的18家分公司，不仅人是由孙宏斌任命的，财务完全掌握在其手里，还获得了这些分公司大部分人的衷心追随。他希望从联想这艘“大船”中分裂出一艘“小船”，甚至架空了柳传志的领导权力，形成了“一手遮天”的局面。对于联想来说，这是“十分危险”的，对于柳传志来说，这是不可忍受的，必须加以严厉制裁。

防止非正式组织“越权”现象的发生，领导者要识别出正式组织中所存在的非正式组织，对于其中的关键人物，要密切关注其思想动向。当领导者评估后认为非正式组织能够为我所用，与组织目标相吻合时，要大力提拔非正式组织中的关键人物，给予其正式组织的领导地位，使其发挥更大的效用；若领导者评估后认为非正式组织弊大于利，对正式组织的目标实现是一种阻碍时，也要“擒贼先擒王”，率先处理非正式组织中的骨干和带头人，以儆效尤。

(3) 对下属太宽容有时也是一种伤害。严是爱，松是害。这句话不仅仅是家长教育孩子的真理，也是领导者对待下属的不二法门。这里所说的严，并非毫无理由地打压、欺辱下属，而是要在下属犯错误时坚决地给予其一定的惩罚。对错误行为的惩戒有两个原则：一要及时，二要明确。只有及时对下属的错误行为给予相应的惩罚，才能建立起错误行为和负面结果之间的关联性，使人“长记性”，并且感受到领导者是“对事不对人”的；相反，若领导者对时间跨度较大的错误再进行惩罚，建立不起“惩罚”与对应的“行为”之间的因果关系，则很可能激起员工的抵触心理，认为领导者是“找事儿”。领导者惩罚下属必须要明确其错误在哪里。这是敦促下属改正错误的前提。有些领导者喜欢故弄玄虚，自己不明说，让下属去悟。对于处世经验丰富的下属来说可能不是难事，而对于年轻、缺乏社会经验的下属来说，往往容易被惩罚而不知为何，丈二和尚摸不着头脑，最终也起不到“惩前毖后”的效果，甚至让下属产生一种毫无由来的挫败感，对自己的能力产生怀疑。

四、案例拓展

领导者如何任用“孙悟空”式员工？很多组织中都有这样一类成员：他们的工作能力和工作业绩都非常突出，是组织中的“明星员工”，但同时自身也存在着一些比较突出的问题，主要表现为个性鲜明、不服管理，如果不加管制，很容易走上邪路。那么,领导者该如何任用这种“孙悟空”式员工?

首先,掌握“孙悟空”式员工的个性化需求是对其有效领导的第一步。“孙悟空”式员工多是自我成就导向较强的人,其行为主要受自尊和自我实现需求的驱动,能否在工作中展示自我才能并发掘自身潜力,即工作成就感常常成为他们关注最多的因素。

他们渴望在组织中获得众人的认可、渴望实现自己的价值,这是他们的首位诉求。因此,领导者在激励此类员工时,应按需激励,重点应放在精神层面的激励上,尽量满足其自尊需要和自我实现的需要。

其次,领导者授权有度,不能滥权。《西游记》中,孙悟空在打妖怪时,唐僧从不插手,但前提是有个“紧箍咒”,构成了作为领导的唐僧和作为下属的孙悟空之间的平衡状态。试想,如果孙悟空脱离了金箍的控制,不服管教,那么其一定不能修成正果。通常来说,能力越大,责任也就越大,但同时,能力越大,一旦责任缺失,则危害更大。对于“孙悟空”式员工来说,领导者的授权是十分重要的。他们通常渴望放手干一番大事,也具备这个能力。但是,领导者要遵循一个原则:权可以授,但不能滥,必须要有所节制,最关键的“阀门”不能放松。领导者对“孙悟空”式员工必须有两手准备:一方面,给予其施展才能的空间与机会,让其实现自我价值;另一方面,也要保证自身的绝对权威,牢固掌握“人事权”“财权”等关键权力,防止其自我膨胀,也防止正式领导权力被架空。

最后,领导者对“孙悟空”式员工要动之以情,晓之以理,不能只是采取简单的物质奖励或惩罚的管理手段。“孙悟空”式员工对于自我的认知较高,自尊心、自信心都较强,他们并不屈从于权威,但尊重自己所认同的领导者和价值观。因此,领导者首先要保证自己在思想道德、业务能力方面素质过硬,值得人尊敬;其次,与“孙悟空”式员工之间除工作关系外还要创造真诚、良好的私人关系,避免对立情绪的产生;最后,领导者要密切关注“孙悟空”式员工的思想情况和行为动向,当其在工作或生活中出现问题时,及时与之沟通交流,在必要的时候对其予以提点、敲打,但前提是不能触及其尊严底线。

五、案例思考题

1. 领导者在哪些方面应该宽容?哪些方面应该严厉?如何把握好两者之间的度?

2. 在你看来,对于组织中“小团体”的关键人物,领导者应该怎样处理?

3. 假如你是柳传志,在面对孙宏斌“大船里面造小船”的做法时,你会怎么处理?

案例五

刘强东用人观——价值观至上

一、案例导读

刘强东曾经说:“如果有一天京东失败了,那么不是市场的问题,不是京东对手的问题,也不是投资人的问题,一定是我们的团队出了问题。”刘强东从带领三五个人的小团队开始创业,到今天变成超过 10 万员工的商业帝国,获得了巨大的成功,可见其在识人用人的问题上必然有自己独特的理念和方法。京东选人用人的方法、标准、思想如今已经成为众多企业学习的标杆。那么,刘强东的用人到底有何独特之处?

二、案例正文

刘强东是当今中国互联网行业的代表性人物之一,他所创办的京东网在国内基本上家喻户晓,是许多中国人日常网购的重要渠道。京东今天的成功,与刘强东 20 多年来的苦心经营是分不开的。伴随着公司从无到有、从小到大,刘强东的用人观也在不断发展、丰富、完善,逐渐成为一个独到、完整的思想体系。在他看来,公司管理最核心的就是管人,而管人具体来说就是怎么选拔人、怎么任用人、怎么培养人。

选拔人——价值观正确是首位要求

刘强东认为人的价值观永远是第一位的,价值观匹配后,再考虑能力问题,不符合京东价值观的,能力再强我们也不用。京东集团人事管理有八项规定,八项规定的第一项,就是能力价值观体系。京东集团通过对个人能力、业绩和价值观进行量化衡量,将所有员工分为五类:

第一类员工被称为“金子”:这类员工非常优秀,价值观和公司价值观匹配度非常高,能力也非常好,在公司中有可能是技术人员,也有可能是管理人员。

第二类员工被称为“钢”:这类员工占公司的大多数,能力、业绩不错,价值观匹配度在 90 分以上。

第三类员工被称为“铁”:这类员工价值观跟公司非常匹配,但他的能力一般、绩效不达标。对待这类员工,公司至少会给一次机会,转岗的机会或者培训的机会,但是,如果一次转岗或者培训之后绩效仍然不达标的话,公司也要请他离开。

第四类员工被称为“废铁”:这类员工能力一般,价值观得分也很低。这样的员工在招聘时候一般都不会要,一旦招进来,也要及时把废铁弃掉,因为他没有任何的业绩。

第五类员工被称为“铁锈”:这类员工能力非常强,业绩也很突出,但他的价值观和公司完全不匹配。公司第一时间要干掉的就是“铁锈”,因为他比“废铁”还糟糕。能力不行、价值观不行,没有关系,不会造成恶劣影响;而“铁锈”有腐蚀性,破坏力很强,对于这类员工,不管业绩有多大损失,公司一分钟都不会留,宁愿职位空着,宁愿这一块不做,也决不能让“铁锈”腐蚀公司。不管工作一年、两年还是更久,只要一经发现,立刻砸掉。

刘强东选人,基本上是以当年的自己为模板。刘强东表示自己说不出太精彩的话,所以喜欢用行胜于言的人。他曾说:“我不喜欢夸夸其谈的人,如果一个人说话特别好听,我绝对不要。一个不擅长高谈阔论的人如果成功了,那么他靠的一定是脚踏实地。”

另外,刘强东农村穷苦家庭出身,又是中国人民大学的毕业生,所以他能够把农村人的吃苦耐劳和对于知识的运用集合于一身,他希望他的员工也是这样的人。所以,刘强东选人,一方面要求其有超出常人的吃苦精神:“拼 3 个月、5 个月容易,很多刚毕业的大学生都能做到;但是要拼 3 年、5 年、10 年,那就需要同时具备持续吃苦的精神和持续不断的激情。基于此,我们在确定录用管培生之前,也会对他们的家庭背景进行调查,如果家庭条件比较好,从小没怎么吃过苦,这样的人我们基本不会要。”另一方面,要求人应该保持对于知识的渴望。刘强东常对管培生说:“我给你们开的年薪要全部花掉,用来买书或者参加各种外部的培训班,绝对不允许你们存一分。”

任用人——内部提拔为主,外部招聘为辅

把人才招进来只是用人的第一步,京东把人才招进来以后,是怎样安排职位的呢?在这一点上,京东公司有个规定,要求 80%的管理者都必须从企业内部培养提拔人才,只允许从市场上招聘 20%的内部员工,包括管培生在内,只要觉得这个人有七成把握的时候,就让他来管理这个部门。

管培生在京东是深受重视的一个群体,他们也是中层领导的主要来源。2007 年,京东拿到第一笔融资,由此开始进入了发展的快车道。当时投资人徐新给刘强东两个建议:一个是引进几个牛人,另一个是招募管培生。刘强东也确实是这么做的。第一届,刘强东招了 2 名管培生,第二届招了 8 名,到第五届就扩充到近百人。这些管培生要经历为期 1 个月的培训,期间,刘强东还会亲自给管培生讲很多东西,甚至连怎么吃饭、怎么敬酒都会一一告知,事无巨细,

面面俱到。培训结束后再经历为期 3 个月的集中轮岗，和 3 个月的特色轮岗，然后才开始正式工作。在工作中，这些管培生可以越过层层领导向刘强东本人直接汇报，被外界称为刘强东的青年近卫军、京东干部的快车道。这样的人才提拔模式有其深意，管理者以内部提拔为主，才能保证这家公司真正的文化、价值观落地生根。

内部培养一名管理者是要花费很多的时间和精力的，但依然要保证 20%的比例从社会上招聘。这是因为，要保证组织有新鲜的血液，有不同的思想，不能让公司变成一个封闭化的组织。

外部招聘来的管理者，有的人到了一个新公司，喜欢把原单位的下属带过来，因为合作时间长，沟通方便，工作上手也快。但是京东不允许管理人员带太多人过来，最多可以带两个，这是防止公司里面形成派系。

培养人——全方位培养体系建设人才梯队

刘强东说："如果一个配送员 5 年以后还是配送员，那就是管理者的失职！""我经常说要感恩员工的付出，什么是感恩？感恩不仅仅是给员工好的薪水和待遇，抑或是股票，更是要通过培训体系，让他们在京东工作几年后，个人职业能力、知识、眼界等都能上升到一个新的高度。"为了让每个京东员工都有发展自我的机会，京东在内部建立了一套立体培训方案。

副总裁以上高管：公司为这些高管们提供到国内外一流商学院参加系统的在职 EMBA 项目学习机会，每年会安排至少 3 位高管去进修。另外，结合公司阶段性战略，定制有特定目标的学习项目，如"走进农村"、"硅谷之行"等。

总监级别管理者：一方面与知名商学院合作，针对总监级管理者中的高潜力人才，开设京东 MBA 培训班；在管理技能方面，以京东领导力模型为核心目标，提供阶段性的学习项目；对于新入职的高管，京东大学与人力资源部门合作为他们提供个性化的"高管 90 天转身计划"。

中层及基层管理者：每人每年 4～6 天的脱岗培训。此外，任何管理者想升职，都必须亲自培养出一个可以接替自己岗位的人，使中、基层管理者都能在工作中实现"干中学、学中干"，快速实现角色转变，掌握基本团队管理思想和业务管理内容。

基层配送人员：根据运营端的实际需求，开展配送主管的培训，提升客服技能的"橙色风暴"；还有呼叫中心、专业业务外部资源的培训，及时为新入职员工提供入职、企业文化、基础业务知识的培训等。

案例改编自：

[1] 刘强东. 刘强东自述：我的经营模式[M]. 北京：中信出版社，2016.

[2] 刘强东.我管京东就靠这四张表格[J].商业文化,2018(6):26-29.

三、案例分析

(1) 价值观一致是领导者选人的重要标准。价值观决定人的行为方式和价值选择,对人的行为起主导作用,而且价值观导向的动机往往更广泛、更激烈、更持久。

古人云:"道不同不相为谋。"价值观不同的人,缺乏协作的基础,也难以为共同目标奋斗。因此,组织的顺利运转,组织成员齐心协力,前提是组织成员的个人价值观与组织价值观基本吻合。

组织价值观虽是隐形的,但却是极其重要的。组织价值观是基于领导者个人价值观以及领导者对员工已有精神的概括、总结和提升从而形成的。[①] 领导者个人价值观对于组织价值观的影响很大,领导者价值观是组织价值观形成的基础,其通过向组织注入核心价值观并持续地引导、教育员工,使他们认可并将该价值观内化为个人的行动准则,借此,领导者与下属之间建立起一种以共享价值观为基础的新型关系。本案例中,刘强东在选人用人方面,喜欢用跟自己类似的人:家境贫寒、肯吃苦、肯努力,不善言辞,对知识充满渴望。这个用人标准处处都有刘强东自己的影子,这也正是刘强东个人价值观升华为组织价值观的体现。为了保证组织价值观不走样,京东在提拔管理者时大部分从内部选拔。"物以类聚,人以群分"就是这个道理。人的价值观是在长期社会化过程中形成的,一般来说成年人的价值观很难改变,通过价值观甄别人才,是一个公司最低成本的用人策略。

价值观有问题的人进入组织,相当于一颗定时炸弹,一旦监管不力,就会对组织造成损失。所以,一个组织从选人、用人到淘汰人,价值观都应该是重要甚至首要的衡量标准。价值观是隐性的,不能在短期内直观观察到,但却会通过日常的言行举止反映出来,所以通过对个人在日常工作中交流、言谈、行为、价值选择等情况进行观察和评价,便可以对个人价值观做出总体的评判,看其价值观是否和组织价值观相一致,不一致者要及时从组织中清除。刘强东根据个人的能力、业绩和价值观情况,把员工分为"金子"、"钢"、"铁"、"废铁"和"铁锈",其中,尽管能力很强但价值观很差的员工即"铁锈"是刘强东最反感的一类,他的态度也很坚决:"铁锈"虽然业绩很好,但对于组织的危害却远远大于贡献,所以,价值观不行的人,能力再强都不用,"不管业绩有多大损失,公司一分

① 周菲.组织行为学视域:企业竞争力[M].北京:经济管理出版社,2012:65.

钟都不会留，宁愿职位空着，宁愿这一块不做，也决不能让'铁锈'腐蚀公司。不管工作一年、两年还是更久，只要一经发现，立刻砸掉"。

事实上，任何组织中都存在上述5类员工中的几种或同时存在。对待这5类员工的方式，尤其是对待"铁锈"类员工的方式，常常是领导者所纠结的问题。刘强东的用人观给领导者们提供了良好的借鉴，在能力与价值观两者面临抉择时，价值观才是首位因素。

(2)在用人的过程中培养人，为组织可持续发展奠定人才基础。高质量的、充足的人才储备是当代组织健康、可持续发展的保障。

京东在培养人才方面，形成了一套较为完整的体系。首先，京东绝大多数管理者从内部选拔，组织内部成员长期接受组织文化的浸润，对于业务也较为熟悉，免去了新员工适应、磨合、培训的过程；其次，内部员工的工作情况被组织所深入了解，避免了外部招聘在短时间内识别人才所带来的不确定性；最后，内部提拔也是一种很好的激励机制和留人机制，这种提拔机会能够激发员工的成就动机，从而更努力地工作。

京东的培训系统具有层次性、针对性的特点，从高管到基层服务人员，都有相应的培训体系，这能够最大限度地发挥组织现有的人才优势，从整体上拔高一个组织的人力资本质量。当前，很多领导在培训方面有一个误区，资源集中于中高层领导者，而忽视基层。殊不知，基层人员的培训也是十分重要的一环。一般来说，基层人员占组织成员的大多数，他们奋战于业务一线，其行为影响着组织的对外形象和决策的执行情况，因此，基层人员的培训必不可少。

领导者用人的过程本身就是培养人的过程，个人的业务能力要在实际工作中得到锻炼和提高。京东公司很早就通过管培生计划来培养自己的骨干力量，管培生在工作中学习，在工作中磨炼，时机成熟便成为公司的管理者，为公司健康、可持续发展打造人才梯队。这种新、老员工的代际交替方式，保证了各个职位的知识、技能、经验和文化的传承。新、老员工的搭配，也有助于工作上的优势互补，值得领导者们借鉴。

四、案例拓展

京东集团在选拔管理者时，80%从内部提拔，但还坚持20%从外部招聘，这是为了保证组织有新鲜的血液，有不同的思想，不能让公司变成一个封闭化的组织，另外，外部招聘新人进入组织，也可以让现有组织成员有适度的危机感，这就涉及管理学上的一个现象——鲶鱼效应。

挪威人喜欢吃沙丁鱼，特别是活鱼，因此市场上活鱼价格比死鱼高很多。

为了增加收入，渔民们总是千方百计地把活的沙丁鱼运回渔港，但仍无法控制沙丁鱼的死亡率。有一次，一个渔民在运送沙丁鱼到目的地后，发现沙丁鱼全部活着，仔细一看，原来是装鱼的箱子里混进了一条鲶鱼。鲶鱼进入鱼箱后，由于环境陌生，便四处游动。沙丁鱼见了鲶鱼都十分紧张，左冲右突，四处躲避，加速游动，这样沙丁鱼缺氧的问题解决了，也就不会死了。从那以后，渔民在运送沙丁鱼时，都将鲶鱼放进去，为了活命沙丁鱼就会加速运动，从而保持了旺盛的生命力，这就是“鲶鱼效应”。

领导者常常会遇到一种情况，就是当组织人员结构达到稳定状态时，就会出现组织效能降低的现象。因为组织内固化的人际关系，使员工之间表现得“一团和气”，缺乏相互之间的竞争动力，组织就会缺乏活力，容易产生惰性。破解这种现象的途径有两条：一种是为组织注入“新鲜血液”，新成员的加入，不仅能够给组织带来新思想、新方法，还能重构僵化的组织人际关系，并且给老员工制造一种紧张氛围，有助于激发成员的竞争意识和组织的活力，从而提高整体的工作效率；另一种是强化竞争机制，例如实行末位淘汰、绩效奖金、团队竞争等，通过加大对高绩效者的奖励以及对低绩效者的惩罚，激活组织成员在物质、精神上的需求和对失去现有地位的恐惧，使其增强主观上努力工作的动力，取得良好的绩效表现。

五、案例思考题

1. 在你看来，对于一个组织来说，招聘人才应该更看重能力还是更看重价值观？为什么？

2. 以领导者个人价值观作为组织选人的标准，有什么优点和缺陷？

第四章

领导沟通

单纯的管理和领导力之间的区别就在于沟通。

——温斯顿·丘吉尔

一名领导者要想有所建树，就必须在多个方面做出努力，需要借助各种手段方式恰当发挥自己的影响力、做出正确的决策行为、选用合适的人才、有效激励下属，还要适时地创新、积极开发自身的领导力以及培养继任者。但领导者要想做到这些，都离不开有效的沟通。

有效的领导沟通是实现有效领导的基础。领导者通过有效的沟通来实现管理。领导意图的歪曲执行、上下级之间关系和谐度的受损都受到沟通不畅的影响。研究者表明，有效的领导者往往都是有效的沟通者。伯纳德·巴斯研究发现，在沟通胜任力和令人满意的领导力以及管理绩效之间存在着正相关的关系；同时安德鲁·J.杜柏林对于200名成功组织领导者的一个访谈研究指出，他们具有相似的沟通模式。

沟通往往与领导者的影响力紧密相关，领导者决策、管理、指导、激励他人正是通过沟通的手段。从这个角度看，我们可以说领导是一种以影响他人为目的的沟通行为。美国领导力学者米歇尔·海克曼与克雷格·约翰逊认为，领导者的沟通要考虑到“群体背景”。他们认为，领导者之所以传达影响力、鼓励变化是为了满足一个群体的需求或者达到一个群体的目标。

同时，领导者的沟通行为也要为下属所理解、感受。沟通涉及领导者与下属双方，因此，下属的理解与感受也是衡量沟通有效性的衡量标准，下属接受并理解领导者所要传达的影响企图时，沟通行为才能生效。切斯特·巴纳德从下属、执行者的角度提出，领导者通过沟通实施的影响，必须与下属的个人利益保持一致，同时还要考虑到其精神和肉体上是否具有实现的可能性。

综上所述，在沟通的视角下，领导是一项为了满足群体共同目标与要求，以与他人合作为条件而影响他人态度和行为的沟通活动。“言之无文，行而不远”，当新时代到来时，领导者的语言艺术更成为提高领导水平、表现领导才华的重要内容。美国领导学大师班尼斯在《重塑领导力》中探讨新时代领导力时提出：“富有口才的意义怎么说都不为过，尽管人们在挑选领导时很少将它作为一个主要标准。我们生活在这样一个混沌不清的世界，对一个领导者来说，能清楚、简单、明了地讲清事情的确重要。”

今天，作为一名现代领导者，掌握好沟通技能，具备良好的沟通能力，对出色地做好工作、更多地赢得群众、恰当地展示领导风采、更好地适应历史伟大变革具有积极的意义。

案例一

金正恩访韩的即兴发挥

一、案例导读

2018年4月27日上午，韩国领导人文在寅于当地时间上午9时01分许抵达板门店，在韩方一侧的“和平之家”稍作休息后，前往军事分界线迎接金正恩。9时30分许，金正恩与文在寅携手越过军事分界线（又称“三八线”），朝韩领导人在军事分界线会面尚属首次，实现历史性握手。本次韩朝首脑会晤的核心议题是朝鲜半岛无核化及构建半岛永久和平，就朝核问题达成协议是这次会晤的难点所在。会晤期间，金正恩与文在寅的谈话向我们展示了“教科书式”的领导沟通。

二、案例正文

跨过“三八线”

在金正恩跨过“三八线”，在韩国境内跟文在寅握手合影后，在文在寅已经做出请金正恩往前走的手势后，两人突然又停下来进行了一番对话。紧接着，金正恩拉着文在寅往北跨过分界线，在朝鲜境内合影留念。这也是文在寅首次跨过军事分界线。当时两人之间到底发生了什么？

原来，文在寅在与金正恩握手合影后感叹了一句：“我什么时候能够跨越分界线，进入朝方一侧呢？”不料金正恩立刻回应：“那么，现在要不要过去？”随后，这一幕也随着直播传遍世界。青瓦台方面在记者会上证实了上述细节，并表示这并非事先安排。

金正恩“金句”不断

在随后的活动中，金正恩多次释放积极信号，可谓“金句”不断。检阅仪仗队时，文在寅对金正恩说：“今天展示的传统仪仗队场面是简化了的，比较遗憾。如果您能来到青瓦台，将会看到更宏大的场面。”金正恩也回答道：“您邀请我的话，我随时去青瓦台。”随后在韩朝首脑会谈场地“和平之家”，金正恩留下了签名：“新的历史从现在开始”。

10时15分，朝韩首脑会谈提前开始，10时22分，会谈非公开部分开始。

金正恩的开场，立即让平壤冷面红遍社交媒体：“可算是从平壤将平壤冷面带过来了，能吃得津津有味就好。”

据韩联社报道，金正恩还谈到了跨越分界线的感想："刚才不过向南走了200米，跨过分界线后，感觉这分界线本身，跨过去也不是那么困难，很容易就跨过去了，可这一历史性时刻却等了11年。为什么这一刻来得这么久，来得这么艰难？本以为能与总统选先生在平壤会晤，没想到能在这里见面。反而在象征对峙之处会见会有更多的人心怀期待。希望珍惜来之不易的机会治愈韩朝之间的伤痛。迈过朝韩分裂之线不难，踩过的人多了，就会消失吧。"文在寅则回应称："我们肩上责任重大。希望我们能从板门店开始，在平壤、在首尔、在济州继续相逢。"

10时55分，上午的会谈结束，长达100分钟。随后，金正恩返回朝鲜用餐。据统计，加上用餐，金正恩一共4次穿越了军事分界线。韩方举行发布会介绍说，双方领导人就促进半岛和平问题积极表态。当地时间下午时段，金正恩再度进入板门店韩方一侧，与文在寅共同参加植树活动。之后，双方继续进行会晤。

新历史从现在开始

金正恩在会晤开始前在留言簿上题词说："新的历史从现在开始"。

朝鲜最高领导人金正恩发言："很多人都希望有好的结果，而如果我们没有遵循之前会晤达成的积极共识和宣言，如果我们没有让这次会晤成为促进我们关系的机会，我们会让人们失望的。所以，我想说的是我们应该更加坚决，这样我们才能回顾过去10年，说这10年没有被浪费掉。我希望我们能多多会面，解决我们之间存在的问题。"

韩国总统文在寅："我希望我们的对话能有丰硕成果，我们能达成一份协议，这样我们才能为期盼和平的，我们的国民和全世界的人献上一份大礼。"

渡尽劫波兄弟在，相逢一笑泯恩仇

中方表示，我们都从电视上看到了上午朝韩领导人跨越板门店军事分界线握手会晤的历史性时刻。我们为朝韩领导人跨出这历史性的一步鼓掌，对他们展现的政治决断和勇气表示赞赏，衷心祝愿此次会晤取得积极成果。

案例改编自：

[1] 张岩. 韩朝举行首脑会谈工作会谈，或商金正恩访韩路径[EB/OL]. (2018-04-23)[2018-06-25]. https://kuaixun.cngold.org/c/2018-04-23/c734087.html.

[2] 杨凡，徐红梅. 金正恩：访韩之路百感交集：以发令起跑的心情访问[EB/OL]. (2018-04-26)[2018-06-25]. http://world.huanqiu.com/exclusive/2018-04/11929489.html.

三、案例分析

领导沟通体现在领导活动的各个方面，大到国家民族关系，中到公共管理全过程，小到领导者个人，处处都有领导沟通。正如一位专家所讲，从某种意义上说，领导就是一种特殊的沟通，领导行为就是一种特定的沟通行为。

（1）语言贵在睿智，而睿智从沟通传达。在听闻韩国总统文在寅发出“我什么时候能够跨越分界线，进入朝方一侧呢？”的感慨时，金正恩立刻回应：“那么，现在要不要过去？”这体现了他的睿智。说话从来都不是简单的行为，而是高深莫测的处世技巧和为人智慧，不经意间的谈话内容最能够凸显一个人的才智。金正恩巧妙地接住了韩国总统的话语，既体现了他的沟通智慧，又表明了朝鲜与韩国建立友好外交关系的决心。当文在寅透露出想要邀请金正恩到青瓦台时，金正恩立刻回答“您邀请我的话，我随时去青瓦台”。“随时”一词完美地体现了他的真诚。

（2）说话风趣，活跃氛围，传达积极信号。朝韩首脑会谈中，金正恩有关于“平壤冷面”的开场：“可算是从平壤将平壤冷面带过来了，能吃得津津有味就好。”正如美国学者特鲁所说，说话幽默是一种能力，一种了解并表达幽默的能力；幽默是一种艺术，是增进你与他人的关系，并改善你对自己做真诚评价的一种艺术。金正恩讲话的幽默，淡化了会议过程中的严肃性，但也同时增进了真诚与亲切，“可算是”三个字表明了韩朝两国迈出这历史性一步的不容易，说“平壤冷面能吃得津津有味就好”象征两国之间的友好关系，这种沟通内容让人感到别致、出乎意料，使人印象更为深刻。

（3）点到即止，暗指比直言更有效。暗示是一种人际交往的特殊方式，指的是暗示者出于一定的目的，采用一定的方法，含蓄、巧妙地向对方发出某种信息，以此来影响对方的心理。金正恩所说：“迈过朝韩分裂之线不难，踩过的人多了，就会消失吧。”韩朝分裂之线的消失暗指着韩朝关系不友好状态的改善与消失；同时，这也表明，韩朝之间关系的缓和与修复需要两国人民的共同努力。这种委婉含蓄表达出历史遗留问题的方式，会给听众更多的想象空间，避免直接碰触到双方之间的痛处，促进双方之间更融洽的沟通。

（4）引起共鸣，提升讲话感染力。金正恩简短的讲话中指明：“很多人都希望有好的结果，而如果我们没有遵循之前会晤达成的积极共识和宣言，如果我们没有让这次会晤成为促进我们关系的机会，我们会让人们失望的。”他利用自己的言语感染更多人共同为朝韩两国友好关系建设做出努力。最后简明扼要地提出自己的期待：“我希望我们能多多会面，解决我们之间存在的问题。”看似简单的一句话既表明了他能够正视沟通障碍，又提出了“解决存在的问题”的沟通目标。

四、案例拓展

沟通是实施有效领导的基础和前提，而领导者是信息传递交流顺畅的关键所在，在各种沟通中发挥着重要作用。领导者应掌握信息沟通规律，提高沟通的有效性，从而提升领导活动的成效。

（1）明确角色，因人而异，灵活沟通。主导沟通者应该十分明确自己在沟通过程中为实现沟通目标所扮演的主导角色与职能，必须明确三个问题：受众需要什么，我能给受众什么，如何把受众需要和我能够提供的进行有机联系。领导者沟通的过程是表明自己观点和态度的过程，但前提是要有正确的自我认知与对交谈对象的客观认识与分析，深入了解沟通对象，结合谈话过程中的情景，选择恰当的沟通方式、沟通风格。这是在坚持“人所欲，施于人”的理念，将整个沟通过程的注意力放在沟通双方身上，将心比心。

（2）围绕组织目标，把握沟通意图，实现相互认同。领导沟通要围绕组织目标进行，这一点有别于非职务性活动的私人交流和谈心等。尽管在具体的沟通活动中也可能采取某些特定的沟通形式，但领导沟通的本质就是围绕着特定的组织目标，为完成某个任务和解决某个问题而进行的一种沟通行为过程。从某种角度讲，沟通的目的是为了协调利益，通过协调利益建立沟通的主客体之间的合作和认同关系。当然，领导沟通是一种沟通，并且也一定是管理活动中的沟通。因此，领导沟通不仅与管理有联系，其实它本身就是管理的内容。

（3）掌握必要的沟通技巧，提高沟通效果。沟通既涉及沟通规范问题，又涉及临事变通问题；既涉及言行问题，又涉及心态问题。因此，有效的沟通还要掌握一定的“制胜法宝”。卡耐基曾说：“假如一个演讲者用坚定的语气诚恳地诉说，那他就不可能失败，无论他讲的是政治还是经济政策，只要他确实有将心中所想告知于你的冲动，那么他的眼睛就会有很大的感染力，足以打动你的心。”较为风趣的讲话风格，最大限度地发挥语言的感染力等都是领导者所必备的技巧。

（4）营造理解、信任的沟通氛围，讲求方法艺术。理解与信任的建立并非一蹴而就的，而是领导者在沟通以及各项的活动过程中诚心诚意积极建立的。构建良好的沟通氛围是实现有效沟通的必要条件，这要求领导者在沟通的过程中要减小分歧点，扩大共识点。不要强人所难，要找到双方的平衡点，找到双方都能够接受的好办法，达成共识，促成合作。要留有余地，以求周全。对经双方共同努力，确实一次沟通协调无法解决的，可先搁置争议，暂缓一段时间，以便各自做进一步研究，为下一次的持续沟通做准备。在实际工作中，沟通在多数情况下并非一次性完成的，有时需要持续不断、多次反复的交流和协商。

五、案例思考题

1. 从韩朝两国最高领导人的沟通过程，你认为沟通有哪些要注意的地方？
2. 试着分析金正恩在沟通时所使用的技巧。

案例二

从"一亿赌约"看马氏讲话艺术

一、案例导读

马云和王健林，一个是中国互联网公司代表性人物，一个是中国实业企业代表性人物，都是成功的企业家，却走在不同的大道上。在一次采访中，他们围绕传统零售与电子商务之间的竞争进行了讨论，你来我往十分激烈，甚至当场立下"一亿赌约"，迅速成为当时网上热议的话题。

二、案例正文

马云的电子商业帝国

对于一般网民来说，淘宝网是认识马云以及他的阿里巴巴帝国的重要渠道。在马云庞大的阿里巴巴帝国中，淘宝网是非常草根的一个商业项目，据说网店店主超过了千万。马云在创立阿里巴巴之初说过一句豪言壮语："我们要让几千个人成为百万富翁，让几十万家企业赚到钱，让上百万的创业者成功。"现在看来，马云的确实现了那时的诺言，他这句话里面的提到的数字，现在都可以在后面加上一个零。

"将互联网作为一个窗口，让数以千万计的中国中小公司从这里出发，与世界对接。"马云最早的名片上印着如此豪言壮语，他给阿里巴巴的规划是："要做102年老店"。"1999年是阿里巴巴创始的第一年，21世纪，再下个世纪初的一个年头，算在一起正好102年。"马云解释道。"与众不同不是我做出来的，而是我的本能。"马云如此解释自己的狂言妄语，他认为其实大家不了解他的想法，"外边的人看里边的人都是疯子，疯人院里的人看外边的人也不正常。"

2007年马云又添狂妄筹码。11月6日，阿里巴巴旗下B2B业务在香港联交所挂牌上市，融资15亿美元，创下了中国互联网公司融资规模之最，成为中国互联网首个市值超过200亿美元的公司。据悉，阿里巴巴当时的冻结资金高达4 500亿港元，创造了香港股市有史以来的最高纪录。

传统模式与电商模式之争

王健林："电商是一种新模式，确实非常厉害，特别是马云做了以后，大家要记住中国电商只有马云一家在盈利，而且占了95%以上的份额。但是我不认为电商出来后，传统零售渠道就一定会死。"

马云:“我先告诉所有像王总这样从事传统零售的人一个好消息,电商不可能完全取代零售行业,同时也告诉你们一个坏消息,它会基本取代你们。”

王健林:“我跟大家透露一个小秘密,其实对这个问题,我跟马云先生既是探讨学习,也是在争论。我跟他有一个赌约,今天在公开场合说出来,2022 年,也就是 10 年后,如果电商在整个零售行业占了 50%的份额,我给他 1 亿,如果还没到,他给我 1 亿。”

马云回应称:“电商不想取代别人,而是要建立透明、开放、公平、公正的商业环境。真正创造 1 万亿的不是马云,而是今天你可能不会回头看的店小二,在街上不会点头的快递人员,他们正在改变今天的中国经济。所以我不是取代你,而是帮助他们取代你。”

记者在接下来的采访中,针对王健林和马云之间的赌注,进行了如下内容的访问:“王健林先生说出 1 亿元的赌局的时候,你吃惊吗? 你们之有过一些私下的沟通或者就这个问题探讨过吗?”

马云:“其实在那前一天我们有过赌约,但是没说数目。听到 1 亿我也吓了一大跳,我觉得赌 1 块钱可以。在亿万观众面赌下 1 亿,我觉得我们是在那儿豪赌。”

记者问:“对赌局谁输谁赢.自己有多大把握?”

马云:“我不跟任何人对没有把握的事下赌注。10 年以后,我觉得如果各位还不认为 10 年以后,这个零售行业或者传统行业会被互联网电子商务冲击到 50%的话,我估计只是因为他刚进入这个领域而已。电子商务绝对不是一种生意模式,它是一次生活方式的变革。10 年以后,结局只会比我们想象的更加可怕,因为它摧毁的不是一种商业模式,它摧毁的是一种旧的思考,它是社会的进步,所以是不可逆转的,所以这个赌王健林还是不赌为好。电子商务的目的不是去消灭任何人,而是建立未来我们认为更加公平、更加透明、更加平等的商业生态环境。其实我们今天说这个企业打败那个企业,那个企业打败这个企业,一点儿意义也没有。就是换句话说,一头羊把其他的公羊打败了,觉得自己天下第一了。”

案例改编自:郑一群. 跟马云学说话[M]. 北京:北京工业大学出版,2014:163-169.

三、案例分析

一个人驾驭语言、利用语言与他人沟通的能力,是影响一个人事业成功、人际和睦的重要素质。马云的好口才使他成了最抢手的英语老师,令他在全世界各地演讲时座无虚席;在与孙正义谈投资时,马云仅用了6分钟就打动了孙正义,决定为他投资。甲骨文大中华区产品战略高级总监刘松曾说过:“马云身上兼有商人的狡猾、政客的辩才和宗教领袖的启发性。”从马云身上,可以看到语言的魅力无处不在,要想成为强者就必须掌握说话沟通的技巧。

(1) 敢想敢说,彰显领导胆量与胆识。“将互联网作为一个窗口,让数以千万计的中国中小公司从这里出发,与世界对接。”马云在创业之初,就能立下此豪言壮语,充分体验了他个人的领导力。在与王健林有关传统零售业与电子商务之争的问题上,他的回答也是十分有底气的:“我不对没有把握的事下赌注。”他在沟通过程中展示出来的胆量与魄力,也能够对追随者形成有力的激励作用。马云的“敢想”,造就了他的“敢说”。多数情况下,领导者的“敢说”不仅仅体现了说话者本身所具有的胆量与见识,同时还能博得听众的认可。

(2) 张弛有道,避免盛气凌人。马云与王健林的对话,充分展示出了一个领导者应有的自信,但还带有一些探讨的口气。真正有智慧的领导者,会避免与对方发生正面冲突。他们会采取迂回战术,妥善矛盾,以理征服对方,以情打动对方,根据对方的个性特点,因人施计。也许正因为如此,马云的话总是能够感染着每一位听众,使他成为大家都喜爱的成功者。有霸气,绝非对人颐指气使,这会使得沟通产生距离感。霸气能够展现出领导者胸有成竹的信心,展示出其对事业的胆大心细和游刃有余。它不是自私冷酷的领导者的高傲,它是一种底气十足的说话方式。

(3) 刚柔并济,既不失气势又不输说服效果。在应对媒体的提问时,马云不仅将代表刚性的犀利表现得淋漓尽致,同时又释放了柔性的爽朗。很多时候,有刚有柔、进退自如的口才不仅能帮助主人们避免正面回答一些重要问题的尴尬,还能使谈判达到令人相对满意的结果。这种说话方式既能够让自身气势不减退一毫,又能在无形中让对方的气焰减退三分。马云将“太极之法”运用到企业的管理之中,其说话方式也秉承着“太极之道”。这种讲话方式既能够使得追随者主动追随领导者,从而达到激励效果,又能够树立领导威严形象。

四、案例拓展

“这是一个竞争的时代,也是一个合作的时代。现代人都需要别人的帮助,因此人际沟通能力和交往能力在很大程度上决定了一个人的前途和发展。”领导者如果善于言辞、会说话、口才好,就能够提升沟通能力。可见,成功的领导者都将沟通能力视为一个关键品质。

(1) 展示信念与自信,沟通以树立公众形象。语言是一个人的思想水平、道德品质、知识涵养的综合体现。一个口才出众的领导者，人们往往能够从他的谈笑之间，体会到他的思想、文化素质以及信念等。在实施领导活动的过程中，领导者通过沟通展示出信念与自信，这种自信的品质会感染到听众的情绪，使人能够接受、理解并愿意追随领导愿景。同时，领导者还可以将自己的目标大胆展示出来。领导者敢说，不但可以震慑对手，还能够激发下属的斗志，使大家众志成城。

（2）保持心理距离，避免以势压人。特别是当同级领导者之间发生分歧时，最好的办法就是通过双方的直接沟通取得相互的谅解。领导者说话讲求有霸气却不霸道。很多时候，人们看问题的角度不同，观点就会不同，领导者有效沟通的实现，既在于如何表达清楚自己的观点，又要考虑别人会怎样看待你和你的观点。领导者应从内心中就肯定自己的观点，但在表达方式上一定要有所注意，保持心理距离，提高亲和力，避免引起对方情绪上的不适。这样，即使他人有不同的观点，也会采取比较随和的态度，继续完成沟通过程，从而求同存异，达到双方都满意的沟通效果。

（3）沟通保持理性，避免情绪化行为与过激言语。在接收信息的时候，接收者的情绪会影响到他们对信息的理解。情绪激动会使我们无法进行客观、理性的思维活动，而代之以情绪化的判断。因此，领导者在沟通的过程中，应该尽量保持理性和克制；如果不能保持理智，那么领导沟通必然会产生障碍。正如曾国藩说："太柔弱就没有力量，太过于刚硬就容易折断。刚与柔相互调和，才是天地之间永恒不变之道。"谈话也应如此，措辞太强硬就会激化矛盾，太软弱又不能争取到应有的权利。

五、案例思考题

1. 马云与王健林这两种沟通方式，你更喜欢哪种？为什么？

2. 说话时，领导者过多显示出自己气势逼人，可能会使得沟通出现哪些阻碍？

3. 简单分析一下上述案例中，体现的马云的沟通技巧。

案例三

堤义明与西武集团

一、案例导读

西武集团在日本是一家赫赫有名、势力庞大的企业，堤义明曾是这家企业的老板。西武集团旗下有170多家大型企业，从业人员超过10万人，经营的业务涉及铁路、运输、百货、地产、饮食、学校、研究所等各种行业。它与新日本钢铁公司、三菱重企业集团同列为日本三大集团。堤义明是日本企业界、财经界和公众中极具魅力和影响的人物。他为人果断，信念坚定，领导下属讲求艺术，这从他的一次发言中便可知一二。

二、案例正文

西武集团的第一代领导人也就是堤义明的父亲去世后，由堤义明接手西武事业。第二年，堤家产业的发展便面临一项重大选择。当时的日本，正值经济发达、工业繁荣的时期，整个日本仿佛一个巨大的工厂，夜以继日地发展以盼望飞速成为世界上的经济强国。几乎每个人都认为在东京投资房地产肯定是一件一本万利的事情，许多著名的企业和企业家都先后云集于东京，将“触角”伸向越来越炙手可热的房地产行业。西武集团在房地产上有着丰富的产业和经营经验，因此很多投资者都以为它必然会以更大的投资力度进入东京的房地产行业。但事实并非如此，年轻的堤义明做出了一个令所有投资者大吃一惊的决定——“西武集团将撤出东京的房地产业！”这一决定令全日本的企业家都感到迷惑不解。在大多数人看来，炒地皮、开发房地产是一项暴利行业，尤其在寸土寸金的东京，炒房地产则无异于自己印钞票，比投资任何事业都更有利可图。因此，他们无法理解堤义明何以做出这样的决定，有人开始怀疑堤义明有没有领导这家大企业集团的能力。一些想在房地产中获取暴利的人中伤堤义明，把他说成是一个不懂得经营之道的无能之辈，他父亲是看走了眼才让他继承辛苦打拼下来的事业。

在集团内部，以森田重光等“八大金刚”为首的高层领导提出反对意见，大多数人也纷纷跟随提出他们的反对意见。他们认为，集团不应该退出东京房地产行业，不但不应该退出，还应该投入更多的资金。接手西武之前，堤义明曾答应过父亲，守业10年，不做任何新的投资。但是，在守业之时，也不能任市场变化而一动不动，他必须使企业适应新的环境，以求得更长远的发展。在几乎是没有人支持的情况下,堤义明依然坚定地要撤出东京地产界。在最高决策会议上,堤义明面对年龄比他大、经验比他丰富的高层管理人员,是这样说的:“我已经预测到,东京土地投资的好景已经过去了。供求要讲平衡,而大家疯狂地炒地皮的结果,只会使得供求状态不正常。因此,我认为东京的房产业很快就会出现失衡的大问题。对此,公司必须做出明智的决定。今天大家的意见有分歧,我认为这是正常的。如果全体一致同意,我反而认为事情不妙了——全体一致的主张,时常有毛病。现在大家不同意我的想法,但我知道我是正确的,尽管你们各位说的也不是没有道理。可你们没有看到东京地产业的暴风骤雨已经快到来了,危险得很。总之,这个问题我决定了,大家照我说的话去做准没错。”

一年以后,西武集团的高层管理人员发现:年轻的堤义明的决定果然没错。这时候的东京地产业开始大规模地崩溃,无数土地投资者在旋涡里无计可施,食之无味,弃之可惜,陷入了困境之中。而真正获得胜利的,正是堤义明这样极少数目光长远、头脑灵活的管理者。因为论面积,西武集团的土地占有量是日本第一。在东京地皮行情最好的时候,西武集团已稳稳当当地获取了巨额利润。

案例改编自:陈红讲.心理学与领导力[M].北京:中国法制出版社,2014:59-62.

三、案例分析

坚定,说话果断不动摇。领导者在展现口才时,也要树立坚定的信念。许多领导者运用语言最终没有成功不是因为他们没有能力,而是缺乏坚定的信念。如果领导者在说话时不果断、不干脆,态度就会不坚决;如果领导者态度坚决,绝不会言辞无力。

(1) 借助沟通,彰显态度,表明立场。堤义明面对比他年长且经验丰富的质疑者,说话也毫不犹豫、退缩,反而展示出坚定的自信与执着,这体现出了他内心对于决策成功的笃定。而正因为这种执着,才能使堤义明用最真切的话语去面对这个世界。古今能成大事者,无不树立坚定的信念。语气坚定、做事果断的领导者,容易获得追随者的信任;而说话犹犹豫豫的领导者往往很难让人信服。领导者话语里的坚定,不但可以鞭策自己,还可以让追随者对领导者拥有更多的信任。领导者要坚定自己的观点,不要因为质疑者的声音影响了自己的判断力。

(2) 简明扼要,避免说空话,注重沟通实效。堤义明在面对质疑时的回答,简明扼要，直接表达出对日本房地产市场状况的洞察，摆明自己退出房地产市场的真实原因，而不是讲一堆空道理。一方面，这样能够直接将问题摆明，与质疑者实施更有效的沟通；另一方面，直指矛盾，亮出观点，更能够体现领导者对组织动态、成员内心变化的把握，使追随者更容易信服。领导者如果能成为一个说话高手，就如同一个“武林高手”，每一个词语都掷地有声，很容易就能说服别人。

(3) 换位思考，展现同理心。“因敌制胜，应形于无穷”，堤义明在沟通过程中对员工们提出质疑表示理解，围绕着质疑者的心而谈，说以无穷的利害变化，使员工认为领导者做出这种决定是经过深思熟虑，绝非一时冲动，同时也能够展现自己充分体会了下属的心思。领导者要坚持“人所欲，施于人”的理念而不是“己所欲，施于人”的理念去进行沟通，将注意力放在自己与谈话人的身上，对受众的需求进行个体和整体的分析，换位思考，赢得沟通。

(4) 巧用沟通，争取支持，实现变革愿景。堤义明超前性地预测出日本房地产市场的变化，明确指出质疑者们“没有看到东京地产业的暴风骤雨已经快到来了，危险得很。总之，这个问题我决定了，大家照我说的话去做准没错”。正是他这种强烈的自信促使了他话说能力的提升，“先相信自己，然后别人才会相信你”，这也是堤义明的沟通智慧。

四、案例拓展

变革比一般性的活动需要更多的沟通，此时需要领导者更多的与质疑者进行沟通，以此来消除变革决定路上的阻碍。如果沟通不力，不能掌控全局，那变革就会造成混乱。变革结果的成功更依赖于领导者的沟通能力。堤义明以充分的自信、坚定的态度、简洁果断的讲话方式成功说服了质疑者，为领导者树立了有效沟通的典范。

(1) 说话果断坚定，沟通体现成人自我状态。领导者展示成人自我状态的功能在于解决问题，从而产生策略，而且充分考虑自身行为所引起的外界反应。处在成人自我状态的人，表现为沟通中目标明确、主动性强、具有理智性和逻辑性、能运用过去的经验和知识来预测要实施的行为的可能性、能理智地传播信息和接受信息。同时，领导者在沟通的过程中应展现出内心对决策执行的执着，态度坚决，才能获得员工的信赖。领导者在实施决策，尤其是变革性决策的过程中最容易受到旁人言论的影响，这时候领导者一旦定力不够，沟通过程出现犹豫、闪烁其词就很容易陷入僵局。

(2) 说话要实用，传递有效信息。领导者在沟通的过程中应少讲大道理，沟通的关键在于传递有效信息。领导沟通的关键不在于要用多么高深的道理使对方崇拜自己，而在于要将告知的信息准确地传递到对方心中，即使语言朴实无华，只要领导者的观点论述准确，表达有条不紊，也能够达到预期的效果。这不仅能够表明领导者具有清晰的思路、敏锐的洞察力，也能够获得员工的支持，消除质疑者的声音。要利用沟通，激发下属完成任务的意愿，确保下属理解。

（3）有效说服，攻心为上，赢得认同，建立事业。领导者在沟通的过程中，口才只是技巧，攻心才是关键。成功的领导者说服下属的关键在于对准人心说话，成功人士绝大多数是成功掌握攻心说话术的人，因为他们知道说话攻心能够让对方心悦诚服并最终按照他的意图去做事。说服的过程是说服者对被说服者攻心的过程，也是被说服者心理渐变的过程。运用“攻心”的说服技巧，往往能够在实践中取得理想的说服效果。

（4）不怕质疑，实现变革。著名领导学研究专家科特认为变革是一个过程，需要八个步骤：建立危机感，建立有力的变革班子，制定远景和实现远景的战略，广泛宣传远景战略，充分授权下属实现远景规划、鼓励下属消除变革障碍，对取得的任何一点的改革成就都予以肯定，推出新的更大的改革项目，宣传变革带来的成功。成功的变革需要做好变革消息的传播和沟通工作，变革时期比平常时期更需要沟通。俗话说：一样米养百样人。对同一事物或观点，不同的人会有不同的看法，这是正常的。看法不同就会出现质疑，特别是当领导者有所创新，出现变革性想法的时候，质疑之声就会围绕过来。此时，就需要领导者坚定方向，并且能够通过沟通过程为员工指明正确方向。

五、案例思考题

1. 变革型领导，在沟通的过程中要注意哪些问题？
2. 从沟通的角度分析，堤义明能够成功实现变革的原因。

案例四

杰克·韦尔奇——战略沟通者

一、案例导读

韦尔奇被称为美国最杰出的CEO。他在通用任职期间，主要做的就3件事:硬件、行为和工作流程。而所谓的行为，就是指各个部门之间的沟通“没有界限，信息开放共享”。韦尔奇被誉为沟通高手，并且他对涉及多种行业、业务遍及全球的通用公司产生了较大的影响。他的秘诀是什么?那就是把复杂的事情简单化。韦尔奇有种与生俱来的能力，可以把复杂的事情拆成一个个简单的部分并让大家都能理解。同时，韦尔奇会有意地重复信息，直至员工们都能够明白他所要传达的信息。

二、案例正文

韦尔奇的职业生涯一目了然。他先是拿到化学工程的博士学位，然后在通用电气塑料集团工作。他一步一步地晋升，在33岁时成为总经理，而后是副总裁，之后是通用公司的副董事长。在45岁，他被任命为CEO。据韦尔奇自己说，他在通用任职期间，主要做的就3件事:硬件、行为和工作流程。所谓硬件，就是公司在行业中的领先地位。也就是说，不论在哪个市场细分领域都要处在数一数二的位置。所谓行为，是指各个部门之间的沟通“没有界限，信息开放共享”。工作流程是指寻找方法，提高工作效率。

这3件事恰好对应了韦尔奇任高管以来的3个阶段。第一个阶段，他进行了大刀阔斧的改革，大量削减员工数量。第二个阶段被称为“运筹帷幄”，经理和员工一起为公司献计献策。高管们提出设想，让所属团队拿出合理方案。老板可以当场否决或接受方案，或者进一步了解更多信息。第三个阶段针对的是业务质量和人员素质问题。

通过沟通进行领导

以上3个阶段都需要传达信息，韦尔奇也因此被誉为沟通高手，对涉及多种行业、业务遍及全球的通用公司产生了如此大的影响。他的秘诀是什么?那就是要简单。韦尔奇有种与生俱来的能力，可以把复杂的事情拆成一个个简单的部分并让大家都能理解。韦尔奇会有意地重复信息。“在领导中，你需要放大自己所表达的每个意思，你得把这个意思重复1 000遍……这样的夸大才能影响一个大企业。”比如，他说他会开除那些取得了成就，但是素质低下的员工。他的意思是说，他要从体制上彻底根除这些人的存在。另一种获取信任的方式就是给听众一个相信的理由。韦尔奇曾讲过这样一件事情，他一度要求员工把差旅费的花销减少30%。为了不引起反对，他讲这件事情的时候给出一个前提，就是如何把工作和生活融合在一起。“你们（经理）告诉我最大的难题就是总没时间看望家人，现在你就多出30%的时间和他们在一起了。”在领导信息中使用策略，或者用更好的办法——联系个人利益，就可以消灭阻力。这样的联系需要智慧，从韦尔奇身上我们一次一次地看到，有效地传达信息、把人们团结在一个目标之下是多么重要。

韦尔奇曾说，领导者最大的失败莫过于“他是最后一个知道消息的人”。一个从来没听到过坏消息的领导，一定身处绝望的孤立地位。韦尔奇则让自己身边围绕着一群被他称为“商业精神伙伴”的人，这些人会为他提供问题的第一手资料。他也通过提问的办法随时了解集团状况，有时候甚至会一口气与员工交流一个小时，直到他了解了他想知道的事情。

人的力量

对人的培养，是韦尔奇作为CEO成功的关键。韦尔奇在通用的公司高管委员会中是个活跃分子，精力充沛。公司高管委员会每季度召开会议，主要议题围绕公司战略和人员更替。在会议进行到2天半左右时，高层管理者会聚在一起“分享优秀的管理经验、评估企业外部环境、发现企业最有前景的机会，寻找企业面临的最大问题”。

除了分析企业的情况以外，韦尔奇还利用这个时间，观察这些互相交流的管理者。在被称为年度领导与组织检讨会的会议上，韦尔奇会和部门主管及人力资源主管评估人员的管理才能。“坦白”和“执行力”是常提到的词。当会议结束时，韦尔奇会手写一份评估总结。为了响应韦尔奇“用行动支持语言”的主张，通用公司规定管理层培养要和企业战略目标挂钩。

在和第二任妻子的离婚诉讼案中，韦尔奇在退休后仍在领取通用公司额外津贴的事情被暴露出来，这极大影响了他的声誉。这些生活福利有：曼哈顿的免租金的公寓、公司的飞机以及私人保镖等。韦尔奇讲，这些福利待遇的总价值略少于通用公司和他在1996年续约谈判中给出的条件。韦尔奇是一个从不畏惧挑战的人，他通过《华尔街日报》的专栏为自己辩护，解释了他的退休工资和他对公司的贡献。但是，他为了不给这个辛辛苦苦服务了几十年的公司带来负面影响，同意放弃公司提供的额外津贴，并赔偿公司之前为他报销的私人花销，包括纽约的公寓和公司的飞机。韦尔奇讲，这些费用每年有250万美元，但正如他所说:“公众认知很重要。一旦公众的信心和信任感被撼动,我就从教训中明白过来:公众认知比什么都重要……我不希望一个伟大的公司、一个有着极高诚信度的公司,陷入和公众的对抗之中……我实在太在乎通用和这里的人们了。”

企业中的政治家

在公司管理丑闻之后,杰克·韦尔奇变成了维护企业和股东利益的政治家。他承认,像安然公司和环球电讯公司发生的金融丑闻让他感到震惊。他认为,企业退休工资是和股东价值看齐的。比如,在20世纪90年代,当公司股票飞涨的时候,高管的退休金也以同样的比例上涨。“如果在工资方面你看重的是员工的实际表现,如果你着眼于结果,为股东带来收益,就会形成这样的制度。”他承认,从通用电气的股东分配方面来看,他所获得的退休金是比较多的,但是他认为这是考虑股东和员工的利益而做出的公正、诚实的分配。他明确区分了某些企业的欺诈行为和大多数企业高管的诚实所得。韦尔奇仍然相信公司的长远发展,当股票下跌的时候拒绝抛售,这让他的净资产缩水了一多半。他说:“我曾经和公司生死与共。”在韦尔奇的演讲中,充满了美国企业精神特有的乐观。“我们需要这样一种氛围,CEO要敢于冒险,要积极地行事,要有创造再次胜利的决心。”

反思

韦尔奇有自我批评的能力。他说他最大的失误就是行动不够迅速。“我做每件事都很慢。在刚开始的时候我遭到了很多人的指责,如果我用2年的时间完成5年的工作,我们会比现在领先更多。”

在他离任后接受《哈佛商业评论》的职业生涯回顾访问时,他的话更富有哲理性:“我最多成功了一半……后来好了一点,因为我开始得心应手了。”谈到他的优点时,他只是认为自己有“一点点的创新精神”,“但是直觉很准。我很少被别人骗”。

同样是在这个访谈中,韦尔奇说他希望给别人的印象是一个有血有肉的人,而不是像从前那种“中子杰克”甚至“粗暴的原始人杰克”之类的。这是为什么呢?“我希望和我一起工作的人喜欢我。”韦尔奇和他人的亲密关系是他作为沟通者力量的来源。在企业中关心、尊重员工的领导者,会花时间确保员工明白他所发出的信息,这既有利于企业的发展也有利于员工个人,因为这可以让领导者以最好的方式对待员工,同时也得到最好的回报。

案例改编自:巴尔多尼.卓越领导者的沟通技巧[M].吕莉,李晶晶,译.北京：电子工业出版社，2014：55-60.

三、案例分析

与追随者保持持续的沟通，对他们给予必要指导，并适度建立起亲密关系，韦尔奇这几点都做到了。他十分注重人才的培养，不断提高企业人才自身的发展条件，其言行一致、对情况的掌控力等品格在他与追随者的沟通过程中体现出来。

（1）建立信誉，增加说服成功的砝码。领导者要通过领导信息的内容来证明他们的可靠性，韦尔奇用行动去实现他和团队的诺言。"运筹帷幄"地讨论解决方案就是韦尔奇建立个人信誉的过程。信任就像是领导者口袋里的零钱，每当做出英明的决策，你就能获得更多的硬币；而每当做出糟糕的决定，你就等于给你的员工一些硬币。每个领导者口袋里都有一定数额的零钱，随着他们的表现，数额就会增加或者减少。

（2）沟通有效并非一日之功，反复沟通是关键。韦尔奇沟通的关键，也就在于不断地沟通。他追求信息的清晰度，确保信息传递的过程不易失真。他对员工和企业的期望值一直很高，他把他的要求清楚地、频繁地传达到企业的各个层级。这种坚持不懈强化信息的方法，使得韦尔奇与下属始终保持着密切的沟通。

（3）巧用策略，体现"商业伙伴精神"。领导者在这种沟通信息自下而上传递的过程中需要保持积极主动的态度，韦尔奇就是通过提问下属的方法随时跟踪企业状态。为了了解到他想要获得的信息，他甚至会花费数小时的时间。领导者主动沟通，能够在企业中形成良好的沟通氛围，同时，员工也能够更加积极地主动和领导者沟通，提供有效信息。

（4）说到做到，做出表率。韦尔奇一直强调作为公司中的一员绝不能做有损公司利益的事情，他也放弃公司提供的额外津贴并赔偿公司之前为他报销的私人花销，他切实做到了维护公司利益；即使在面对他的净资产"缩水一多半的情况下"，他也从未想过放弃公司，正如他所说"曾经和公司共生死"。韦尔奇在任职期间，一度是通用电气的化身。他把对员工的期待清楚地表达出来，并要求他们去完成。他高度的执行力曾被商业领域的对手羡慕不已。韦尔奇的领导力来自他对事务清晰的判断力，以及说服别人追随他的能力。不管何时，他始终将公司利益放在首位，他的言行一致、以身作则感染了下属，真正能够维护公司利益。

四、案例拓展

领导沟通是一个连续的过程。信息需要被传达出去并反复讲解，以达到让不同听众理解并相信的程度，同时还要对听众的行动起到指导作用，也就是需要领导信息的保持。此外，领导者和被领导者还要保持私人层面的联系以建立信任感。在这个过程中，追随者也能够为他们自己、领导者、企业做出卓越的成绩。

（1）根基法则，信任是领导沟通的根基所在。沟通的过程是建立领导个人信誉的过程，而建立个人信誉度对领导力来说至关重要。真正的沟通是一种态度的表达、环境的建立，是一种互动性的活动。沟通需要无数次眼神的交流，沟通中需要更多的倾听而不是表达。沟通是一种长期的、互动性的过程。领导者的言出必行，不仅能够建立领导者的个人信誉，也能够影响追随者对自身信誉的要求，态度真诚是建立个人信誉有效的措施之一，同时领导者一定要严肃对待自己要传递的信息也是领导者建立个人信誉的方法。

（2）过程法则，实现认同性沟通。领导者应与下属不断沟通，提高沟通信息的准确度和频度。在领导中，你需要放大自己所表达的每个意思。你得把这个意思重复1 000遍，这样的夸大才能影响一个大企业。自我发展和不断提升自身的技能水平，这是领导者与其追随者最本质的区别。领导者不断的沟通，也是自我技能水平提升的过程。沟通的目的是达到认同和共识，而不是产生排斥和抵抗，所以应使用认同性沟通而不是排斥性沟通。认同性沟通的要求：第一，尊重对方，将对方看成是有价值的；第二，本着开放合作的态度；第三，尽可能双方沟通。

（3）合作原则，联系个人利益，消灭阻力。沟通的目的之一是为了合作，如同级部门、上下级部门之间的合作。因此，作为沟通者要以合作的心态对待沟通。在沟通中，双方互相理解、信任和支持的因素是十分重要的，而这种因素的形成和强化，要求双方都应有真诚的合作意识。建立这种合作关系需要智慧，关键在于领导者将个人利益与员工利益有效地联系在一起，并获得听众的相信，把追随者置于共同的目标之下。领导者设立共同利益的愿景，员工就会成为围绕在领导者周围具有共同利益的“商业精神伙伴”，这些人会非常值得依赖，他们会为领导者提供某个问题的第一手资料。

五、案例思考题

1. 你认为韦尔奇能够成为沟通高手的原因是什么？
2. 从韦尔奇管理公司的过程中，你能够学习到哪些？

案例五

“经营之神”松下幸之助的沟通之道

一、案例导读

松下幸之助很注重对员工的教育。他每周都要在员工大会上做演讲，并制定了松下员工守则，还创作了松下的歌曲，使团队凝聚力大大提升，每个松下员工都以自己是松下的一员而自豪。他提出“公司要发挥全体职工的勤奋精神”，不断向职工灌输所谓“全员经营”“群智经营”的思想。同时，松下幸之助很善于用言语来激励员工，所以在松下的公司很少出现劳资纠纷。下面，我们就来感受一下松下幸之助的沟通艺术。

二、案例正文

“经营之神”松下幸之助在1945年提出“公司要发挥全体职工的勤奋精神”。他不断向职工灌输所谓“全员经营”“群智经营”的思想。这种思想认为：“松下的经营，是用全体职工的精神、肉体和资本结成一体的综合力量进行的。”在给全体职员树立一种团体意识的同时，松下公司更是花大力气发动每一个工人的力量和智慧。为达到这一目的，公司建立提案奖金制度，不惜重金在全体职工中征集建设性意见。

虽然现在公司每年颁发的奖金在百万以上，但正如公司劳工关系处处长所指出的：“以现金来说，这种提案奖金制度每年所节省的钱超过所发奖金的13倍以上。”不过松下公司建立这一制度的最重要目的，并不在节省成本上，而是希望每个职工都参加管理，每个职工在他的工作领域内都被认为是总裁。正是因为松下公司充分认识到群体力量的重要性，并在经营过程中处处体现这一思想，松下的每一个职工才会把工厂视为自己的家，把自己看作工厂的主人。因此，纵使公司不公开要求，各类提案仍会源源而来。职工在家里、在火车上，甚至在厕所里，都会思索提案。试想，有了这样的“全员经营、群智经营”，松下又怎能不成为称霸世界的超强公司呢？

“经营之神”松下幸之助很善于用信任来激励员工。每次观察公司内的员工时，他都会感觉他们比自己优秀。当他对员工们说“我对这件事情没有自信，但我相信你一定能够做得到，所以就交给你去办吧”时，员工都会因受到重视而不但乐于接受，还会下定决心竭尽所能也要把事情做好。

松下电器公司曾计划要在金泽市设立营业所。松下幸之助从来没有去过金泽，但经多方考察与考虑，还是认为应该成立一个营业所。这时，问题出现了：谁去负责这个营业所呢？谁最合适呢？当然，能够胜任这个职位的高级主管很多，但那些资历深的管理人员都要留在总公司工作，因为他们当中的任何一人离开总公司，都会影响总公司的业务。这时，松下幸之助想起了一位年轻的业务员。

这位业务员当时只有20岁，松下幸之助决定派这个年轻的业务员担任金泽营业所的负责人。松下幸之助对他说："公司决定派你去金泽的新营业所。我已经准备好了一笔资金，让你去进行这项工作了。"听完松下幸之助的话，年轻的业务员大吃一惊，不解地问："这么重要的工作让我这个新人去做不太合适吧……"但是，松下幸之助对这位年轻人很信赖，他几乎用命令的口吻说："你没有做不到的事情，你一定能够做得到的。战国时代的加藤清正、福岛正则这些武将，都在十几岁时就非常活跃了。你现在已超过20岁了，不可能这样的事情都做不来。放心吧，我相信你，你一定能做到。"这时，年轻人脸上的神色已与刚进门时判若两人，他的脸上充满了感动。看到他这个样子，松下幸之助很兴奋地说："好，请你认真地去做吧！"年轻人一到金泽就马上进入了工作状态，他几乎每天给松下写一封信，向他汇报自己的工作情况。很快，他在金泽的筹备工作完全就绪。于是，松下幸之助又从大阪派了两三名员工过去，开设了营业所。

松下幸之助和公司工会的关系，一直是比较融洽的。但是，有一次工会机关报刊上登载的一篇文章，却让他大为恼怒。起因是报上刊登了一篇文章，嘲笑松下公司的通过制造物美价廉产品以服务社会的"自来水经营理念"，否定了公司的经营宗旨。尽管遭到了这样的抨击，但松下幸之助依然不改初衷。"自来水经营哲学"是松下电器公司最基本的经营理念，相当于宪法中的总纲。这是松下幸之助根据自己的人生体验，受到自来水的启发而总结出来的。他的经营信念即在于此："如果一切东西都像自来水一样，能够随便取用的话，社会上的情形就将完全改变了。我的任务就是制造像自来水一样多的电气用具，这是我的生产使命。尽管实际上不容易办得到，但我仍要尽力使物品的价格降低到最便宜的水准。"1932年5月5日，在松下电器公司的创业纪念日上，松下幸之助向全体员工表明了自己的这种信念，并把它确定为公司的经营哲学，要求全体员工遵照执行。松下幸之助说道："大抵生产的目的，不外乎丰富人们日常生活的必需品，以充实生活的内容。这也是我生平最大的愿望。松下电器公司要以达成这些使命为我们的目标，今后更要全力以赴、更上层楼，期待早日完成使命。我殷切希望诸君能深刻体察这一目标和使命，并共同努力达成之。"松下幸之助体会到，应以透明、公开的方式，让干部和员工了解企业的目标和目前的状况，建立互相的了解、信任，可以加强责任感、提高工作热情，从而达成既定目标。

的确，从一开始，松下幸之助就非常重视公司和员工的关系，他在公司内部公开经营数据，实施透明化经营，即使现在，这都是个非常大胆的做法。不仅如此，松下幸之助坚持每月给职工写信，向大家传递他对产品的忧患意识，甚至，为了提高员工士气，亲自打扫公司的卫生间。

1930 年，松下幸之助在公司内提出 7 个指导性精神：品质，公正，团队合作，努力工作，谦逊，社会意识，感恩心情。这是属于松下幸之助的领导艺术：从日常领悟出发，坚持不懈与员工沟通，由此强化公司凝聚力，并使其在每个工作环节中得以落实。这一点，是当年松下公司，或者说日本企业集体振兴的原因之一。顺着这个思路，30 岁时，松下幸之助创造了 50 年后世界上的许多大公司仍在沿用的经营理念：首先创造优秀员工，然后是制造电器的公司。在西方，这被称为“以人为本”。第二次世界大战后，松下幸之助有感于当时日本社会的局面，进一步发展出注重顾客、交货速度、产品质量、协作精神以及向员工放权的公司文化。同时，他在公司内推行“水坝式经营”的观念，在部门之间建立调节机制，保证稳定发展。松下公司迅速摆脱战争阴影，20 世纪 50 年代末期，已成为受世界瞩目的消费类电子产品生产商。40 岁之后，松下幸之助逐渐成为一个商界领袖，他的领导思想促进了日本现代商业精神的形成。晚年的松下幸之助超越了原有的企业家身份，对公司与社会关系的思考日益深入。56 岁，他提出“厚利多销”之道：透过合理化经营，得到合理公平的利益，再把利益公平分配。他坚信，这才是社会和公司共同繁荣的基础。这个理论提出十年后，经过深思熟虑的松下幸之助提出辞去公司董事长的职位，“在幕后”守望公司的成长。

松下公司的成功不是因为垄断经营、技术领先或政府眷顾，而是因为他那种融合了东西方双重智慧的治理方式：有时是个深谙赚钱之术的资本家，有时是个身着和服、在深夜中忘却现实的冥想者。

案例改编自：马克斯维尔. 领导力 21 法则[M]. 上海：文汇出版社，2014：90-110.

三、案例分析

在激烈的市场竞争中，一个士气低落的企业是无法取得成功的。著名管理顾问尼尔森提出，未来企业经营的重要趋势之一，是企业经营管理者不再像过去那样扮演权威角色，而是要设法以更有效的方法，激发员工士气，间接引爆员工潜力，为企业创造最高效益。

(1) 沟通,传递正能量。士气影响员工工作的积极性,士气低下就等于积极性低,士气高就等于积极性高。只有提高员工的士气,企业才能快速发展。松下幸之助很善于用信任来激励员工。每次观察公司内的员工时,他都会感觉他们比自己优秀。当他对员工们说"我对这件事情没有自信,但我相信你一定能够做得到,所以就交给你去办吧"时,员工都会因受到重视而不但乐于接受,还会下定决心竭尽所能也要把事情做好。

(2) 发现优点,及时鼓励,拉近距离。领导给予其真诚的赞美,会让人有一种如沐春风的感觉。领导者通过沟通表达赞美就是认可追随者的价值,肯定他们的工作,使他们拥有一种成就感。真正成功的管理者,是那些善于恰当地赞美员工、肯定员工的人。松下幸之助在管理的过程中,通过其恰当的沟通方式与真诚的言辞,使得每一个工人在工作的过程中都能够升腾出由衷的自豪感,为自己是这一团体的成员感到骄傲。

(3) 目的明确,思路清晰。主题是说话的灵魂,领导者主题明确了,思路才能清晰,才能够对追随者更加明确地表明自己的用意,使得下属抓住领导者的意图,才能够拥有更加清晰的工作思路和工作目标。松下幸之助正是通过坚持不懈与员工沟通,明确每次沟通的目标,直指工作方向,并同时强化公司凝聚力,使他的要求能在每个工作环节中得以落实。

四、案例拓展

最会说话的人,最会沟通的领导,永远都能够用最言简意赅的语言达到激励的效果。他们说的话,往往简单明了、简洁有力、字字珠玑,能使人不减兴趣,从而还能够展示出对下属的激励作用。一个会说话、会沟通的领导,往往语言精练,句句都说到别人心里。话不在多而在于精,言语精练往往能够打动人心,激发员工工作动力。

(1) 激励,激发员工的团队意识。要刺激一群人做某件事,必须先激起这群人的团队精神。领导者最困难的工作,是让他的追随者有一股凝聚力,互相合作。深得人心的领导者能够激励下属,为完成共同目标而努力。激发员工的团队意识就是要不断增强企业的凝聚力和战斗力,使每位员工都有一种归属感,让他们清楚地认识到每个人都是团队中不可缺少的成员,并能自觉主动地为团队争取荣誉做贡献。团队意识作为企业同心协力不断向上的原动力,会让每位成员产生一种归属感,觉得为团队做贡献,就是在为自己争荣誉。

(2) 真诚赞美,激发员工的积极性。洛克菲勒曾经说过:"要想充分发挥员工的才能,方法是赞美和鼓励。一个成功的领导者,应当学会如何真诚地去赞美他人，引导他们去工作。我不喜欢挑剔别人的错，也从不吝惜夸奖他人的好处。事实也证明，企业的任何一项成就，都是在被嘉奖的气氛下取得的。”赞美是管理者调动下级的积极性、激励下级工作热情以实现工作目标的绝佳方法，在领导工作中具有非常重要的作用。“言不在多，达意则灵”，语言是传递信息和交流思想的工具，为下属做好思想工作的技巧和表现手法主要体现在语言的运用上。

(3) 言语传递信任，树立信任感。“士为知己者死”，信任是一种精神激励，比物质激励更重要。而对于管理者而言，则代表一种能力。领导者通过言语传递对下属的信任，不仅能够有效地激励他人，更重要的是信任这种和谐氛围的建立。人性的本能驱使自己要维护这方相互信任的净土，当每一个不光明的念头出现时，都会让人觉得格格不入、自惭形秽。因此，在沟通的过程中，要树立信任感，讲真话实话，这将更好地达到沟通目的，从而促进沟通的实现。

(4) 言语清晰，做到言简意赅、新颖精辟。注意说话目的要明确。说话是一种有目的的交际活动，讲述事情是为了让对方了解情况，说明道理是为了取得对方的同意和支持，提出要求是希望对方理解和服从，所以，说话首先要目的明确。领导者在沟通的过程中，应有深刻而系统的思想体系、明晰的观点，能够运用简明扼要、准确精当的言语，恰如其分地表达自己的思想。

五、案例思考题

1. 松下幸之助是如何用语言激励员工的？

2. 松下幸之助的领导艺术：从日常领悟出发，坚持不懈与员工沟通，由此强化公司凝聚力。那么他主要是用哪些方式与员工沟通的？

3. 试分析松下幸之助与员工的主要沟通渠道有哪些。

案例六

唐玄宗应对舆情

一、案例导读

唐玄宗开元二十三年(735 年),在东都洛阳年仅 13 岁、11 岁的两兄弟为报杀父之仇,实施了一场杀人案。该案轰动一时,随即成为众百姓的议论焦点。部分人支持依法判决死刑,大多数的人认为“杀父之仇不共戴天”,应感其孝道免除法律责任。该案在主判大臣之间也引起了相当大的争执,一时之间难以决断。玄宗以诏书这种“特殊沟通”的方式实现了与百姓之间的沟通,有效平息了舆论之间的争议。一场情与法的论证,向我们展示了领导沟通的重要性。

二、案例正文

事件发生主要背景

唐玄宗开元二十三年(735 年),东都洛阳发生了一桩杀人案。原嶲州都督张审素的两个儿子——年仅 13 岁的张瑝和 11 岁的张琇为报杀父之仇,将监察御史杨汪杀死。

清廉正直的嶲州都督张审素,被部下陈綦仁诬奏“冒战级、私佣兵”,唐玄宗派监察御史杨汪去调查。半道上,陈綦仁进一步诬告张审素与属下军官董堂礼合谋造反。于是,杨汪先将张审素关押起来,身为武官的董堂礼愤而杀了陈綦仁,又以兵 700 包围杨汪,胁迫杨汪为张审素雪冤。很快,周边军队赶到,杀了董堂礼,杨汪得以脱身,奏称张审素谋反。依《唐律》,犯谋反罪,张审素被处斩,两个儿子因未成年,流徙岭南。几年后,两人逃回洛阳,隐姓埋名,藏匿市中。一天夜里,两人截击砍死了杨汪。此案轰动洛阳,很多人同情张氏兄弟,认为他们年纪虽幼小,却能为父报仇,堪称孝烈。

依照唐代的死刑复核程序,死刑重案,须报朝廷,由中书省、门下省五品以上官员及尚书省“九卿”集议,讨论案情,以决定是否执行死刑。中书令张九龄称其“孝烈”,应宽恕,而侍中裴耀卿坚持“国法不可纵报仇”。

玄宗巧应舆情

玄宗支持后者意见,对张九龄说:“复仇虽在礼法上是被允许的,但杀人者应处以死刑在法律上也有规定。孝子为父报仇的情感是义不顾命,可国家制定法律,哪能容此。处死张氏兄弟可成其复仇之志,赦免他们则有亏律格之条。

凡为人之子，谁不愿意做孝子？若表彰他们复仇的行为，今后各家都相互仇杀，没有竟时。”玄宗遂决定采用裴耀卿之议。但是其他议者仍认为张氏兄弟冤枉，民间舆论也多同情张氏兄弟，不服死刑判决。

为平息舆论的喧哗，玄宗特下一敕：“张氏兄弟共同杀人，法庭审问，其供认不讳。判处他们死刑，法律有正式条文规定。今日听闻百姓颇有异议，同情他们为父报仇的行为，并认为此案原先对张审素的判决就有冤滥之处，方才导致今日孝子的复仇之举。但国家制定法律，目的在于经久适用，出发点是救济百姓，期望禁止相互的仇杀。如各自都申言自己是履行孝子之志，那遇事谁都不愿让人说自己不孝，辗转相继，相互仇杀就会没完没了。皋陶作为公正的法官，其判案是法在必行；孝子如同曾参，若杀人也罪在不恕。若不能公开执行，就由河南府负责决杀。”

事件最终结果

兄弟俩死后，士庶皆伤愍之，为他们写作哀诔，张贴于衢路。市人集资敛钱，于死所造义井，并葬兄弟俩于北邙山。又恐杨汪家人报复挖掘，并做疑冢数处，让旁人无法找到，可见其为时人所伤愍。朝廷对此也没有干预。

案例改编自：梅贤明. 唐玄宗应对舆情[EB/OL]. (2016-08-26)[2017-11-30]. http://www.sohu.com/a/112195384_161491.

三、案例分析

唐玄宗面对舆情，一方面是人情，一方面法律的尊严，这场通过特殊方式——诏书的颁布与人民展开的沟通，唐太宗紧紧把握住沟通的分寸，既实现了对法律的捍卫，又满足了人民情感上的需求。

(1) 拍板定案，达成一致。对于年少杀人犯的处理方式——该杀还是不该杀，在百姓中热议。部分普通百姓大多从为人子的个人情感角度考虑，更多的时候囿于眼界的桎梏，他们往往更倾向于以感性思维进行选择判断，也就是：父亲被诬陷致死，报仇乃是天经地义。这时，团体之间就出现了不和谐、分歧的现象。玄宗站在治理国家的角度看待法律，就是要依法治国，才能避免社会动乱，从而维持相对良好的社会秩序。玄宗通过特殊方式——诏书的颁布与百姓沟通自己的想法，消除百姓之中的杂音，进而使大家达成尊重法律的共识。

(2) 传达正确价值观，统一思想。玄宗以最具权威者同时也是最高司法裁决者名义给出说明，披露案件事实，对舆论质疑正面回应，从现实法律依据、历史模范、社会效果等方面说明判决的正当性，这也体现了社会价值观的树立——即毫无保留地尊重、信仰法律。尽管社会大众动之以情，玄宗也考虑到了这方面的情况，但他仍然保持理智，以一个大局当局者的身份做出了最明智的姿态。

(3) 坚守底线，守住权威。法律就是原则和底线，玄宗只有通过坚决执行法律才能维护住法律和自己的权威，否则法律就成了一纸空文，毫无意义，社会也将动荡不安。在这个过程中，社会舆论大多偏向张审素的儿子，民众普遍倾向于“违法但情有可原”的观点。可想而知玄宗会有很大压力，但是玄宗自始至终都很坚定地坚持有法必守的观点，并不因为下属的压力和舆情而妥协，维护了自己和法律的权威，树立了法不可违的范例。

(4) 广开言路，换位思考，推己及人。恩威并施，才能使下属心悦诚服，同时又使领导者具有权威性，才能够顺利开展工作。唐玄宗在不改变判决结果的前提下，对舆论适当妥协，改公开执行为“由河南府负责决杀”。事后，对民间自发的哀悼活动也不予干涉，保持了官方的超然地位。这种处决方式既实现了玄宗维持法律庄严地位的初衷，又满足了百姓们的恻隐之心，最终才使判决顺利实施。“凡为人之子，谁不愿意做孝子?”触发出百姓与玄宗共同思考，进而使百姓能够接受玄宗的想法。再看，玄宗为平息舆论，特颁布一特诏“由河南府负责决杀”也充分体现了玄宗的换位思考。此种沟通，我们称之为有效沟通。

四、案例拓展

领导者在组织管理的过程中要解决的问题十分庞杂，如何有效沟通是任何一名管理者都会关注的问题。有效的沟通，包括领导者对自身的准确定位、对领导者信息的有效传达，还要保证被领导者对信息做出正确的反应。温斯顿·丘吉尔说：“上帝给人们的所有天赋中，没有什么比表达能力更珍贵的了。”

(1) 领导沟通的主要功能在于消除分歧，统一认识。领导者通过与下属沟通，能够准确地向下传达自己的立场和态度。通常而言，面对同一件事情，由于人所处的位置不同，思考问题的角度也不一样。领导者处在高位，更容易看清问题的真相和全貌。而下属往往从自身职位和专业考虑问题，处在管中窥豹的状态，认知难免片面，因此不同职位的人的观点会出现差异。在各方利益发生冲突或者是观念不同时，领导应该作为调解者，交流采纳各方意见，给出一个最优的解决方案或者是观点，消除各方的分歧。尤其是当分歧事件比较重要时，领导者若不能及时站出来，统一思想，分歧事件就会长久地成为团体的焦点，从而导致整个团队氛围紧张，使团体的关注重点偏离正常轨道。

(2) 领导沟通的目的在于树立正确价值观、顾全大局。价值观是基于人的思维感官之上的认知、理解、判断或抉择，也就是人认定事物、判断是非的一种思维或取向。团队运转，很大程度上依靠的是组织的核心价值观。在整个组织运作中，领导作为掌舵人，是价值观树立的关键人物。当组织中出现不同的价值观声音时，领导者最应该掌握大局，理智地分析状况，重塑正确的价值观。而价值观的树立，正是通过领导者与下属沟通的方式，将领导者的思想准确地传递给下属，从而将自己所信奉的价值观内化于团队之中，形成团队所信奉的价值观。

(3) 领导沟通要彰显出权威，有原则，不能一味迁就下属意愿。权威是领导力的生命，没有权威性的领导没有办法在其职位上发挥出效力，而要想维持领导的权威，就必须坚守原则和制度。当然这种坚守应该是自上而下的。领导既要自己守住原则，也要很好地约束住下属。在和下属进行沟通交流的过程中，很多领导迫于下属舆情的压力无限制地做出让步。然而，没有原则的让步只会损害自己和制度的权威，并不能解决问题。作为一个有效的领导者，我们要守住原则和红线绝不让步，但可以在细枝末节的小事上做出适当的调整。

(4) 领导沟通不能武断专制，要给下属适当表达自己的机会和途径。虽然在领导上我们一定要坚守原则，但这并不意味着我们要照本宣科，机械地执行组织的规章制度，这当然会造成组员的抗拒心理。在不违反组织原则的前提下，我们可以对问题有和下属商量的余地，在充分交流的前提下灵活地处理各种事件，润滑和组员的关系。事物都是在不断发展变化着的，当客观情况发生变化时，要及时拿出对应的方案，不能死抱着原来的方案一成不变而挫伤了办事人员的主动性、积极性和创造性。道理如同“大禹治水”，下属们的意见往往“宜疏不宜堵”，专制的交流定会使抱怨堆积，逐渐损耗领导的公信力。一个组织人数众多，很多时候众口难调，下属会有各种各样个性化的需求，作为领导者肯定无法满足所有的人的愿望，这时候要学会倾听，合理的要求要尽量满足。

(5) 领导在沟通中也有小技巧，要学会换位思考，深刻体会下属的内心感受。实现有效沟通，很多时候的秘诀就在于领导能够设身处地地站在对方的角度思考，想他人所想。通过命令方式实现的沟通，长久之后会形成阳奉阴违、敷衍了事的氛围，这是就会导致很大的领导危机。换位思考是我们在沟通的过程中经常使用的方法，也是实现有效沟通的常用技巧。换位思考的重点在于，领导者心中应明确我们的沟通对象是“人”，不是“工具”。重视人的感受，在沟通过程中自然会更加细腻，这其实也是沟通的基础和前提。

五、案例思考题

1. 唐太宗在应对传舆情时用到了哪几种沟通技巧？
2. 你认为，本篇案例对你在日常沟通过程中的最大启发是什么？

案例七

IBM的铁血宰相

一、案例导读

IBM——全球最大的信息和业务解决方案公司，于20世纪80年代遭遇了前所未有的危机，3年累计亏损168亿美元。面临生死存亡的IBM迎来了新的掌舵人——郭士纳。郭士纳的领导彻底改变了IBM的困境，他通过自己的行动和强硬的言语力量扭转了IBM“遗老遗少”们的作风和思维方式，成功对IBM进行重组，并且废除了各项陈旧僵化的制度，尤其是官僚模式，通过电子邮件与全体员工们进行高效的电子邮件的沟通。郭士纳将沟通视为领导工作的重点，本篇案例主要展示出的正是郭士纳的沟通智慧。

二、案例正文

IBM，1911年创立于美国，是全球最大的信息技术和业务解决方案公司。在其创立之后的很长时间里，世界经济不断发展，现代科学日新月异，IBM始终以超前的技术、出色的管理和独树一帜的产品领导着全球信息工业的发展，保证了世界范围内几乎所有行业用户对信息处理的全方位需求。但是，就是这样一个IT行业的巨无霸，在20世纪80年代末却遭遇过一次前所未有的危机。当时，将头埋在沙里的IBM的经理们，面对新崛起的个人电脑还死抱着大型电脑不放。IBM公司从1990年开始连续亏损，1993年亏损额高达80亿美元，3年累计亏损168亿美元。同时，IBM的股票狂跌至每股40美元，个人机份额被挤出前三名，大型机市场更是空前萧条。一时间，不少持悲观态度的人士认为，IBM已经难以逃脱覆灭的命运。面临生死存亡的IBM，试探了美国几位顶尖的首席执行官，他们虽然都受宠若惊，但没有一个人愿意碰IBM董事长和首席执行官的位子。此时的IBM，几乎成了一辆没人要的破车。当时，有媒体称IBM的这一职位为“美国最艰巨的工作之一”。但一向喜欢冒险，并有着“扭亏为赢魔术师”的郭士纳被IBM委托的猎头公司瞄上了。

一次不寻常的会议

郭士纳从埃克斯手中接过IBM权力之柄，担任董事长兼CEO。在纽约希尔顿饭店的新闻发布会上，人们对这位美国最大的RJR食品烟草公司老板充满了好奇。让一位外行来执掌全球最大的计算机公司，这事还发生在极为官僚和保守的IBM内，实在是不可思议。郭士纳贯穿整个发布会的主题就是："我是新来的，别问我问题在哪或有什么解答，我不知道。"今天，IBM内部和外部的人都敬畏地谈论1993年发生的一次事件，一个个都用压低的、秘不外宣的口吻说："你知道香蒂丽吧，那就是一切开始的地方。"这是IBM公司和客户打交道的地方。郭士纳上任后，就在弗吉尼亚州香蒂丽的度假胜地安排了一次非同寻常的会议。IBM最大的200家客户的信息执行官被邀请。这是IBM的经理们第一次站在客户的面前承认自己并非万事通，是IBM的经理们第一次站在一群客户的面前，回答了两个最简单的问题：我们做对的有哪些方面，我们做错的有哪些方面。

正如郭士纳所说，信息革命即将发生，但前提是电脑行业停止崇拜单纯的技术，并开始注重技术对于客户的真正价值。简单说来，即：客户第一，IBM第二，各项业务第三。IBM再也不能靠擦亮皮鞋和微笑来过关了。

正是由于有了这个客户第一的理念，郭士纳决定：IBM要重新崛起，是否必须执行前任执行官埃克斯将IBM进行肢解的计划，虽然这一计划得到了当时大多数人的赞同。但郭士纳冷静地分析：一个解体的IBM，不能向客户提供顾客们寻求的综合服务，只有以统一的公司，才能具有竞争力，而这正是IBM的一笔独特的资源。于是，他果断地否定了埃克斯的肢解计划，决定保持IBM的整体性。在办公室，郭士纳挂出他最喜欢的作家卡雷的一句话："从书桌上发现世界是危险的。"他以务实的态度拒绝"远见"之类的东西。他说，IBM目前最不需要的就是远见。他一反公司不裁员的规定，半年内就果断裁掉4.5万人，彻底摧毁旧有生产模式，开始削减成本，调整结构，重振大型机业务，拓展服务业范围，并带领IBM重新向个人电脑市场发动攻击。

以前在IBM的会议上，气氛融洽，大家衣冠楚楚，还能愉快地聊天。但郭士纳使得会议气氛陡变，他见面时从不与你寒暄，而是单刀直入。对那些习惯回避问题的人来说，这令人恐惧："我的上帝，现在我必须和这个人四目相对了。"他直截了当的方式令总部大楼里的每个人都战栗不已，"当他叫你进去时，不要指望听到赞扬"。他总是大吼"见鬼去！瞧瞧你做了些什么？"郭士纳带来了压力，也带来了新鲜空气，还有IBM久违的士气。1994年，他对公司员工讲："我希望你们知道，那迎面吹向我们的风就要过去，我不能确切地预测什么时候会发生令人激动的改变，但我相信风必将改变方向。"其实这一时刻来得远比预料的要快。1994年底，IBM获得了自90年代以来的第一次赢利——30亿美元。

“郭士纳神话”

“郭士纳的个性比钉子还硬，目前 IBM 困难重重，正需要像他这样具有超凡才干的人。”IBM 的一位高级主管曾这样评价道。郭士纳在接管 IBM 后，没有更换 IBM 绝大多数高级主管，但他通过自己的行动和强硬的言语力量扭转了 IBM“遗老遗少”们的作风和思维方式，改变了 IBM 市场运作的积习：官僚模式、市场冲击力锐减、研发周期缓慢、企业运作成本昂贵、大锅饭，等等。而对于企业内部和外部的批评指责，郭士纳坚持采用休克疗法，大幅削减成本，并成功地说服董事会进行结构重组——“如果企业的高层没有决心拿出起码 5 年的时间来进行改革，那么机构性的重组很难成功，而且难的并不在开始，而是将变革推行下去，直至达到目的”。同时，他还积极废除各项陈旧僵化的制度，诸如在员工服饰方面的规定以及不必要的各类会议；他还采用股票期权和金钱奖励相结合的办法来激励下属。

在经营理念上，郭士纳总是想办法使公司的发展方向让每一位员工知道，而这通常是一家大公司最困难的事情。他打破了过去 IBM 等级森严的制度，直接用电子邮件和员工通信。比如说如果今天美国总部宣布了公司的全球业绩，那么第二天早上全球 20 余万员工的电子邮箱里就会有总裁的详细报告。他每去一个地方都要专门安排 1 个小时时间与所有的员工见面，讲一下公司的方向，然后留下 45 分钟，让员工举手随意向他提问。于是他总有办法听到客户的声音，听到员工的声音，看到市场的变化。

最终，郭士纳没有让同仁们失望。在他的 9 年任期内，两个最为重要的决策：一是将 IBM 的触角向全球扩展，使业务更加多元化，从而使 IBM 避开了高科技产业萧条的影响；二是改变了 IBM 的经营模式，使其经营重点从硬件制造转向提供服务。如今，IBM 的全球服务已成为这家公司效益增长最快的一个部门，并且已经占全公司销售总额的 43%。

1995 年 6 月 5 日，处理完“家务事”的郭士纳终于将锋芒指向外界，他想要世人很快了解 IBM 的实力。郭士纳首先想要收购 Lotus 公司，即使 Lotus 的总裁吉姆·曼兹坚决抵抗。郭士纳决定强行吞并。他通过各种媒体，向全世界发出一个强烈的信号：郭士纳要将 Lotus 上市的 5 500 万普通股强行收购。IBM 开出高价，帮助 Lotus 股票价格翻了一番。同时，郭士纳指出，如果 Lotus 敢于进行“反收购”，IBM 将随时抬价，奉陪到底。最后曼兹妥协了。6 月 11 日，这桩生意最终以 35 亿美元成交，成为软件史上最大的购并案。一个礼拜的时间，郭士纳打了一个漂亮的速决战，给那些支持肢解的同僚留下了刻骨铭心的记忆，IBM 士气立即高涨起来。

接着，郭士纳用 Lotus 公司的 Notes 软件作为炸弹，立刻向软件市场发起猛烈攻击。几个月时间，IBM 就一举夺下了企业网络市场，再一次显示出 IBM 铁拳的威力。到年底的时候，IBM 营收突破 700 亿美元大关，大型机业务也迅速复活了。IBM 彻底摆脱了危机，充满了希望。1996 年 11 月 15 日，IBM 股票升至 145 美元，达到了 9 年来的最高点。1997 年 1 月，在一年一度的全球员工大会上，郭士纳说："1997 年我们无处躲藏。对我们所有人来说，这是结账的一年。1994 年我们证明自己能够生存；1995 年是我们稳住阵脚的一年；1996 年显示我们能够增长；1997 年我们将向世人显示，我们可以成为领袖。我们不再需要任何借口。"

郭士纳从来不说没有把握的漂亮话，但他说出来，就一定能兑现。到 2001 年，IBM 总营收达到 884 亿美元，净赢利 77 亿美元，缔造了"郭士纳神话"的高潮。

蓝色巨人

"郭士纳神话"在近年来继续得以延续，IBM 的上升态势非常引人注目。在作为竞争对手的各公司因经济萧条旷日持久而全线崩溃的情况下，IBM 的每股盈利急升，这在很大程度上得益于 IBM 所实施的巧妙合作战略。在郭士纳的领导下，IBM 与曾经是自己竞争对手的软件公司携手合作，停止了许多应用软件的开发。这项战略使 IBM 获得了巨大的利益和发展动力。

如今，郭士纳推行的联盟和利润分成合作模式已经涉及计算机服务及各个竞争性领域。利用这种模式，IBM 在服务器、存储设备和数据库等关键领域都扩大了自己的市场份额。作为全球计算机服务业的领先者，IBM 同时也扩大了自己的硬件设备与软件的销售。在美国西贝尔系统公司与 IBM 的合作过程中，美国西贝尔系统公司将本公司所有业务用软件提供给 IBM 的服务器使用，这样，对于购买西贝尔系统公司软件的用户，IBM 将容易推销自己的服务器，而西贝尔系统公司也借此巩固了自己作为世界上最大客户管理软件公司的地位。

通过开展环球服务业务，IBM 已经与 72 家软件商建立了战略合作关系。而郭士纳则进一步表示，IBM 的目标是建立一个多达 200 家合作企业的网络。他认为，在这个世界上，一家企业不可能只用自己的硬件、软件和销售队伍。而他所说的这个生态系统每天都在不断发展壮大。通过这种联营合作，2001 年前 3 个季度 IBM 就创造了 22.5 亿美元的销售额。作为业界的领头羊，2001 年 IBM 的销售额高达 860 亿美元，利润总额高达 77 亿美元，在技术产业界仅次于微软。IBM 因此当之无愧地入选了"财富 500 强"的前十名。可以说，郭士纳在 IBM 10 年任期中所做的一切努力终成正果。现在，IBM 已经从废墟上再度崛起，重现昔日辉煌，其业务遍及 170 多个国家和地区，与第二名拉开极大的距离，人称“蓝色巨人”。

案例改编自：林颖. 领导沟通案例[M]. 北京：人民出版社，2010：190-225.

三、案例分析

郭士纳使得沟通成为组织的核心竞争力，具有良好的管理层氛围，保证员工都能畅所欲言地表达清楚自己的想法。当然，建立有效的沟通模式，建立符合企业自身文化的沟通方式也是十分重要的。

(1) 沟通方式应灵活，随组织情境变化。郭士纳出任 IBM 掌舵人身份的时候，IBM 正在面临空前的危机——“3 年累计亏损 168 亿美元”“IBM 难逃覆灭的命运”。面对这种空前的危机，郭士纳首先采取的是指导型的领导风格来进行沟通，他一改往常会议上气氛融洽的氛围，在会议上单刀直入、直面问题；他用行动和强硬的言语力量改变了 IBM 官僚模式等陋习；但同时，在对待基层员工时，他更多采取的是一种亲和力的领导风格来进行沟通——直接用电子邮件和员工通信。

(2) 沟通是一种过程，而非简单的行为。郭士纳带来了久违的士气：“我不能确切地预测什么时候会发生令人激动的改变，但我相信风必将改变方向”，“采用股票期权和金钱奖励相结合的办法来激励下属”——激励；并成功说服董事会进行结构重组：“难的并不在开始，而是将变革推行下去，直至达到目的”，“每去一个地方都要安排专门时间与员工见面说明公司的方向”——指导；以及一年一度大会上信息的及时反馈，都体现了他沟通的艺术。

(3) 传达愿景，正激励。愿景传达出的是一种“正能量”，这种“正能量”的有效运用，能够使领导和员工之间沟通的阻力更少：下属能够更好地理解领导者的想法，并自发跟随领导者的步伐。郭士纳为 IBM 带来了久违的士气，他通过沟通向员工表达了自己的愿景：“1997 年我们将向世人展示，我们可以成为领袖。”到 2001 年 IBM 总营收达到 884 亿美元，创造了“郭士纳神话”。

(4) 善用媒体，与外界沟通，树立企业形象。郭士纳通过外部沟通想要世人很快明白攥紧了的 IBM 的拳头力量有多大，他先是通过各种媒体向世界发布收购 Lotus 上市的 5 500 万普通股的消息；后又向软件市场发起猛烈攻击；一直到 1996 年，IBM 股票值升到了 9 年以来的最高点，蓝色巨人重新傲立于世人面前。

四、案例拓展

领导沟通是领导者所发出的信息，这些信息根植于组织价值观和文化中，对组织的核心利益相关者(员工、客户、战略合作伙伴以及媒体等)极为重要。这些信息对组织的愿景、任务和转型都有很大影响。传达领导信息的主要目的，在于使领导者和他的支持者建立信任。领导信息以领导者较为强硬的姿态传达出去，这样可以让员工更加清楚领导者的意图，明白组织目标，知道他们自己的职责。最后，领导者和被领导者之间就会在相互尊重的基础上形成休戚与共的密切关系。

(1) 领导者应视组织所处的情况而使用不同的领导力风格进行沟通，以此达到与员工沟通的最佳效果。在《原始领导力》中，博亚兹斯和麦基提出，领导力风格分为六个种类：有想象力的、教导性的、有亲和力的、民主的、领先的、指令型的。在合适的情况下，所有的这些风格都可能较为有效。充满想象力的领导风格善于启发他人的灵感，当组织需要新的发展愿景和方向时采取此种风格进行沟通，领导者通常能够在各自领域内激起对话、辩论和变革；教导性的领导风格能够营造强烈的引导型文化，重视挖掘他人的潜力，当需要通过培养员工的长期能力改善其表现时可以使用此种风格进行沟通；有亲和力的领导风格主张积极与员工沟通，关注员工的情感需求，当团队处在困难、需要被激励时采取此种风格进行沟通；民主型的领导风格善于倾听，当员工素质较高时适合使用此种风格进行沟通；领先的领导风格充满驱动力，但与员工没有很多开放性的对话，当组织内充满竞争力时适合此种风格进行沟通；指令型的领导者风格雷厉风行、较为独断，恪守“我怎么说，就怎么做”的原则，适用于组织需要一次重大的变革或正面临重大危机时。当然为了实现更有效的沟通，领导者可以采取不同领导力风格相结合的方式来进行领导沟通。

(2) 领导沟通不是一种行为，而是激励、指导追随者并为追随者提供反馈途径的全过程。领导者的成功通常以激励和培养下属能力的程度作为评价标准。领导者通过沟通激励下属产生实现组织目标的决心，并指导下属完成组织使命，最终通过沟通反馈结果，为组织接下来的发展做好准备。当然，员工的需求是多样化的，根据马斯洛的需要理论，从低到高分为五个需要层次。领导者需根据员工不同的需要采取不同的具体激励方式，其中最简单直接的表达领导激励的方式就是通过与下属沟通的过程传达的信息；在与下属沟通的过程中，给予下属有力的指导也是十分必要的。领导者在表达出自己的目标愿景以及对员工们的期许时，更重要的是指导他们如何能够实现组织目标；提供有建设性的反馈意见是必需的领导沟通技巧之一，它本身的作用就包含了对下属的激励和指导。正是通过他人不断地提出建议和意见，人们才能不断进步。

（3）在沟通内容的选择上，领导者可加强对企业愿景和员工使命的强调，以此加强内部沟通。领导者必须意识到让所有人对组织信息充分了解的重要性以及把沟通整合进整个战略、策划过程和日常运行的价值。领导者要有清晰的愿景和目标，且领导者与内部员工沟通的目的就在于让他们帮助领导者一起实现这个目标。使命、愿景、价值观和基本准则是大多数组织努力让员工理解的重大战略性信息，员工期望领导者拥有一个愿景并且清晰连贯地把它传达出来。同时，建立和表达使命和愿景的能力会强化领导者在任何情形和环境下的领导地位，并且领导者传达出的愿景能够确保所有人的工作都是朝着正确的结果。

（4）借助各种手段，实现与外界的良好沟通，树立企业良好的公共形象。组织的领导者必须对建立和保持正面企业形象给予高度重视。正面的公共形象会帮助一个公司在其他方面获得成功。领导者一方面决定组织的内在性格，另一方面也决定组织的外在形象。组织领导者的目标是确保公司的气质是积极的，管理外部关系对组织实现目标是十分重要的。领导者作为一个组织的外部发言人，他的形象气质很大程度上代表着公司的形象。领导者通常要选择合适的媒介与外部进行联系，通常包括召开新闻发布会、广告声明、新闻稿等形式，形式的选择取决于所沟通事件的重要性和范围的大小。

五、案例思考题

1. 郭士纳与员工沟通的渠道有哪些？
2. 郭士纳在重组机构内部的时候，哪些地方是为了便于组织间的沟通？
3. 从郭士纳身上，你能体会到哪些沟通艺术？

第五章

领导激励

奖励什么，就会得到什么。

——米契尔·拉伯福

激励人首先要明白什么是激、什么是励。“激”在行为前，是激发一个人有意愿去干、有兴趣去干、有信心去干；励是在行为之后，是对一个人行为的评价和反馈。“激”与“励”要一致，“激”是激发人们行动的动力和动机，而“励”是强化人们行动的后果和结果。

领导激励是每个现代领导者都必然会遇到的最普遍、最实际的艺术，又是最容易被忽视、最难以掌握好的一门领导艺术。组织要想获得显著的效益，就必须采取一定的手段，充分调动员工的工作积极性，提升员工的工作热情。领导激励的含义有狭义和广义之分。狭义上的领导激励，是指领导者对本组织成员的激发鼓励，发掘人们的潜能，调动他们的积极性和创造性的活动过程。广义上的领导激励，不仅包括领导者对本组织成员的激励，而且包括各级领导者对广大人民群众的激励，充分发挥广大人民群众的潜能和智慧，同时还包括领导者与被领导者之间的激励互动过程。

激励是领导的重要职能，在强调以人为本、和谐发展的社会主义现代化建设进程中，激励的作用更为重要。许多领导者不得其法，花费不少心思却收效甚微。究其原因，人是一个复杂多变的矛盾统一体，外在环境的变化会引起个体内心的变化，再加上不同个体有不同的内在需要，同一个体在不同阶段也有不同的需要，因而也就导致了激励工作的复杂性和工作的难度。领导者必须知道是什么使人们对工作如痴如醉。一个好的领导会了解下属的需求和动机，这会让员工更加活跃和积极，能够充分挖掘其潜能。

关于领导如何激励下属，过去在学术界有过很多探讨，并形成了一整套关于激励的理论和操作方式。目前的激励理论主要分为两类：内容型激励理论和过程型激励理论。内容型激励理论主要包括马斯洛的需要层次理论、埃尔德弗的 ERG 理论、赫茨伯格的双因素理论和麦克莱兰(David Mcclelland)的需要理论。过程型激励理论主要包括期望理论、目标设置理论、公平理论和强化理论。这些理论和操作方式对于领导者提升激励能力、实现有效激励起到了积极作用。但随着时代的发展、社会环境的变化、领导方式和管理方式的变革，许多原来被人们所普遍认同的激励理论越来越不能完全适应现代领导和管理活动的要求。在本章中，我们主要分析几个领导激励下属的当代案例，从中探寻他们领导激励的艺术。通过这几个案例，你将会明白，领导激励的作用主要体现在哪些方面，以及领导者如何实现有效的领导激励。

案例一

华为如何“分钱”？——任正非的激励之道

一、案例导读

如何分钱才能够起到最大化的激励效果呢？这是管理学家、企业家和一些企业管理者不断思考和研究的问题。任正非曾经说过：“华为公司发展到今天，我自己没做什么实质性的贡献，如果一定要说有什么贡献的话，就是华为在分钱的问题上我没有犯大的错误。”这一方面说明任总非常谦逊，另一方面也说明企业如何分钱确实是一个非常具有挑战性的工作。华为公司针对不同员工、不同层级，从动机的角度去设定一些基本的原则。这就是任正非的领导激励艺术所在。

二、案例正文

任正非在设计激励机制的时候，遵循了“让基层的员工有饥饿感，中层员工有危机感，高层的员工有使命感”的原则，这才可能激发这三个层次员工最底层的动机。基层员工的饥饿感是指基层员工最希望改善的是自己的物质生活条件，因此，物质激励对他们而言，其效果是最理想的；让中层有“危机感”就是要让中层有责任心，就是以实现公司目标为中心为导向，对工作高度投入、不懈改进，向周边提供更多更好的服务，始终让小富即安的中间层觉得危机四伏，诚惶诚恐，唯有如此，才能克服人的惰性，驱动中间层持续奋斗；让高层有“使命感”就是要让高层干部有事业心，他们不能以物质利益为驱动力，而必须有强烈的事业心、使命感，这是一群已经完成了物质“原始积累”的精英团队，推动他们每日奋斗的是一种精神，一种源自本能的对事业的热爱和激情。

激励的基本内容：分钱＝分权＋分利＋分名

分权。华为有很好的分权机制，任正非特别强调授权，要求“一线听得见炮声的人来指挥作战，将指挥所建在听得见炮声的地方”。华为分权激励机制表现最彻底的就是华为的董事会领导下的轮值 CEO 制度，核心高管在轮值期间是公司的“一把手”，他们更多着眼于公司战略，着眼于制度建设。将日常经营决策的权力进一步下放给各部门、区域，以推动扩张的合理进行，这比将公司的成败系于一人的制度要好。每个轮值 CEO 在轮值期间奋力地拉车，牵引公司前进。一个 CEO 走偏了，下一个轮值 CEO 会及时纠正航向，使大船能早一些拨正船头，避免问题累积过重不好解决。这在世界范围内是一个独创，把 CEO 的权力分给核心的高管，这需要企业家具有非常高的智慧和格局。

分利。在分利这个层次上，华为的做法非常多元化。第一，华为的工资实行的是宽带薪酬制：每一个岗位都有它的职级，每一个职级都有对应的薪酬区间，同一职级的岗位不论属于哪个部门，在公司的贡献与回报大致一致；员工在同一岗位上持续地工作，只要工作绩效持续改进，就可以在这个岗位上逐渐地加工资，直至达到薪酬区间的上限。第二，华为年终奖的发放标准也是极高的。2017 年年底，华为公司为员工们设定了总价 1 500 亿元的年终奖！按照新奖励方案，只要业绩足够好，普通员工也可以拿到百万元。据悉，23 级员工奖金可超百万元。第三，华为的股权激励模式一般称之为“虚股”。华为的员工股东不直接写入章程，而是与工会、公司直接有协议，但需要投入资金；员工股东的持股不可随意的转让，但分红不受影响；员工股东的持股不可随意质押，但企业股价的增值部分收益还是有的。华为股权激励模式选用了最直观的两个权利：增值权＋分红权。分红每年都有，但增值的部分只有在离职退股时才会有实际收益，在职时一般只是数据体现。第四，华为实行的奖励期权激励计划（TUP），是现金奖励的递延分配，属于中长期的一种激励模式，相当于预先授予一个获取收益的权利，但收益需要在未来 N 年中逐步兑现（也可以跟业绩挂钩）。除此之外，各种专项奖方案也都充分体现了华为在分利方面所做出的努力，这些做法对中国企业非常具有借鉴意义。

分名。各种基于荣誉的或者名誉的激励，包括蓝血十杰、明日之星或者各种首席专家家的头衔等，其本质都是“分名”。2014 年，任正非为那些给公司创造巨大价值的精英授予华为“蓝血十杰”称号。此外，任正非对做出优秀贡献的员工颁发“明日之星”称号。任正非认为，华为公司每年 30％～40％表彰覆盖面是可以接受的。公司或部门金牌奖 5％～10％由行政管理团队管理，公示接受员工评议；道德遵从委员会组织民主评选的“明日之星”20％或多一点。这么高的覆盖率，大家都有可能被评选上，才会去积极争取。公司在非物质激励的机会管理上，也会增加机会激励。

案例改编自：卞志汉. 华为如何“分钱”? 解读任正非的员工激励智慧[EB/OL]. (2017-09-06)[2018-09-10]. http://www.sohu.com/a/190128098_99902593.

三、案例分析

要想实现领导者对员工激励效果的最大化，首先要了解领导激励最基本的动因，如果用三个词将激励的动因串联起来，即“动机—动力—动作”。它的意思是如何能够从员工工作的动机开始，转化为员工工作的动力，并最后达到期望员工在工作中表现出来的动作（行为）——这是基于对人性和基本的常识来理解的。

（1）在任正非看来，企业的核心竞争力不是人才，而是培养和保有人才的能力。而企业持续发展的动力不是人才的问题，而是利益分配的问题，这是领导激励最重要的部分。也就是说，他认为，好的利益分配机制才是企业持续发展的动力。在利益分配面前，企业经常会遇到诸多分钱的难题。比如，企业如何能够做到按照价值贡献来确定员工的利益分配？如何分钱，才能实现激励效果的最大化？在行业不景气或者企业效益下滑的时候，又该按照什么样的原则对员工的薪资水平进行调整？企业如何能够矫枉而不过“正”，从而在现实中做到精准激励呢？华为财经变革项目负责人卞志汉把华为员工分钱的基本方法总结为一句话：以战略为导向基于价值贡献以奋斗者为本的多元化激励机制。

（2）激励本身不是目的，它只是一种手段或工具。领导激励的核心是要引导员工实现自我激励，在自我激励的情况下产生高绩效的行为，能够做到无须扬鞭自奋进。国内某些企业的墙上挂着高大上的愿景、使命和价值观，但是劳资关系却异常紧张，主要的原因就是在落后激励机制的导向下，员工被迫一切向“钱”看。描绘企业未来蓝图时特别有理想有情怀，但在实际落地的时候，尤其是在涉及分钱的时候要么斤斤计较，要么用钱强刺激。这些都是不科学的分钱方式的必然结果，它会扭曲企业和员工的价值观。而华为在这方面则做出了表率。比如，华为将员工区分为奋斗者和劳动者，就是在打造这种无须扬鞭自奋进的“千里马”，尤其是对于奋斗者而言。华为通过分名、分权，更好地导向员工的内在激励，而不是一味地强调分钱。

（3）许多企业在发展新业务、新产品或者开拓新区域的时候收效甚微，主要在于激励机制的设计不合理。反观华为，任正非特别重视战略牵引。在华为，升官不一定发财，发财不一定升官。比如，某员工刚好被派到有着雄厚的实力和品牌影响力的土壤肥沃的市场，那么新分派到这个地区的员工，因为能够为公司创造当期的经济利益，所以能够获得较多奖金。但是，在成熟区域因为缺少实质性的战略贡献，员工很难有大作为，也不易被提拔。如果在一些被称为“盐碱地”的市场，或者是竞争对手的“粮仓市场”，即便没有显著的经济利益，但是只要员工能够拿下一个山头项目，往往会得到火线提拔，但提拔并不意味着当期可以分到很多奖金。

四、案例拓展

面对人性的多变性和业务场景的多样性，企业在设定激励机制的时候不能采取一刀切的简单粗暴的分配机制，可以在价值贡献的基础上设计有针对性的激励方案。要根据各个地区的情况，实行不同的激励方案。平衡“瘦”的市场与“肥”的市场，可以在基准奖金的基础上设定关键的考核事项进行适当调整。有些企业没有合理的加薪或利益分配机制，缺少既定的规则，激励机制方法非常单一，没有针对性，所以员工的薪酬水平其实是员工个人与企业博弈的结果。这就导致了员工做假动作。还有些企业在利益分配时，采用一些复杂的计算公式，精打细算，披上了科学的外衣，最终使员工无所适从。

领导者要根据具体实际不断优化激励方式，实行多元化激励。员工的需求是多层次的，最重要的是运用多种激励方式来有效地配置人力，充分调动全体员工的积极性，激发员工的工作热情，发挥员工的工作潜能。要使奖励形式多样化。激励不仅包括物质，还包括荣誉、晋升、职级以及成长机会等。要坚持以需要作为激励的起点，提高激励的有效性，综合运用各种激励方法，充分发挥个体和团队的积极性、主动性和创造性，实现精准激励和持续激励。

领导者要基于企业文化构建企业价值，建立相应的激励体系。企业文化作为企业形象和理念的氛围平台，往往对激励人才成长等正向行为产生巨大的基础作用。要充分尊重员工的首创精神，珍惜员工的劳动价值和创造力，为其提供更好的福利待遇和充分的职业发展空间，不断满足员工多方面的要求和促进人的全面发展。可以借鉴华为“奋斗者”企业文化的做法，把员工分为三类：第一类是普通劳动者，适用于劳动法的管理体系，享受劳动者的法定假期、加班工资、带薪年假等各种权益，其收入达到或略高于市场平均水平。第二类是一般奋斗者，约占全体员工的60%～70%。尽管他们有奋斗的倾向，但期望能够尽可能地保证自己的业余生活。只要他们的贡献大于公司支付的成本就继续留用，给予的报酬略高于市场水平。第三类是华为公司倡导的真正的奋斗者。他们愿意为了自己的使命追求放弃各种假期，是华为公司的中坚力量。华为会将奖金的分配、股票激励、晋升和成长的机会优先向他们倾斜，保证他们收入丰厚甚至达到业界最高收入水平。

实行以战略为导向的薪酬激励机制，在利益分配上倾向于战略贡献。企业战略影响和决定薪酬结构的设计，要确保薪酬结构与企业战略保持一致，实现薪酬结构的内部公平性，推动战略有效实施。根据当期盈利多少确定经济贡献，根据对市场未来的改造确定战略贡献，两者要兼顾，没有当期贡献就没有薪酬包，没有战略贡献就不能提拔。某些战略贡献往往当期不能产生直接的经济贡献，无法通过获取分享制进行激励，但是它对公司持续发展的战略意义特别重大，所以要为其设置单独的激励机制，比如干部的晋升、配股、专项奖等，以此进行重点激励。

五、案例思考题

1. 在分钱的过程中，任正非的领导激励艺术是如何体现的？

2. 任正非把分钱概括为分权＋分利＋分名，这体现了领导激励的什么技巧？

3. 薪酬是重要的激励组成部分，任正非采取的激励方式是实行以战略为导向的薪酬激励机制，浅谈各种激励机制并简要说明其优缺点。

案例二

杨国强的"合伙人"机制

一、案例导读

2017年开年，中国房地产销售的榜单上，碧桂园稳居第一名，仅仅两个月时间内，销售额接近900亿元。没有强大的激励制度，这样的销售业绩是不可想象的，杨国强有他的"秘诀"。截至2016年6月30日，碧桂园共有319个项目引入合伙人制度，采取了项目跟投。碧桂园能够取得这样的成绩原因是什么？——在杨国强创立的"合伙人"机制的激励下，每个人都是给自己干的。

二、案例正文

"有一个项目总裁，之前在其他公司的年薪是30万～40万元，到了碧桂园加入合伙人计划后，去年拿了1 100多万元。"2016年春节后，这个鼓舞人心的励志故事在碧桂园集团内部流传。人们不禁好奇：千万元收入是怎么来的？

故事中的项目位于广东东莞，是碧桂园合伙人计划的一个试点。碧桂园执行董事、首席财务官吴建斌介绍说"拿地三四个月就开工，五六个月就卖楼，七八个月就有现金回笼。"碧桂园集团在这个项目中占大部分股权，区域团队约占10%股权，双方按股权比例出钱投资项目。该项目最后卖出了超预期价格，净利润率达到了20%，远超集团规定的12%的达标线。"项目投的自有资金越少，回报越高，股东的收益就越高。"这个项目的负责人有1 100多万元的年收入，包括年薪、同心共享分红、成就共享激励以及其他一系列激励。

早在2012年年底，杨国强首创的、被认为是一种革命性的激励机制——"成就共享"激励计划开始在碧桂园推行，旨在通过强激励措施，激发区域项目"当家做主、用心研究"的意识，促进公司的持续高速增长。根据"成就共享"规定，项目只要同时满足1年内实现集团自有资金投入全部回笼和项目累计回笼资金大于"自有资金投入＋年化自有资金标准收益"就可以获得奖励。区域总裁可以获得奖金总额的30%～70%，碧桂园有些区域总裁的年薪甚至远超某些千亿房企的总裁。也因此，杨国强才有底气地表示："未来的区域总裁，年薪应该在千万元级别以上。"在这一机制激励下，碧桂园团队"狼性十足"，有一些区域总裁甚至跨过七八个省去拿地。由于买地和开发是两个独立的团队，"成就共享"的覆盖范围也并非全体管理层和员工，再加上机制重奖励、轻处罚等因素，那个时候碧桂园虽然实现了版图扩张，但也产生了如项目效益未达预期等问题。

这个时候，杨国强觉得很有必要对“成就共享”进行改良和升级。到2014年10月，他推出了新项目跟投制，这一计划升级成“同心共享”。和谁同心？碧桂园的跟投计划就是要让碧桂园的员工，尤其是高管们和公司同心。碧桂园集团此时已有300名博士，今后还要招400名，并且一半要从海外招。其实碧桂园之所以能够在2016年取得如此的成绩，是在几年前就已经打下基础的。吴建斌表示，合伙人应该利益共享、风险共担，管理层必须拿出真金白银参与项目跟投，才能真正和公司利益捆绑在一起。截至目前，碧桂园旗下产业链子公司也在逐步推行合伙人制。

“我本人也投了1 000万元。”吴建斌透露。他介绍，碧桂园总部共有1 500多个员工跟投，集团投资公司分3次共募集了2.42亿元资金作为股本金投资，而通过不断滚动进行新的投资，资金总额已达到5.84亿元。

合伙人制对碧桂园的周转率、利润率等指标起到了明显提升作用，项目开盘时间由之前的6.7个月缩短到4.3个月，净利润率由10%提升到了12%，年化自由资金收益率由30%提高到56%，现金流回的周期由10～12个月缩短到8.2个月。

“这个机制具有强大的生命力，解决了效率、成本、责任、买不到好地的问题。”吴建斌认为，当合伙人制渗透到碧桂园各个环节如买地、设计、营销等，项目的成功率和效益都得到了保证，管理团队也更为稳定。在他看来，一个项目的成功主要取决于3个环节，其中买地占50%，设计占30%，营销占20%。当上了合伙人后，管理层在拿地时就会更全面地衡量项目的投资回报比，有更大的动力去拿又便宜又好的土地。为了激励项目多赚钱，设计团队也会拿出更贴合市场需求和更具竞争力的产品规划。

“全员买地，全员营销。”吴建斌表示，在共同利益面前，每一个合伙人都会为自己的财产负责，员工利益和公司利益得以紧密结合，真正实现了同股同权、同责同利。基于合伙人机制带来的激励效应立竿见影，杨国强认为自己有机会做到行业最大。有业内人士指出，“成就共享”其实就是在股权结构稳定的情况下，通过向区域公司下放拿地权力，并拿出一定比例的区域净利润分享给高管团队，相当于实现高级人才在公司内部创业，达到类似合伙人的效果。

案例改编自：

[1] 武化.碧桂园：“同心共享”计划[J].中国房地产，2016(11)：5.

[2] 吴秀秀.碧桂园快速成长之路[J].城市开发，2014(06)：76-77.

三、案例分析

（1）传统激励方式只靠利益刺激，未结成精神共同体，最终将走向平庸。身份角色的转换进一步激发了经营管理团队的主人翁意识、工作热情和创造力，强化了经营管理团队与股东之间共同进退的关系。杨国强变“成就共享”计划为“同心共享”计划，背后所体现的管理逻辑及对人性的洞察也更加深刻：一是将同路人变成合伙人，从给别人干到给自己干；二是对人的假设从简单的利益人，向有事业心、有成就欲望的人转变。杨国强实施的成就共享计划以利益相关者为激励对象，将管理层、普通员工和股东的利益紧密捆绑，实现共赢，大大激发了集团全体员工的积极性和创造力。

（2）成就共享的激励对象与传统的公司制下的激励对象相比，将基层的普通员工纳入了激励的范围，具有范围广、层级多的特点。地产企业公司制下的股权激励对象一般集中于集团公司的高管以及区域公司的高管，对于一线项目团队以及相关职能部门的激励较少。碧桂园第二次股权激励方案中的激励对象与第一次股权激励相比，有了很大的改变。碧桂园将总部集团的高管与员工也纳入了股权激励的范围。此外，碧桂园在将全体员工纳入考评体系时，同时考虑了第一次股权激励中产权安排不清晰的问题。在项目运作前即按认购额确定每个投资者的权益份额，最大限度地明确了资产的权益归属，解决了区域总裁自由裁量权益比例的弊端，提高了项目团队人员的积极性。碧桂园在第一次与第二次公司制下合伙人制度的股权激励中不断对股权激励的对象做出调整，目前已经形成了涵盖公司内部全体员工的激励方式，且将处于各个层级的员工都纳入了激励范围。这一点值得公司制下合伙人制度的公司借鉴和推广。

（3）将物质激励作为一种科学手段来对企业活动进行管理，能够刺激企业员工潜在劳动积极性。工资、奖金、股权或者当员工取得重大工作成就时给予的报酬等物质形式，远非仅仅起维持作用。成就共享计划使得项目创造更多净利，资金回笼得更快的经营管理人员得到更多的现金奖励和股权激励。股权奖励将直接作为碧桂园集团购股权计划下员工行使购股权需支付的行权对价。一般而言，如果个体的成就动机被调动起来，那么出色的业绩就会随之而来。在杨国强新的激励机制之下，东莞某项目总裁的年薪、“同心共享”分红、“成就共享”激励以及其他一系列激励机制的所得总收益高达 1 100 万，大约是其过往最高年收入的 30 倍。虽然项目受到深圳房价上涨外溢效应影响，销售价格和火爆程度都超过预期有运气的成分，但在“同心共享”机制下，员工的整体财富是增长的。

四、案例拓展

惩罚作为一种负激励，以能有效地转变态度、唤起所需的行为和阻止不需要的行为为宜。正如著名管理家哈罗德·孔茨说："害怕失去职务、失去收入、扣发奖金、降级或其他惩罚——过去是而且继续是有力的激励因素。"为了更好地执行成就共享、同心共享激励计划，碧桂园集团制定了相应的制度，即如果新项目不能符合成就共享的要求，其相应的区域、项目终将受到处罚。从心理学角度分析，人人都渴望得到组织的肯定与奖励，畏惧受到组织的责难与惩罚，大多数人都更愿意以正面的状态去追求社会认可，所以惩罚的适度性需要根据组织情况不断调整。

人才在各行各业中的作用和地位日益显著，做好人才激励，无疑是制胜的关键，需要我们在激励的理念、模式及手段等方面多管齐下，综合发力。杨国强实行的与业绩紧密挂钩的高额奖励，虽然能在房价持续上涨时对员工起到激励作用，但是容易造成员工工作压力过大、缺乏归属感，另外当房价增速下降时容易造成内部混乱。公司或组织的各部门主管应加强与员工的沟通，给予员工更多的人文关怀。可以通过合理安排员工的工作时间、定期举办活动让员工参与其中、关注员工的健康状况来增加团队的凝聚力与归属感。

制定积极、明确、具有挑战性的目标是有效的领导激励手段。在碧桂园的成就共享计划和同心共享计划中，员工虽然获得奖励与成就，但有局限性的是，当高成就者缺乏富有挑战性的工作任务或者组织中缺乏力争上游的竞争氛围时，成就动机不会被调动起来。目标的难度、结构、推进过程和反馈都会影响激励效果，只有将各种目标成果细化到不同方向与阶段的成果与标准，才能使激励处处发力。当人们受到富有挑战性的目标激励时，就会迸发出极大的工作热情，积极参与到工作中去。

五、案例思考题

1. 你认为"成就共享"和"同心共享"计划的区别是什么？
2. 如何看待"全员买地，全员营销"这一观点？
3. 在你看来，怎样才能正确实行领导的物质激励？

案例三

从海底捞的“逆天”服务看张勇的激励理念

一、案例导读

海底捞公司并不大，但却是几个千亿级公司的学习对象。华为总裁任正非指定要求公司高管体验海底捞的服务；小米创始人雷军不仅要求高管体验海底捞，还要求在服务上向海底捞学习；乐视创始人贾跃亭曾邀请张勇讲海底捞的用户体验。这些千亿级公司的大佬热衷学习海底捞的不只是服务和用户体验，更是另一个大难题：如何激励员工死心塌地为企业效力？

二、案例正文

被称为“史上服务最变态的公司”——四川海底捞餐饮股份有限公司是一家以经营川味火锅为主，融汇各地火锅特色于一体的大型跨省直营餐饮民营企业。创始人张勇经过 24 年的艰苦创业，带领海底捞从一个不知名的小火锅店发展为今天拥有 117 家直营店、近 2 万名员工的“中国驰名商标”。而作为海底捞餐饮股份有限公司董事长的张勇，他的领导激励涵盖了方方面面。

公平公正的晋升通道

“我们要筛选出勤奋、善良的那部分人，保住那些符合这个社会以及我们企业价值观的人，把他们筛选出来晋升到领班岗位上。”张勇会为员工设计好在海底捞的职业发展路径，并清晰地向他们表明未来的发展途径及待遇。“海底捞现有的管理人员全部是从服务员、传菜员等最基层的岗位做起，公司会为每一位员工提供公平公正的发展空间，如果你诚实与勤奋，并且相信‘用自己的双手可以改变命运’这个理念，那么海底捞将成就你的未来！”张勇笑着说，“如果将北京区的总经理换成一个从美国回来的博士，相信不到半年就乱套了。员工不认可你，你讲得再棒，你的理念再好，员工与你不是一条心，不听你的，没办法！”海底捞除了两个岗位有学历的要求外，其他所有的干部都是从最基层服务员培养，只要在某职位上表现优秀，就可以实习更高一级职务甚至获得任职资格。但有个前提条件是：只有培训好合格的后备人员才可调任或升职。

亲情化的激励体系

为激励员工的工作积极性，张勇会要求每个月给大堂经理、店长以上干部、优秀员工的父母寄几百元钱。张勇说：“这不仅仅是 400 块钱的事情，400 块钱对于农村也许很重要，但更重要的是，他们父母有了荣耀。”对于工作满1年的员工，若1年累计3次或连续3次被评为先进个人，其父母可探亲1次并在店内就餐，同时报销往返车票，员工还享有还有3天的陪同假；工作年满1年以上的员工可以享受婚假及待遇；工作满3个月以上的员工父母去世，该员工可以享受丧假及补助；工作3年以上的员工可享受产假及补助。

以员工为本的人文关怀

在海底捞，员工9点上班后吃早饭，16点上班后吃下午饭，所以他们早上、下午上班以后都是直接吃饭。此外，海底捞的员工每天吃4顿饭，周六、周日加班还要加餐。张勇关注到了员工吃饱、吃好这一基本需求，保证了员工能够以愉快的心情去服务客人，也激励着员工更努力地工作。在住宿条件上，张勇也绝不吝啬，他曾说过：“你忍心让你自己的兄弟姐妹住在冰冷的地下室吗？”张勇规定所有员工租住的房子全部是正式住宅小区的两居室、三居室，配备空调、电视、电脑和专门的人员管理、保洁，员工的工作服、被罩等也统一清洗；从小区步行到工作门店不能超过20分钟；如果员工是夫妻，则考虑给单独房间；若是某位员工生病，宿舍管理员会陪同看病，照顾他的饮食起居。

合理的工资结构

张勇把员工的工资结构分为基本工资＋工龄工资＋奖金、分红、补贴等几个方面。从2003年7月起，海底捞实行了“员工奖励计划”，给优秀员工配股。以西安东五路店作为第一个试点分店，规定一级以上员工享受纯利润3.5%的红利。2005年3月，又推出第二期“员工奖励计划”，以郑州三店作为员工奖励店给优秀员工配股，并且经公司董事会全体董事一致同意，从郑州三店开始计算，公司每开办的第三家分店均作为员工奖励计划店。

丰富的企业文化生活

为鼓舞和激励员工的工作热情，培养他们的爱岗敬业精神，张勇格外重视员工的个人综合素质和业余文化生活。海底捞的各个分区、分店常常展开评比活动和各种友谊竞赛；员工们也自发创作了《海底捞之歌》。张勇为加大员工内部培养力度，创办了“海底捞大学”，对选出的第一批员工进行英语培训、管理培训和技术培训。在如此和谐的文化与工作氛围中，员工们的热情日益高涨，在工作与娱乐方面提出了许多建议，只要合理，公司都会采纳。张勇笑着说：“海底捞的创意性服务在业界和顾客当中是很出名的，其实，大多数都是员工提出来的。我们的员工都很天才！”

案例改编自：

[1] 杨春季，魏远竹．内外生激励视角下主动创新行为的发生机制研究——以海底捞为例[J]．中国人力资源开发，2017(9)：120-126.

[2] 彭鑫，李亚轩，曹振杰．海底捞员工激励经验对草根创业企业的启示[J]．劳动保障世界，2016(2)：19.

三、案例分析

海底捞餐饮股份有限责任公司的发展得益于“服务至上、顾客至上”的理念，而好的服务又基于出色的员工激励体系。董事长张勇对海底捞员工采取人性化的管理，提倡用双手改变命运之理，树立公平公正之风，激励员工提升个人价值。

(1) 倡导双手改变命运的价值观，善于用企业愿景激励员工。海底捞的员工大多来自农村，张勇会直接鼓励员工：我们有很完善的晋升机制，层层提拔。只要努力，踏踏实实干活就会有晋升的机会。人人从基层做起，学历再高也没有特权，因此从起点来说所有人站在同一起跑线上。海底捞的管理层都是从最基层提拔上来的，他们都有切身的体会，都了解下属的心理需求，因此更能发自内心地关爱下属，给予员工工作与生活上的支持和帮助，同时也得到员工的认可。

(2) 对于劳动密集型的餐饮行业来说，员工最主要需求是生存、有尊严地生活。美国心理学家马斯洛提出了著名的需求层次理论，把人的需求分为生理需求、安全需求、社交需求、尊重需求和自我实现需求5个层次。张勇自己也多次强调过，海底捞的工资比一般餐饮企业高，这是海底捞员工激励最直接的号召力之一。张勇把员工的工资结构分为基本工资＋工龄工资＋奖金、分红、补贴等几个方面。其实分红与奖金并不一定有本质上的差别，都是从利润里拿出一部分来奖励员工。但是，“分红”这个词比“奖金”更有魅力。换句话说，“奖金”的激励效果已经退化了，不给员工奖金会抱怨，给多一点奖金也不会大幅提高员工满意度。但分红对他们来说还是新事物，具有强烈的激励效果。绝大多数企业只给股东分红，而张勇给普通员工也分红，不但满足了他们的物质需求，也满足了他们的精神需求。员工说起他们有分红的时候都特别自豪，感觉自己受到了和别人不一样的待遇。

(3) 精神激励能够满足员工对尊重、成就、自我实现等高层次的精神需要，从而大幅提升员工满意度。一个好的稳定的团队会带来好效益，也会使海底捞经久不衰，愈战愈勇。多进行“口头表扬”比物质奖励更重要。口头表扬是成本最低、风险最小、起效最快的激励工具。“良言一句三冬暖，恶语伤人六月寒。”语言作为人与人之间相互联系的桥梁和纽带，是相互沟通和表达思想的工具。口头上的表扬能够准确表达领导或组织对员工哪怕很微小的进步的认可，从而保持激励的有效性和持续性。海底捞的一线员工多数来自农村，他们重视名誉，渴望得到认可和尊重。对于他们而言，“标兵”“先进员工”等称号满足了他们的精神需要，有效地激发了他们的工作热情，同时能够影响并满足一线员工不同的个人目标，实现个人和组织的双赢。

(4) 实施人性化和亲情化的管理模式，为员工提供安全感和归属感，是实现领导激励的重要条件。张勇对员工在衣食住行方面的一系列激励措施，特别在住宿条件上是其他任何地方无法比拟的，既保证了员工准时上班的自觉性，又保证了员工努力工作的积极性。员工对海底捞的忠诚度极高，愿意一直在海底捞工作。这也是海底捞保持低人才流动率的原因之一。最重要的是，温饱的满足是获得尊严的最基本条件。张勇此举，使员工真正成为有尊严的个体，激励他们用更真诚的服务去感染每一位顾客。

四、案例拓展

海底捞的经验告诉我们，要始终把尊重与善待员工放在首位，满足员工的精神需求，从而调动其主观能动性，达到预期目标。赫茨伯格告诉我们，要调动积极性，不仅要注意物质利益和工作条件等外部因素，更重要的是注意对人的精神鼓励以及成长、发展、晋升的机会。要尊重员工付出的劳动，使得员工普遍形成一种共识，即只要通过努力就能达到要求的绩效水平。这能激发员工自身不断努力工作。从双因素理论来看，精神激励使得员工在积极环境和积极人格的共同作用下感受到了积极的情感体验，从而认可公司，全心投入到满足顾客需求、为企业的发展献计献策中去。

激励作用的实现，最重要的是保证良好的激励机制在公平、公正、公开的环境中进行。也只有在大家都觉得公平的环境中，员工们才会被激发出更高的工作积极性。不公平的环境会使得员工产生厌恶感，工作态度也会变得更为消极。将员工表现公平地与组织奖励挂钩，使组织对员工的考核公开化、透明化，能够增强企业员工的积极性和向心力。要充分听取员工的意见，为员工创建公平公正的工作环境，并对制度进行实时的改进。

建立有激励性的薪酬制度，在良性的竞争机制下促进员工效率的提高。设立薪酬的同时根据以岗定薪的原则设立岗位工资、技能工资、资历工资、绩效工资等。对不同岗位的薪酬实行差别化管理。比如张勇设立的薪酬机制是建立在“员工发展途径”之上的。普通员工可以通过升职提高工资，如果不能升职也可以通过评级提高工资。

采用多渠道培养方式来满足不同员工的不同需求，理性引导员工往不同方向发展。根据员工的个人目标与人格特征，领导同员工一起设计既具个性化又和公司发展相匹配的个人职业发展道路。引导高归属需要的员工朝值班经理等要和顾客打交道的高级职位晋升；不喜欢管理的人在晋升时可以安排其他高级非管理职位，确保即使员工不从事管理工作也能保证正常加薪；引导有高权力需要的员工往财务、后勤、人力等自主性、控制性较强的方向发展。这样真正体现了“以人为本”“量体裁衣”的价值取向，采用多渠道培养方式来满足不同员工的不同需求，从而使员工各安其位，各自都能发挥出最佳的绩效。

以员工需求为导向制定考核机制，企业需要什么就考核什么，员工需要什么就激励什么。通过满足员工不同时期、不同阶段的个人需求，增强员工对领导和组织的认同感和满意度，最终实现共同目标。张勇对员工绩效标准的考核与其他行业追求的专业技能不同，他更看重员工的工作态度。而员工为了绩效考核优秀，主观上往往会付出足够的热情和服务。在这样强烈的互动机制下，领导者能够高效识别员工的表现并相应地做出反馈和奖惩激励，促进员工的职业发展和目标达成，激励员工不断带来高的工作绩效，保持长期的工作积极性，从而为员工实现理想，为公司创造价值。

五、案例思考题

1. 基于张勇的做法，如何看待我国连锁餐饮业对一线员工的激励？
2. 如果你是餐饮企业的领导，将如何设计工资结构？
3. 在你看来，海底捞的服务有哪些优点和缺点？

案例四

马化腾的激励"绝招"

一、案例导读

马化腾，腾讯公司总裁，这个互联网帝国的领导人，在 2007 年被《时代》评为全球最有影响力 100 人之一。不过最早做企业的时候，马化腾从未想过会成就一个现在这样规模的腾讯帝国。用马化腾的话讲："从没想过一定要开公司当老板，最开始只是想有个机会去发挥所长，最好有点儿小回报，仅此而已。"如今，马化腾一手创立的腾讯跃升到全球市值第五位，在员工激励方面，他有什么诀窍？

二、案例正文

马化腾这样给高管发工资

如果不是因为腾讯是上市公司，我们可能无法知道腾讯董事会主席兼首席执行官马化腾给高管发工资有多么慷慨。在大部分企业里，老大的工资往往是最高的，其他人依次递减，但是马化腾颠覆了这个规律。据 2015 年腾讯财报显示，作为副总裁的张小龙，年薪很有可能是 2.74 亿港元，而马化腾的年薪仅仅为 3 282.8 万元，仅为张小龙的 1/9。这就是马化腾的领导激励。董事长如此慷慨，有哪一个高管不会士为知己者死呢。马化腾和他的团队给有突出贡献的员工发薪酬从不吝啬，腾讯员工的获得感很强，这也是腾讯员工的忠诚度极高、流失率极低的原因。

马化腾这样对待个性强的员工

有人说没有张小龙就没有微信，可是没有马化腾的激励，也就没有张小龙。张小龙的古怪脾气，换一个老板早就把他炒鱿鱼了。张小龙性格孤僻，最不愿意和人打交道。腾讯总部每周都要召开例会，广州和深圳开车也不过 2 小时左右，但是，张小龙总是以"早上起不来"为借口不去参加会议。为了迁就他，马化腾就让自己的秘书一大早叫醒他。但是，张小龙起是起来了，却还不参加会议，理由是路上太堵，怕赶不上。本以为马化腾就这样放弃了，令张小龙想不到的是，以后每周的例会，马化腾都会派专车准时到楼下接他。这下，张小龙再也没有任何借口不参加会议了。可以说，张小龙是唯一一个在腾讯能如此"放肆"的人。但是，马化腾能容忍并鼓励张小龙所做的一切。

马化腾这样给员工发福利

微信红包最早的设计灵感来源于马化腾派发开工红包的企业文化。这样一种坚持，不仅把发红包变成了一个全民的狂欢，而且成功地和支付宝平分天下。1998 年腾讯创立之初，马化腾就确定要发开工红包，而且必须是自掏腰包，虽然金额不是很大，但是，却能体现出老板对于员工的激励、尊重和祝福。腾讯 18 岁成人礼中，马化腾准备了总额约 3 000 万元的现金红包，单个红包金额在 188～1 888 元之间不等，而被发红包的，除了在职员工、外包人员和公司服务人员外，甚至还包括了离职员工。

2011 年腾讯宣布启动"安居计划"，在 3 年内投入 10 亿元，为工作满 3 年的员工提供首套购房首付款的免息借款。2015 年再次提高首套房的无息借款额度，其中北上广深一线城市提高到 50 万元。腾讯新员工都能领到一副"福利扑克"，分财富、健康、生活三大版块 54 种福利，王牌是"10 亿安居计划"，此外还有家属开放日、30 天全薪病假、15 天半薪事假、中医问诊、免费洗牙/体检/理疗、夜宵券、圣诞晚会、各种保险、各种节日礼包等。

马化腾这样实行股权激励

数据显示，2008～2017 年，腾讯推出了 11 次奖励员工股权计划，惠及 69 338 人次，10 年间从未间断过。2008 年向 184 位员工奖励 101.605 万股新股；2009 年奖励 1 250 位员工 818.118 万股股票，股权激励的员工占全体员工近 1/4；2015 年 7 月，腾讯宣布向 5 839 名"非关联人士"赠股 23.6 亿港币，人均分得 32 万元……

在腾讯公开披露的消息中，限制性股票单位多次作为激励员工的主要方式之一。2016 年 11 月 11 日，腾讯 18 周年时，马化腾宣布将向所有员工每人授予 300 股腾讯股票，作为公司成立 18 周年的特别纪念。本次授予股票总价值约达 17 亿港元(约 15 亿元人民币)。这 300 股腾讯股票就是 RSU(Restricted Stock Unit)，即限制性股票单位，是对激励对象在将来某个时期授予股票的一种承诺，激励对象满足股权激励计划规定的服务期限条件或业绩条件时，就可以获得一定数量股票。2017 年 7 月 10 日晚，腾讯控股(HK. 00700)发布公告称，将发行合共 17 870 595 股新股，奖励 10 800 名员工。以当日收盘价每股 271.6 港元来计算，这笔奖励达到 48.5 亿港元(约合 42.2 亿元人民币)，平均下来每人约 39 万元。马化腾表示，本次旨在嘉许奖励人士所做贡献并吸引及挽留本集团持续经营及发展所需人才。

表面上股权激励是马化腾的员工福利行为，但是，你没有看到的是，这实际上是一次全员持股——从这一天开始，所有腾讯的员工都可以自豪地说：我是腾讯的主人，而不是一个打工者。马化腾真正将公司与员工的关系从“你我”变成了“我们”。

案例改编自：

[1] 迟忠波. 马化腾的情商：中国企业家精神的典型样板[J]. 中外管理，2017(11)：76-80.

[2] 李燕莲，顾振江，吕文静，等. 马化腾的个人特质与核心管理思想体系研究[J]. 中国人力资源开发，2016(22)：97-103.

[3] 刘静，李朋波. 马化腾领导风格演变对腾讯企业文化塑造的影响研究——基于领导权变理论的视角[J]. 中国人力资源开发，2015(20)：99-104.

三、案例分析

今天，中国企业的成长路径已经发生了根本性改变。自主创新决定了企业的生死线，而人效已成为企业内在动力的核心。腾讯作为 IT 界里的知名企业，其离职率一直相对较低。腾讯通过激励与挑战提升人效，也通过人效提升促进利润增长，进一步丰富多元化激励，以此来引导员工的行为，使企业员工明确哪种行为符合企业的期望。按照马斯洛的理论，个体成长发展的内在力量是动机。而动机是由多种不同性质的需要所组成，各种需要之间有先后顺序与高低层次之分；每一层次需要的满足，将决定个体人格发展的境界或程度。

(1) 最强烈的不可避免的最基本需要是生理需要。如吃饭、住房、医疗等问题。在腾讯，公司员工根本不需要为了吃饭喝水这样的事情操心。每天食堂会解决一日三餐甚至夜宵的问题。节假日的水果、粽子、月饼更是经过长达 4 个月的精心挑选，并且可以提供邮寄服务。置业问题是广大民众最关心的问题之一，腾讯公司提出了针对基层员工的“10 亿无息购房贷款”政策。“根据所在城市不同设置了不同的贷款金额，开设了放款通道，确保借款最快时间到达员工账户，并且申请贷款不需要任何担保”，这对于年轻的员工来说解决了住房首付问题；“一年只是在年终奖之后还款一次”更是减轻了员工的还款压力。这一举措无疑会对买房困难的员工是一个巨大的激励，会使得希望拿到贷款资格的员工更加努力的工作。除此之外，马化腾为员工提供商业医疗保险，延展到家庭的保险保障更是解决了家庭看病问题。

(2) 领导者为员工建立一个相对安全、稳定的工作大环境，就能稳定员工队伍，激励员工向上的情绪和心态，这就满足了员工的安全需要。马化腾对贡献突出的员工发薪酬从不吝啬，使他们成为“高效率、高工资”的代名词。平时各种福利也是惊喜不断，有些换工作的员工感慨：在腾讯时对企业的福利不以为然，来到其他企业才发现腾讯的福利有多好，非常不适应新的工作环境。作为腾讯的员工只需要做好一件事情，就是把本职工作做好，待遇福利根本不用去争取，都会像自来水一样流淌而来。在各种细枝末节处处体现了马化腾的关心和用心。对于员工来说，这种关爱一定会转换成工作动力来回报企业。

（3）员工希望得到领导的信任，愿意和同事们保持友谊，并渴望有所归属，即社交需要。腾讯内部有许多以非正式组织形式存在的协会和根据员工兴趣爱好组成的兴趣小组。公司定期提供一定的活动经费来组织活动。这样就打破了工作才会交流的沟通渠道的单一性，更好地满足了员工交流沟通的社交需要。再加上丰富多彩的活动本身就是一个充满爱的交流过程，使得员工在工作中的配合更加自然流畅和友好默契，这种激励大大提高了员工的工作效率。

（4）对自我价值的个人感觉和他人对自己的认可与尊重是一种更高层次的自我肯定性的需要，即尊重的需要。腾讯的股权激励制度旨在嘉许受奖励人士所做的贡献，吸引、挽留本集团持续经营及发展所需人才。惠及员工数量多，金额奖励数额大，在这样的环境中，不管是自尊、他尊还是权力欲都充分得到了满足，而得到满足的员工又怎能不产生强大的推动力呢？高管的收入超过董事长，下级的收入超过上级，一般企业很难见到，但这就是马化腾对人才的尊重。如果说马化腾给在职员工发红包是“收买人心”，那么给离职员工发红包就是一种情怀和大格局了——马化腾给的不是金钱，而是一种尊重。

（5）自我实现的需要是最高等级的需要。满足这种需要就要求完成与自己能力相称的工作，最充分地发挥自己的潜在能力，成为所期望的人物，这是一种创造的需要。有自我实现需要的人，似乎在竭尽所能，使自己趋于完美。自我实现意味着充分地、活跃地、忘我地、集中全力全神贯注地体验生活。“在腾讯众多的业内顶尖高手面前，也许刚进入的员工会觉得自己十分渺小，然而很快他们会相信，他们会超越这些高手，因为这些牛人会让他们站在‘巨人’的肩膀上看世界。”或许微信之父张小龙的故事更能诠释这一层次，在马化腾对张小龙“怪脾气”的容忍和鼓励下，使张小龙完成了从程序员到微信之父的自我价值的实现。

四、案例拓展

伴随着腾讯的快速成长，马化腾的领导激励风格也表现出了不同之处。他更多地表达自己，重视团队沟通和表达，重视愿景的作用和对员工的精神激励。马化腾把领导角色更多偏向于企业的精神领袖。“要把腾讯做成一个受人尊重的企业”，这是马化腾在日学工作中反复提起的一句话，也是为所有腾讯员工塑造的愿景。马化腾的领导激励还体现在他对团队建设的重视上。一方面，他能够倾听不同观点，促使腾讯一直保持着民主决策的风格；另一方面，他更加关注员工需求，会切实考虑员工的福利，从精神上激励员工。

领导者讲究激励艺术就要营造尊重的氛围，即要帮助员工树立正确的尊重观，又要及时地给予员工适当的认可，使其认识到自身在组织中的重要地位，从而起到有效激励的作用。在很多企业，每个员工的岗位是固定的，职责也是明确的，不会发生多大变动，给人感觉，这才应该是一种正常的运营状态。而在腾讯，每个人的岗位都可以随时变动。程序员可能去做项目管理的事情；产品经理除了负责产品的进度，也可能去调动研发资源；研发工程师经常会参与到产品的设计和讨论中，给出自己的一些想法，甚至直接变身成为产品经理参与到某一个功能特性的开发和设计中。这件事对于很多企业来说是天方夜谭，在腾讯却是常态。腾讯认为，每个人都不可能只有一种特长，只要给予足够大的空间和足够多的尝试机会，每个人都能创造出连他自己都会惊讶的成绩来。所以，只要员工自己有信心、有想法，都可以去申请做自己想做的事情，发挥自己的才华，腾讯只朴素地追求一个目的：人尽其才。

领导激励在企业发展的不同阶段要有所变革，这不是对原有激励方式的颠覆，而是侧重点有所转移。要通过互惠的利益和规范的奖惩来促使员工实现企业目标，从关注产品和绩效，转向强调愿景和企业发展，重视对员工的精神鼓舞，使得员工能够意识到自己工作的价值，激发他们的活力和创造力。领导者一方面要通过提供有挑战性的工作、使工作内容丰富化等方式来满足员工内部尊重的需要；另一方面，要通过晋升、授予个人荣誉等方式来满足员工外部尊重的需要。事实证明，腾讯的这种激励方法是正确的，它让千奇百怪的想法和创新的点子在受到激励后不断地迸发出来，带来更多的成果和效益。不管外界对腾讯有多少非议，但是从马化腾的激励方式来看，的确处处体现了用心二字。企业只有经营人心，才能得到员工的真心相待，只有让“员工对自己的公司，从内心里感到满意”，才能激发出员工的工作积极性、主动性和创造性，才能创造出巨大的生产力，使得企业得到长足发展。

五、案例思考题

1. 腾讯激励制度的特点和有效性体现在哪里？尝试分析其局限性。
2. 马化腾是如何自我激励和激励他人的？
3. 腾讯的企业文化和管理模式是什么？有什么特点？尝试分析二者关系。

案例五

新飞的"坠落"

一、案例导读

三十年前，伴随着一句家喻户晓的"广告做得好，不如新飞冰箱好"，新飞冰箱火遍大江南北。谁能想到，在创始人离世的17年后，新飞冰箱申请破产。新飞从辉煌到衰落的发展轨迹令人唏嘘不已。感慨之余，人们不禁问：新飞为何走到今天这一步？从下面的案例中，原因或许可见端倪。

二、案例正文

2018年6月28日，新飞旗下的3家公司全部股权在河南省新乡市中级人民法院淘宝网司法拍卖平台上进行公开拍卖，新飞电器名下的大部分土地、房产及建筑也将于7月5日开始拍卖。名噪一时的新飞公司，自此便消逝在时代的洪流中。

早在2017年底，一份关于新飞电器的重整说明中显示：新飞旗下的3家公司，"在过去的几年出现持续亏损，虽然外方股东给予大量的资金和支持，还是无法彻底挽回公司面临市场的挑战。迫于资金链压力，公司目前唯有停止生产活动"。如今的破产拍卖，早已是意料之中的事。

新飞"起飞"，一路高歌猛进

新飞前身是一家小型军工企业，由于经营不善已濒临破产。1983年，刘炳银接手这家工厂，将其改名为"新飞"，寓意其能在新的起点发展、腾飞。但是，新飞成立之初，亏损严重，甚至连续3个月发不出工资。为了扭转局面，刘炳银开始寻求新的市场突破点。一次去南方出差，刘炳银发现该地区家家户户都开始购买冰箱，他敏锐地嗅到了商机。于是，敢想敢做的刘炳银回去以后便决定全力发展冰箱项目。1984年，新飞冰箱正式立项，并且获得了国家的大力支持。从那时起，新飞公司真的走上了腾飞之路。

到1986年，新飞与飞利浦合作，不断改进生产流水线，年产冰箱已达到10万台，成功跻身国内冰箱市场一线。1990年，刘炳银再添一把火，学习海尔，当众怒砸400台不合格冰箱。这一宣传手段成效显著，质量过硬的产品印象深入人心，新飞迎来了飞速发展阶段。新飞冰箱在市场上一度供不应求，连刘炳银发给员工作为福利的冰箱都被买走，其热度可见一斑。1996年新飞最鼎盛时期，冰箱销量跃居行业前三名，仅国内市场占有率就达到20%，还作为国礼被领导人带出海外，成为中国家电制造的一张名片。

新飞有两个上帝，一个是顾客，一个是员工，新飞就是员工的家

刘炳银最常说的一句话是："新飞有两个上帝，一个是顾客，一个是员工，新飞就是员工的家。"他不光是这么说的，也是这么做的。刘炳银执掌新飞期间，在新飞工作对于新乡人来说是一件值得骄傲的事，因为新飞的福利待遇好得让外人眼红，甚至超过了"铁饭碗"。1996年，新乡市民平均月工资仅二三百元，而新飞电器的员工平均工资已超过千元。那时候，在新飞工作是当地年轻人梦寐以求的事情，很多人要托关系、走后门才能进厂当个临时工，而且，若是穿着新飞的工作服去相亲，别人都会高看一眼，比西装领带都有面儿。据老员工周华回忆，当年新飞一发工资，员工就担心下班被打劫。新飞人若是穿工作服去买菜，菜市场的老板总要开价高一点，知道新飞人有钱。除了工资高，新飞的福利也是无可挑剔。食堂24小时开放，随便吃，还不用掏钱。据老员工付英礼说，1996年春节，新飞电器为每位在职员工按照每人10斤羊肉、10斤带鱼、50斤大米的标准发了福利，有的家庭因为多人在新飞上班，发的东西太多带不回去，只好央求刘炳银"别发了"。工资和福利之外，最让员工们深受感动的是老板刘炳银对待员工的态度。刘炳银作为公司的一把手，对待下属平易近人，从来没有领导架子。他与普通员工一起在食堂排队、打饭、同桌就餐，常常询问"饭菜合不合口味"，通过与员工聊天征询意见并且交流大家关心的问题。刘炳银还十分关心员工的健康问题。新飞很早就有集体做早操的习惯，为鼓励大家勤做早操，刘炳银坚持同员工一起做早操，风雨无阻。有一次，刘炳银了解到：职工生活区没能按时供应暖气，给员工生活带来不便，他当即表示："请大家放心，今年过春节，保证让你们穿着衬衫吃饺子！"果然，那年一入冬，新飞的生活区全部通上了暖气。

每逢开工日，新飞公司大门前，军乐队高奏《迎宾曲》，刘炳银会带着高管，在门口笑容满面地夹道欢迎每一位员工开工上班。据老员工回忆："他满面春风，双手抱拳，频频向潮涌般的员工祝贺新年。他还会主动走上前去，同熟识的老员工一一握手，互致问候……"这种领导班子欢迎员工上班的习俗，成为新飞的传统，一直持续到刘炳银去世的那一年。

这一桩桩小事，让员工们不仅对刘炳银有很深的感情，而且把公司作为自己的第二个家。那时，员工真正感觉自己是新飞的主人，对它的感情十分深厚。这种感情通过一件事情体现得淋漓尽致：2003年，新飞曾发生过一场火灾，还未等消防车赶来，员工不顾自身安危将大火扑灭。厂房虽然被熏得一片漆黑，但

仅仅10天之后，就被员工一点点自发清理得焕然一新。

外资入股，新飞由盛转衰

再勇武的英雄也有迟暮，新飞由盛转衰的转折点要追溯到1994年。1994年，中国大地上兴起了招商引资的大潮，新飞所在地方政府制定了“引进外资嫁接和改造国有大中型企业”战略。在这样的背景下，河南新飞集团和新加坡丰隆电器以及新加坡豫新电器三方合资，成立河南新飞电器有限公司，其中新飞集团占49%股权，新加坡两方分别占45%和6%。虽然表面上看刘炳银等原管理层仍握有多数股份，但实际上豫新是丰隆的一家子公司，也就是说，刘炳银此时已经丧失了对新飞的经营管理权。合资最初的几年里，由于大量外资注入，新飞产能、销量短期有显著提升，但是，此次的股权变动却也给新飞的衰落埋下了伏笔，刘炳银为公司发展所做出的战略决策多次受阻，处处掣肘。尤其是新飞历史上曾经拥有过两次非常好的转型机会，但均因外资董事会的阻挠而失之交臂。对此，刘炳银欲哭无泪，只能眼睁睁看着新飞失去多元化转型的最佳时机。新飞在市场上的生存空间不断被压缩，举步维艰。紧接着，新飞迎来了“至暗时刻”。也许是因为长期的心情愤懑、压抑，2001年，刘炳银突然因癌症在广州病逝，新飞失去了当家人。2005年，新加坡丰隆对新飞电器的持股增加到90%，新加坡人张冬贵接管新飞电器。他一到任，便空降数百名高管，对管理层进行了一次大换血。

10年不涨工资，昔日新飞主人变成打工者

由于多元化战略失败，新飞在市场上的处境愈发艰难，营利情况也是每况愈下，这导致的直接后果就是：员工的福利、待遇也随之直线下降。新飞普通职工的工资10年间未有大变动，但10年间，物价飞涨，10年前的工资水平早已不能满足员工的需求。2012年，新飞安装温控表的车间淡季工资890元左右，旺季1 200元左右。这远低于新乡市职工平均收入水平的2 160元。新飞的工作由原来的“香饽饽”变成了“烫手山芋”，员工生活十分艰难。

另一方面，由于文化差异，新加坡人全面接管新飞后，对待员工的态度和方式都与老董事长刘炳银截然不同。新领导者并没有延续刘炳银对员工平等、温情、尊重、仁爱的领导风格，而是为了降低人力成本，大幅削减员工的福利，之前的开工仪式也统统取消。“新飞有两个上帝，一个是顾客，一个是员工”这种观念被弱化，再也没有人提起过。结果是，新飞的一线员工与管理层隔阂日益加深，新飞公司人心涣散。2007年，新飞再一次发生火灾，但却与2004年的情况截然不同，此次火灾没有一个员工冲进去灭火，全部冷眼旁观，甚至有人看着大

火愤怒地骂道:“烧吧,烧光了才好呢!”

矛盾积累到一定程度必然会爆发。2012 年的秋天,新飞新老员工上千人身穿蓝色工装聚集在公司门外,举行了声势浩大的罢工活动,痛斥管理层坑害新飞的种种行为。其间,新飞老员工还将去世已 11 年的老董事长刘炳银的遗像放大后摆在公司的门口,人力资源经理上台试图安抚,却被众人用鸡蛋轰了下去。

2013 年,新飞突然宣布部分生产线停产,大量员工被辞退。在政府的帮助下,危机才得以缓解。但是,新飞的命运并没能就此改变,苟延残喘熬过了 4 个年头后,新飞还是走到了破产的终点。

“眼见他起高楼,眼见他宴宾客,眼见他楼塌了……”新飞人见证了新飞 10 年辉煌,也目睹了新飞一步步走向颓败。使新飞“坠落”的,不仅仅是时代,更是人心。

案例改编自:

[1] 杨瑞.战胜了所有对手却输给了时代:盛极一时的新飞电器将破产清算[EB/OL].(2018-06-10)[2018-9-10].http://new.qq.com/cmsn/20180610/20180610002211.html.

[2] 金朝力,石飞月.新飞电器的迷途[N].北京商报,2017-11-14(D01)

[3] 彭俊勇,刘畅.新飞辉煌散尽重整艰难[N].新金融观察,2017-11-27(020)

[4] 向炎涛.一代冰箱巨头衰落:新飞走向何方?[N].中国经营报,2017-12-11(B15).

三、案例分析

(1) 赫兹伯格双因素理论。在激励问题上,行为科学家弗雷德里克·赫茨伯格提出了“双因素理论”。该理论表明:使员工感到满意的都是属于工作本身或工作内容方面的,这些因素被称为激励因素;使职工感到不满的,都是属于工作环境或工作关系方面的,这些因素被称为保健因素。

(2) 保健因素包括公司政策、管理措施、监督、人际关系、物质工作条件、工资、福利等。当这些因素恶化到人们认为可以接受的水平以下时,就会产生对工作的不满意,工作效率就会十分低下。但是,即便这些因素得到满足,仍然不能起到激励作用,此时就要看激励因素是否得到满足。激励因素包括成就、赏识、挑战性的工作、增加的工作责任,以及成长和发展的机会。在保健因素得到满足的基础上,如果这些因素具备了,才能够对人产生激励的作用。

本案例中,刘炳银执掌新飞公司期间,员工在物质上得到了极大的满足,工资、福利、待遇丰厚，而且有良好的人际关系，保健因素得到充分满足。除此之外，员工在新飞工作有职业荣誉感和高度的社会评价，为“新飞员工”的身份感到自豪，激励因素也得到了满足，激励作用显著，员工心甘情愿地为公司做贡献，使新飞公司逐步发展壮大。而当刘炳银去世，外资入主新飞后，情况发生了巨大的变化。首先，10 年不涨工资，曾经引以为傲的新飞员工的工资远远低于该地区平均水平，生活难以为继，领导层为削减成本，还大幅削减员工的福利，保健因素根本得不到满足。其次，外方空降的领导者与新飞员工形成了对立的局面，关系严重恶化，整个公司人心涣散，激励因素无从谈起。保健因素和激励因素都得不到满足，新飞员工不再为公司尽心竭力，工作积极性大打折扣，导致了新飞公司倒闭的结局。

(3) 领导认同和组织认同是激励的基础，没有领导认同和组织认同，领导者与下属之间只是简单的交换关系。领导认同是员工依据与领导者的关系身份，对自我予以定义的一种状态，当员工对领导者的认知纳入其自我概念时，即形成领导认同。① 简单来说，领导认同就是下属对领导者的领导风格、价值观、道德品行等个人特质产生认同感，愿意接受其领导。组织认同指组织成员在行为与观念诸多方面与其所加入的组织具有一致性，觉得自己在组织中既有理性的契约和责任感，也有非理性的归属和依赖感，以及在这种心理基础上表现出的对组织活动尽心尽力的行为结果。新飞在刘炳银的领导时期，员工对于领导者除了工作关系之外还有情感上的认同和依赖，所有员工都有高度的领导认同和对于新飞公司的组织认同，因此会产生自发的组织公民行为，即超出工作范畴的额外努力，例如自发为公司救火。但是，新飞的员工在刘炳银去世、尤其是外方空降的新领导上任后，感受到了极大的心理落差，领导层和广大员工已然脱节，形成一种对峙博弈局面，离心离德，难以形成合力，导致组织目标难以实现，组织发展乏力。到后期，大厦将倾之际，公司内部人员非但没有齐心协力、与领导共渡难关，反而是“墙倒众人推”，纷纷拆公司的台，这样的公司不倒闭都难。可以说，员工对新飞公司的组织认同与领导认同的逐渐丧失是新飞破产的重要原因。新飞的发展历程，成也人心，败也人心。

四、案例拓展

领导者的领导效能在于提高员工的满足感。梅奥从霍桑实验的结果中得

① 周如意，龙立荣，贺伟. 自我牺牲型领导与员工反生产行为：领导认同与心理权力的作用[J]. 预测，2016，35(3)：1-7.

出了一个结论:在决定组织效率的因素中,工作条件和工资报酬只是次要因素,最主要的是士气。士气则取决于员工的满意程度,而满意程度又源于个人需要的满足和组织内良好的人际关系。因此,领导者要想提高自身领导效能,就必须有效满足员工的需求,创造良好的人际关系,提高员工的满意程度,以提高士气进而提高工作效率。①

领导激励要把握4个着力点:

一是满足员工的合理需要。不同的员工有不同的需要,有的希望得到领导者的信任与尊重,有的希望得到更多的报酬。由于每个时期、每个员工都有不同的需要,领导者激励时首先要了解下属的需要及各自的优先顺序,然后再去激励,就能取得事半功倍的效果。

二是激发员工的积极动机。由各种需要引发的动机,其中既有积极因素,也有消极因素,领导激励要加以分辨,激发积极动机,而对消极动机不仅不能激发,还要加以抑制。

三是鼓励和强化员工的正确行为。领导者看到员工某些行为符合组织目标、符合领导意图,就要及时给予鼓励和嘉奖。其他员工看到这种行为得到了积极反馈,也会效仿类似的行为,最终的结果是这种积极行为的强化有利于组织决策目标的实现。

四是引导员工的奋斗目标。员工的奋斗目标是个体的、分散的,他们的积极性被激发出来后,领导者就要引导个人目标,使之与组织目标相一致。组织目标与个人目标并不是相互冲突的,领导者要对与组织目标一致的个人目标给予鼓励,对不一致的个人目标给予引导。引导不是强制,而是通过利益机制、组织文化等,使员工自愿将个人利益与组织利益统一起来,将个人的目标与组织目标统一起来。②

五、案例思考题

1. 在你看来,双因素理论有什么特征?
2. 你从新飞公司腾飞又坠落中得到了哪些感悟?
3. 你如何看待刘炳银执掌新飞公司期间的福利待遇?

---

① 汪来杰.领导科学与艺术[M].郑州:河南大学出版社:152.

② 刘峰.领导科学与领导艺术[M].北京:高等教育出版社,2014:204-205.

第六章

领导授权

能用他人智慧去完成自己工作的人是伟大的。

——旦恩·皮阿特

在当今组织中，领导永远不是唱独角戏，也不用做到事必躬亲、亲力亲为。“你无法独立成事”是卓越领导者的行动原则和行动指南，也是他们实施领导行为的内在动机。

所谓领导授权，顾名思义就是将领导者的部分职务权力授予下属，下属可以在领导者所授予的职务权力范围内按照自己的意志和想法采取行动，保证完成任务、实现领导目标并接受领导监督。领导授权的过程是与组织中的下属建立信任关系的过程，更是培养组织成员的团队协作意识和团队合作精神，培养被授权者对组织目标和共担责任的认知，从而在授权中发挥个人能力，促进个人成长，提升组织绩效，高质量地完成组织目标的过程。

授权的成功与否，在很大程度上决定着组织的成败和兴衰。在领导授权的过程中，首先，授权是建立在授权者对授权对象充分信任的基础之上的，没有信任就没有维系双方和谐关系的纽带，授权并信任才是有效的授权之道；其次，掌握授权的方法和艺术是授权成功的关键，既要大胆授权、充分授权，充分释放权力的效力，有效调控权力的配置，破除授权心理障碍，遵循目标职能明确化准则和统一准则，才能将授权的正面效应充分发挥；最后，授权的目标并不仅是完成组织任务，也是通过授权提升领导力，打造一支高水平的工作团队。对于领导者和下属而言，授权是“双赢”的事。授权作为领导行为中的重要一环，对于团队建设发挥着关键作用，要保证授权有效持续开展，打造高水平的工作团队，从而实现组织与个人的协同发展，实现组织发展和人才成长和谐双赢的局面。

正如世界著名战略管理顾问林正大所言：授权就像放风筝，部属能力弱，线就要收一收；部属能力强了，线就要放一放。在本章中，我们主要分析几个领导授权的实际案例，从中探寻领导授权成败的因素、有效授权的收益和授权失败的危害。通过这几个案例，你将会明白，领导授权是如何实施的，授权之后应该如何控权，领导是如何通过授权营造组织与人才共同成长发展的和谐局面的。

案例一

林肯总统和他的将星

一、案例导读

美国历史上最伟大的领袖之一，亚伯拉罕·林肯总统，有着广阔的胸襟、过人的胆识和自信，善于团结各方力量。更可贵之处在于，林肯总统善于授权，敢于将权力授予下属，这为联邦政府取得南北战争胜利，维护美国统一发挥了重要作用。在南北战争期间，联邦军队初战连连不利，为了尽快取得战场的主动权，林肯总统必须通过选定合适的联邦军队主帅才能击败敌人，那么由谁来领导联邦军队，才能与凶悍的南方叛乱者作战呢？

二、案例正文

在南北战争爆发的初期，林肯总统本希望由罗伯特·李来统帅北方军队，但当南部各州独立后，这位最优秀的李将军投奔了南方，选择为他的家乡而战。林肯并未受此影响，而是通过大胆授权，不时展现出他的授权能力，内战时期这种能力在他与将军们之间扮演了很重要的角色。起初，他难以找到可以推心置腹的人，但他从未放弃希望，也未降低标准。他对于军官的任命、权力的授予显得十分谨慎。林肯总统先后选用了4个将军，他们都没有什么明显的缺点。虽然中间有几位将军背信弃义，但他仍然给予留下来的将军充分的权力和自由。

在战争初期，尽管北方军队有人力、物力上的绝对优势，但1861～1864年3年多的时间里，却屡屡受挫。与此相反，南方军队首领罗伯特·李却一次次取得胜利。直到葛底斯堡战役的打响，才最终扭转了联邦军的不利局面。葛底斯堡主将的任命，恰恰体现了林肯总统敢于授权、大胆授权的领导作风。

米德将军，便是林肯总统精心挑选的主将。

1863年6月，林肯总统把波多马克方面的军队指挥权交给米德将军。其实整个授权过程很简单，在与米德将军面对面会谈后的几个小时，林肯总统便派人送信给米德，表明了自己的态度。信的内容大致如下：

就目前局势而言，没有人比你得到过更大的指挥权，我相信你不会辜负联邦政府寄予你的希望。你不会受总部任何时候的指示所干扰，你的军队可以视情况、照你的判断来行事。在你的军事行动范围内，所有的军力都听凭你的命令来调度。

1863年7月1～3日，米德将军率领军队在宾夕法尼亚小镇葛底斯堡与南军指挥首领罗伯特·李正面交锋。不同于前几任将军，米德很快便将罗伯特·李击溃。当时由于大雨滂沱，水势猛烈，战败的李将军顿时陷入前有强敌、后有恶劣天气影响的不利局面。林肯总统判断战败后的李将军几乎无处可逃，只要彻底击溃并俘虏李将军，即可迅速瓦解南方军队斗志。于是，他满怀希望地向米德发出命令，要求他立即出击，全歼所有敌军。

大好局面下，米德将军却出乎所有人意料，他直接违抗了林肯总统的命令，拒绝冒险向李将军发起总攻。米德有他自己的考虑，既然已经取得大捷，那么打击南方叛党的目的已经达到。由于北方军损失一样严重，这才导致米德没有立即去追赶李将军，他认为让李将军逃跑比伤亡惨重的政府军去追击南方军更好一些。如果执意全歼敌军，有可能引来更猛烈的反击。毕竟军队在自己手中，指挥权也在自己手中，自己需要独立做决断而不受干扰。

米德将军把军队驻扎下来，等了一个星期后，他的部队才慢慢恢复了士气，此时战败的李将军已安全将部队带回弗吉尼亚州。林肯总统为此对米德将军说："将南方军赶出北方是远远不够的，南方军必须消灭。我们必须截住他们，我们必须伸出我们的双手拦截他们，除了让我们的军队去追击外，我没有什么可做或可说的。"然而，米德将军依然未对李将军继续采取围歼的攻势。

尽管事后林肯总统感到万分惋惜，他还对儿子罗伯特说："上帝呀，他们已经在我们手边了，只要一伸手，他们就成了我们的了。在这种情况下，几乎任何一位将军都能将李将军击败，可是我的言语和行动就没能使我的部队动一动。"当然，林肯总统在说气话，既然把权力授予给米德，他就有临机决断权。葛底斯堡战役以后，林肯总统并未追究米德将军的责任，而米德将军继续带着总统授予的权力，为扭转南北战局做出了很大的贡献。

不仅是米德将军，对于联邦军总司令格兰特将军而言，林肯总统更是大胆授权，极少干扰。在战争初期，林肯总统疑惑为何罗伯特·李会一次次取得胜利。后来林肯总统经过几任将军的任免，终于得出结论，一来自己过分追求任用"完美"的人，二来联邦统帅的权力总会受到干涉，无法放开手脚。最终，林肯总统觉悟了，他任命满身是"缺点"的格兰特将军出任总司令。

任命格兰特将军前，林肯总统对他并无好感，格兰特与自己不属同一个政党，而是他的长期政敌史蒂芬·道格拉斯的盟友，而且他嗜酒如命，蛮横无理，经常招惹是非。但经过一段时间考察后，林肯总统认识到，在北方军队的所有将领中，只有格兰特治军有方，心理素质过硬，能运筹帷幄、决胜千里，率领军队打赢艰苦的硬仗。以往的战绩足以证明，格兰特将军治军有方，敢打硬仗，是总司令的最佳人选。

林肯总统排除各种质疑和反对，授予其中将军衔，任命为陆军总司令，统领全军，并让他放手去指挥军队，尽量避免在指挥作战中受到联邦总部的过多干扰。林肯总统坦言说："我们需要的是愿意打仗更是战之能胜的将军，格兰特就是这样的人，所以我支持他。"

那么，林肯总统是如何始终保持对部下的信任，并大胆授权的呢？除去政治家特有的表演本性之外，林肯总统还表现出异于大多领袖的特质——朴素且谦卑。他始终有一个"谦卑的灵魂"，始终保持着"信任的光辉"。林肯总统自己说过："我现在不知道灵魂是什么，但无论它是什么，我知道它是可以使自己谦卑的。"这种谦卑的精神还让林肯在成为总统后，白宫的办公室大门通常是"敞开的"，这让他在美国乃至世界历史上比很多总统"都容易接近"。身居高位而保持谦虚的平民作风，这既是林肯神话的魅力所在，更是他在任何处境下都敢于授权、充分信任部下的真实体现。

投之以桃，报之以李。格兰特将军在内战后期的英勇表现和累累战果，证实了林肯总统的判断。米德和格兰特，这两位冉冉升起的将星，正是林肯总统有效授权的集中代表。两人一前一后，为联邦政府取得南北战争的最终胜利立下了不可磨灭的功勋。

三、案例分析

亚伯拉罕·林肯，这位美国历史上伟大的总统，也是一位极其出色的组织领导者，他懂得如何授权，如何充分发挥下属的能力。林肯总统通过有效授权，极富针对性地调兵遣将，给予将军们充分的军事指挥权，为取得南北战争的胜利起到了至关重要的领导作用。

(1) 大胆授权，充分任用。林肯总统善于根据局势变化，授权关注个人才能，并不看出身背景，完全按照适不适合作为参照标准。他完全知道格兰特将军嗜酒如命，脾气火爆，在军中人缘不好，但他更清楚在北方军队所有的将领中，只有格兰特能运筹帷幄，指挥硬仗。为此他大胆对其授权，将之提拔为陆军总司令，全权负责南北战局，不让格兰特在指挥作战中受到联邦总部的过多干扰，这既为格兰特全权指挥前方战事提供了平台，又借助格兰特的军事才华为战争胜利奠定了坚实的基础。

(2) 保持稳定，谨慎干涉。林肯总统在给米德将军的信中明确表示：你的军队可以视情况、照你的判断来行事——在你的军事行动范围内，所有的军力都听凭你的命令来调度。在指挥葛底斯堡战役中，林肯总统虽有不同意见，甚至对米德不听从自己的命令感到惋惜甚至恼怒，但这些情绪并未让林肯采取措施惩罚这位不听话的部下。他没有对米德将军的行动进行任何阻碍，这足见他对米德将军的授权是稳定的、充分的。倘若林肯总统在后方对米德放走李将军的行为妄加指责，不再继续信任于他，那很可能会提前结束米德的军事生涯，甚至会给前线战况带来不利影响。

(3) 强化信任，实现双赢。原本在军中仅仅作为一名普通的将军，米德和格兰特本将会和其他将军一样，默默无闻地结束军事生涯，甚至不会在这场南北战争中取得任何实际的功勋。但正是源自林肯总统的信任和提拔，分别将葛底斯堡战役和全军的指挥权授予两人，才使得两人在众位将军中迅速凸显出来，为这场战争贡献了赫赫战功。在这个过程中，改变的是战场形势，不变的是信任和关注。林肯总统对于两人的授权，是建立在信任的基础上的。这份信任保持到战争的结束，实现了领袖和将军之间的共赢。

(4)尊重权限，发挥水平。林肯总统懂得尊重两位将军的权限范围，也充分尊重着下属的权力，这足以体现出他的领袖特质——朴素且谦卑，以及高超的领导艺术——尊重并信任。例如他不去过问格兰特将军嗜酒、火爆的习性，也不去追究米德将军不追击李将军是否为策略失误，林肯总统选择让两位将军自己决定怎样才能最好地实现他所要求达到的结果。这是一种对下属的充分尊重，既然他们能圆满完成任务，那就不必干涉或质疑下属的决断。正是在这种目标明确又有充分自由空间去实现目标的环境中，米德和格兰特才有可能最大限度地发挥自己的聪明才智。

四、案例拓展

领导授权是建立在授权者对授权对象充分信任的基础之上的，没有信任就没有维系双方和谐关系的纽带，极易因局势的发展而导致授权质量不高、效率低下，甚至授权失败。只有充分信任，大胆授权，让下属放开手脚充分发挥自己的能力，才能通过有效授权实现共赢。

(1) 组织的领导者要为下属搭建发挥自身才能的广阔舞台。授权者有责任也有必要为授权对象创造使他们能对自己的卓越表现负责的环境。这种自由环境的创造，是建立在领导者在对下属进行充分授权的基础之上的。要信任他们，大胆给他们授权。如果某项事务不需要领导者本人处理，而且这些事务下属完全能够胜任，领导者便可做“甩手掌柜”，大胆把职权授予下属，让下属去办，发挥他们的个人才能，这是领导艺术的一个重要体现。

(2) 保证授权的稳定性和持续性，如无特殊情况，不要随意更改下属权限，也不要随意干涉下属的行动。授权作为一项重要事宜，领导者在重视之余，必须保证授权的稳定性和持续性，不能因领导者个人好恶或者下属偶然的不当行为立即做调整或更改，更不要随意干涉下属的行动。领导者的每一次授权，就是下属面临的一场考验，必须充分信任下属，放手用之，才能充分调动其积极性，使其聪明才智得以发挥。

(3) 有效授权是一个双赢的过程，下属通过授权得以发展的同时，领导者一样会获得正面效益。古人说：士为知己者死，女为悦己者容。从古至今都是这样的道理。对于自己的下属，特别是处在关键位置的重要下属，领导者要认真进行考察，一旦考察结束，就要给予对方足够的信任和授权。对那些心存顾忌或信心不足的下属，领导者还应多加开导鼓励使其消除顾虑。一来可以展示作为领导者的广阔胸襟和忠实的人品，赢得下属的支持和尊重；二来可以作为一支强心剂，激励下属对你竭尽全力，毫无保留，办好你交代的每一件事情，进而获取最大人才效益的目标。

(4) 判断领导者能力和水平的一个重要标准，就是能否让自己从琐碎的工作中解放出来，集中精力去抓组织发展的关键问题。为实现这一目标，领导者需要充分尊重下属的权限，适时隐于下属身后，让下属真正承担起责任，培养其独当一面的思维意识，促使其发挥最高水准。在很多情况下，给予下属的独立空间越大，他们就越有可能发挥出最高水准。

五、案例思考题

1. 假如你是林肯总统，你将如何协调与格兰特将军的关系？
2. 对于能力、性格不同的下属，作为领导者应怎样有效授权？
3. 通过案例简要概述如何通过有效授权，实现领导者与下属的共赢。

案例二

出师未捷身先死，身后蜀国无大将

一、案例导读

三国时期的诸葛亮在历史上的地位很高，他是“鞠躬尽瘁，死而后已”的忠臣典范，为蜀汉政权的建立和延续立下了汗马功劳。但是他的一生，悲剧色彩却非常浓重。在他的身上，发生了两大悲剧。这两大悲剧，一是导致自己过早劳累而死，二是客观上造成整个蜀国人才队伍的匮乏。那么，这两大悲剧是如何在诸葛亮的领导行为中体现的呢？

二、案例正文

六出祁山时，由于魏国主将司马懿闭门不战，诸葛亮派使者前往魏营，希望司马懿能出营决战。司马懿不但不为所动，而且设宴款待使者。在宴席上，司马懿特意询问蜀国派来的使臣：“诸葛丞相寝食及事务之繁简如何？”使者并不清楚司马懿的意思，便据实回答说：“我家丞相每日早晨不到四更天就起来处理政务，一直到晚上二更才能基本结束，每日所食粮米不过数升。至于军务，军中处罚二十军杖以上的事务均由丞相亲自处理。”

按照时长进行折算，一更天的时长是两个小时，也就是说诸葛亮每天的睡眠时间不足四个小时，而且天天都是这样。这对于年过半百的人而言，负担实在有些过于沉重。司马懿明显看出了这一点，他听完使者的回答后，略带深沉地对诸将说：“孔明食少事烦，岂能久乎？”果不其然，诸葛亮不久便病逝于五丈原，年仅五十四岁。

诸葛亮在《三国演义》中是智慧的化身，他善于处理政务，能够将偌大一个国家治理得井井有条，但令人感慨的是，他事无巨细，大包大揽，军中所有的事务全由他一人处理，这既是他“鞠躬尽瘁，死而后已”的行动印证，从某种程度上来说，也是他不善授权的结果。样样事务亲自操劳，亲力亲为，连最底层的士兵受处分，他都要亲自过问。可以说，从国家政务到军事指挥，又到外交，全由诸葛亮一人主持。这严重消耗了他的精力，导致他劳累过度，积劳成疾，最终遗憾病逝。

诸葛亮不善授权，用人不当有两个典型的例子。

第一个例子，不用魏延之计，浪费了机会。魏延作为蜀军大将，每次随军北伐，都请求诸葛亮让他统一支兵马，另走一路攻打关中，最后与诸葛亮会师于潼关，如同前汉将领韩信的例子，但诸葛亮认为分兵之策有些冒险，还是步步为营较为稳妥，因此一直不答应魏延的请求，而且每次北伐都出祁山，对魏国构不成“暗度陈仓”这种奇袭的威胁。在蜀国第一次北伐时，魏国长安守将夏侯楙怯而无谋。魏延在出师时曾提出建议，希望自己领兵五千，由子午谷直取长安，魏延认为夏侯楙一定会弃城逃走。蜀军若不战而取长安，随后与祁山而来的诸葛亮大军会合，便可趁势一同进攻洛阳，但诸葛亮认为此计甚险而没有采纳。事后证明，夏侯楙确实无能无谋，连连失利。诸葛亮浪费了一次奇袭的绝佳机会。后来魏国主将换成司马懿，诸葛亮便再也没有找到更好的机会了。作为蜀国军中大将，魏延虽有能力，但一直只能跟随诸葛亮在帐前效力，没能取得独当一面的机会。

诸葛亮不用魏延是出于保险，那过分任用马谡则是一大策略失误。刘备在时，便告诫诸葛亮：“马谡言过其实，万不可大用。”但诸葛亮在守卫重要战略据点街亭的人选上，却坚持让马谡担当重任。尽管在马谡出发之前，诸葛亮曾再三嘱咐马谡：“街亭虽小却关系重大。它是通往汉中的咽喉。如果街亭失守，则我军必败。”诸葛亮具体指示马谡，让他靠山近水安营扎寨，谨慎小心，不得有误。但马谡达到街亭时，却不按诸葛亮的指令部署兵力，反而自作主张地把大军部署在远离水源的街亭山上。副将王平曾提出质疑，马谡却丝毫不为所动，一意孤行。魏明帝派名将张郃前往攻打街亭。张郃进军街亭，立即挥兵切断水源和粮道，将蜀军围困于山上，然后纵火烧山。蜀军饥渴难忍，军心涣散，不战自乱。街亭失守，迫使诸葛亮退回汉中。这次失利，不但使第一次北伐以失败告终，而且损失了马谡这个重要人才。

在授权和用人这个方面，刘备比诸葛亮更有智慧，也更有水平。刘备不仅会招揽人才，更会使用人才。他非常敢于授权，而且也善于授权。刘备在得到诸葛亮后如鱼得水，这如鱼得水的背后，就是刘备主动隐于幕后，让诸葛亮尽情施展才华。不仅对诸葛亮，刘备对其他将领也是一样大胆授权，充分任用。支撑蜀国不倒的根基，几乎全在刘备生前聚拢、培养和选拔出来的。相比于刘备，在诸葛亮执掌蜀国大权后，却表现得不善授权。不善授权的结果，便是无法更好地发现人才、培养人才和提拔人才。

“出师未捷身先死”是第一大悲剧，“身后蜀国无大将”则是第二大悲剧。有一句很有名的话叫：蜀国无大将，廖化做先锋。姜维算是一个出色的继承人，但还是诸葛亮从魏国阵营里挖来的。蜀国政权内部人才出现断档，不久后便被魏国灭亡，成为三国之中最先灭亡的国家。其实并非蜀国没有人才，而是由于以诸葛亮为首的实权派没能有效授权，平衡授权，导致蜀地人才一致反感，不愿再为蜀汉效命。

谯周极力劝说刘禅投降，便是一件非常典型的事件。

当时蜀国处在亡国边缘，刘禅召集臣子商议对策，有人建议投奔东吴，有人建议投奔南方夷人。但谯周力排众议，他认为，东奔吴国并不可行，因为魏国势大，蜀国不能抵挡，吴国一样不能抵挡，投奔吴国是称臣，投降魏国也是称臣，与其向小国称臣，不如向大国称臣，以免等吴国被灭后再受亡国之耻。至于南下，更不可行，南方蛮夷本不可信，如今亡国投奔风险很大，再说大敌逼近，人心离散，恐怕也无多少蜀人愿意南行。说完这些意见，谯周给出了所谓最明智的出路：趁还没势衰力竭的时候赶紧投降魏国，到时尚可以得到优待。刘禅犹豫投降后是否会受礼遇，谯周便拍着胸脯向刘禅保证："如果魏主不礼遇于您，那我愿亲自驾车前往洛阳，用古代典礼制度为您据理力争。"

刘禅最终放弃抵抗，投降邓艾。其实谯周的主张代表了益州本土士族集团的普遍情绪。他们早已对蜀汉政权失去了希望，认为这一外来政权，给他们带来的只是灾难，从未给过任何好处。蜀国本土精英阶层们自刘备入蜀、诸葛亮主政后一直没有受到重用，他们没有得到过大的职权，因此内心对蜀汉政权极为不满。其实由于诸葛亮过度集权，不善授权，就连蜀主刘禅都没得到更多机会锻炼能力。刘禅在政治上的昏聩无用，从一定程度上也算是诸葛亮的失误。出师未捷身先死，身后蜀国无大将，这两大不善授权造成的失误，构成了诸葛亮一生的悲剧。

三、案例分析

诸葛亮作为三国时期具有很高知名度的代表性人物，他是智慧的化身，但从领导学的领域去衡量，他却算不上一个成功的领导者。从某种程度上说，是他自己造成了"出师未捷身先死"的悲剧人生。这种悲剧人生的根源，在于诸葛亮不善授权，不愿授权，不但导致自己过早逝世，而且造成了蜀国人才资源的匮乏，难以为继。

（1）事必躬亲，抓大不放小。诸葛亮生性谨慎，又不善授权，凡事亲力亲为，连最底层的士兵受处分都亲自过问。他从上到下"一把抓"，无论是军事、外交等国家大事，还是具体的行政事务，全由诸葛亮一人主持。对于当代领导者而言，诸葛亮的做法是不可取的，先不说效率和质量，领导者能否有充足精力去处理事务都很难说。这种现代领导学中并不认同的做法，会大量消耗领导者的精力。诸葛亮晚年过度劳累乃至病逝，很大程度上源自这个因素。

（2）权力过度集中，造成领导专断，带来决策失误。权力过度集中，极易造成领导专断。领导专断的后果，便是可能出现决策失误带来严重损失的局面。作为智慧化身的诸葛亮，也会出现战略失误。他不听刘备的建议，执意重用马谡，导致街亭失守。魏延的例子则证明，诸葛亮缺乏一定的冒险精神，他不敢冒险授权。诸葛亮不愿分兵，其实是不愿授权。他六出祁山，但每次都无功而返。北伐中原并非一定要兵出祁山，但由祁山北上最为保险。不敢冒险的诸葛亮一次次受阻，直至病逝于五丈原。蜀国的失败，领导决策失误是重要因素，但诸葛亮无法有效授权，才是问题出现的症结所在。

(3) 授权不当，不重视下属能力的培养。马谡虽跟随诸葛亮多年，但一直扮演着"秘书兼参谋"的角色，他精于战略却不擅长用兵，诸葛亮却授权不当，没在平时给予马谡实战训练的机会，却直接把他放在主将的位置上，最终导致街亭失守，马谡战败被斩于军中，可谓两败。正是由于诸葛亮片面大包大揽，没能给蜀国留下充足的人才储备，直接导致后期人才严重不足，同时造成蜀地人才们集体不合作，最终使蜀汉政权成为三国中最先灭亡的政权。

(4) 授权不公，下属的积极性和归属感较低，对组织目标失去认同感。在蜀国内部，由于分权不公，晋升渠道不畅通，大多数处于绝对关键的位置都被刘备带来的人马所占据。诸葛亮主政后，蜀地本土官员一直没有受到重用，他们没有得到过多的职权，这让很多人心怀怨恨，一心想着投降魏国。他们对蜀国毫无归属感，在蜀国危在旦夕之时，自然无人有积极性去保卫国家。诸葛亮没能让授权的价值体现出来，因此无法实现执行力的最大化和最大限度的组织认同。

四、案例拓展

现代社会，领导工作千头万绪，如果领导事无巨细事必躬亲，即使领导有三头六臂，也会应接不暇，难免事与愿违。所以领导必须学会正确授权、有效授权，努力提升员工的归属感，努力从眉毛胡子一把抓的状态转变为抓大放小、科学管理的状态。

(1) 领导者应坚持"大权紧抓不放，小权及时分散"的原则，力求从琐碎的事务中解脱出来，专门处理重大问题。身为组织领导者，应该把精力集中于组织的决策大事上，保证组织沿着正确的方向前进。一个庞大的组织内部事务纷繁复杂，面对这种情况，如果领导者事无巨细都亲自处理，那只会白白浪费自己的时间和精力，有时可能还会耽误大事。很多情况下，领导者只需对那些全面性、关键性或突发性问题亲自处理，具体事务和琐碎事务则完全可以授予各相关部门和人员去处理。

（2）正确授权有利于避免领导专断，降低错误决策的风险，减少错误决策造成的损失。权力过度集中，极易造成领导专断。领导专断的后果，便是可能出现决策失误带来严重损失的局面。领导者是决策的主体，决策的正确与否直接影响着组织的发展。领导者若是一意孤行授权给不适合的下属，既会造成决策失误，也不利于凝聚众心，因为领导者授权失误，影响的不仅是自己的声望，还会影响下属工作的积极性，有能力胜任者无法上位，无能力上位者失误连连，从而导致下属产生不利的情绪。

（3）授权和用人是相辅相成的两个方面，人才的有效任用需要领导者有效授权才能实现。领导者授权和用人，是一个过程中不可割裂的两个环节，从一定程度上说，授权即用人。想要用好人才，要求领导者既要当好领导，又要当好教练，不断提升下属能力。因此领导者应通过公开、公平、公正的晋升渠道给下属提供更多施展才华的机会。只有全员工作能力不断提升，授权的成效才能有效发挥。当好教练，有效授权，真正把人才用到合适的位置，用人的成效就能逐渐显露出来。

（4）通过授权，不断提升下属的积极性和组织归属感，实现全员最大限度的组织认同。高效率的团队不仅能让每一个团队成员发挥出最大的潜力，全身心投入到工作之中，而且能够让下属对领导者的领导心悦诚服，相应地提升积极性和组织归属感。为此，要从满足下属需要的物质、精神、职位晋升等各个环节进行授权激励，并建立起高效的沟通机制，从而消除隔阂和误解，统一思想观念，使团队目标得到最大程度的认同。

五、案例思考题

1. 简要分析诸葛亮不善授权有哪些表现？
2. 假如你在诸葛亮身边，你将采取什么办法给诸葛亮有效授权提供建议？
3. 从诸葛亮的案例中，你能得出哪些对当代领导者有效授权的借鉴？

案例三

授而不控——胡雪岩商业帝国晚年的败笔

一、案例导读

胡雪岩，中国近代著名红顶商人，政治家，徽商代表人物。胡雪岩凭借着卓越的商业才华和远大的商业目光，最终成为晚清一代商业巨擘。胡雪岩依靠筹办私人钱庄起步，后来在全国各地设立了“阜康”钱庄分号，一步步走向巅峰，建立了属于自己的商业帝国。那么胡雪岩商业帝国晚年的败笔到底是什么呢？又为何会因此导致商业帝国崩坍呢？

二、案例正文

胡雪岩的用人和授权，最著名的就是他在杭州创立“胡庆余堂”的过程中对药堂掌柜的选择上。胡雪岩创办胡庆余堂的初衷，就是在于活命救人，而非纯粹赢利。药堂不同于其他商业堂铺，药堂的掌柜必须心怀仁慈，以济世救人为目的。为此，胡雪岩对药堂掌柜的人选非常慎重，他寻找的是重视药堂药品质量的人。因此，胡雪岩决定在杭州挂出“胡庆余堂雪记国药号”的招牌之后，曾在全国各地广泛征选药堂掌柜。一时间应征者蜂拥而至，他们就如何扩大经营和提高利润等问题侃侃而谈，有些人还提出了诸多切实可行的方案措施，甚至有人立下承诺，保证在两年内为胡雪岩赚回创办药堂的几十万两银子投资。这样只为赢利的人怎么能胜任这一职位？胡雪岩对这些应征者婉言相拒，一个都没有考虑。

有一次，胡雪岩听说了江苏松江余天成药号的总管兼股东余修初，很多人称赞他极富责任心，一心想在药店行业干出一番事业，最大的问题在于他缺乏资金支持，一时难以实现目标。胡雪岩敏锐地发现，余修初正是自己苦苦寻觅的人才。他亲自前往松江向余修初请教药堂的经营问题，余修初对他说：“想要保证药品的质量，必须要不惜成本，建立属于自己的药厂、药号、药行和药市，形成一整套药业体系，从而不受外界药行的影响和制约。”

这番言论与胡雪岩的想法不谋而合，胡雪岩大喜过望，他当即拍板，把余修初请了过来，直接拜余修初担任胡庆余堂的掌柜。胡雪岩对余修初坦言：“我建此药堂，本意在治病救人，先生如今担此职务，希望您能时刻牢记我的初衷，把我的心愿实现。”胡雪岩当即与余修初相互约定，药店以救命活人为根本，以店养店，不以营利为目的。余修初就此担任了胡庆余堂第一任掌柜。由于余修初精通药理又心地淳厚，胡庆余堂逐渐创造出“江南药王”的金字招牌。

在选用人才和授权方面，胡雪岩在很长一段时间内从未放松过标准和要求。用人必须要用靠得住的人，做事必须堂堂正正。在胡雪岩看来，人才必须是既能掌控局面，又能心怀正道，不钻营取巧。同时，胡雪岩也会对人才进行有效监管，既给予足够的自主权，但在重大事务上又保留着最终决定权。但是到了晚年，由于个人精力有限，加之事务逐渐庞杂，胡雪岩终于用了靠不住的人，最终给整个商业帝国造成难以估量的损失。这个靠不住的人，就是胡雪岩任用的上海阜康钱庄最后一任掌柜宓本常。

宓本常精通钱庄业务，办事效率极高，由此逐渐崭露头角，被胡雪岩提拔为阜康钱庄的掌柜。胡雪岩的失误之处在于并未对宓本常的动机、个人品质进行充分了解，也没有采取行之有效的监督办法，只是简单地把上海阜康钱庄的所有管理权交给了宓本常。

宓本常动机险恶，他利用职务之便在上海另开一家钱庄，把阜康钱庄的钱私下挪入自家钱庄，以此充当做生意的本钱。对于宓本常的恶劣行径，曾有人提醒胡雪岩将各地钱庄掌柜进行调换，以便彻底清查各钱庄实际账目情况，但由于胡雪岩对宓本常缺少必要的信息，又未对阜康钱庄的管理权进行掌控，监控力度很低，因此最终并未调换各地钱庄的掌柜。

虽然很多人对胡雪岩痛斥宓本常的种种恶劣行径，但晚年的胡雪岩精力有限，他还是没有对宓本常有任何动作，甚至没有太多监督。躲过大难的宓本常索性一不做二不休，他利用自己在阜康钱庄的掌柜身份，大肆挪用阜康钱庄公款和他表弟做生意，金额高达数十万两，给阜康钱庄留下了巨额的亏空。

此后，胡雪岩下大力气与洋人洋商竞争，但随着洋人的经济势力逐渐侵入，胡雪岩感到难以与之抗衡。当胡雪岩深感与洋人竞争而囤积的大批蚕茧积压过重，资金周转艰难，随时都有可能出现危机时，他听从古应春的建议，准备购买新式缫丝厂来消耗蚕茧，降低囤积风险。古应春不负所托，尽快找到了一家合适转让的缫丝厂，转让金额 8 万两。

胡雪岩准备向宓本常提款购买，但宓本常却翻脸不认人，丝毫不讲情面。他一方面嫉妒古应春受到重用，另一方面这 8 万两白银会直接影响到自己私下做的贸易。为了掩盖自己在阜康钱庄的亏空，宓本常断然拒绝放款，这直接导致购买缫丝厂没有成行。后来阜康钱庄爆发大规模的挤兑风潮，亏空的阜康钱庄无法给商户按时兑现。宓本常见大势已去，立即携带 1 万两白银外逃，阜康钱庄最终在一片混乱中破产倒闭。

阜康钱庄倒闭后，胡雪岩无力回天，面对洋人以及同行们的倾轧，胡雪岩既无法扭转各大钱庄和商铺亏损的局面，也无法在与同行竞争中居于优势。随着各地钱庄商铺的倒闭关张，胡雪岩耗尽一生心血构建的整个商业帝国也在萧条中土崩瓦解。

胡雪岩凄然身退后，每逢听到别人谈及宓本常，他总是止不住心中的怒火，满怀愤慨地怒斥道："别提此人，别提此人，这种狼心狗肺的贼子，一提起来我就想往他脸上吐口水！"话虽如此，但错用宓本常而不加管控，却是胡雪岩晚年授权失误的最大败笔。连胡雪岩身边的亲人都对这些事看得非常明白："近年来用的人大不如前了，不是没什么本事就是离心太重，这样怎么好成事呢！"胡雪岩授权不当，导致宓本常变本加厉，尾不大掉。宓本常对胡雪岩的影响，不仅表现在让胡雪岩的上海阜康钱庄全面亏损，更严重的是，在关键的困难时刻处处从中阻拦，落井下石，最终严重影响了胡雪岩商业帝国的命运。

三、案例分析

授权是一门艺术，优秀的领导者既懂得授权，也懂得控权，授权后并不是一概不问，放任自流，而是需要持续进行管控和监督。领导授权，关键在于授权之人是否靠得住，如果靠不住，就要及时采取措施妥善处理，这是识人和用人的一个基本原则。红顶商人胡雪岩在这一点上有着深刻的教训和经验。

（1）没有处理好信任与监控之间的平衡，过分放任下属自行其是。胡雪岩有自己的择才标准，他在挑选掌柜时一贯任用靠得住的人，在任用江苏松江余天成药号的总管兼股东余修初时恰恰体现了这一点。但是对于胡雪岩而言，与其说他晚年时误用宓本常，倒不如说是他没有处理好信任与监控之间的平衡。胡雪岩盲目授权给宓本常，让宓本常滋生出为所欲为的意识和行动，最终导致一发不可收拾，而且也没有对其进行适当的监控。倘若胡雪岩听从他人意见，进行钱庄各掌柜的调换，宓本常也就没机会一步步祸害胡雪岩的商业帝国。

（2）没有使下属明确权责，权责不一致。权、责、利是相辅相成，不可分割的。权、责、利的统一表现在保证下属在其位、谋其政、行其权、尽其责、得其利、获其荣、惩其误等各个层面。胡雪岩误用宓本常的背后，就是对挑选并授权的对象没能使权、责、利相统一，造成对其权力上的约束力越来越小，甚至在后期宓本常恣意妄为。虽然有人已经指出宓本常的奸猾行径，但晚年的胡雪岩还是对宓本常没有任何动作，甚至没有太多监督。以宓本常为典型的这类心怀异志的下属便会投机取巧，逐渐把权力完全攫取到自己手中，致使胡雪岩彻底无法控制局面。

（3）过度授权。作为被授权的典型代表，宓本常得到了过度的权力。胡雪岩把上海阜康钱庄的生意完全授予给宓本常是出于以往的惯例。以往挑选的掌柜都能做到忠心耿耿,但按照授权原则,即便之前再多人对你忠诚,也不能把权力集中交给一个人,让宓本常这种心怀不轨的下属掌握过重的权力。数次躲过查处的宓本常索性一不做二不休,大肆挪用阜康钱庄公款,把数十万两私下挪入自家钱庄,以此充当做生意的本钱,导致阜康钱庄留下了巨额的亏空和极大的隐患,白白给胡雪岩带来负面的作用和影响。

(4) 缺乏有效的回馈和控制系统。胡雪岩在早期能够建立起这种有效的回馈和控制系统,并坚持回馈与控制的平衡,坚持对各行当掌柜进行及时的监控,保证他们按时定期汇报工作状况,及时委派人员定期检查,密切关注下属的工作动向、状况和信息,及时地发现问题。但在晚年,由于胡雪岩对宓本常缺少必要的信息,又未对阜康钱庄的管理权进行掌控,监控力度很低,并且最终并未调换各地钱庄的掌柜,这才没能及时处理宓本常这种商业巨蠹。

(5) 没能有效地防止权力失控、失衡,丧失了对全局的绝对控制权。胡雪岩没能及时发现并调整宓本常的权力,而是对宓本常过度宽容,甚至忽略其可能引发的问题和威胁。被权力浸染的宓本常野心逐渐膨胀,甚至在后来阜康钱庄爆发大规模的挤兑风潮时,立即携带 1 万两白银外逃,阜康钱庄在一片混乱中破产倒闭,深深祸害了胡雪岩。胡雪岩的晚年,没能有效地防止权力失控、失衡,丧失了对全局的绝对控制权,对其商业帝国的崩塌产生了关键性的影响。

四、案例拓展

领导者既要懂得授权,也要懂得控权,在授权时使下属明确权责,并正确把握授权的度以及对全局的控制权,构建有效的回馈和控制系统,只有这样才可以保证授权的合理性、有效性和科学性,从而真正做到权力的收放自如,使领导者始终处于不败的地位。

(1) 既要懂得授权,也要懂得控权。授权之后需及时监督,不能过分放任下属自行其是。领导者不能盲目信任下属,需要在既有的工作流程和制度下,进行有效的指挥和控制。盲目信任不可靠下属的后果,甚至可能导致致命的失误。领导者对于下属的控权,是授权过程的后续环节,也是不可或缺的环节。在授权范围内的工作被授权的下属可以独立处理。但独立处理不代表不闻不问,在授权的同时,领导者还必须进行监督,才能让授权发挥出更好的作用。

(2) 授权要坚持责、权、利相统一的原则。授权的前提是明确下属的职责和权限。若是职责不清,各司其事,只会发生摩擦或是相互扯皮,不利于领导者加强对下属的领导,也不利于工作效率的提升。所以,授权者必须向被授权者明确授权事项的目标和范围，明确被授权者的权力和相应承担的义务和责任，并让下属清楚，权力和责任是互为一体、不可分割的，本身拥有多大的权力就要承担多大的责任，不可能只享受职务带来的便利而不承担任何失职的责任。

(3) 坚持授权有度的原则。授权有度是指领导者授什么权、授多大权必须有一定限度，超出这一限度便是过度授权。过度授权会导致所授之权或者无效，或者达不到授权的目的，或者会导致下属利用权力，尾大不掉，这对于组织的发展极为不利，甚至严重威胁领导者的地位，影响领导权的充分使用。坚持授权有度，要求领导者必须根据下属的职权范围和下属的品质与能力授权，否则必然导致权力关系混乱甚至下属权力过盛的局面。

(4) 构建有效的回馈和控制系统是有效授权的要领之一。整个授权的过程中，在形成授权方案时，还应该包括一个有关授权的回馈系统。对于授予下属的权力，大多会建立严格有效的报告制度，接受权力的下属必须按制度定期向领导者汇报工作进展情况。这个系统能使得向下授权的领导者虽然不是亲自处理交派出去的工作，还依然能随时掌握有关工作的信息，并能对预见的问题提出改进意见和有效指导，从而有助于领导者掌控全局，及时调整。

(5) 坚持把握对全局的控制权，防止权力的失控、失衡。要想把握好对下属的控制权，首先要选准下属，用人得当才能充分授权，除此之外还要依据下属的具体行为相应对权力进行调整。当发现下属素质差，经常不经请示越权行事，或发现下属已背离工作目标、原则，给工作和组织带来损失时，要对原本授予的权力进行相应调整，把不符合要求的下属调离，从而真正做到权力的收放自如，使领导者始终处于不败的地位。

五、案例思考题

1. 假如你是胡雪岩，当发现宓本常的出格行为时，你将如何对其进行处理？
2. 简要阐述领导者有效授权应当坚持哪些原则。
3. 结合本案例，你能否尝试建立一套完整的授权回馈和监控体系？

案例四

比尔·福特的"新百年发展大计"

一、案例导读

美国福特汽车公司以生产质优价廉的轿车名扬四海，素有"汽车王国"的美誉。在20世纪初期，福特公司如日中天，有过一段十分辉煌的发展历程，但在20世纪后期，福特公司却被美国另一家汽车大亨通用汽车公司取代而屈居第二。1980年，拒绝改变的福特二世被迫将公司的经营权转交给了菲利普·卡德威尔，宣告"77年的福特王朝的结束"。那么进入新世纪后，福特公司将何去何从？如何实现公司的复兴？

二、案例正文

福特公司进入新世纪后，从卡德威尔手中接下重担的比尔·福特，成为福特公司第四代掌门人，他发誓要让曾祖父一手创立的企业重新恢复活力。在2001年最初接任的半年时间里，比尔·福特坦言自己不知道该从哪里开始，每天都是乱糟糟的局面，但他很快适应了角色，并制订了福特公司"新百年发展大计"。

对于比尔·福特来说，"新百年发展大计"中最核心的要素，正是借鉴了曾祖父、祖父两代福特掌门人曾带领公司取得的辉煌与之后的衰落，这种过山车式的发展状况只源于一个词语——授权。

授权 or 独裁？效果立竿见影。

福特汽车公司的创始人亨利·福特，是位有理想有远见的企业家，以"制造人人都能买得起的汽车"为目标。亨利·福特先后于1989年和1901年集资创办了两个汽车公司，但福特的性格过于强势，喜欢独断专行，从不信任别人。福特牢牢把控着大权，集各项重要权力于一身，最终导致与合伙人关系破裂，而使公司走向失败。两次失败的经历让福特下定决心改变现状，他在1903年第三次办起了福特汽车公司，更关键的是，他聘请了当时大名鼎鼎的汽车专家詹姆斯·库兹恩斯出任公司总经理，放手让库兹恩斯对公司进行管理和改造。

库兹恩斯不负所望，上任伊始便采取了一系列措施。他勇于进取和创新，敢于突破现状，加之有福特的信任和授权，库兹恩斯得以充分施展自己的才华。1906～1908年，福特公司先后推出了"N"型和"T"型两种物美价廉的福特牌汽车，一时间风靡全球。亨利·福特由此成为闻名世界的"汽车大王"。

福特起用37岁的年轻建筑师阿尔巴顿·康，给予年轻人广阔的平台。在阿尔巴顿·康的大胆设计下，福特拥有了别克汽车新工厂，并在康的提议下，成功创造出了福特公司全新的造车秘诀。

正是由于福特的充分信任，大胆任用并不加干涉，才实现了福特公司发展史上第一次大的飞跃。但尝到胜利滋味后的福特很快忘记了企业成功的秘诀，也忘了当年创办公司的惨痛教训。他认为库兹恩斯的职权过重，又忍受不了库兹恩斯多次自行其是。在福特公司飞速发展的黄金时期，福特出人意料地突然宣布辞退库兹恩斯，把总经理的职权揽于已手，从而实现真正意义上的个人独裁。而个人独裁、大权独揽的结果，就是使原本蒸蒸日上的企业连续十几年持续下滑，到1945年，福特公司每月亏损多达900万美元，几乎濒临破产的边缘。

1947年亨利·福特病逝。他的接任者福特二世通过一次彻底的改革，挽救了福特公司。改革其实说起来很简单，正如当年老福特授权库兹恩斯一样，福特二世请来了通用汽车公司原副总裁欧内斯特·蒲里奇，全面负责领导福特公司。充分授权的效果立竿见影，蒲里奇刚一到任，便使公司扭亏为盈，第二年取得了6 636.7万美元的净收入。到了1950年，福特公司的利润已经高达2.585 15亿美元。从濒临破产到年纯利润突破2亿，这在当时几乎是一个奇迹。

历史总是惊人的相似。在20世纪50年代后期，被成功冲昏了头脑的福特二世变得越来越独断专行、刚愎自用。1960年，福特二世也像亨利·福特那样逼走了内斯特·蒲里奇，亲自接管了公司的所有大权，再不将管理权力授予下属。

权力欲望得到满足的福特二世，结果和亨利·福特没有多少不同。福特公司的市场占有率一年低于一年，到了1981年，居然跌至16.6%，1980～1982年，公司亏损了30亿美元。1980年，拒绝改变的63岁的福特二世迫于压力，宣布辞去公司董事长职务，公司的经营权转交给了菲利普·卡德威尔。福特公司在新任领导的管理下实行了员工参与管理的措施，再次走上了复苏之路。

百年来福特公司发展的症结，曾祖父和祖父的辉煌和失误，都深深印刻在年轻的比尔·福特心中。为了在新百年重塑福特公司的辉煌，在“新百年发展大计”中，比尔·福特借鉴两代掌门人成功的做法，充分授权、避免独裁专断。为了让新政顺利实施，比尔组建了一支强有力的管理团队，规定团队成员必须协同作战、权责分明。就像老福特和福特二世授权库兹恩斯和蒲里奇一样，比尔着手提拔了为公司兢兢业业工作38载的吉姆·帕迪拉，帕迪拉被比尔任命为福特汽车公司首席运营官兼汽车业务部董事长，授予他充分的公司管理权和执行权，让他放手去执行新政。

对于人才，比尔只看重两点，一是结果，二是团队精神和沟通。他给予了帕迪拉极高的信任和评价："帕迪拉是一个模范，他能够持之以恒地坚持自己的主张。也许有人会说坚持主张并不难，但重要的是，这样做确实富有成效。"

除了尊重帕迪拉的主张，充分给予权限协助帕迪拉实现主张外，比尔还组建了一个包括主席和高级行政人员在内的管理核心办公室，核心成员共有10人之多。比尔规定：办公室成员每周要碰一次头，回顾一周的进展状况。这些成员权责明确，各司其职，几乎很少出现扯皮、互相推诿的情况。同时，关于首席财务官员的选拔，比尔终止了外聘的打算，转而在内部把财政大权授予了丹恩·雷克莱尔。

充分授权的效果立竿见影，比尔组建并授权给自己的团队，使得福特的管理队伍具有超强的工作效率。管理核心办公室被众人描绘成一个"公开的论坛"，每个人都可以畅所欲言，交流自己的主张和想法，比尔则只在最后进行总结发言，并根据众人提出的观点进行分析，最终挑选出适合公司的主张，授权给最适合的人去实现。正如比尔常说的一句话："我要在众所见长之中更见长。"

作为福特的CEO，虽然福特公司发展依然任重道远，但比尔却通过一套极富效果的授权法则为实现"新百年发展大计"赢利计划赢得公司发展的宝贵时间。他通过充分授权，汇聚团队力量而推行的新政——新百年发展大计，必将为21世纪的福特公司带来深远的影响。

三、案例分析

作为美国的汽车巨头，福特汽车公司的发展，算得上一个领导授权的经典案例。福特公司的前两代掌门人都曾推动公司飞速发展，却又因后期专权独裁，使公司的发展陷入谷底。到了新世纪，比尔·福特制订出"新百年发展大计"，为公司发展赢得了宝贵的时间。福特公司的起起伏伏，恰恰印证了一个规律：善于授权则企业兴，不信任下属、大权独揽则企业必然走向衰落。

(1) 大权独揽不利于组织良性发展。福特与福特二世在福特公司取得较大发展后，都选择独断专行、刚愎自用，辞退了各自时代的两大得力干将，从而导致公司在兴盛之后出现较大滑坡。与其说是两人害怕失去对公司的控制权，倒不如说是被成功的喜悦冲昏了头脑，变得过于自负。他们既认为库兹恩斯和蒲里奇职权过重，又忍受不了两人自行其是。而宣布辞退二人实现个人独裁的后果，就是导致企业业绩连续十几年下滑。福特二世之后，公司的经营权转交给了菲利普·卡德威尔，福特公司在新任领导的管理下实行了员工参与管理，再次走上了复苏之路。

(2) 突破授权心理障碍,源自对组织现状的认知和改变。对于第四代掌门人比尔·福特而言,他不是那种只关注短期利益的领导者,他不揽权、不独裁,而是始终如一地关注团队发展,以充分授权进而充实团队力量。究其原因,在于历史上福特公司的内讧和争权,使公司的发展像过山车一般起起落落的现实,使比尔能够认清现状,把握目标,以充分授权、信任下属的领导艺术聚集人才。根据两代福特掌门人的事迹,比尔完全清楚:善于对人才进行授权,才能最终实现“新百年发展大计”。

(3) 领导是上级对下级的权力运用,是权力调控的表现。比尔对于团队人才的领导看重两点:一是结果,二是团队精神和沟通。比尔能够听进下属的不同意见,善于接受建设性的意见。他的这种行政领导方式,在公司形成了良性的授权氛围。作为掌门人,比尔希望下属完成艰巨的工作任务,希望他们充分发挥水平和才能,而从不去全权指挥。在公司论坛上,比尔只在最后进行总结发言,并根据众人提出的观点进行分析,得出最终的决定。如比尔常说的一句话:“我要在众所见长之中更见长。”这是一种极高明且效果显著的领导艺术。

(4) 授权的目的在于打造一支高水平的工作团队。就像老福特和福特二世授权库兹恩斯和蒲里奇一样,比尔通过有效授权,着手提拔了为公司兢兢业业工作 38 载的吉姆·帕迪拉,将其任命为福特汽车公司首席运营官兼汽车业务部董事长,又组建了一个包括主席和高级行政人员在内的管理核心办公室,负责公司的核心事务。对于公司的财政大权,他终止了外聘的打算,转而在内部提拔了丹恩·雷克莱尔。这支高水平的团队,由比尔通过授权一手打造,这支团队,也是支撑比尔实现“新百年发展大计”的人才基础和智库。

四、案例拓展

充分授权,就是充分释放权力的效力,有效调控权力的配置。作为组织领导者,掌握授权的方法固然重要,但保证授权合理、科学、有效的精髓,还是源自领导者对于权力的理解和观念。如果权力欲望过强,力求掌管一切,凡事按照个人意志决定,组织发展必然失去活力,影响整体发展。反之,如果信任下属,善于释放权力的效力,就会对组织发展和成长起到正向作用。

(1) 大权独揽,事事独断专行,力求控制下属的领导者,在管理企业中必然会走向失败。大权独揽的做派,源自内心的权力欲望,以及唯恐大权旁落的担忧。在充分满足领导者的权力欲望时,集体的智慧和积极性很可能会因此大为削减,出色下属的才能得不到充分展现,从而影响整个组织的健康发展。百年福特公司，历经沧桑变化。福特公司的起起伏伏，恰恰印证了一个规律：信任下属，充分授权则企业兴；大权独揽、刚愎自用则企业衰。

（2）领导者要敢于突破授权的心理障碍，学会改变现状，创新思维。对于组织领导者而言，随着年纪的增长，可能会变得更加抗拒改变，特别是为取得突破而进行的改变。思维的僵化，对局面的僵硬把控，只会让企业失去发展的活力。从领导的本质上看，授权是一种权力的调整，因而肯定会带来不断的改变，因为它鼓励人们不停地成长、革新。很多事业成功的领导者拒绝改变，改变现有的状态就是对他们极大的挑战。领导思维模式的僵化，对于组织的发展十分有害。作为一名出色的领导者，必须时刻训练自己来适应改变，为改变创造良好的先决条件。

（3）权力是一种管理力量，有效授权方可释放权力的效力。领导是上级对下级的权力运用，是权力调控的表现。权力的运用是有法度可循的，而不是领导者个人欲望的自我膨胀。一个出色的领导者必须明白自己的工作是管理，而绝非独裁专制。在当代领导学中，领导者不应只关心如何充实自己的权力，如何紧握大权毫不松手，而应关心如何授权给他人，让他人承担更多能够承担的责任，从而真正释放出权力本身所带的效力。

（4）授权是现代领导的分身术，要通过授权提升领导力，打造一支高水平的工作团队。对于领导者和下属而言，授权是"双赢"的事。领导者是通过其所领导的员工的努力而成功的，下属是通过领导者授权获得机会而不断进步的。因此，可以说领导者的基本任务是建立一个高度自觉的、高产出的工作团队，有了这个优质团队，领导者便能实现组织与个人的协同发展，从而提升领导力。建立这种高水平的工作团队，授权是其中的重要一环，对于团队的建设发挥着关键作用，这也是一个互利共赢的过程。因此在领导授权中，应遵循目标职能明确化准则和统一准则，从而保证授权有效持续的开展。

五、案例思考题

1. 通过分析亨利·福特、福特二世和比尔·福特对于授权的认知过程，总结领导授权的障碍有哪些？应该如何应对？

2. 通过比尔·福特授权的实际行动，分析推动组织发展的过程中应如何有效授权？

3. 分析福特公司的百年发展历程的案例，总结有哪些值得当代组织领导者借鉴之处？

案例五

“科尔的小姑娘”——铁娘子默克尔的政治导师

一、案例导读

安格拉·多罗特娅·默克尔，德国总理，12次荣膺美国《福布斯》杂志“全球100名最具权势女性”称号。这位德国政坛的“铁娘子”，在其政治生涯初期，一度被外界称为“科尔的小姑娘”。她的政治导师，帮助她实现在德国政坛“撑杆跳”的贵人，就是德国第六任总理科尔。

二、案例正文

千里马需要伯乐。科尔曾担任德国总理长达16年之久，是两德统一的见证者和促成者。科尔不仅对战后德国的历史产生巨大影响，而且他另一持续至今的政治遗产，就是对“铁娘子”默克尔步入政坛初期的大力提携。科尔为默克尔开启了通往德国政治舞台的大门，是默克尔真正的“贵人”和伯乐。

默克尔直上青云的速度是令人难以置信的，基民盟副主席，联邦妇女和青年部部长，联邦环境、自然保护和反应堆安全部部长，基民盟领袖，直至2005年成功当选为德国第一位女性联邦总理，默克尔的仕途可谓一帆风顺。在其政治生涯初期，正是科尔发现了她卓越的政治才能，并提携她进入政界，从而使得默克尔崭露头角。因此，科尔总是亲切地称呼默克尔为“我的小姑娘”。

“小姑娘”成长为“铁娘子”，是从1990年默克尔两次面见科尔后正式起步。1990年12月，在两德统一后的第一次大选中，默克尔成功获得了斯特拉尔松·吕根·格里门选区的直选席位，成为联邦议员。不久，她又被赫尔穆特·科尔纳入内阁，在德国政坛中崭露头角。

凭借着高超的识人之能，科尔仅仅与默克尔会面两次后，便将其确定为统一后首届内阁的部长人选，帮助默克尔“跃升至德国政坛的领导阶层”。1991～1994年，默克尔出任科尔内阁的妇女和青年部部长。这个部不属于人们一般认为的重要部门，比如外交、内政、财政、司法等部，但当时只有37岁，还是来自东部地区的默克尔就任部长，是人们未曾想到的。

1991年1月，默克尔宣誓就任联邦妇女和青年部部长，成为联邦基民盟党员数月之后，她就在联邦基民盟党内攀上了政治生涯一个高峰，这其实得益于科尔在内阁中加大了对妇女工作的支持力度。科尔解散了原有的青年、家庭、妇女和卫生部，重新将权力洗牌，成立了三个部：联邦卫生部由哈瑟费尔德领导、家庭与老年部由瑞施领导、妇女和青年部则由联邦德国历史上最年轻的女政治家默克尔担当。

由于来自东部地区这一出身背景，使默克尔为了得到内阁成员的承认和支持，需要付出更多的努力，她也在此时被称为“波恩政治鲨鱼池”里科尔的小姑娘。当时德国几家主流媒体如《斯图加特日报》《法兰克福汇报》对她非常不看好，《法兰克福汇报》甚至批评她毫无部长的举止和风范，有人认为默克尔青云直上成为一部之长，这全是科尔对她的恩赐。

科尔的鼎力提拔对默克尔而言是一种幸运的烦恼，她的政治发展实在受益于科尔的特殊保护和宠爱。为此，默克尔曾对人说：“如果一个人总被看作是另一个人派生出来的身影，真够让人伤脑筋的。我必须从开始就为自己成为一个独立的人而斗争，不是让科尔，而是让其他人这样看待我。从一开始起，整个舆论场就干扰着我，当时各个职位已经被占满，尽管很不合理，但要权衡的因素很多，如女性比例、基民盟内的左派、被科尔直接左右的人等等。我很想做些事情，但在我所处的位置上很难马上动手。对我来说，这在一定程度上是一种保护，但一想到这些不合理的安排就让我不舒服。”

默克尔的话中之意很明显，她希望能像所有新上任的部长一样，拥有本部门实质性的职能和权力。除了想在政治上有所作为之外，她的个人意愿正是有朝一日能从科尔这位政治导师的影子里彻底走出来。她无疑非常敬重科尔，有时还刻意效仿科尔的政治风格和领导艺术。在默克尔政治生涯开始时，许多人低估了她克服困难的毅力，而正是这一特性有助于她日后的发展。

对于默克尔的培养和授权，科尔心里具有鲜明的方向性和目的性。科尔刚一开始故意没有赋予默克尔太多的职权，目的是让她为承担更重要的任务做准备。他把默克尔从事的部长工作视为在艰苦的政治管理领域中进行严谨的学习。至今默克尔都未曾改变最初的看法：“我认为这项工作为我提供了一个绝佳的机会，帮助我尽快进入工作角色，了解整个机构运转，而不用在重重困难中为某事承担过大的压力和风险。”

部长工作主要是严谨学习，而针对外交出访的工作，科尔则有意识地让默克尔在国际政坛崭露头角。1991 年 9 月，默克尔跟随科尔出访美国。科尔一行先去旧金山和洛杉矶拜访美国前总统里根，随后前往华盛顿，科尔向老布什总统介绍了他的年轻女部长。在外界看来，科尔带着默克尔访美有着特殊的象征意义，足以表明他对默克尔的偏宠。

初登外交舞台，默克尔还是显得生疏和不适应，《斯图加特新闻报》报道称：默克尔在四天的访问中显得有些不知所措，但同时也表现出正常的自信。当所到之处无不显示出科尔的高大形象时，波恩人眼里过于腼腆的勃兰登堡州牧师的女儿更想往后站，即使是科尔的妻子哈内罗尔和默克尔的私人助理舍尔根不断轻轻地把她往前排推，也无济于事。因为按照礼宾排列，她是德国代表团政治上的第二号人物。

在科尔和默克尔这对政治师徒的政治生涯中，有效授权的作用是显著的，有利的环境造就了默克尔，使得她一开始便站在“巨人”的肩膀上睥睨大地。经过妇女和青年部部长这段宝贵的政治锻炼后，科尔进一步认识到默克尔的政治才华，并针对事务的性质和实际情况，有效地对默克尔进行授权。当然，成长起来的默克尔并不能事事与科尔保持一致，在分歧面前，科尔能够听取默克尔的意见和建议，给予她充分的权力而非干预，让她独立完成职责范围内的各项工作。作为默克尔的扶持者、偶像和政治导师，默克尔的政治道路潜移默化地受到科尔的影响，并向导师学到了争取权力的顽强意志，甚至在讲话艺术、与下属相处等方面，默克尔都在一定程度上与科尔有相似的部分。

默克尔的政治生涯取得巨大成功，离不开科尔的提携，特别是默克尔政治生涯起步阶段的大力培养和有效授权，为她日后步步晋升打下了坚实的基础。2010 年 4 月，科尔八十大寿时，默克尔在给其导师的祝福信中写道：“感谢您为德国统一做出的巨大贡献；对我个人而言，感谢您让我遇见了更多的可能性和机会。”

科尔帮助德国实现统一和欧洲联合两大历史功绩，并改变了默克尔的人生轨迹。在科尔去世后，默克尔发表讲话深情悼念恩师。她称赞科尔道：“一位伟大的德国人、伟大的欧洲人离开了。赫尔穆特·科尔为统一的德国、团结的欧洲做出了巨大的贡献，我深深地感谢他为我们的付出。”特别是讲话中那句“没有他便没有我的一切成就”，足以看出“铁娘子”对恩师的感激和尊重之情。

三、案例分析

默克尔作为德国历史上著名的总理和领袖，她对德国做出的贡献是有目共睹的。在默克尔的政治生涯初期，她拥有伯乐的赏识和提携，更是在伯乐的有效授权下锻炼出简约、实干和坚忍不拔的作风，为日后的政治发展奠定了坚实的基础。“政治导师”科尔对“铁娘子”默克尔的扶持和培养，足以成为领导授权的一个经典案例。

(1) 挑选合适的人才是有效授权的基础。科尔能够慧眼识才，仅仅与默克尔会面两次后，便将其确定为统一后首届内阁的部长人选，为她在政治生涯起步阶段搭建了良好的平台，这既表明默克尔拥有超乎常人的政治才华，更源自科尔对默克尔的信任和了解。科尔很清楚默克尔的优势和长处，在政府中适合担任何种角色，最适合接受何种工作。如果科尔不能清楚地了解默克尔的才华，那么在授权中就做不到适才适用，不能将她放在合适的职位，就会大大降低默克尔的成长速度。从默克尔后期的政治生涯发展来看，科尔的授权无疑是领导学中一个非常典型而成功的案例。

（2）授权既要因人而异，也要因事而异。科尔在默克尔政治生涯初期，将其任命为联邦妇女和青年部部长。一方面科尔有意加强内阁对妇女工作的支持力度；另一方面，考虑到妇女工作的具体发展情况，科尔刚一开始并没有赋予默克尔的部门太多职权。部长工作主要是严谨的学习，而外交出访的工作，科尔则有意识地让默克尔在国际政坛崭露头角。对于默克尔这一政治新星，既需要让她为日后承担更重要的任务做准备，也需要通过一些相对“轻松”的事务来锻炼能力、增长经验，以利于人才的健康发展。

（3）正确的授权步骤和方法能够助力人才成长。科尔对默克尔的授权遵循“先易后难”的原则，具有鲜明的方向性和目的性。他把默克尔从事的部长工作视为在艰苦的政治管理领域中进行严谨的学习。经过部长工作的锻炼，默克尔具备了独当一面的能力，科尔才给她更大、更重的权限，给予她充分的权力而非干预，让她独立完成职责范围内的各项工作。这种科学、有效的授权方法使得默克尔自政治生涯初期便迅速站在“巨人”的肩膀上，不断进步和晋升。

（4）授权重在促使人才发挥潜能，而非简单地满足于处理事务。科尔通过有效授权，给予默克尔对本职工作的自主权，使默克尔在权限范围内拥有自主性。在妇女和青年部部长任上，默克尔基本上能够充分地施展权力。当政见或是具体决策出现分歧时，科尔能够听取默克尔的意见和建议，而不会对她全盘否定。这些情况表明，科尔对默克尔的授权，并不是简单让其帮助自己处理事务，或满足于得力部下的积极贡献，而是认为默克尔拥有过人的政治才华，真正想要促使默克尔充分发挥潜能，迅速成长成才。

四、案例拓展

领导授权和人才任用是相辅相成、密不可分的。授权的成效、质量和结果取决于授权的对象，也受具体事务性质、内容的影响。因此，组织领导者为了实现有效授权的目标，必须关注被授权者，关注事务本身的特点，因人而异，具体问题具体分析，掌握正确的授权方法和技巧，在授权的过程中助力人才发展。

（1）选择好被授权者是有效授权的基础环节，授权必须因人而异，不能一刀切。被授权者作为授权的客体，在成功授权的过程中发挥着重要作用。被授权者如果选择失误,可能会出现难以预料的后果。因此,授权之前要正确认识和评价被授权者,必须对被授权者进行仔细的观察和了解,掌握被授权者的人品和能力;在此基础上,通过了解被授权者目前所担负工作的绩效与即将授权的工作关系是否紧密,被授权者最适合接受什么性质的工作等,最终做到人尽其用。

(2) 授权要因事而异,既要做到人尽其才,也要做到以职定人。授权既要因人而异,也要因事而异。领导者不能用一套指标来套用所有的人,同样,领导者也不能用一个人才解决所有的事。换句话说,人的才能都是有限的,是对口的,以事务的性质和实际情况为出发点,才能真正把人才用到合适的位置。如果组织中只有一种类型的人才,面对着纷繁复杂又各不相同的事务,那么这个组织一定无法提高效率,毫无生气可言。因此,授权的过程中要充分衡量事务的轻重缓急,选择合适的人才。

(3) 掌握正确的授权步骤和方法,有助于让整个组织共同分担管理功能的目标。正确的授权步骤和方法,应该考虑如下几点:首先应明确授权范围,摸清下属的能力大小;其次应征询下属的意愿,看下属有没有承担重责大任的意愿;再次应给予充分的信任和大力的支持,并心怀容忍错误的雅量,如果有授权的决心,就必须让下属知道你有容忍错误的雅量,并接受他们尝试失败的风险;最后不应给下属过多的干预和辅导,避免造成下属无法独立完成任务的局面。

(4) 授权的最高目标在于将人才的潜能发挥到最大,领导者的任务便是通过授权推动下属成长。对于人才培养,最重要的便是通过授权委以重任。没有施展才华的舞台和机会,下属就不可能在实践中获得进步。换句话说,领导者通过有效授权,就是在客观上给了下属责任和权限,他就可以在此权限范围内有自主性,以自己的优势和特点从事新的工作。一旦下属尝到了在重要工作中获得成就的满足感时,他就能充分调动自己内在的潜能和干劲,从而逐渐提升进取心和积极性,挑战更高、难度更大的目标和任务。

五、案例思考题

1. 通过分析科尔对默克尔提携和帮助的过程,总结领导者有效授权的方法和原则。

2. 结合本案例,谈一谈组织领导者应该如何根据人才特点和事务具体情况进行有效授权。

3. 根据科尔和默克尔这对政治师徒的关系,想一想作为组织领导者,该如何为有才能的下属搭建发展和成长舞台?

第七章

领导决策

好的决策是需要时间的，它们是深思熟虑的结果，而不是一时的冲动。

——巴菲特

决策是指在两种或两种以上方案中做出选择的过程。从古至今,决策活动一直伴随着人类的生产和生活活动。从人类发展的角度来讲,正是人类历史上大大小小的决策活动以及对决策的执行实践,塑造了我们今天的社会形态。从古希腊的德尔菲神庙,到兰德公司的总部大楼,人类关于决策的探索从未止步。决策技术先后历经了神学决策、经验决策、科学决策三个发展阶段。20 世纪初,以赫伯特·西蒙为代表的决策学家对于决策理论进行了跨越式的总结与发展,理性精神与科学程序介入决策过程,使得科学决策成为当今时代备受推崇的决策方式。

领导与决策是不可分割的两个命题。一方面,决策与计划工作从日常的生产和管理工作中独立出来,为领导学提供了独特的研究对象和研究方向,标志着领导科学的诞生。[①] 另一方面,决策是领导最基本的职能。决策水平的高低决定了领导者领导效能的高低,也决定了领导者个人成就的大小,是领导活动成功与否的关键。甚至可以说,领导就是不断决策的过程。纵观历史可以发现,那些居功至伟的领导者都是英明、敏锐、果断、理性的决策者,在面对复杂的决策环境时,往往能够准确、迅速、睿智地把握关键信息,做出正确的抉择。时至今日,经济社会的高速发展以及劳动分工的进一步深化,使得当今领导者所面临的决策环境变得更加复杂并且伴随高度的不确定性,这对领导者的决策水平提出了更高的要求。虽然决策失误在很多情况下无法避免,但作为新时代的领导者,必须学习领导决策的相关知识,掌握领导决策的原则和方法,力求降低决策失误的风险。

本章甄选了古今中外领导者在决策方面的经典案例,其中既有成功的典型,从中我们能够借鉴经验;也有失败的典型,以使我们不致重蹈覆辙。领导者所面临的决策有千万种,没有哪种“秘诀”可以使其做对每一个决策,但通过学习本章,领导者却可以掌握科学决策的原则、方法、技巧,使领导者在有限理性的情况下尽量避免盲目决策,以及在决策失误时,最大限度地减小损失。

---

① 刘建军.领导学原理:科学与艺术[M].4 版.上海:复旦大学出版社,2013:180.

案例一

倒下的“巨人”

一、案例导读

在工商管理的案例教学课堂上，有一个堪称经典的案例常常被人提起，案例中的主人公，更是由于其失败后东山再起、再续辉煌的人生经历而披上了一层传奇色彩，他就是——史玉柱。史玉柱的创业经历，影响了当时的一代人。他第一次创业失败的事迹，更是牵动了全国人民的心。而这次轰轰烈烈的失败，起因竟是一系列围绕巨人大厦的草率决策。

二、案例正文

1992年，在事业之巅傲然临风的史玉柱决定建造巨人大厦，当时巨人的资产规模已经超过1亿元，流动资金约数百万元。最初的计划是盖38层，大部分自用，并没有搞房地产的设想。这年下半年，一位中央领导人来巨人视察，当他被引到巨人大厦工地参观的时候，四周一顾盼，便兴致十分高昂地对史玉柱说，这座楼的位置很好，为什么不盖得更高一点？就是这句话，让史玉柱改变了主意。于是，巨人大厦的设计从38层升到了54层。

这时候，又一个消息传来，广州想盖全国最高的楼，定在63层。便有人建议史玉柱应该为珠海争光，巨人大厦要盖至64层，夺个全国第一高楼，成为珠海市的标志性建筑。

后来，随着时间的推移，巨人大厦的设计方案被改为了70层。

这就是最后导致史玉柱身败名裂的巨人大厦的投资决策过程。在整个国家都处在激进洪流的时候，是没有人会察觉出这一连串的偶然和随意中所蕴含的风险和不妥的。没有人看见，危机的导火线从此时开始已经在哒哒冒烟了。

在当时，盖一座38层的大厦，大概需要资金2亿元，工期为2年，这对巨人集团来说，并非不能承受之重。可是，盖70层的大厦，预算就陡增到了12亿元，工期延长到6年。这不但在资金上缺口巨大，而且时间一长，便也充满了各种变数。

可是，史玉柱却信心十足。当时巨人的M-6403汉卡在市场上卖得十分火爆，1993年的销量更是比上年增长了300%，每年回款有3 000多万元，如果保持这样的势头，盖楼的资金应该不成问题。史玉柱犯了一个很多青年企业家都容易犯的错误：把预期的利润当成了实际的收益，并以此为基数，来设定自己的规划。

一开始一切都显得是那么的顺风顺水。珠海市为了支持这个为珠海争“全国第一高楼”的标志性建筑，大开绿灯，巨人大厦的每平方米地价从原来的1 600元降至700元，最后再降到350元，几乎成了一个“象征价格”。史玉柱原本打算向银行贷一部分款来启动大厦的动工，可是，他的智囊团却想出了一个当时看来比贷款要好得多的融资办法：卖楼花。巨人大厦是最早在香港市场上出售楼花的大陆楼盘之一。挟着巨人集团的赫赫名声及强有力的推销攻势，巨人大厦的楼花在香港卖得十分火爆，1平方米居然卖了1万多港元，加上在大陆的销售，史玉柱一下子圈进了1.2亿元资金。那时谁也没有想到，也正是这座被视为史玉柱和巨人集团成功丰碑的大厦，最终导致了巨人的突然窒息。

1996年9月，耗尽巨人集团精血的巨人大厦完成地下工程，开始浮出地面。也就在这时，巨人集团的财务危机全面爆发了。在当时，很多知情的人已经看到了巨人集团的危机。可是谁也没有想到，危机会爆发得那么突然和猛烈。

从10月开始，位于珠海市香洲工业区第九厂房的巨人集团总部越来越热闹，一些买了巨人大厦楼花的债权人开始依照当初的合同期限来向巨人集团要房子，可是他们看到的却是一片刚刚露出地表的工程，而且越来越多的迹象表明，巨人集团可能已经失去了继续建造大厦的能力。这一吓人消息一传十、十传百，像台风一样刮到并不太大的珠海市的每一个角落。那些用辛辛苦苦赚来的血汗钱买了大厦楼花、原本梦想着赚上一票的中小债主再也按捺不住了。一拨接一拨的人群涌进了巨人集团。

1月12日，数十位债权人和一群闻讯赶来的媒体记者来到巨人集团总部，恰逢深居简出的史玉柱刚刚驱车从外面进来。于是发生了一场面对面的“短兵相接”。其间，一位律师对债权人和记者口气凌厉地嚷嚷道：“如果你们不想解决而是来闹事，你们就闹去。作为企业行为，任何事情向社会曝光都没问题。如果你们要曝光，可以先曝光，然后再谈，我们不怕曝光。”

由于缺乏危机处理能力，巨人集团仅仅委派了律师与债权人和记者周旋，巨人集团与媒体的关系迅速恶化。于是，种种原本在地下流传的江湖流言迅速地在媒体上被一一放大曝光：

巨人集团的资产已经被法院查封，总裁史玉柱称已没有资产可被查封了；

巨人集团总部员工已3个月未发工资，员工到有关部门静坐并申请游行；

巨人集团1位副总裁及7位分公司经理携巨款潜逃；

史玉柱沉痛承认在保健品开发上交了上亿元的学费……

这些耸人听闻的新闻真假参半、泥沙俱下。一时间让史玉柱百口莫辩。屋漏偏逢连夜雨，就在这期间，又恰好发生了巨人集团被迫在杭州向娃哈哈道歉的事件。于是，巨人集团在公众和媒体心目中的形象轰然倒塌，从此万劫不复。

案例改编自：吴晓波．大败局[M]．杭州：浙江人民出版社，2011：27-37．

三、案例分析

（1）领导决策必须本着实事求是的原则，决策依据应是客观现实，不能仅凭主观臆断盲目决策。每个人在面临决策时，都会有自己对于决策问题的主观态度和基本判断。如果没有外界制约，这种看法和判断很可能就会成为最终的决策选择。但是，作为领导者，其决策利害关系重大，必须破除自我对于主观态度和经验主义的“迷信”，一切从实际出发，实事求是，这是领导决策的基本要求。在本案例中，史玉柱做出盖70层高楼的决策的依据是：他认为未来的预期收益完全可以支付建造巨人大厦的费用。但是这种猜想却没有经过专家论证和风险评估，仅凭领导的个人猜想，一项决定组织未来的重大计划就这样实施了，这是典型的“拍脑袋”决策。事实证明，史玉柱高估了当时巨人集团的赢利能力，低估了巨人大厦修建所耗费的资金和时间，此外，他也没有预测到这期间可能发生的任何风险事件，更没有为风险事件做出预案。这种抵御不了任何风险的决策为后来巨人大厦的资金链断裂埋下了伏笔。总的来说，史玉柱关于巨人大厦的决策，设想很“乐观”，现实却很“悲观”，故领导者决策时要“客观”，不能光凭“主观”。

（2）决策目标是决策的出发点和依据，领导决策不能偏离决策目标。领导决策的关键要素之一就是决策目标，决策目标是领导决策的出发点和落脚点，同时也是领导决策的指导依据。决策质量高低的评判标准之一就是在多大程度上达成了原定决策目标。一旦决策偏离了决策目标，如同偏离航线的船只，去向哪里，到达何处，都无从知晓，领导者也会失去对决策执行的把控能力。本案例中，建造巨人大厦这个决策的决策目标是“盖38层，大部分自用”，当时也“并没有搞房地产的设想”。但是后来，随着他人的吹捧以及史玉柱个人的误判，这个原本“留作自用”的建造计划最终变成了一项大型的房地产项目，并且还肩负地方政绩工程的重担，比原计划高出近1倍，决策结果远远偏离了原定的决策目标，大大加重了企业的资金负担，最终将企业拖垮。设想一下，如果史玉柱没有盲目听从他人意见，坚持原本的实用目标，那么巨人集团或许不会那么快地陷入巨大的财务危机之中。

（3）领导决策失误后需及时、高效、系统地采取救济措施，不能坐以待毙。由于决策问题本身具有多样性、复杂性和不确定性，无论采用多么先进的决策技术，都无法完全避免决策失误，因此，领导者在做决策时，要有决策风险意识。一旦确定了某种决策方案，对于决策方案中容易出现问题的环节，应该在方案论证过程中预想到决策失误后的补救措施，并制定出相应的预备方案。本案例中，巨人集团就是吃了缺乏经验的亏，只想到决策成功，却没想到决策失败的情况该怎样面对，当决策失败突然来袭时显得十分被动，没能处理好与债权人和媒体的关系，集团内部危机被媒体大肆渲染引发投资者恐慌，投资者的止损心理使巨人集团成为众矢之的。在这种情况下，即使决策失误仍有挽回余地，即使未到最后关头，也会被公众合力“一把推下悬崖”。因此，危机公关也是领导决策必须要考虑的问题之一。

四、案例拓展

（1）领导决策在时间、条件允许的情况下应优先选择程序化决策，严格按照科学的决策程序进行。领导者的决策对于组织的发展具有不可替代的作用，尤其是在面临重大决策时，领导者的决策甚至可以决定组织的生死存亡，因此，领导决策必须要极力避免决策失误带来损失。领导学以及决策技术的发展，使得决策有规律可循，并且逐渐发展出一套较为完整的决策程序。决策科学化要求领导者将科学程序引入到决策中去，用理性精神弥补主观判断的缺陷。科学程序介入领导决策可以大大降低决策主观性，使得决策不再受限于领导个人水平、素质，新技术、新方法的应用，也可以有效避免个人认知误差。

（2）领导决策要时刻保持理性、谨慎、冷静的态度，不可盲目自信，不可过度乐观，要全面地看问题，辩证地看问题。由于领导处于组织核心位置，掌握关键权力，经常会受到来自下属及外界的过度追捧和不切实际的夸赞，在这种情况下，领导者自身保持理智、清醒、冷静尤为重要。当前，我国许多组织机构尤其是行政组织，在权力组织形式上采用的是首长负责制，再加上自古以来的官本位思想遗留，使得组织中领导者的决策无论正确与否，通常都会受到大家的一致支持与赞扬，由此引发的结果是：领导在决策时，在心态上很容易出现三种错误倾向：一是自负，过度相信自我感觉，尤其是当领导个人独掌大权时，往往听不进他人的相左观点；二是过度乐观，只看到最优结果，对决策风险置若罔闻，全然不顾；三是盲目冒进，不考虑现实条件，也不注重执行反馈，强行追求速度和结果。以上三种决策心态是领导决策的大忌，一定要极力克服。

五、案例思考题

1. 你认为巨人大厦烂尾，史玉柱第一次创业失败最根本的原因是什么？

2. 假如你是史玉柱，在建造巨人大厦这件事情上，你会采取怎样的决策策略？

3. 针对本案例来说，当决策已经出现不良后果时，应该怎样应对？

案例二

丘吉尔人生中的艰难决定——牺牲考文垂

一、案例导读

1940年11月12日，希特勒发出命令，派空军机群于14、15日对英国内陆的重要城市考文垂进行轰炸，并将此计划命名为“月光奏鸣曲”。该计划的目的有二：其一，考文垂是英国主要工业城市，对其进行轰炸可以摧毁英国的抵抗；其二，德军在空袭伦敦过程中屡遭失败，也使希特勒对“英尼格码”的保密性提出怀疑，他想以这次行动来证实自己的怀疑是否准确。因此，德军情报部门将作战指令发给前线德军，并认真等待英方的反应。英方通过“超级密码”截获了这一情报。但是，如何应付这次空袭，首相丘吉尔却面临着两难选择：考文垂城在英国建筑史和工业史上占有重要的地位，而“超级机密”在未来的战役中也具有决定性意义。如何取舍，英方提出两种方案：一是采取主动措施保卫考文垂。不过这样一来，德国人极有可能怀疑自己的密码被破译，以后就会更换新的密码系统，“超级机密”将失去作用。另一种方案是让考文垂的防务措施原封不动，对空袭做出合乎常情的反应，用牺牲考文垂来保住“超级机密”。14日下午，丘吉尔考虑再三，最后忍痛做出决定：考文垂不做防御疏散。考文垂虽然遭受了惨重的损失，但历史证明丘吉尔这一“丢卒保车”的办法，为最终打败德国法西斯做出了巨大贡献。

二、案例正文

考文垂悲歌

1940年11月14日傍晚7点05分，英国中部城市考文垂上空忽然响起了刺耳的防空警报。此时，英国皇家空军与纳粹空军在不列颠上空已激战整整3个月，英伦三岛上包括首都伦敦在内的许多城市，都遭到了频繁的空袭，响起防空警报并不令人意外。但奇怪的是，此前总是能早早预警空袭的英国本土防空体系，这次并未及时疏散军民及城市工业。

于是，在防空警报拉响时，考文垂的居民丝毫未能觉察即将逼近的厄运，他们依然像往常一样享受着自己的生活。5分钟后，德国轰炸机飞临城市上空，一波接一波的轰炸进行了10个小时。巨大的爆炸声中，考文垂变成了一片废墟。事后统计，在这“恐怖的鬼夜”，考文垂有5万座建筑被摧毁，5万个商店遭到破坏,600 名居民丧生,其中 150 具尸体因无法辨认而被葬入同一公墓……考文垂成了二战中英国遭遇轰炸最惨烈的城市。英国首相丘吉尔得知消息后,先是呆若木鸡,之后满脸愤怒,一声不吭。但当时的人们完全没有想到,丘吉尔其实早已得知德国空袭考文垂市的计划,他反复盘算后,最终决定不采取任何防御和转移措施。

这是 1940 年关乎英国生死存亡的不列颠空战中,丘吉尔最为艰难的决定。

敦刻尔克的“无敌舰队”

丘吉尔是在 1940 年 5 月 10 日临危受命担任英国首相的。当时,德国正以闪电战突袭西欧,号称拥有欧洲最强大陆军的法国,迅速崩溃投降,英国也随时面临德国入侵的危险,危如累卵。

虽然纳粹德国的军事扩张野心昭然若揭,但一战后的英国,一直弥漫着和平主义的气氛。首相张伯伦是坚定的绥靖主义者,他一厢情愿地指望希特勒东进去攻打苏联,为此纵容德军重占莱茵兰非军事区、兼并奥地利、强占捷克苏台德区……

只有丘吉尔等少数人一直在抨击绥靖政策,他说,希特勒将给欧洲带来灾难,他督促英国应重整军备,并鼓励盟友法国加强军事力量,指出绥靖政策为“西方民主国家向纳粹武力威胁的彻底投降”。但多数人视其警告为危言耸听。最终,祸水没能东引,德国反而率先进攻西欧,法国迅速投降。张伯伦走投无路,而一直强烈反对绥靖政策的丘吉尔,成了首相的不二人选。

5 月 21 日,德军直趋英吉利海峡,把近 40 万英法联军围逼在法国北部狭小地带,只剩下敦刻尔克这个仅有万名居民,且极易受到轰炸机和炮火持续攻击的小港作为海上退路,形势万分危急。

5 月 26 日,丘吉尔下令撤出在法的英军,代号为“发电机计划”的敦刻尔克大撤退开始。在短短的 8 天中,被围困在敦刻尔克周围一小块地区的盟军奇迹般地撤出 33 万多人。

希特勒对“谜”的依赖和信任

敦刻尔克大撤退的胜利,并不意味着英伦三岛已经安全。紧接着,德国即将启动入侵英国本土的“海狮计划”。在此之前,德国计划先摧毁英国空军力量,不列颠空战就此爆发。这仍是一场大英帝国的生死战。

而丘吉尔和他的战争指挥系统首先必须知道的是:德国将有多少坦克、飞机、潜艇参战,其石油、钢铁的生产能力如何。

希特勒很清楚保守机密的重要性,早在 1934 年就指示德国军方及情报系统开始更换无线电密码系统。1936 年，德国情报局启用了一种新的军事密码，这不同于以往的人工编制密码，而是由机器编制。这台机器被恰如其分地称为“ENIGAMA”，也即英语“谜”之意。

“谜”价格低廉、结实耐用，操作、保养及携带相当简便。更让希特勒放心的是，对方是否能得到“谜”，对于密码通信无关紧要，因为如果不知道编码的程序，这种机器对缴获者而言没有任何用处。

因此，希特勒对“谜”的依赖和信任，几乎达到了迷信的程度。他认为任何国家都不可能破译他的密码，于是毫不犹豫地让德国海陆空军全部采用了“谜”密码通信系统。

英国人则费尽心机破译之。他们先是学着德国人的样子，制造出了一种与“谜”一样的机器。然而要想从德国人手中得到编码系统、编码程序远比制造机器困难，德国人将其列为最高机密，即使英国人得手，德国人一旦知晓后会很快且轻而易举地更换，到手的程序和编码将毫无用处。

犹太人、波兰人“递来利剑”

英国军情局在伦敦郊外的布雷奇利庄园设立了密码破译中心。在这里，有数百名工作人员参与破译德国军事行动的绝密情报。而这所庄园以及破译工作，同样也被英国政府列为最高机密，其代号就是“超级机密”。

正在英国人毫无头绪时，1938 年，一位犹太人向英国情报人员透露，他曾是“谜”的设计人员之一。英国人经过仔细甄别后，相信了他。这位犹太人真的复制出了一台“谜”密码机。按照英国人的说法，这是仿制工程的奇迹，而这的确帮了英国人的大忙。

然而在 1939 年夏秋之际，德国人又改进了原先的密码机，复制品由此失去了效能，英国再次陷入困境。但波兰情报部门又出手解救了英国人。作为英国的盟国，波兰人将他们数年来对德国密码机的研究成果乃至新的密码机样机、已解密机器悉数交给了英国人。

仅仅一个星期后，纳粹军队就开进了波兰。这让英国密码破译专家诺克斯感动不已，他说：“波兰此举，就像一名古代的骑士在倒下之前，将手中的利剑递给了战友。”

在布雷奇利庄园，除了诺克斯这位破译界名宿，还有一位数学界奇才——图灵。他毕业于剑桥大学，战后依靠对密码机的研究成果，他成了开创电子计算机时代的先驱者之一。

首先，他们从研制能模仿或能解释德国国防军每一个“谜”的机器入手，从而能推出所有德军主要司令部日日夜夜、成年累月发布命令时经常变换的编码程序。经过艰难攻关，英国人终于制成了具有上述功能的机器，将之命名为“炸弹”。

1939年底，“炸弹”破译出了德国密码，英国人欣喜若狂。从此，德军的秘密计划和行动方案，源源不断地从布雷奇利庄园传到军情六处孟席斯上校手中，再直接交到丘吉尔的案头。事实上，德军在“二战”期间的绝大多数行动，都没能瞒得过英国人，只不过英国人将情报来源一直掩饰得很好，始终没有引起对手的怀疑。

1940年7月2日，希特勒发布了第一组“海狮”作战计划，也即英国本土登陆作战计划。战役一开始，丘吉尔和空军参谋部就通过“超级机密”了解到德国空军的大部分——有时甚至是全部的计划。

针对德国空军司令戈林要求夺取制空权的指令，英国皇家空军制定了集中优势兵力打击敌人的方案。由于英国空军的飞机数量没有德国多，所以只能在适当时间、适当地方和适当高度，集中战斗机中队及主要防御力量，对付敌人的主攻力量。依赖预警雷达及破译的德国军事情报，英国皇家空军总能掐着纳粹空军到达的时刻精准升空拦截，而不需要时时空中巡逻防备德军突袭——英国空军由此大大减少了飞行员的体力消耗及汽油等战略物资的消耗。

1940年8月13日，苏塞克斯和肯特上空，80架德军“道尼尔17”轰炸机群，以及更多数量的“容克88”俯冲轰炸机，飞往不列颠腹地及海岸线执行轰炸任务。由于天空浓云密布，德军护航战斗机无法按计划起飞，轰炸机只好单独出击。

英国空军司令部事先已知晓德军行动计划，当在雷达上发现德国飞机后，立即启动早已就绪的作战方案……这次交锋，德国空军共损失飞机47架，另有80多架被击伤，而英国空军仅损失飞机13架。

此前，戈林曾向希特勒夸下海口说，英国南部的空中防御将在4天内土崩瓦解，而英国空军则将在4周内被逐出英国上空。尽管德国在后来的几次轰炸中取得了一些成果，但依赖雷达和密码破译，英国空军在战力1∶3的悬殊比例下，鏖战两月后，让戈林夸下的海口变成了泡影，由于戈林始终没有取得不列颠及英吉利海峡的制空权，希特勒只得宣布“海狮计划”无限期推迟。

救城还是救国？

此间，德国一直没有发现失利的关键原因：“谜”已被英国人掌握。直到不列颠空战屡次失利，希特勒终于开始怀疑“谜”是否仍然安全，于是指令德军准备进行一次空袭试验。

1940年11月12日，指令由德国空军司令部传达给了驻扎在西欧的德国空军机群:在 48 小时之内出动 500 架飞机,向考文垂投掷 4 500 枚燃烧弹,行动代号“月光奏鸣曲”。该计划除了验证“谜”的保密性之外,还有轰炸考文垂这个英国主要工业城市,以摧毁英国抵抗的目的。

英国的“炸弹”很快破译出情报,诺克斯颤抖着双手将之递给了孟席斯上校——考文垂是诺克斯的家乡,他的妻子、儿女都在那里。而后情报立即被送交丘吉尔。

考文垂距伦敦仅 90 英里,是有着 900 多年历史的古城,这个城市有 25 万居民和众多文物古迹,并且是英国主要军火库之一、飞机和汽车制造中心。德国人投掷的 4 500 枚燃烧弹,足以把这座美丽的古城从地球上抹去。

丘吉尔阅后顿感事情棘手,立即通知各军政首脑到首相府地下作战室开会。

孟席斯按照丘吉尔指示,首先宣读了截获的情报,德国人的整个作战计划清清楚楚:投入作战的飞机数、预定的战术乃至希特勒发起这场作战的原因等。

要拯救考文垂很容易:当时英国有 410 门机动高炮可供使用,完全可以把这些高炮火速调来加强考文垂的对空防御,空军提出在英吉利海峡设置拦截线,阻挠德机入侵;民防部则认为可提前发出警报,疏散居民,转移贵重财产,尽量减少损失;特种部队想得更绝:派突击队空降到布列塔尼机场,暗杀引导轰炸的战斗机飞行员。如果都一一实施的话,考文垂的损失无疑将大大减少。

但丘吉尔担心的是,拯救了考文垂的同时,英军已破译德国密码“谜”这个秘密必定暴露。两者只能择其一,孰轻孰重?丘吉尔陷入了长考。最终,他掐灭雪茄站了起来:为了保护“超级机密”,必须牺牲考文垂。在做出决定的同时,他动了感情,眼角有些湿润:“牺牲一座城市,这个代价是大了些,但与整个大英国相比,它算不了什么。”

“我们面临着生死存亡的选择。诸位应知道,战争中情报有多么大的价值。为此,我认为,除正常防卫外,不对考文垂做任何特殊安排,就像我们什么也不知道。我相信,当胜利那一天,人们会理解我们的决定。”

孟席斯仍希望能减少一些损失,询问“是否可以秘密撤出一些老人、孩子和医院的伤病员?”但丘吉尔断然拒绝了:“这样会造成混乱,一场无法遏制的混乱,会毁掉‘超级秘密’!”

首相的意志,最终征服了沉默的众人。

于是,1940 年 11 月 14 日晚 7 时许,银色的月光下,大批德国轰炸机如期飞临考文垂上空,第一个目标是自来水厂,然后是电厂、煤气厂、电话局、下水道和交通系统……德军的目的,是要使城市“血凝气绝”,一切陷于瘫痪。

10 小时间，德军轰炸机一批又一批到达，炸弹如梭子织网，不放过城市的任何角落。而后，凛冽的冬风将燃烧弹的火球刮向四面八方，全城陷入火海，消防车开到街上，橡皮轮胎马上被地面余烬烧熔，只能空着铁轱辘爬行。考文垂市中心 14 世纪所建的圣马可教堂——这个英格兰人引以为豪的艺术瑰宝，也被燃烧弹击中，大火持续到午夜，教堂圆顶轰然坍陷、拱门倒塌，只剩下了四壁残墙和一个钟塔。

从晚 7 时到翌日凌晨 2 时，德军共投弹 5 万枚，其中燃烧弹 3 万枚。德军飞行员在目击记中说，飞机飞到距考文垂 180 公里的英国海岸时，还能看到考文垂的冲天火光，“这个城市肯定完蛋了”。

考文垂确实接近“死亡”：市中心被夷为平地，工厂被破坏 1/3，军工生产瘫痪，市民被炸死 584 人，炸伤 4 800 人，12 家生产飞机零部件的工厂遭到严重破坏。此后，由于考文垂还有生产能力，德机又光顾了几次，到 1941 年 4 月的一次大轰炸为止，地面设施基本被摧毁，5 万所房屋化为灰烬，市中心原有 3 000 所房屋仅存 30 所，25 万人的繁荣城市成了“死城”，考文垂由此在英文中成了“极度毁灭”的同义词。

“捏着德国人的脉搏打这场大战”

但考文垂的牺牲是有巨大价值的：依赖“超级机密”的帮助，英国人走出了最初的困境，在赢得不列颠空战之后，又先后取得了大西洋海战、北非反击战的胜利。

1941 年 5 月，英国海军通过“超级机密”提供的情报，一举击沉了比任何英国战舰都要强大的德国“俾斯麦”号战列舰。这艘被赋予普鲁士“铁血宰相”之名的战列舰，是德国海军的骄傲，排水量达 53 000 吨，航速 30 节，装有 381 毫米主炮 8 门，中小口径高平两用炮 40 余门，并搭有 4 架水上飞机，舷装甲最厚处有 320 毫米，被誉为“不沉的海上堡垒”。

1941 年 5 月，“俾斯麦”号秘密进入大西洋，打算再狠狠打击英国运输队，以彻底切断英国的海上生命线。法国败降以后，英国虽赢得不列颠空战，但处境依然危急，赖以生存的大西洋海上运输线极为脆弱。被德国潜艇击沉的英国商船无数，每月以 50 万吨左右的速度直线上升。作为一个岛国，英国一旦失去外部物资供给，只能束手待毙。

对付大西洋上那些神出鬼没的德国潜艇使英国人焦头烂额，而英国的造船速度不足以弥补海上损失，若“俾斯麦”号再出现在大西洋，英国的海上生命线无疑将面临被完全切断的危险。为此，英国人决定，必须不惜代价在“俾斯麦”号到达大西洋前将其击毁。

此间，“炸弹”不断收到德国方面与“俾斯麦”号往来的电文。终于，在 1941 年 5 月间，英国人等到了这一天。在明确了“俾斯麦”号的行动计划后，英国海军组成了突击编队，立即从英国北部的斯卡帕湾基地出发，取捷径直插丹麦海峡南端，截击“俾斯麦”号。

行进途中，尽管“俾斯麦”号战列舰实行了灯火管制，却始终没有逃出英国舰队的追踪。德国人并不知道，从“俾斯麦”号上发出的任何“保密”的电文，英国人都已经知晓。

英国皇家海军派遣了 8 艘战列舰及战列巡洋舰和 2 艘航空母舰，即皇家海军约半数的力量，才最终将“俾斯麦”号击沉。而“俾斯麦”号在沉入大西洋的一刹那，德国人始终也没有搞清楚为什么英国会有那么多的战舰迅速集结到它的周围，给了它致命的打击。

后来，英国又摧毁了德军“埃塔普”舰队。虽然德国事后一度怀疑是否海军的密码被破获，但专司此事调查的一个委员会，几次调查都排除了“谜”泄露的可能。

大西洋海战之后，1942 年 11 月，在北非阿拉曼战场上，“超级机密”提供的情报又发挥重大作用。由于英国蒙哥马利将军对德国隆美尔的非洲军团的战略战术计划、实力部署、后勤供给事先了如指掌，仅仅 13 天，德军就损失 6 万人和 500 多辆坦克，使“沙漠之狐”惨败于非洲沙漠。

3 年后，英美百万大军从诺曼底重返欧洲大陆，以摧枯拉朽之势向德国本土进击。在法国瑟堡的码头，丘吉尔带着孟席斯等人，气宇轩昂地从军舰上走下来：“还记得吧，从考文垂以后，我们一直捏着德国人的脉搏打这场世界大战！”

二战结束后，美国情报官西伯特将军与德国前将军盖伦谈到盟国胜利的原因时说：“我认为还有一个更重要的因素。你晓得，我们在阅读你们司令部的密码通讯。英国人从开始就阅读这些电报，我们利用各种屏障来掩护‘超级机密’。”盖伦当即感叹：“如果是那样的话，我们就根本没有取胜的希望。”

案例改编自：毛剑杰. 丘吉尔的一次艰难决定：二战中的情报暗战[J]. 同舟共进，2013(7)：44-47.

三、案例分析

(1) 领导者决策要遵循“舍小保大”的原则，在决策中要力求损失最小化，利益最大化。当领导者预测决策的各种可选择方案均要承受损失时，可以采用小中取大法进行决策。小中取大法又叫悲观法、保守法，运用该方法的前提是领导者认为未来会出现最差的自然状态，即不论采取哪种方案，都只能获取该方案的最小收益，因此，要从诸方案中找出不同自然状态下的最小收益值，再从这些最小收益中选择一个相对最大的方案作为最优方案，然后予以采纳和实施。本案例中，丘吉尔对于希特勒轰炸考文垂的目的已经有了初步的判断，即验证密码的可靠性。在这种情况下，丘吉尔面临着两难的选择——保城失密码，抑或是保密码失城，无论做出哪种决策，结果都是损失——即最小收益。由此可以看出，丘吉尔所面临的决策情境最适合"小中取大"的决策方法。丘吉尔深刻意识到，密码决定着一国的存亡，也决定着战争的未来走向，所以，费尽千辛万苦破译的密码决不能被希特勒察觉。放弃考文垂固然可惜可悲，但在反法西斯战争中失败则更是无法承受的，在这种情况下，只能采取"丢车保帅"之策。当决策的结果是损失无可避免时，应立足根本利益，两害相权取其轻。

(2) 当决策面临感性和理性冲突时，领导者应坚持理性至上，切忌感情用事。人是感情动物，任何人都有感情，领导者也不例外。有时候感性会占据主导地位，要想做到完全理性是比较困难的，历史上有许多领导者因为感情用事而酿下大错。有感情不是坏事，但领导者必须坚守理性，保持头脑清醒。这就要求领导者有强大的心理承受能力、自我调节能力和自制力。领导者在面临决策时，时常会受到感情因素的影响，甚至因此而做出不够理智的决策。而丘吉尔之所以能够名留青史，成为一个伟大的领导者，就是因为他能在大是大非前保持清醒理智，不被感性因素所左右。在本案例中，要放弃拥有 25 万居民和 900 年历史的工业重镇考文垂，任由法西斯肆虐，对于一国领导者来说必然是痛心疾首的，其内心也必然饱受煎熬。但丘吉尔也清醒地认识到：一方面是考文垂人民的财产和生命，一方面是战争胜利的希望，考文垂虽然重要，但还远比不上国家的安危重要。因此，丘吉尔着眼于长远，着眼于大局，理智战胜情感，坚定而又惋惜地做出了一生中"最为艰难的决定"。

四、案例拓展

(1) 领导决策要主次分明，抓住主要矛盾。抓主要矛盾，就是"牵牛要牵牛鼻子"。领导者要分清主要矛盾和次要矛盾，因为主要矛盾才是决定事物发展方向的关键。领导决策经常会面对"一个决策，多重目标"的情况，这些目标往往难以兼顾，这就需要领导者在众多决策目标中选出最主要的目标。而选择主要目标的根据就是决策问题的主要矛盾。能够解决主要矛盾的决策目标，就是主要目标。抓主要矛盾并不是不解决次要矛盾，也就是说，在决策中侧重主要目标并不是忽视次要目标，两者是重与轻、急与缓的关系，先着重解决主要矛盾，再解决次要矛盾。

（2）领导者在决策中追求“满意”标准而非最优标准。领导者不要试图寻求“完美”的决策方案，通常情况下，完全符合理性的“完美”决策方案是不存在的。一方面，领导者所面临的决策目标常常不是明确的、单一的，而是多元化的、模糊的，领导决策就是要在各种目标之间寻找一个平衡点；另一方面，在领导决策中，损与益是一对矛盾，并且这种矛盾是客观存在的，有损无益或有益无损的现象是极少见的。因此，在评价和选择方案时，要辩证地看待问题，承认方案存在的不足并接受这种不足。因此，领导决策不是寻求最为经济、最有效率、最有效能的方案，而是寻找能够满足经济、效率和效能要求的平衡方案，也就是能够让领导者在主观上达到“满意”标准的方案。

五、案例思考题

1. 在当时情况下，假如你是丘吉尔，你会做出怎样的决策？为什么？

2. 你认为当时是否存在既能保住考文垂又能让“谜”的破解不被希特勒发现的办法？

3. 在你看来，领导决策怎样平衡感性和理性的冲突？

案例三

“七大生态”拖垮乐视

一、案例导读

如果把一个组织比喻成船，那领导者就是舵手，而战略决策则是航道，引导这艘船在茫茫大海中不至于迷失方向。可一旦战略决策失误，则组织可能陷入深渊。两年前，乐视这个品牌在国内几乎是家喻户晓，贾跃亭和乐视公司更成了各路资本的“宠儿”，各种融资拿到手软。但是，仅仅是两年后的今天，乐视已经逐渐淡出人们的视线。对于讨债者来说，提到乐视，更多的是资金打水漂的后悔和愤怒；而贾跃亭本人，则因其迟迟没有履行还款义务，还被国家定为失信“老赖”。乐视从顶峰跌到谷底，原因何在？

二、案例正文

2018 年 7 月 18 日，北京的乐视大厦正式更名为“乐融大厦”，有关乐视的痕迹，正在这片土地上被悄然抹去。仅在两年前，这里还是乐视鼎盛时期的标志，贾跃亭和他所创办的乐视公司在中国大地上风生水起，对贾跃亭的溢美之词充斥在各种媒体上，一片繁荣景象背后，掩盖了乐视公司严重的财务危机，水下早已暗流涌动。

乐视成立于 2004 年，早期乐视公司的主要业务聚焦于影视网站乐视网。贾跃亭早期颇具眼光的战略决策使乐视网逐渐发展壮大，比较有代表性的是乐视网在国内最早开始“屯版权”。在很多视频网站盗版电影猖獗的背景下，乐视网却舍得花大笔钱买版权，而那时购买各种影视版权的价格都很便宜，乐视此时便买入了大量版权。随着国家对知识产权保护力度的加强，盗版电影的生存空间越来越小，各大网站也开始购买版权，而此时影视版权的价格也水涨船高，乐视网由于先前屯了大量版权，在国内的视频网站中开始崭露头角。

2010 年，乐视网所在的互联网视频领域，正是当时投资者们追捧的“风口”，所以很快，乐视网上市，成功融资 6.8 亿元。当一个企业做大后，都会面临一个岔道口：究竟是在原领域继续深耕，还是向其他领域扩展新业务。对于成长到一定规模的公司来说，这个战略选择可以说是“惊险的一跃”，很多公司都死这上面。乐视融到资金后，马上也面临这个问题。但贾跃亭并没有考虑那么多，他第一次尝到了融资的甜头，发现融资来的钱比屯版权之类的要容易得多，也快得多，从此以后，贾跃亭便带领乐视走上了“蒙眼狂奔”的道路。2011 年，乐视影业成立。同年 10 月，网酒网成立，乐视进军酒类电子市场。2012 年，乐视推出超级电视，以补贴烧钱的方式，进入硬件市场。2014 年，乐视体育成立，由于请到了“半个娱乐圈”的明星背书，乐视体育迅速融到了 88 亿资金……一切看起来都很美好，但仅仅是看起来，很少有人关注到这背后隐藏的风险。乐视四面出击，进入的每个领域都是广受关注的热门行业，这些行业竞争已经进入白热化，巨头众多，通常是最难获得成功的创业领域，偏偏又是贾跃亭最热衷的行业。

2014 年，乐视对外公布的全线业务总收入接近 100 亿元，在这样的背景下，一贯推崇“蒙眼狂奔”的贾跃亭趁热打铁，提出了“七大生态”的战略方向。“七大生态”概念一出，舆论哗然，质疑声音与赞赏声音并起，但最多的声音还是“看不懂”。事实上，“看不懂”并不是因为众多企业家、媒体和投资人缺乏见识，而是因为这个战略布局实在是不合逻辑、有违常理。

“七大生态”是指乐视在 7 个不同领域开展项目运作，也可以理解为乐视公司业务的 7 个发展方向，包括手机生态、体育生态、内容生态、大屏生态、互联网金融生态、互联网及云生态和汽车生态。这个梦想很美好，也很宏大，但遗憾的是，任何生态系统，底层生态基础要扎实，不然就无法向下一级生态链传递足够的能量，也就无法养活次级生态。从乐视当时的情况来看，无论是用户的数量基础还是营收资金，都不足以支撑七大生态。所以，问题很快便暴露出来。

首先，乐视体育在经历了一系列投资失败后，暴露出了严重的问题。体育赛事在线下运营的开支庞大，并且体育市场营利模式单一。乐视体育以业界最贵的价格买回大量独家版权，但这些版权买了以后却连成本也没能收回，甚至连零头都不够。用孙宏斌的话说：“中超去年 13.5 亿版权费，一共收了 5 000 万，亏了 13 个亿，这就是神经病。”

其次，乐视“七大生态”中资金缺口最为严重的是乐视手机。乐视手机上市时期正是中国手机市场竞争白热化阶段，各大手机厂商都极力压低价格以占领市场份额，甚至不惜以低于成本价的亏损为代价，乐视也是如此。截至 2016 年年底，乐视手机出货量近 2 000 万台，但每卖一部手机却亏损约 200 元。因此，乐视做手机短短两年间，直接亏损达 40 亿元。

最后，乐视汽车的融资更是“无底洞”。2016 年贾跃亭高调宣布乐视汽车获得 10.8 亿美元（约合 73 亿人民币）融资，但仅仅两年，贾跃亭投入到汽车领域的资金已近 200 亿，没有一分钱利润回报，汽车上市还遥遥无期。

除了这些一直“烧钱”的生态外，其他生态也处于不温不火的状态。乐视“七大生态”中各个项目的生存情况，均面临着巨大的资金缺口。在这一路“蒙眼狂奔"的过程中，乐视一直在"拆东墙补西墙"。摊子铺得太大，能力跟不上欲望，资金跟不上扩张，导致资金链断裂。

2016 年 11 月 6 日，距离花费巨资召开的旧金山发布会(乐视 LeEco 正式全面落地美国发布会)仅仅 17 天后，在没有任何征兆和内部通知的情况下，贾跃亭发出了题为《乐视的海水与火焰：是被巨浪吞没还是把海洋煮沸?》的全员邮件。这一举动，相当于是将外界猜测的乐视财务危机问题公之于众，进而迅速引爆了乐视危机。各方讨债者纷纷上门，堵在门口要求乐视还债，社会舆论对于乐视的态度也从原来的追捧变为了"一边倒"的唱衰。

2017 年年初，已经处在风口浪尖的贾跃亭接受媒体采访时坚定地表示："乐视 7 个子生态缺一不可。"5 月份的乐视网媒体沟通会上，贾跃亭再次重申这一态度。即便 7 个生态已经拖垮了乐视，贾跃亭依然认为自己的战略决策没有问题，并且不肯放手任何一个生态。但是由于乐视资金链的问题没有得到解决，投资人对乐视的信心已经崩塌，没有人再愿意给乐视投资，内部的问题没有解决，银行以及投资机构见势不妙，也要求乐视偿还债务，并冻结了乐视的部分资产。内忧外患之下，贾跃亭的"七大生态"终于走到了尽头。

2017 年 7 月 4 日，身处困境中的贾跃亭，以为乐视超级汽车项目融资为由，孤身前往美国，自此便一去不归。两天后，贾跃亭失去了乐视大厦里的重要职务：乐视网董事长。同时，他还失去了董事会提名委员会委员、审计委员会委员等关键职务。这个曾经蒙眼狂奔的山西商人，将彻底与上市公司体系脱离关系。代替他的，是另一位山西商人孙宏斌。孙宏斌以 150 亿的价格拿下乐视网 8.61%股权、乐视影业 15% 股权以及乐视致新 33.5%股权，并接任乐视集团的董事长。他上任后首先做了两件事：第一，把贾跃亭踢出董事会；第二，把"七大生态"中的大部分果断砍掉，低价甩卖。可惜这些都太晚了。尽管采取了一系列补救措施，但乐视的危机依然持续发酵，孙宏斌投入 150 亿元却没能拯救水深火热中的乐视，最后连孙宏斌自己也不得不承认这是一笔失败的投资。

2017 年 12 月，贾跃亭被列入了失信执行人名单，成为人们通常所说的"老赖"。随后，北京证监局又发布责令贾跃亭回国履责的通告。该通告条理清晰、措辞强硬，但并没有什么用，因为这已经是北京证监局第三次发通告勒令贾跃亭回国了。面对国内的水深火热，贾跃亭选择滞留美国。

曾经盛极一时的贾跃亭和他的乐视，走到今天这步田地，着实令人唏嘘不已。乐视"七大生态"崩溃后，贾跃亭自己在一次采访中坦言："乐视太激进了，生态战略是对的，但是节奏上完全错误，应该循序渐进。如果电视做成了，再做手机，或者电视做成了，不做手机，再做汽车，那就不会像现在这样了。"

三、案例分析

（1）战略决策失误将会导致组织发展陷入困境。战略决策是组织领导决策最为重要的一环，它决定了组织目标和组织未来的发展方向。乐视由盛转衰的结局，很大程度上要归结于贾跃亭的战略决策失误，“七大生态”的发展战略并不符合实际情况，缺乏足够的资金基础。

关于战略决策，华为总裁任正非有一个观点：“战略，战略，关键是在略，没有舍弃、没有放弃就没有战略。”而纵观贾跃亭的战略决策，充满了躁动的冒进和对风险的忽视，只会做加法而不会做减法，只一味扩张而不善于收缩。

通过乐视的案例我们也可以看到，对于一个组织来说，如果领导者的顶层战略决策发生失误，其造成的后果是严重的甚至是无法挽回的。无论战术层面的决策多正确，也弥补不了战略决策失误所带来的连锁反应。

（2）战略决策注重大局观，要将当前与未来相结合，将局部与整体相结合。在战略决策中，全局观是领导者非常重要的品质。领导者由于其所处位置的特殊性，常常会面临宏观的、关系全局的战略性、高层次、非常规决策，这种决策最能考验一个领导者的格局意识。

事物的发展具有普遍联系性，没有哪种事物是独立于环境出现的，因此领导决策必须重视决策环境。决策环境可以分为微观环境和宏观环境。有些领导者对于组织当前的、局部的、片面的微观决策环境有所了解，但对于未来的、整体的、全面的宏观决策环境却了解不足。这在很大程度上取决于领导者个人的格局和视野。

战略决策不仅要分析企业内部的资金情况、管理情况和业务发展情况，还要了解外部的环境，如竞争对手、国家的政策、经济环境和市场风向等。在本案例中，贾跃亭“蒙眼狂奔”，对于周围的环境和组织的实际情况分析不足，沉迷于自己的幻想之中。七大生态之间有显著的关联性，一个生态发展得好，可以带动其他生态，而一个生态发展得不好，也会拖垮其他生态。贾跃亭只想到了相互促进，却忽视了相互掣肘的局面。所以其失误在于，过于看好未来而忽视当前，过于强调整体而忽视局部，这也是缺乏大局观的一种表现。

此外，世界是普遍发展的，并且历史的发展具有一定的连续性和必然性，现在与未来是相互联系的，这就要求领导者看问题不能只看当下，还要为未来做打算，看问题的眼光要放长远。

（3）决策轻视风险是大忌。决策往往会伴随着决策失误的风险，越是影响重大的决策，风险等级越高，所以领导者决策必须要有强烈的风险意识。俗话说："不怕一万，只怕万一。"很多领导者都在天天想如何争取"一万"，但却很少认真思考怎样防止"万一"。本案例中，贾跃亭对风险的轻视体现在三个方面：首先，是他不够重视资金链本身的风险。通常来说，企业发展多元化业务，前提是核心业务十分稳健，并且能够提供源源不断的资金流，只有这样，才能有节制地发展其他业务。这样一来，即便新发展的业务不顺利，仍然可以依靠原有核心业务渡过难关。但是，乐视的主业乐视网本身就处于激烈的市场竞争中，自身难保，并不能为其他六大生态提供稳健的支持。但在乐视发展过程中，轻松到手的融资使贾跃亭对资金的风险视而不见，最终导致乐视资金链断裂的结果。其次，贾跃亭对外部大环境的风险缺乏感知。任何组织的发展都离不开对环境的感知和适应。在乐视快速扩张时期，正处于中国经济下行压力大、企业效益下行压力大的时期，无论是融资还是投资、无论是用人还是运营，其成本都在逐年增高，在这种情况下，企业更应该谨慎投资。最后，贾跃亭在发觉决策失误后仍不肯及时止损。因决策失误而带来的损失，经济学上称之为"沉没成本"，人人都有厌恶损失的心理。领导者发现决策失误后，是继续投入以观后效，还是及时止损？这是个两难的选择。面对决策失误，领导者应该及时秉持客观理性的态度进行分析，不能仅凭"理想"主义做决断。假设贾跃亭在发现资金运转出现问题的时候，就果断采取措施，该卖的卖掉，该砍掉的项目砍掉，迅速回笼资金，也许就不会造成今天这样严重的后果。

四、案例拓展

根据决策本身的地位的不同，可以将决策分为战略决策和战术决策。任何一个组织在其发展、运作的过程中，都必然要涉及战略决策和战术决策。战略决策又称宏观决策，指的是对全局具有重大、长远意义的问题进行的决策。战略决策所要解决的问题，主要是方向、目标、政策、方针以及全局规划等重大方案的制定和选择，它通常由组织的最高领导集团决定。战术决策又称微观决策，是指针对组织发展、运行过程中出现的短期、局部性、个别性问题所做出的决策，通常可以由中层领导或特定部门决定。战略决策是战术决策的基础和指导，战术决策是战略决策的延伸和具体化。

战略决策对组织具有持久、深远的影响，而战略决策通常在制定的时间方面较为宽裕，因此战略决策更应该广泛搜集信息、科学分析、谨慎决策。采用科学的战略分析方法可以有效减少决策失误的可能性。SWOT 分析法是一种常用且简便的企业战略分析方法。S 代表组织的成长优势或长处（Strengths）、W 代表组织的劣势或弱点（Weaknesses）、O 代表组织外部环境中存在的机会

(Opportunities)、T 代表组织外部环境所构成的威胁(Threats),其中,S、W 属于内部因素,O、T 属于外部因素。基于内部竞争环境和竞争条件下的态势分析,可以将与研究对象密切相关的各种主要内部优势、劣势和外部的机会和威胁等,通过调查列举出来,并依照矩阵形式排列,然后用系统分析的思想,把各种因素相互匹配起来加以分析,从中得到一系列相应的结论,而结论通常可以支持战略决策。战略决策应是一个组织“能够做的”(即组织的强项和弱项)和“可能做的”(即环境的机会和威胁)之间的有机结合,进而形成 SO(优势-机会)、ST(优势-威胁)、WO(劣势-机会)、WT(劣势-威胁)四种战略选择。

SO 策略:这是一种将内部优势与外部环境机会相匹配,发挥内部优势和利用外部机会以达到组织目标的战略。这是对组织发展最有利的情况。当组织具有特定方面的优势,而外部环境又为发挥这种优势提供有利机会时,可以采取这种战略,凭借组织的长处和资源来最大限度地利用外部环境所提供的发展机会。

ST 战略:这是一种利用内部优势规避或减轻外部威胁的战略。当组织发展面临不利外部条件时,可以扬长避短、避实就虚,依靠和强化某些内部优势规避或减轻外部条件变化所带来的威胁。

WO 策略:外部环境所提供的机会与组织内部劣势不相适应,阻碍外部机会的实现。此时有两种战略选择:一是利用外部机会来弥补内部劣势;另一种是实行改革促进内部劣势向优势转化,从而迎合或适应外部机会。

WT 战略:当组织面临内忧外患时,往往面临生存危机,组织应采取防御性措施,进行业务调整或转型,减少内部劣势的同时设法避开外部环境的威胁,主要目标是生存。

五、案例思考题

1. 在你看来,乐视由盛转衰的原因有哪些?
2. 如果你是乐视的领导者,你会为乐视制定怎样的战略决策?

案例四

厦门PX项目风波

一、案例导读

厦门海沧PX(对二甲苯)项目,一个通过了一系列审批并按部就班上马了的大型化工项目,却因为当地百姓的坚决反对,不得不取消原定的落户计划。这在新中国建设史上史无前例,在新中国化工发展史上也并无耳闻,但它的确促进了我国行政领导决策民主化进程。通过此事件,我们看到了公众参与对于行政领导决策的影响力,也引发了我们对于行政领导者在公权力下的决策合法性的思考。

二、案例正文

顺利通过审核:PX项目落户厦门海沧

2001年初,台资企业华利财务有限公司和富能控股有限公司共同向厦门市提出在海沧建设80万吨/年PX项目。2001年5月,厦门市按照规定程序向国家有关部门上报年产80万吨PX项目建议书。2001年6月,国家有关部门委托国家级咨询公司评估该项目,评审专家对PX项目给予肯定。

2006年7月,国家发改委批准总投资额达108亿元人民币的PX项目落户厦门海沧。厦门海沧PX项目位于厦门海沧台商投资区南部化工区内,总投资108亿元人民币,建设项目包括年产80万吨PX项目的主厂区、热电站及配套码头;项目预计2008年建成投产,投产后每年的工业产值可达800亿元人民币。

2006年11月17日,厦门海沧PX项目如期举行动工典礼。

政协提案:建议厦门海沧PX项目迁址

然而,一份提案打破了平静。

全国两会期间,一份由全国政协委员、中科院院士赵玉芬领衔提出、105名政协委员联名签署的《关于厦门海沧PX项目迁址的建议》引起众多委员代表们的关注。赵玉芬认为,厦门海沧PX项目在选址方面存在严重环保安全问题,应暂缓该项目建设,重新进行选址勘察论证,将该项目迁到一个人口密度较低、相对偏僻的地区,既充分发挥其经济效益,又尽量减少对百姓生活的影响。

105名政协委员的提案很快引起了国家环保总局的重视。2007年3月14

日，国家环保总局环评司司长祝兴祥代表潘岳副局长听取了提案代表的当面陈述。但对这一问题表示了莫大认同和理解的祝兴祥也似乎无能为力。他表示，项目投产是国家发改委批的，国家环保总局在项目迁址问题上根本没有权力。

厦门市民：我们守着一颗重磅炸弹

面对环保总局的无奈，厦门当地市民并没有选择沉默。两会后的几个月以来，有关 PX 项目安全和环境危害的种种揣测一直在整个厦门蔓延。关于海沧 PX 项目有如一颗原子弹的种种议论充斥了厦门的大街小巷。

“有没有收到短信?”这已经成为厦门市民近段时间见面的寒暄语。这是一条直指 PX 项目的短信，新华网曾披露其部分内容：“翔鹭集团合资已在海沧区动工投资(苯)项目，这种剧毒化工品一旦生产，意味着厦门全岛放了一颗原子弹，厦门人民以后的生活将在白血病、畸形儿中度过。我们要生活、我们要健康！国际组织规定这类项目要在距离城市 100 千米以外开发，我们厦门距此项目才 16 千米啊……”在厦门著名的网络社区小鱼社区、厦门大学的公共 BBS 上，有关 PX 项目的帖子，总会吸引数以万计的点击率，“保卫厦门”“还我蓝天”的字眼屡现网文标题。

在出租车上，一提起 PX 项目，司机就显得有些激动：“我们强烈要求厦门市政府制止 PX 项目上马。我们希望厦门市经济发展得更快一些，但不希望牺牲环境甚至用生命来换取经济的发展，我们不想看到吉林双苯厂污染事件在厦门重演。”

PX 项目所在地的一位市民说：“听说 PX 属危险化学品和高致癌物，对胎儿有极高的致畸率。厦门是一个得过全国环保模范城市、联合国人居奖等荣誉的城市，我们谁也不愿意因为这个项目的建设影响厦门的人居环境。”

在厦门市民看来，PX 一旦建成投产，将使整个厦门岛，甚至是人口稠密的闽南地区都笼罩在阴影当中。在极端情境之下，比如战争、恐怖袭击，它就是送给对手及恐怖分子的礼物。只要这个工厂一有闪失，就有可能成为一颗重磅炸弹，给厦门市甚至闽南地区人民和闽南地区经济造成致命的打击。

当局一度在官方网站开设投票平台，但只持续一天，因绝大多数民众投下反对票，就以“技术漏洞”的理由取消。在随后举行的市民代表座谈会上，大多数市民代表再度表达了反对声音。尽管如此，福建省政府和厦门市政府的决定，依然出乎人们意料。

市环保局：PX 项目符合国家法定程序

在市民的呼声和舆论的压力下，厦门市环保局开始就海沧 PX 项目通过媒体向社会进行解释。

5 月 28 日,《厦门晚报》以《海沧 PX 项目已按国家法定程序批准在建》为题刊登了一篇该市环保局负责人就海沧 PX 项目答记者问的万字长文。

厦门市环保局负责人介绍,PX 项目建设符合我国产业政策和化学工业“十五”规划要求,厂址设在经国务院批准的厦门海沧投资区的南部工业园区。该工业区规划为石化产业区,选址符合《厦门市城市发展总体规划 1995－2010》,码头选址也符合厦门港口用地和发展规划。PX 石化项目由化工行业环评的权威单位组织编制环评影响报告书,并由国家有关部门依法组织专家严格审核。国家有关部门环境工程评估机构在北京主持召开了该项目环境影响报告书技术评估会。经过严格的技术评估后,国家有关部门才对厦门海沧 PX 项目环境影响报告书予以正式批复,同意该项目建设。

这位负责人还介绍道:PX 项目从项目一开始建设就建立了一整套完整的应急预案。作为大型化工项目之一的 PX 项目,客观上存在一定的风险性问题,但发生事故的概率极低,最重要的是应对的措施是否有力。该项目在设计过程中,已经采用国内外先进的安全、环保技术,各专利商提供的专利技术当中,已经包含了完整的安全、环保应急措施,如各装置的联锁停车、紧急泄压措施等;同时,还制定了降低事故后果的应急方案、手段,包括营救、急救、疏散、切断道路和现场治安。

腾龙芳烃公司:项目设计高于国家标准

为了过舆论关并得到市民们的认可,腾龙芳烃(厦门)有限公司负责人又从项目设计和建设标准的角度做了进一步解释。PX 项目业主腾龙芳烃(厦门)有限公司总经理林英宗 5 月底出面向社会解释:“我们的项目是严格按照国家规定的程序报批的,从工程设计到设备的采购,再到具体施工,我们都采用了国际上最先进、最节能、最环保的设备。我们一直把国家环保总局及厦门市环保局的要求作为设计和建设的基础。”

厦门市政府:缓建海沧 PX 项目

可是,环保部门和企业的解释并没有打动厦门市民。市民们对 PX 项目的抵制行动丝毫没有停止,反而有升级的趋势。整个风波开始向全国蔓延,引起了国内外的关注。

厦门市政府终于让步了。

5 月 30 日,厦门市政府举行新闻发布会。厦门市常务副市长丁国炎在会上宣布,厦门市政府决定缓建海沧 PX 项目。丁国炎说,最近一段时间以来,一些学者和市民对海沧PX化工项目的建设提出了一些看法和建议,舆论也进行了积极的关注,厦门市政府对此表示充分理解和肯定。经过一段时间的研究,厦门市政府认为,海沧PX项目有必要在原有项目环评基础上扩大环境评估范围,项目暂缓建设。

2007年12月,福建省政府和厦门市政府决定顺从民意,停止在厦门海沧区兴建台资翔鹭集团对二甲苯(paraxylene,简称PX)工厂,将该项目迁往漳州古雷半岛兴建。厦门市当局将赔偿翔鹭集团,并在中国发展与改革委员会批准后进行。

福建省委书记卢展工对厦门PX项目的态度是:虽然这是一个"大项目、好项目","但是那么多群众反对,所以我们应该慎重考虑,应该以科学发展观、民主决策和重视民情、民意的视角来看待这件事"。

案例改编自:邱美辉. 厦门海沧PX项目风波始末[N]. 中国化工报,2007-06-04.

三、案例分析

(1) 行政部门领导者与企业领导者的决策出发点不同,企业领导决策的出发点是获取利润,推动企业发展,而行政领导决策的出发点是维护广大人民群众的利益,促进社会和谐发展。不同的决策出发点就决定了不同性质组织中的领导者在做决策时要有不同的价值追求和方案倾向性。在本案例中,尽管PX项目的建设能够为厦门市带来巨大的经济效益,促进厦门经济发展,但是,厦门市民抵制PX项目的呼声甚高,民意与经济建设发生了冲突。面对这种情况,厦门市政府相关领导作为行政领导者,在决策中自然要以广大人民的意愿为重。如果行政领导者混淆决策出发点,一切向经济看齐,则很容易产生决策的合法性问题。

(2) 行政领导决策要求科学化、民主化、法制化。党的十八大报告指出:"坚持科学决策、民主决策、依法决策,健全决策机制和程序,发挥思想库作用,建立决策问责和纠错制度。凡是涉及群众切身利益的决策都要充分听取群众意见,凡是损害群众利益的做法都要坚决防止和纠正。"科学化、民主化、法制化是现代领导决策的发展方向。科学决策是指领导者为了实现组织目标,运用现代科学的理论和方法,系统地分析主客观条件做出决策的过程;民主决策是指领导者在决策过程中与被领导者保持密切联系,通过各种方法和途径让被领导者参与决策的活动;依法决策是指领导者的决策权必须在法律允许的范围内进行,同时保证决策结果的合法性。在本案例中,厦门地方政府领导的确做到了决策的科学化和法制化，一切手续遵从国家有关法律法规，按照正规审批流程进行审核批准，也组织专业机构和专家进行了科学论证，基本上做到了科学决策和依法决策。但问题在于，在兴建 PX 这样的重大决策事项上，地方领导没有事先经过群众的座谈和听证，没有充分听取民意就上马项目，直到引发群体性事件才象征性地进行网络投票。这说明其在决策民主化方面做得还不够。一个把公众拒之门外的决策机制，其所做出的决策往往难以获得公众的真心认可。随着政治民主化的发展和公众民主意识的觉醒，公众参与公共决策的诉求越来越强，行政领导者在做出事关民生问题的重大决策前，一定要把公众参与纳入到决策的进程之中。同时我们也应该看到，厦门市政府最终顺应民意停建 PX 项目，这也是决策民主化的表现。

(3) 领导决策的艺术体现于多元利益的平衡。领导者的决策从组织内部角度来讲就是资源的分配与再分配，所以，各方利益集团都会尽力通过各种途径来影响领导者的决策，以期获得最大的利益。团体理论认为，社会上存在着大量潜在的社会团体，一旦有人破坏现有的利益平衡状态，潜在的团体就会被激活，奋起反抗，施压于决策制定者。因此，团体理论认为，领导者所做出的决策，实际上是团体利益斗争后相互妥协的结果。本案例中，在厦门市民看来，PX 项目的兴建对于自身来说并无直接、显著的利益，却带来了巨大的风险和隐患，这种利益变化的不对等使厦门市民产生了一种利益严重受损的感觉，进而导致了“邻避效应”，即居民因担心建设 PX 项目对身体健康、环境质量和资产价值等带来诸多负面影响，从而激发人们的嫌恶情结，滋生“不要建在我家后院”的心理，甚至采取强烈和坚决的、有时高度情绪化的集体反对甚至抗争行为。对于这种情况，领导者要做的是对团体影响力的变化做出反应，通过讨价还价、相互妥协、折中调节，寻求利益群体之间冲突性诉求的平衡，避免决策引发的矛盾激化。环保部门和企业解释无效后，厦门市政府最终决定停建 PX 项目并对公司进行违约赔偿。这就是利益妥协的结果。厦门的 PX 项目事件并不是个案，在我国其他城市，PX 项目同样受到了来自公众的巨大阻力。究其原因，一方面是公众对于 PX 项目的认知不足；但另一方面，从领导决策角度来看，这是决策未能平衡各方利益而引起的利益冲突的表现。因此，PX 项目要想顺利落户，需要在决策中特别重视公众的利益诉求和补偿，更重要的是，需要政府、企业和市民三者间建成合理的利益共同体。

(4) 领导决策要重视媒体的舆论引导作用。当今时代，信息技术的跨越式发展使得每个人从媒体上获取信息变得更加及时、便捷，领导决策所受到的社会关注和监督范围更加广泛，其中，媒体起到了十分重要的作用。媒体如同一把“双刃剑”，若媒体正面宣传、积极引导，那么即使是有缺憾的决策也通常能够得到公众的谅解和支持；相反，若媒体重点关注负面内容，甚至是虚假报道恶意诋毁，那么即便是完全正确的决策，也会受到公众的抵制和反对。因此，领导者尤其是行政领导者，必须要重视媒体所发挥的舆论引导作用。在本案例中，短信、网络社区、BBS论坛等媒体渠道促进了公众对于PX项目的不满情绪的发酵，而政府部门却没能及时有效地利用媒体进行辟谣和开展危机公关，使得公众的不满情绪迅速蔓延，引发了“散步”等群体事件，超出了厦门市政府对于事态的控制能力。在厦门市政府相关领导决定落户PX项目之前，就应该先通过媒体进行PX项目的宣传和解读，消除公众的恐慌和误解，同时，借助媒体的力量，将公众参与引入决策程序，以此来获得公众的理解，或许PX项目就能够顺利落地了。

四、案例拓展

公信力是行政领导决策的重要基础之一，要避免“塔西佗陷阱”。“塔西佗陷阱”是指当某一个人或某一组织失去公信力时，无论说真话还是假话，做好事还是坏事，都会被认为是说假话、做坏事。领导者尤其是行政领导者的公信力对于决策方案的制定和执行都至关重要。一旦领导者失去公信力，在决策问题上就会陷入“塔西佗陷阱”，无论决策的实际效果好与坏，都会遭到被领导者的抵触、拒绝，在执行上也是困难重重。新时期新形势下，我国经济社会深度转型，社会矛盾处于多发、易发阶段，思想意识呈现多样、多元特征，领导者公信力面临巨大挑战，领导者更要重视公信力的塑造和维护。

五、案例思考题

1. 假如你是厦门市政府领导者，面对民意的压力，你会选择停建PX项目吗？为什么？

2. 在厦门PX事件中，媒体对于领导决策的作用体现在哪里？

3. 假如你是厦门市政府领导，你该怎样让市民大众接受PX项目？

案例五

“短命政策”熔断机制

一、案例导读

决策是一件需要慎之又慎的事情，尤其是对于公共部门来说，一旦决策失误，不仅会造成巨额的资源浪费与损失，更严重的后果是公共部门公信力的降低。2016 年初，一个影响范围遍及全国的政策——“熔断机制”正式实施，但在首次熔断发生的仅仅 4 天后，该政策就被官方废止。虽然该政策实施时间不长，却造成了大约 7 万亿资金从股市蒸发的恶性结果，全国股民怨声载道，使得该事件成为当代领导决策的反面案例。

二、案例正文

电路里面通常有一个小设施叫“保险丝”，当电流过量时，保险丝及时熔断，以保护电器，“熔断机制”便是股票市场的“保险丝”。熔断机制是指对某一合约在达到涨跌停板之前，设置一个熔断价格，使合约买卖报价在一段时间内只能在这一价格范围内交易。当波动幅度达到交易所规定的熔断点时，交易所会暂停交易一段时间，然后再开始正常交易，并重新设定下一个熔断点。设置熔断机制的目的是让投资者在价格发生突然变化的时候有一个冷静期，防止做出过度反应。[①] 这本是一项旨在降低股市波动、维护广大中小股民利益的机制，最早发源于美国，并且在美国、新加坡等国家取得了良好的效果，但是在中国却引起了一场“推行 4 天便废止”的闹剧。

“股灾之变”

2015 年 6 月，中国股市在经历了连续数月的高歌猛进之后，终于迎来了泡沫的破灭，从高点 5 178 迅速暴跌至低点 2 850，创造了中国股市的跌幅纪录，是一场名副其实的“股灾”。痛定思痛，“股灾”余温未散之际，证监会为了避免盲目交易带来进一步的股市波动，加大风险防控，决定采取措施强化股票市场交易的监管，“熔断机制”的构想便被正式提上了日程。

证监会“掌门人”肖刚

肖钢自 2013 年起担任证监会主席，是当时“一行三会”的领导者中最年轻

① 江红霄，吴琪，熊侃. 破解证券市场新名词[M]. 武汉：武汉大学出版社，2007：157.

的一位。对于多年不温不火的股市来说，肖钢的上任为金融界带来了新的希望。当然，肖钢也并没有让外界失望，上任之初便烧了“三把火”：严惩欺诈上市、解开IPO魔咒、坚决推行沪港通。一套组合拳下来，成果显著。当时媒体对肖钢评价颇高，毫不吝惜将很多美誉之词用在了这位铁腕领导者身上。

2013年上任之初，肖钢曾在一次演讲中公开提及熔断机制，他说：“比如熔断机制，当交易出现特别异常情况时，如2分钟内股票暴涨5%，就要暂停交易10分钟，有些交易需要取消，这在一些境外市场是普遍做法，但目前我国没有明确具体的法律规定。因此，遇到类似情况，证券交易所不能采取熔断或取消交易的措施，投资者跟你打官司、上访，交易所就很难讲清楚。”当时便有分析人士预测，未来可能会实施熔断机制，但是由于缺乏相应的条件和必要性，所以这项政策便一时间没了下文，也并未引起广泛的重视。但是，据了解肖刚的人说，肖钢是一个认准了事情就一定要做到的人。可以说，这次的演讲为后来熔断机制的实施埋下了伏笔。

“熔断机制”出台

好景不长，2015年夏天股灾爆发之后，股市的动荡让许多人血本无归，心怀不满的股民习惯性地将赔本的原因归到证监会领导者头上。一位被套牢的股民在给肖钢的一封公开信里这样写道：在银行系统工作期间，您曾成就显著：执掌中国银行10年内，中国银行完成了首次公开发行。但是再多夸赞也安抚不了我们饥肠辘辘的钱包。2016年，你能带领股市从危机中冲出来、让我们的钱包鼓起来吗？一时间，外界对证监会施加了很大压力，而肖钢则认为时机成熟了(面对如此史无前例的股灾，证监局作为股票市场的“守夜人”，深感必须要做出回应而不能无动于衷)，证监局便开始加快脚步推出熔断机制。2015年9月6日，证监会发布通报称“下一步将弥补监管漏洞，完善市场管理制度。研究制定实施指数熔断机制方案，严格管理和限制程序化交易，抑制股指期货过度投机，规范股票融资业务”。第二天，上海证券交易所、深圳证券交易所和中国金融期货交易所便同时发布了公开征求意见的通知，拟在保留现有个股涨跌幅制度前提下，引入指数熔断机制，该征求意见截止日期为9月21日。12月4日，3家机构正式发布熔断机制相关规定，并宣布将于2016年1月1日起正式实施。

2016年1月4日是熔断机制生效的第一天，但是出乎意料的是，“熔断机制”并没有带来预想中的股市平稳，反而掀起了更大的波澜，不仅没有安抚股民情绪，反而引起了更大的恐慌。当天13时13分，沪深指数下跌5%触发熔断，15分钟后恢复交易，又迅速下跌超过7%，触发熔断阈值，两市共上千只股票跌停，当日暂停交易。到1月7日，股市开盘后仅交易15分钟，又迅速下跌导致两次熔断,提前收盘。

4 个交易日 4 次熔断,仅用时 155 分钟。到 1 月 7 日为止,熔断机制实施 4 天,市场市值蒸发 7 万亿,仅 7 日一天之内,3.8 万亿市值烟消云散,平均每秒蒸发 45 亿元。经粗略估算,这 4 天里,股民人均损失 7 万多元。一时间,金融市场上愁云惨淡,损失惨重的券商和股民们被愤怒、悲伤、惊慌、错愕的复杂情绪笼罩。

证监会见形势不妙,也迅速做出了反映。2017 年 1 月 7 日晚间,上交所发布通知称"指数熔断"机制于 1 月 8 日暂停实施。上演了一出政策生效仅 4 天就被废止的"闹剧",而熔断机制也成为迄今为止资本市场上最"短命"的一项政策。

尾声

这场风暴中,证监会主席肖钢则处于名副其实的"风暴眼"之中,社会舆论汹汹,将熔断政策带来的损失一股脑归结到他身上,甚至有许多人要求其下台并承担责任。面对券商和股民的指责,证监会新闻发言人邓舸强调:"熔断机制不是市场大跌的主因。从近两次实际熔断情况看,没有达到预期效果,而熔断机制又有一定'磁吸效应',起了助跌的作用。目前负面影响大于正面效应"。同时,证监会特别点出了"引入熔断机制是在 2015 年股市异常波动发生以后,应各有关方面的呼吁开始启动的。并且,有关方案经过了审慎的论证并向社会公开征求了意见。"

案例改编自:袁超,殷泽,等. 熔断机制:最短命的证券机制[J]. 企业观察家,2017(1):54.

三、案例分析

(1) 匆忙决策酿恶果,领导决策要特别关注那些负面信息和反对意见。不能只听赞赏的意见、不听反对的意见;不能只看积极的现象、不看消极的现象;不能只想成功的结果、不想失败的后果。草蛇灰线,伏脉千里,大多数决策失误的结局,在决策实施前便可见端倪,只要领导者认真搜集并分析信息,便可在很大程度上减少决策失误。

任何决策都离不开信息的收集和分析,信息不充分,分析不到位,决策者只能匆忙决策,只能品尝决策失败的苦果。本案例中关于熔断机制的决策违背了信息的全面原则。在领导为决策搜集信息、意见阶段,必须要海纳百川,"决"要收,要集中,"策"要放,要民主,必须倾听多方面的意见,尤其是反对意见和负面信息,这往往是决策成败的关键。在本案例中,证监会在就熔断机制发布征意见通知的当天以及施行过程中，网络上反对的声音不绝于耳，有些专家也对此事提出质疑。但是证监会的领导层却选择性“失聪”，这些反对的声音并未引起相关领导的足够重视。这样一个事关亿万股民、牵动万亿资金的大型决策，在没有外部紧急压力的情况下，从征求意见到实施不足3个月，论证不足，反对无效，征求意见的环节形同虚设，以至于一错再错，最终一发不可收拾，酿成大错。对于这样一个结果，群情激愤，要求追责，一方面是大量股民因这一政策遭受了重大损失，另一方面，更重要的原因是民间对这一结果早有预判，而领导者视而不见，一意孤行，才导致这样的结果，这是让股民和社会难以接受的。

需要注意的是，领导者由于其在组织中所处的特殊位置，其所提出的决策意向并不容易听到反对的声音，对于决策信息的意见反馈也是经过层层过滤，在很大程度上失真，而下属迫于领导权威和群体压力，即便有反对意见也不会公开表露。在这样的环境下，领导者很难接触到底层、一线的真实声音。领导者应该以海纳百川的心态，鼓励下属提出不同意见、反对意见，并且认真思考这些意见，对其中合理的部分要积极采纳，对提出关键意见的下属要及时给予表扬和奖励。

(2) 决策需要魄力，认错需要勇气。绝对理性的决策是极少的，西蒙认为，在大多数情况下，领导者的决策只是从各种决策中选择一个相对好的次优决策。因此，领导者的许多决策都会有瑕疵、有缺陷、有负面影响，但是一个决策是否成功的标准是：对于组织来说，决策究竟是利大于弊，还是弊大于利。当决策确实出现失误，消极意义大于积极意义时，领导者就必须及时废止或修正决策。

失误的政策及时废止，似乎是非常简单的道理，但在实践中却经常面临重重阻力。首先，领导者和领导班子一旦废止已经正式施行的政策，便等于公开承认决策失误，对于自己的领导权威是一种损害，这需要莫大的勇气。其次，一项政策尤其是公共政策一旦推行，往往要有人、财、物的配套，若废止政策，将造成巨大的沉没成本，而领导者往往厌恶眼前废止政策的沉没成本，却没有看到继续推行不合理政策所造成的长期的资源浪费，所以常常选择继续观望而不及时止损。

但是，一个明智的领导者，必须要有大局意识而不是小家子气。为维护领导权威而执意贯彻错误的决策，只会造成更大的错误和浪费，进而使领导权威进一步衰落。因此，在决策已经出现弊大于利的情况下，领导者对于错误的决策要及时止损，并勇敢、真诚、坦率地承担自己的失误，这才是一个领导者应有的作为。

“短命政策”一方面是未经仔细审查导致决策失误的荒诞结果，给股市造成了3.8万亿市值蒸发的损失，但另一方面，政策之所以“短命”，也反映出相关部门领导关注决策的反馈结果，发现决策失误后能够及时废止，而不是任由其造成更大的损失，这是值得肯定的。

四、案例拓展

领导决策要遵循科学的决策程序。本案例中，领导者的决策失误给股民和中国股市带来了巨大的资源浪费，很大程度上是因为其并没有遵循科学完整的决策程序，未经充分论证就匆匆实施，导致恶果。当前，众多学者已经探索出了一整套科学决策程序，具备了使决策最大程度符合客观规律、经得起历史检验的核心功能，能够在很大程度上降低决策失误的概率。决策程序的具体步骤如下：

第一步：发现问题。问题是预期、要求与实际满足状态之间的差距，每个决策都以问题作为起点。领导决策的第一步就是要发现问题，掌握问题信息、分析问题症结、找出问题原因、概括提炼问题。

第二步：确定目标。目标是在明确问题的基础上确立的。领导决策的目标就是要确定通过某次决策实施所希望达到的状态。决策目标的确定要满足5个原则：一是针对性，目标必须有的放矢，针对具体问题具体分析；二是可操作性，即目标必须是在现有条件下通过一定的主观努力可以达到的；三是系统性，从整体着眼对目标进行层层分解，将其系统地综合为一个目标体系；四是规范性，即目标必须符合当下的法律法规、政治要求和道德规范；五是具体性，即目标表述要清晰具体、条件明确，不能含糊不清。

第三步：拟订备选方案。拟订方案就是在明确目标的基础上，经过调查研究，运用适当的技术与方法，设计或者规划各种实现决策目标的备选方案的过程，这一环节是智囊系统主要参与的环节。

第四步：方案后果预测。后果预测是方案评估和优选的前提，是对决策备选方案实施的客观条件的变化和方案在各种可能的客观条件下预期效果的预测。后果预测包括3个基本步骤：一是收集材料，对预测对象的相关材料进行全面的搜集、整理和去伪存真；二是确定方法，根据预测对象的性质、指标和现有资料，选取相应的模型或方法；三是计算和分析，根据掌握的材料和确定的方法对预测对象进行具体预测，对关键变量进行综合和汇总。

第五步：抉择决断。抉择决断是指决策中枢系统中享有决策权的领导者依据经验、知识和各备选方案的预测结果，在对各方案进行比较权衡后，选择或综合出一个最优或最满意的决策方案。这一环节中,享有决策权的领导者是决定性力量。可以采用的具体方法有:头脑风暴法、德尔菲法、模拟决策法、方案前提分析法、决策树法等。

第六步:试点实验。对于一些关键性的决策,通常会牵涉到大量资源,一旦决策失误会造成严重损失,因此,决策方案确定后,先要在小范围内推行实验,以发现计划过程中未预料到的、新出现的客观情况。在试点实验过程中,要详细记录决策实施带来的后续反应,及时发现不良苗头,总结经验分析原因。试点阶段成功的决策可以进一步扩大范围推行,有问题的决策要对方案进行修正,问题严重的决策要及时废止,重新制定可行的决策方案并进行评估和选择。

第七步:决策方案实施。决策方案实施是至关重要的一步,是政策由方案落地变成现实的过程,但也是最容易发生走样、偏差的环节。首先,要让执行者们明确地理解政策的内涵;其次,要做好实施决策所需要的资源、制度、人员配套保障;最后,要将决策目标层层分解、层层落实到个人,明确权、责、利。

第八步:追踪决策。决策过程不是一蹴而就的,而是不断修改、完善的过程。尤其是执行一个大规模的决策方案通常时间跨度较长,客观情况很可能发生变化。连续性活动过程中需要多阶段控制,要建立重要的工作报告制度,以便决策者能及时了解方案进展和遇到的问题,不断修正方案来消除不确定性。[①]

这八步虽然在操作上分步,但在实际的领导工作中已经基本上成为一个决策工作的整体,构成了能充分反映决策科学精髓、具有普遍实践价值的科学决策程序,形成了一个能把领导决策纳入科学化轨道的决策机制。

五、案例思考题

1. 假如你是证监会领导者,你是否会叫停"熔断机制"? 为什么?

2. 在你看来,证监会出台"熔断机制"的过程中,哪里出了问题? 该类问题应该如何避免?

3. 假如你是领导者,你要做出决策,下属却提出了不同的意见,你会怎样做?

① 叶国灿,何晓媛.管理学[M].杭州:浙江大学出版社,2012:144.

第八章

领导与组织变革

“未来成功的组织，将会是那些能够快速、有效、持续地、有系统地进行变革的组织。”

——F. 罗勃特 · 雅各

今天的组织，随着经济的高速发展，彼此之间的竞争越来越激烈，“互联网+”的世界将一切都变得容易，也将一切都变得复杂。“互联网+”时代的到来让组织所处的内外部环境变得不再稳固，组织需要适应复杂、不确定的外部环境，要应对内部环境瞬息万变的需求，要抓住互联网与知识经济的发展机遇，要不断地变革才能使自己在时代的浪潮中保持前进的步伐。俗话说：没有成功的组织，只有时代的组织。组织只有适应时代要求，不断自我变革与创新，才能基业长青。

组织变革(organization change)，是指组织依据外部环境和内部状况的变化，及时调整并完善自身的结构和功能，以提高生存和发展能力的过程。当组织原有的稳定和平衡不能适应形势变化的要求时，就要通过变革来打破它们。但打破原有的稳定和平衡本身不是目的，目的是建立适应新形势的新的稳定和平衡。现代组织都是开放的社会技术系统，组织的运行即是与多重环境发生动态的相互影响的过程，把组织的变动性和稳定性有机地结合起来，才能适应新的情况和要求。组织变革的最终目标，主要在于实现组织结构的完善、组织功能的优化和组织成员满意度的提高。

组织进行变革的原因主要包括了内部和外部两大方面。外部原因主要有以下几点：① 社会经济环境的变化；② 科学技术的发展；③ 管理理论与实践的发展。内部原因主要有以下几点：① 组织目标的选择与修正；② 组织结构与职能的调整和改变；③ 组织员工的变化。同时组织变革还有其成长要求的因素驱动，例如企业处于不同生命周期时对组织结构的要求不相同等。

当然，组织变革的原因除了以上几点外，可能还有一些其他的原因。在组织变革的过程中，不同时段的侧重点是不同的。变革时不仅要注重组织的制度、规章等“硬件”因素，还需要关注组织中的文化、工作氛围等一些“软件”因素。不变革的组织是没有生命力的，盲目的变革会使组织消亡或者更快地消亡。领导者作为组织的计划者、组织者、决策者和执行者，如何把握组织变革的时机，制订组织变革的计划，在变革中统筹兼顾，双管齐下，兼顾“硬件”与“软件”，消除组织变革过程中的抵制因素等，对于一个组织的兴衰存亡显得尤为重要。领导者在组织变革中系统深入地研究变革规律，根据环境发展的可能趋势，在科学预测的基础上有计划地稳健实施变革，从而使组织获得更好更快的发展，对组织变革是至关重要的。本章分享了若干个领导与组织变革的案例，希望读者在分享与解读中有所感悟，有所收获，更好地领会领导在组织变革中的作用与意义。

案例一

张近东：做“山顶上的变革者”

一、案例导读

2013年2月，苏宁明确提出“电商＋店商＋零售服务商”的云商新模式。同年9月，在弘毅年会上，张近东首次对外阐述苏宁“一体两翼互联网路线图”，明确指出中国零售业未来发展的方向是互联网零售，重点是O2O和开放平台。几年时间过去了，苏宁已完成了华丽转身，从一个传统线下电器零售商蜕变为横跨六大产业，“互联网＋”与“＋互联网”并举，线上线下高度融合的O2O生态企业，并坚定地向智慧零售商迈进。张近东作为苏宁云商集团的领导者，带领整个集团度过改革阵痛，迎来发展红利。身为一名组织重大变革时期的领导者，他身上有很多优秀的领导素质等待我们去探索。

二、案例正文

苏宁在20世纪90年代初依靠空调起家。1990年12月，27岁的张近东凭着“初生牛犊不怕虎”的劲头，辞去了固定工作，在远离闹市的南京宁海路租下一个面积不足200平方米的小门面，成立了一家专营空调批发的小公司——苏宁交家电，开始了苏宁电器的创业历程。经过十几年的奋斗，在2004年7月，苏宁电器股份有限公司成功上市。到2014年10月26日，中国民营500强发布，苏宁以2 798.13亿元的营业收入和综合实力名列第一。2017年7月20日，《财富》世界500强排行榜发布，苏宁云商位列485位。在创立后的20多年间，苏宁经历过多次重大的战略转型和组织变革。每一次转型，都将苏宁带入新的境界和高度。而苏宁的历次“嬗变”，无不体现市场竞争的残酷和张近东董事长的“善变”。张近东，一个被大家称作谜一样令人难以捉摸的商人。

在20多年发展历程中，张近东引领苏宁经历了多次规模不等的调整和变革，但影响最深远的重大战略调整和组织变革大体上有3次：第一次是“批发→零售”的组织变革，第二次是“分店→连锁”的组织变革，第三次就是互联网时代下“单渠道→全渠道”的组织变革，也就是苏宁从一个传统线下电器零售商蜕变为线上线下高度融合的O2O生态企业的华丽转变。

随着互联网时代到来，电子商务拥有了越来越大的规模和影响，对传统零售行业的压力也越来越大。苏宁的第三次变革便始于这里。2009年苏宁以583亿元的销售收入在中国民营企业中排名第一，以941家遍布全国的连锁门店的绝对优势将国美电器抛在身后。在巨大的成功面前，张近东表现出一个企业家内在的忧患意识和对未来趋势的洞察力。他在一次视察门店时发现有件商品脱销，而厂家却迟迟没有回馈生产信息。这看起来是一件小事，张近东却敏锐地感知到：如果不变革传统零售商的发展模式，零售商将日益受制于厂商，“别人感冒你就发烧，别人发烧你就等死”。他认为苏宁要持续成功，必须要有掌握商品、引导供应链的能力。当时，互联网电子商务初具气候，出现了阿里巴巴、京东等一批电商企业，消费群体中也出现了明显的网购趋势。张近东迅速组建了变革研究团队，研究公司的传统零售业务如何和互联网对接、融合。

在这种形势下，苏宁被迫下定改革的决心。2012 年两会期间，张近东表示苏宁要走“沃尔玛＋亚马逊”的模式，同时提出苏宁要推进“去电器化”的品牌发展战略。当时传统企业的互联网转型思维大多是从线下往线上走，但张近东坚持，传统企业要主动拥抱互联网，但不是要放弃线下，未来一定是线上和线下高度融合，而且坚信苏宁往线上走是有优势的。后来在一次媒体采访中他这样表露心迹：“苏宁一定要走自己的路，我们只是在合适的时机，引入互联网，发展电子商务。”又说：“我们要走出自己的一条前无古人、后无来者的路，我们就是要做出个标杆。”

张近东曾这样评价自己的转型：“转型要有超前规划，你能看多远，你的事业就会有多大。我们不是为了创新而创新，而是要把既有的资源不断地优化和配置，来实现更高的目标。我们早期上线苏宁易购，是为了将线下资源在线上进行放大；我们后来推出 O2O 模式，是要将线上资源在线下兑现价值，并助推线下门店的互联网化；我们推出开放平台，是要探索全新的互联网零售模式。所有这些，都不仅是为了眼前的利益，而更多的是着眼于未来的布局。”正是张近东对于周围新事物与新环境的敏感与捕捉，更多着眼于未来的布局而不是眼前的利益，所以他才能顺利带领苏宁紧追时代发展步伐，在动荡百变的竞争环境中生存下去。

在变革的期间，不少人对苏宁的这个模式提出很多质疑和非议，不仅是外部，内部也有很多质疑的声音。面对巨大的内外部压力，张近东咬紧牙关，他说：“在压力面前，需要坚持创业精神。当我们选定一个目标的时候，一定要坚定不移地向着这个目标努力，既要有抵制诱惑的毅力，也要有经受挫折的勇气。跌倒了可以再爬起来。如果一味地求稳怕输，那就很难成功了。很多企业之所以转型不成功，并非因为它们没看到趋势，而是无法承受短期的诱惑和压力，从而左右摇摆，瞻前顾后，不能用创业的决心去转型。放弃过去的成功很难，但有时不放弃就无法获得明天的成功。转型是掌握新工具、获得新能力的学习过程，出现这样或那样的问题都是正常的，需要用时间换空间，这就更需要我们要有坚持的精神。”

经过 2010～2012 年的探索和尝试，苏宁的转型在 2013 年达到了一个阶段性的高潮。与之相伴随着的，就是组织的重大变革。2013 年是苏宁的战略布局年，也是其向互联网转型的关键一年。在这一年，“苏宁电器”更名为“苏宁云商”，将过去实施了两年的“沃尔玛＋亚马逊”模式调整为苏宁“云商”模式，即通过“店商＋电商＋零售服务商”模式，实现苏宁内部组织运营体系的大融合，从面对消费者的前端产品展示到后台的管理系统，真正让线上线下两大渠道的结合落地。根据战略定位，苏宁开始走上了“一体两翼”的互联网转型路径。“一体”就是以互联网零售为主体，“两翼”就是打造 O2O 的全渠道经营模式和线上线下的开放平台。为配合这一战略规划，苏宁历时数月完成了从底层到总部的组织再造。张近东将自己改革得以成功的原因之一归结为改革节奏的把握。他曾说：“要注意节奏，谋定而后动。无论是创新还是创业，生存和发展是前提。创新太早会成为先烈，太迟会被时代抛弃，只有在恰当的时候发力，方能既不伤及本身，又能创新成功。就如同转弯，一列高速飞驰的火车与一辆小轿车转弯的节奏完全不一样。小轿车可以轻松转过的弯，对于火车来说，则需要早转、慢转，急了不行，那是要翻车的。创新不能盲目冲动，一定要有前瞻性的部署和周密的模式设计，做好充分的准备，一旦需要发力时，就已是水到渠成的事了。”

在带领苏宁几经变革的这些年，张近东始终没有抛弃组织的团队文化，他一直坚信所有的转型最后都要固化成团队的文化。因为只有文化上的转型才是真正意义上的精神传承，成为融入到员工血液里的基因，成为自发的、自觉的内在驱动力。企业处于不同的时代，会形成时代文化的印记；企业运用不同的技术工具，会形成不同思维文化的定式。所以，在互联网的浪潮下，企业文化既不能一成不变、固步自封，也不能全盘否定，推倒重来。互联网企业的文化特征是注重用户的体验，用开放分享的思想重塑价值链，用平等的企业氛围促进创新。这个过程中，没有所谓长久的成功，每个人都只能不停地做创业者。“我也是一位创业者，也正因如此，我才能更深刻地理解创业者的酸甜苦辣，理解创业路上的艰辛与迷茫。”

可以说，张近东每次的变革都不是被环境所迫的无奈之举，而是顺应时势地迎难而上。很多人将张近东的多次变革称为“山顶上的变革”。对于苏宁来说，每一次的变革都是在其日益辉煌的时刻进行的，而张近东能够居安思危，在辉煌时仍不忘着眼未来，哪怕遭受很多人的质疑与不懈，也坚持改革本心，才能创造如今年营业额 1 485.85 亿元的苏宁帝国。

案例改编自：梁宇，李朋波．云商模式下的企业组织结构变革：以苏宁云商为例[J]．中国人力资源开发，2015(22)：67-73．

三、案例分析

(1) 张近东有一个变革型领导人具备的忧患意识和对未来时事发展敏锐的洞察力，且行动力超强。当他在2009年视察门店发现产品脱销而厂家迟迟没有回馈信息时，敏锐地捕捉到需要改革传统零售发展模式，建立属于苏宁的商品供应链，把握源头才能让苏宁不受制于人。同时他言必信，行必果。当有了苏宁变革的想法后，他可以快速组建变革研究团队，认真仔细和团队成员研究琢磨苏宁未来该如何发展。张近东在苏宁发展迅速且繁盛的时期，可以未雨绸缪，为苏宁规划日后发展的方向与路径。他能看到别人看不到的时事发展带来的机遇与挑战，早做打算，抓住发展先机，才能抢在别的同行业者之前快速完成变革，在挑战来临之前完成华丽转身。张近东是一个有强烈危机意识的人，居安思危，敢于朝自己"开枪"，为决胜未来而积极布局。苏宁是在零售业激烈的市场竞争中决胜、发展壮大的，贯穿创业发展之路的是强烈的危机意识，张近东也习惯于在震荡与混沌中调整思维方式，未雨绸缪。

(2) 张近东领导的组织变革不盲目跟风，他有自己的路线和方向，不受眼前短期利益诱惑，目标坚定。面对其他电器零售行业从线下走到线上的发展模式，张近东坚持走苏宁自己的路，推出"沃尔玛＋亚马逊"的模式，坚持推进"去电器化"。他敏锐的洞察力又一次坚定了他的想法，他认定了未来一定是线上和线下的高度结合，不可以完全放弃线下销售。正是凭借着这股不盲目、不跟风、目标坚定的变革理念，坚定地让苏宁走自己的路，才让苏宁在众多电器零售商中脱颖而出。张近东大胆地放言："我们要走出自己的一条前无古人、后无来者的路，我们就是要做出个标杆。"倘若在组织变革时，他举棋不定，随波逐流，盲目效仿，苏宁未必有今天这样的成就。同时，在苏宁变革期间，张近东始终坚定不移地向着这个目标努力，有抵制诱惑的毅力，也有经受挫折的勇气，用创业的决心去主持变革，用无畏的精神去面对一切可能出现的问题。

(3) 张近东带领下的苏宁变革并不是因生存问题被迫无奈地变革，而是谋求持续发展的主动选择，是顺应时代大势，是站在山顶上对趋势的洞察。张近东引领的苏宁的多次变革，可谓都是快走一步。他在早期上线苏宁易购，后来推出O2O模式，推出开放平台，所有这些，都快人一步，主动出击。而且这些都不是为了眼前的利益，更多的是着眼于未来的布局。超前规划是张近东的特点，也是他的优点。正是因为一次次的提前行动，才能让他带领苏宁掌握变革节奏。张近东领导的苏宁在变革方面一向是积极主动的，他评价自己的转型有超前规划，主动变革，将既有资源不断地优化和配置来实现更高的目标。

（4）张近东在多年的变革中，始终没有抛弃组织的团队文化，他坚信所有的转型都要固化为团队的文化。组织文化是一个企业发展的内在资本和内在动力，良好的企业文化不仅使团队积极奋进、和谐团结，还能大幅度地提高组织绩效，让组织成员共同进步与发展。张近东正是看到了组织文化对于企业的重要性，坚持只有文化上的转型才是真正意义上的精神传承，成为融入到员工血液里的基因，成为自发的、自觉的内在驱动力。在当今现代化飞速发展的浪潮下，企业文化既不能一成不变、固步自封，也不能全盘否定、推倒重来。张近东对于组织内在文化的把握和对员工的激励等，让苏宁内部可以在改革与转型期间更加稳固、团结，不因外物的变化而影响到组织内部的发展与成长。

四、案例拓展

（1）组织变革的领导者应该有极强的趋势洞察力与忧患意识，有创新执行力。领导者是组织变革的原动力与发动机。洞察力是深入事物或问题的能力，是人通过表面现象精确判断出背后本质的能力。领导者的趋势发展洞察力对于组织变革来说至关重要。领导者要了解行业，要经常阅读反映行业趋势的书籍、文章，耳濡目染，学会用不同的思维来看待问题，提升看问题的格局；学着阅读行业报告，了解行业趋势，多多关注行业网站、大咖等的言论，学习他们思考问题的方法、观察世界的角度、推导问题的过程，培育自己的能力。领导者要努力了解事物背后的联系，不能局限于表面；要愿意花时间去观察去了解行业内部的事情，但同时不拘泥于行业内，也要学会拓宽思维，着眼于全国与世界发展的趋势。

（2）组织变革的领导者应该有极强的战略定力，做到不盲目顺应，不受短期利益诱惑，目标坚定。领导者在面对众多改革模式与改革路径时，应做到不跟风，不盲从，坚定地走自己的路。任何变革都是对既有秩序的破坏，对已有经验的冲击。打破惯性，陷入混沌，其实是一件令人痛苦的事情。所以领导者在这个混沌时期的战略定力至为关键，任何犹豫、怀疑都会带来转型失败。领导者只要稍微露出一丝的质疑，下面的员工就会停下脚步，迟疑观望，不愿跟进。没有了自上而下坚定不移的决心的推动，转型是不可能成功的。要学会在阻力面前保持高度的战略自信和战略定力。很多企业之所以转型不成功，并非因为它们没看到趋势，而是无法承受短期的诱惑和压力，从而左右摇摆，瞻前顾后，不能用创业的决心去转型。

(3) 改革者应该有坚定的变革意识,为谋求组织持续发展主动出击,掌握变革节奏,做“山顶上的变革者”。放弃过去的成功很难,但有时不放弃就无法获得明天的成功。领导者应该敢于成为“山顶上的变革者”,有坚定的变革意识,对待变革能够主动迎接。变革都是被逼的,但能否意识到“山雨欲来”,变不变,何时变,不同的领导者会有完全不同的判断和动作。虽然我们强调在做事方面要务实,讲求实效,但在面对大局时,也要敢于“下赌注”,为未来支付变革成本。领导者应用大视野来看待变革,不被眼前利益所动摇,要主动把握组织变革的节奏。改革应该是有步骤、有程序的,应该明确方向,渐进式地推进改革的策略和步骤。当组织取得一个阶段的成果之后需要再夯实,夯实以后再去巩固,在持续的变革和创新中积蓄发展能量,实现里程碑式的变革目标。

(4) 转型不能忽略文化的转型与固化,领导者要增强员工对组织价值观和使命追求的认同,树立高度的文化自信。很多组织变革不成功的一个根本原因是,变革战略不能落实。而变革最大的挑战往往并不来自于外部,而是来自内部的认同度,来自组织中的人能否转变思想观念,这时候就体现了文化转型的重要性。很多组织在变革时往往只注重一些硬性变革,如组织结构、组织战略等,而忽略了文化的变革。不同时期的组织会有不同的发展愿景、组织文化等,变革不应该只局限于制度与结构,而更应该注重文化与交流。只有当文化先转型,得到组织内部人员的认同与支持之后,组织变革才能更好地展开与推进。高文化认同感、高凝聚力、高稳定性的组织更容易取得变革的成功,能够减少外部带来的变革阵痛,更好地带领组织向既定目标变革转型。

五、案例思考题

1. 作为领导者,如何提高自己对时事发展趋势的洞察力?

2. 组织文化转型的重要性体现在哪里? 领导者该如何做?

3. 做一位“山顶上的变革者”需要领导者有哪些品质? 这样做有哪些风险与机遇?

案例二

人民公仆李世涛：甘做变革先行者

一、案例导读

他曾于2016年获《人民日报》专题报道，他是为政府权力“扎笼子”的年轻人。他主导了武汉光谷服务改革，在改革中坚持思维痛点，坚持以民为本。他秉承初心、大刀阔斧、砥砺前行，他是改革的先驱者，是变革的探路石，带领光谷荣获“中国政务服务突出贡献奖”。他就是武汉东湖新技术开发区政务服务局局长李世涛。他说：“作为改革者，也作为年轻干部，干事业要始终不忘初心，对党和政府时刻保持感恩心。”

二、案例正文

2017年9月26日，由人民日报社、《中国城市报》与国家大数据专业委员会联合主办，由《政务服务大数据报告》编辑部和中国政府管理案例库协办的第二届全国政务服务论坛暨政务服务博览会在北京国际会议中心召开。会上，武汉东湖高新区荣获“中国政务服务突出贡献奖”。在此之前，光谷政务服务还入选首届湖北改革奖。可以说，2016年光谷政务服务的成功，促成了今日东湖高新区的成就。而敢领导光谷变革，做改革先行者的第一人，便是武汉东湖新技术开发区政务服务局局长李世涛。

1978年出生的李世涛是个“资深改革者”，先后参与组建4个部门，每到一处，都带去改革的“火花”。近些年来，“光谷速度”加快，创业热情的高涨，原有的行政审批和服务机制已经成为发展的一大掣肘，行政审批制度改革成为化解矛盾的必然选择。光谷改革在当时的许多人看来都是个“没谱的事儿”，很多人不愿意去做，怕失败，而李世涛作为最年轻的处级干部，敢于担此重任，有拼劲，有闯劲，有胆识，有谋略。他改革经验丰富，先后参与组建4个部门，算是个“资深改革者”。他身上有年轻人敢于拼搏的精神，是一个不畏失败的实力派。

当时的改革，前没有历史为鉴，近没有实例可依，可谓是“摸着石头过河”。改革在还没开始之前，便毫无头绪。但李世涛认为，摸石头也要有一定的方法。他带领团队成员，先是聘请了湖北省深改办五人专家组中两名资深教授做顾问，带着武汉大学和华中科技大学的两支团队去企业、社区发问卷、做调研，摸清群众的需求，找准制度痛点。在改革中，他始终坚持痛点思维，群众不满意的点在什么地方，企业的困难有哪些，不必要的成本花在哪里，都是要改革的重点。

另一方面，他领导团队对现有的行政审批和服务事项进行了详细梳理，为给权力“瘦身”打基础。这项工作前后进行了3个多月，对最初的3 496项行政权力和服务事项进行清理整顿，只留下了204项行政审批权力；并将对象消失、多年不发生的行政许可事项进行暂时“冻结”，仅保留86项行政许可类审批，大幅缩减了行政审批权限，精简率接近60%。审批理清了，接着就是梳理服务。他的团队先后制定了42项园区服务企业清单、50项街道服务百姓清单，制定了工作流程。这3个清单将行政审批和服务事项进行了清晰的界定，为政务服务改革打开了局面。

李世涛认为，此次改革的关键在于观念的转变。这项改革需要多个部门全方位的支持，需要各级领导干部倾力配合。为了改革能更加顺利地进行，他带着人一家家部门去拜访，一个个审批窗口去争取，寻求全面支持，很难但也很踏实。

在新时代改革的大潮中，李世涛作为改革者，也作为年轻干部，始终秉承干事业要不忘初心，对党和政府时刻保持感恩心。他说：“改革是一项全局性的事业，也是一个长期持续的过程，不是哪个人就能完成的。如果将之比喻成列车的话，我们仅仅是其中一个车厢的列车员，跟着列车长的指示，随着历史大势滚滚向前。”作为一名改革者，他深知在改革中改革者会面临各种各样的诱惑，也面临很多需要当机立断、迎头而上的时刻，心思能否稳得住，常常决定了改革的成败。在他最初接受改革任务时，就有领导以此为鞭策，提醒他时刻不能掉以轻心。

“担当是改革者的本色，年轻干部出现错误时要勇于承担，而改革就是一个不断试错的过程。”正是凭借着这份不惧失败、不怕犯错、敢于承担责任的大无畏精神，李世涛带领光谷政府服务走向了一个全新的发展时代。

案例改编自：程远州．为政府权力“扎笼子”的年轻人[N]．人民日报，2016-10-30(006).

三、案例分析

(1) 李世涛作为一名年轻干部，面对变革中“坚硬的”挑战时，有魄力有勇气，敢于挺身而出、大刀阔斧。变革意味着直击过去组织中存在的问题，直达痛点。变革对于组织来说，往往是其当时情境下的必然选择。而变革过程中那些“坚硬的”挑战，如组织流程、信息系统等，便需要改革者放开手脚，大刀阔斧地废旧换新。李世涛在面对原有的行政审批和服务机制的大掣肘面前，在面对没人敢啃的硬骨头时，迎难而上，大刀阔斧地开始光谷改革。他领导团队对现有的行政审批和服务事项进行了详细梳理，为给权力"瘦身"打下基础；随后又开展梳理服务，为政府服务改革打开了局面。

（2）在对待"软绵的"挑战时，李世涛又可以灵活多变、谦卑恭逊，以诚待人，运用合适的领导策略赢得各级管理者对变革的支持。变革开始后，与其相关的人员主要有以下 4 类：变革的极力反对者、变革的积极促进者、变革的暗藏反对者、变革的潜在促进者。面对变革时不同人情绪、能力、价值等的"软绵的"挑战时，应该选择适当的应对方式。李世涛深知政府服务变革需要各级部门的全力配合，而改革必然会损害一部分人的利益。为了改革能顺利进行，他带着人一家家部门去拜访，一个个审批窗口去争取，寻求全面支持。过程虽然艰难，但取得了不菲的成绩。李世涛运用了合适的领导策略去清除改革路上的"软绵"障碍，收获了组织人心。

（3）李世涛在改革中寻求各领域专业人士的指导和帮助，借助外部资源与力量，增强了变革资本。他深知一人之力难以担此大任，一人之智难以解决所有问题，而当时的改革是"摸着石头过河"。故而他聘请湖北省深改办五人专家组中两名资深教授做顾问，带着武汉大学和华中科技大学的两支团队去企业、社区发问卷、做调研。他充分借助专家团队的智慧和力量，带领不同类型的专业人才，协助自己、协助组织进行变革。同时，他并不过分依赖外部力量，将外部信息作为改革的奠基石和参照资料。可以说，外部力量的介入在一定程度上打开了光谷政府服务改革的大门。

（4）李世涛在改革中敢于担当，秉承初心，不怕犯错，不畏失败，最终成功引领了改革。俗话说，失败是成功之母。组织变革本就是险中求胜之事，不能保证就一定能带领组织脱离困境，成功转型发展。李世涛在改革中坚定认为："担当是改革者的本色，年轻干部出现错误时要勇于承担，而改革就是一个不断试错的过程。"改革人不能惧怕失败，而要迎难而上。同时作为一名改革者，他深知在改革过程中改革者会面临各种各样的诱惑，他表现出来的当机立断、敢于承担等领导者优秀品质都是他可以成功的基础。

四、案例拓展

（1）领导者在变革中，面对"坚硬的""软绵的"等不同类型的困难时，不能一刀切，而应采取不同的、适合的手段和方式一一化解，做到审时度势，不失勇气魄力，又不失灵活圆滑。根据变革管理冰山理论，在组织变革时，变革管理是一项长期的任务和挑战。应对变革障碍所需要采取的变革管理方式应该根据变革种类的不同而不同。当对待“坚硬的”挑战，如组织流程、组织业务等需要放开手脚大刀阔斧地废旧换新时，领导者需要表现出自己强硬的一面，展现作为领导者的权威。而对待“软绵的”挑战，如组织情绪、组织文化、个人能力等，则需要表现得多变一些。根据不同的情况应运用不同的领导技巧，如安抚、沟通等，赢得组织内部各类人员对变革的支持，赢得团队的人心；而不应态度过分刚硬，造成适得其反的效果。

(2) 领导者在组织变革期间，可以借助外部资源的力量与协助，团结组织智慧，切忌孤军奋战。俗话说“术业有专攻”，领导者在组织领导方面有自己独特的优势，但对于组织变革中遇到的问题与困难，可能常常会束手无策。这时候，寻求组织外部专业人士的指导和帮助，借助外部资源就显得十分迫切。外部人力资本的加入对组织来说不仅不是负担与限制，反而会给组织带来新的创意与思维，为组织注入了新鲜的活力。组织外部的人员可以更客观、冷静地分析组织面临的问题和困难，并且不掺杂个人情感地帮助组织解决问题，避免出现组织内部人员互相包庇和照顾的嫌疑。例如组织外部人员可以做许多内部人员不方便做的事情，如绩效、薪酬体系的设计，人员评价工作等，避免引起组织内部人员情感不和等问题。而且，组织外部的人或许比内部人员在某些方面更专业，更有利于组织高效地解决问题。但是外部资源的借助只能是暂时的，组织应以自身能力为主，不可过分依赖外部力量而忽略自身的能力。

(3) 领导者在变革过程中要不畏失败，有愈挫愈勇的精神与品质，善于总结改革的错误，做到举一反三。俗话说“失败是成功之母”，组织变革的过程本身就充满着许多未知。虽然一位优秀的领导者可以做到有远见，用战略发展的眼光来为组织的发展指明方向，但这并不意味着领导者的改革一定会成功。在信息化飞速发展的今天，全球环境瞬息万变，失之毫厘差之千里更是再切合不过的形容了。一点略微的偏差都会导致组织变革的失败。优秀的领导者不一定会成功引领每一次变革，但他一定会不畏惧失败，在失败中学习经验，愈挫愈勇并重新站起来改进和修正，准备下一次变革。组织变革中的小失误并不可怕，但需要领导者及时止损，做出相应的调整与修正，不畏失败，总结失败的经验，重整旗鼓，开始下一次的变革与创造。

五、案例思考题

1. 李世涛作为一名领导者，有哪些品质值得你学习？
2. 如果作为一名领导者，你引导的变革出现了错误，你会怎么办？

案例三

乔治·雷富礼：两度出山，掌控变革

一、案例导读

宝洁公司创办于1837年，是全球最大的日用消费品公司之一。2000年初因公司长期忽略核心产品而造成业绩下滑，雷富礼在此时临危受命，接任宝洁公司CEO。在上任后，他将公司目标重新聚焦于核心产品，同时开展了放缓研究新产品的速度、稳定企业文化、削弱生产成本等一系列改革措施，让宝洁公司重新踏入正轨。2013年，当宝洁公司再度陷入危机时，66岁的他重新出山，力挽狂澜。他充满耐心，鼓励员工积极参与到改革的实施中去，浑身洋溢着领导者的个人魅力。

二、案例正文

宝洁是全球最大、最著名的消费品企业之一，其经营活动覆盖全球近80个国家，员工近110 000人。2008年，宝洁公司是世界上市值第6大公司，世界上利润排名第14的公司。它同时是财富500强中十大最受赞誉的公司之一。在2017年6月7日发布的2017年《财富》美国500强排行榜中，排名第36。宝洁多年来一直成绩卓越，以至于在20世纪90年代末陷入困境时令一些人大吃一惊。

在2000年早期，宝洁的股价持续下挫，低利润警报不断升级，雷富礼在此时临危受命，接任CEO。这位新任领导者的个性与传统企业救世主强势、好战的形象几乎毫无相通之处，他更接近于安静寡言、腼腆谦让的学者风格。

雷富礼毕业于汉密尔顿学院（Hamilton College）历史专业，后到弗吉尼亚大学（University of Virginia）攻读中世纪与文艺复兴历史的博士学位，23岁时参加美国海军服役。海军军需官的生涯教会了雷富礼一点，那就是再复杂的生意也有核心业务，核心业务就是那些能带来大部分现金、大部分利润的业务。秘诀就在于找到那些畅销商品，并把它们尽可能多地卖掉。这与他成为首席执行官以后执行的经营策略异曲同工。

1977年从哈佛商学院获得MBA学位后，他加入宝洁公司，从碗碟清洗剂的品牌助理做起，之后23年中不断升迁，先后负责宝洁公司香皂和洗涤分部、亚洲分部、北美分部的领导工作。对于雷富礼而言，成功变革的要素包括全心专注公司最好的品牌，例如佳洁士、帮宝适和汰渍，并通过规范化执行控制这家巨头的野心。

一家媒体报道，雷富礼还采取了放缓新产品开发速度、稳定企业文化、削减成本使公司重新盈利等关键措施。他意识到当前最迫切的是使宝洁在其稳固的增长支柱上重新站稳，而不是忙着建造新的支柱。于是，他让宝洁重新专注于推动宝洁收益增长的大品牌，包括帮宝适、汰渍和佳洁士。雷富礼领导变革初始做的一个决定就是承认宝洁的规模实在过于庞大，无法突然改变。这也就意味着必须控制这家巨型企业的野心，做出艰难的抉择，重点推广一部分品牌。

然而，宝洁转变的速度还是令旁观者瞠目结舌。雷富礼仅用了两年多一点的时间就使宝洁重新专注其核心品牌，如汰渍、佳洁士、维克斯和帮宝适，放缓了新产品的开发速度，稳定了企业文化，最重要的是，降低成本使宝洁重新回到盈利的轨道上。

因此，当宝洁在 2013 年遭遇产品更新缓慢、陷入成本泥潭、业绩下滑并被迫削减开支的全球困境时，董事会直接想到了雷富礼，希望他重回宝洁，带领宝洁大干一场，重新占领市场。在回归后的首次谈话中，雷富礼表示，宝洁将明确工作重心，将重点放在产品创新、削减成本、核心品牌的运营和最重要的市场。他表示，宝洁计划重振潘婷和玉兰油美容品牌，近些年这两个品牌的市场份额输给了竞争对手。

在一次演讲中，雷富礼说："我们接受了变革。我们没有试图抵抗变革，而选择了领导变革。我们开始选择——明确地选择宝洁要做什么，不做什么。认清现实后，我们做了一系列选择，尤其是需要改变行为才能获得更好结果的选择。"

市场营销专家沃尔夫(Dale Wolf)认为，雷富礼善于有原则地选择战略重点。"这些都是困难的选择，没有人愿意为这些选择承担责任，因为这意味着要扼杀无法实现的梦想，例如关闭某条产品线、某个办事处或某个工厂。承认自己无法成功做好某件事让人感觉很失败。但是 CEO 必须做出这些艰难的决定，否则公司投入的资源只有石沉大海的命运。"

宝洁成功转变的另一个关键要素是雷富礼坚持绝不过度承诺。雷富礼只承诺可实现的、现实的目标。他煞费苦心用非常简单、近乎幼儿园水平的语言与员工沟通，清除员工思想障碍，使他们专注于重要事项，即解决问题。"他们日常事务太过繁杂，无法抽出时间停下来认真思考吸收。我希望我手下的经理们能认真自觉地思考哪种文化可以胜出、我们需要哪些能力等等。"

为了培养经理们独立做困难抉择的能力，雷富礼使用了一些领导技巧，例如聆听与辅导。"最重要的是，我没有选择攻击策略。我保留了宝洁文化的核心，拉动大家和我往同一方向前进。我请他们一起参与变革，而不是命令他们。我扮演的是变革的催化剂、鼓励者和变革管理辅导者的角色。”

为了表示对其成功改变宝洁的认可，CNBC 和《华尔街日报》把“综合执行领袖”奖（Overall Executive Leadership）颁给了雷富礼。

案例改编自：晓睿．雷富礼：宝洁的“拯救大兵”[J]．沪港经济，2014(5)：60-63.

三、案例分析

（1）雷富礼在变革时始终秉承着变革不是无休止地扩大组织、加快组织成长的速度，而是有效地控制组织的野心，有目的地选择变革的重点和主线，从而帮助组织清除冗余，以更加高效、灵活、轻便的姿态持续发展。“野心”是人类行为的推动力。人类通过有“野心”，可以获得攫取更多资源的力量。在飞速发展的当今社会，资源的获取和整合，无疑是赢得成功的关键要素。一个组织或企业“野心”对于开疆拓土、探索未来领域，都有着不可或缺的巨大推动力。但是，雷富礼作为一位临危受命、挽救宝洁于水火之中的杰出领导者，他清醒地认识到保持多年良好发展态势的宝洁已经相当壮大，它需要的不再是继续扩大生产，而是通过规范化执行控制这家巨头的野心。他意识到当前最迫切的是使宝洁在其稳固的增长支柱上重新站稳，而不是忙着建造新的支柱。

（2）雷富礼作为一名领导者，有出色的执行力，可以做到当机立断，不拖泥带水，勇于承担变革的责任。一个人的执行力是指其把想法变成行动，把行动变成结果，从而保质保量完成任务的能力。雷富礼改革的关键还在于他出色的执行。他有原则地选择了战略的重点，逐渐回归原来的品牌产品，如汰渍、帮宝适、佳洁士等，放缓新产品的推出速度。正如案例中市场营销专家沃尔夫所认为的那样，在进行变革时，公司没有人愿意为所做决策承担责任，例如关闭某条产品线、某个办事处或某个工厂，承认自己无法成功做好某件事让人感觉很失败，但是领导者必须做出这些艰难的决定，否则公司投入的资源只有石沉大海的命运。出色的执行力让这位领导者仅用了两年多一点的时间，就帮助宝洁完成了大变革。

（3）雷富礼作为一位成功的变革引导者，他在公司动荡时期，选择了与组织文化相适应的领导技巧与方法，团结组织成员，通过沟通、培训、参与等帮助员工克服了对组织变革的恐慌和抵制。员工在组织变革的过程中，可能会由于个人利益、不安全感、不同的评价与目标等对变革产生不同程度的抵制。身为组织变革的领导者，需要帮助他们克服这些心理，推动变革顺利进行。在本案例中，雷富礼保留了宝洁公司文化的核心，辅助与拉动员工一起，邀请大家一起参与组织的变革，而不是命令他们。同时，他选择了一些领导技巧，如聆听与辅导，保持最大的耐心。他扮演了变革的催化剂、鼓励者和变革管理辅导者的角色，最终带领宝洁员工一起完成了公司的变革。

四、案例拓展

(1) 领导者在变革期间不可盲目扩大组织野心，适时地收拢组织，帮助组织专注于一个重点，赢得发展。野心在当今时代不再是贬义词，它意味着目标、理想，是行为的动力，企业或组织的发展需要野心与抱负。但是作为一名变革领导者，不能一味地扩大组织发展的野心，加快组织发展的速度。不根据实际情况选择变革策略，将组织未来发展寄托于盲目扩大组织范围上，势必会适得其反。在变革期间，根据组织实际发展状况，有时候适时地帮助其控制野心，收拢范围的扩大，清除组织的冗余部分，反而能更好地带领组织以全新的姿态实现转型与变革，带来巨大的发展空间。当然，控制野心并不意味着领导者完全放弃发展的野心，而是审时度势，适度而行，有效控制，方能促使变革顺利实施。

(2) 领导者要有执行力，要敢于承担所做决策的责任，为自己的行为买单。领导者的执行力是指有效利用资源、保质保量达成目标的能力，指的是贯彻战略意图，完成预定目标的操作能力，是把组织战略、规划、目标转化成为效益、成果的关键。在组织资源有限的情况下，领导者需要有执行力，同时为自己的决策负责。一名领导者的执行力不仅仅是指一个人获取结果的行动能力，它更包括了工作指标的实现能力、组织管控能力和战略决策能力。作为组织的领导者不仅需要强大的执行力，也需要承担决策的责任，推动组织向积极的方向变革。

(3) 领导者在组织变革时，要选择与组织文化相适应的领导技巧与方法，团结组织成员，帮助员工克服对组织变革的恐慌和抵制。组织文化是指组织全体成员共同接受的价值观念、行为准则、团队意识、思维方式、工作作风、心理预期和团体归属感等群体意识的总称，是物质文化和精神文化的总和。领导者选择与组织文化相适应的领导技巧，有助于变革更好地开展。恰当的领导技巧有助于维护组织的相对稳定，不至于引起大规模的动荡，造成组织成员的逆反等不良情况出现。同时，在变革期间，团结和辅助组织成员，有利于大家齐心协力为了同一目标而奋斗，安抚员工在变革过程中焦躁不安、紧张躁动的情绪。领导风格与技巧要与组织文化相辅相成才能更好地促成组织变革。同时，在组织变革期间，不能忽略组织成员的重要性，提高组织凝聚力有助于变革的推动。员工在组织变革的过程中，可能会由于个人利益、不安全感、不同的评价与目标等对变革产生不同程度的抵制。身为组织变革的领导者，需要帮助他们克服这些心理，推动变革顺利进行。沟通和培训、参与和融入、施加高压政策是有效的帮助途径。沟通和培训会提醒员工组织变革的必要性和变革带来的成果，防止各种流言、误解和怨恨等；参与和融入是指让员工帮助组织设计变革的方案，使员工对组织变革有更好的理解，为变革的成功做出贡献；施加高压政策是指对员工开除、调离等，克服组织变革的阻力。

五、案例思考题

1. 雷富礼作为领导者属于哪一种类型的领导风格？
2. 在你看来，领导者怎样做能帮助组织成员克服对变革的恐惧？

案例四

杜邦公司的组织变革

一、案例导读

杜邦公司作为美国大型化学公司，经历过许多届领导者。有些领导者通过引领变革为公司的发展做出了不可磨灭的贡献，但也有一些并未能给企业发展带来实质性的影响。不同的领导者有不同的领导风格，在不同领导者指挥下的组织变革也有不一样的反应和结果。杜邦公司几经波折，在不同领导者的带领下形成别样的发展历史与路径，成就了今天的地位与功绩。

二、案例正文

杜邦公司是美国大型化学公司，1802 年由法国移民 E. I. 杜邦在美国特拉华州威尔明顿附近建立，以制造火药为主。20 世纪，公司开始转入产品和投资多样化，经营范围涉及军工、农业、化工、石油、煤炭、建筑、电子、食品、家具、纺织、冷冻和运输等 20 多个行业，在美国本土和世界近 50 个国家与地区设有 200 多个子公司和经营机构，生产石油化工、日用化学品、医药、涂料、农药以及各种聚合物等 1 700 个门类，20 000 多个品种。1983 年总营业额达 353.78 亿美元，居世界化学公司年销售额之首。

变革过程

在 19 世纪，杜邦公司是一个家族公司，基本上实行个人决策式经营，总管理者亨利在公司任职的 40 年中，挥动军人严厉粗暴的铁腕统治着公司。公司的主要决策和许多细微决策都要由他亲自制定，所有支票都得由他亲自开，所有契约也都由他签订。他一人决定利润的分配，亲自周游全国，监督公司的数百家经销商。他全力加速回收账款，严格支付条件，促进交货流畅，努力降低价格。亨利接任时，公司负债高达 50 多万，但亨利后来却使公司成为火药制造业的领头羊。

亨利的侄子尤金作为公司的第三代继承人，试图承袭其伯父的经营作风，也采取绝对的控制，亲自处理细枝末节，亲自拆信复函，但他最终却陷入公司错综复杂的矛盾之中。1902 年，尤金去世，合伙者也都心力交瘁，两位副董事长和秘书兼财务长也相继累死。

正当公司濒临危机、无人敢接重任、家族拟将公司出卖给别人的时候，3 位堂兄弟出来廉价买下了公司，并果断地抛弃了亨利的那种单枪匹马的管理方式，精心地设计了一个集团式经营的管理体制。在这种管理体制下，权力高度集中，实行统一指挥、垂直领导和专业分工的原则，所以秩序井然，职责清楚，效率显著提高，大大促进了杜邦公司的发展。公司的资产到1918年增加到3亿美元。

可是，杜邦公司在第一次世界大战中的大幅度扩张，以及逐步走向多元化经营，使组织机构遇到了严重问题。每次收购其他公司后，杜邦公司都因多元化经营而严重亏损。

杜邦公司经过周密的分析，提出了一系列组织机构设置的原则，创造了一个多分部的组织结构。新分权化的组织使杜邦公司很快成为一个具有效能的集团，所有单位构成了一个有机的整体，公司组织具有很大的弹性，能适应市场需要而变化。

20世纪60年代初，杜邦公司接二连三地遇到了难题，许多产品的专利权纷纷满期，在市场上受到日益增多的竞争者的挑战，可以说是四面楚歌，危机重重。为了摆脱危机，杜邦公司除了实施新的经营方针外，还不断完善和调整原有的组织机构，进行组织结构的创新。1967年底，科普兰把总经理一职史无前例地让给了非杜邦家族的马可，财务委员会议议长也让别人担任，自己专任董事长一职，从而形成了一个“三驾马车式”的体制。在新的体制下，最高领导层分别设立了办公室和委员会，作为管理大企业的“有效的富有伸缩性的管理工具”。科普兰说：“‘三驾马车式’的组织体制，是今后经营世界性大规模企业不得不采取的安全设施。”

案例改编自：木元哲，祖林．美国杜邦公司百年前诞生事业部制　技术领先的企业接受组织变革的挑战[J]．现代班组，2016(1)：22-23.

三、案例分析

(1) 杜邦公司三位堂兄弟明智果决，能当机立断做出决定，挽救杜邦公司于无人接管之际，是变革中有胆魄的领导者。当杜邦公司经历前两任个人决策式武断专横的领导者濒临危机、无人敢接任时，3位堂兄弟果断买下公司并抛弃之前的管理方式，设计集团式经营的管理体制，成功使杜邦集团起死回生。快速的决策和异常的大胆使许多成功领导者和组织度过了危机和难关，而关键时刻的优柔寡断可能会带来灾难性的后果。但快速的决策并不意味着可以恣意妄为、盲目做出决定，而是应该根据实际情况，审慎思考。

(2) 公司20世纪的领导者科普兰在公司变革时，大胆放权、不做集权的领导者，鼓励他人共同创新变革。杜邦公司早期的领导者亨利及其侄子，二人就是典型的独断专行者。他们包揽了公司的主要决策和许多细微决策，所有支票、契约都必须经由他手，对组织采取了绝对的控制。这些也最终将公司带入到复杂的矛盾中险些导致破产。而公司20世纪的领导者科普兰不仅带领公司实施新的经营方针，还可以做到大胆放权。他将总经理和财务委员会议议长的职务都交由其他人担任，自己专任董事长一职，构建了组织管理的新体制。这一体制至今都是大规模企业争相实施的有效的管理体制。

四、案例拓展

(1) 领导者在组织变革时，要具有在非常不明朗的局势下果断决策的能力，帮助组织快刀斩乱麻，快速摆脱旧制度的困境泥潭。决策是一个组织能否持续发展的最为关键的一步。什么时候做决策，该怎么做，都要领导者果断地做出决策。决策晚了，机会就没有了，决策错了，则全盘皆输。正确的决策主要来自对市场、环境、竞争对手等各方面的综合认识。只有对诸多情况有真实的、准确的、及时的和全面的了解，对可能发生的事情有较准确的预测并了解其可能对自己产生的影响时，才可能进一步分析面临的形势，研究解决的对策和方法，谋划如何发挥自己的长项，才能在激烈的竞争中持续稳定地发展。面对不明朗的周围环境时，领导者应该当机立断，不能犹豫不决，错失良机。但果断决策并不意味着盲目决策。在进行决策前需要发现组织要解决的问题，确定要达到的目标，评估决策的价值，制定问题的解决方案，分析评价与方案择优，时刻把握决策实施的过程等。

(2) 领导者在变革时要懂得适度放权，善于激励他人，进行组织结构的创新。事必躬亲的领导与管理虽然掌握了组织的控制权，但领导者完全把控组织成员的大小事宜并不利于组织长期的发展与规划。完全的控制权消除了组织成员个人的责任，他们必须遵照领导者的要求来做事。同时，这样做还会扼杀组织成员的创造力和对变革的参与性。当变革期间所有的决策都由领导者一人决定时，组织内的其他人就不会积极主动地提出自己的想法和观点，最终会扼杀一个独特而观点多样的组织。当然放权不意味着完全放手，而是要做到适度授权。要注意筛选自己的授权对象，明确他的权力范围，而不是对组织的每一位成员都赋予权力。授权后要对授权对象进行监督，当他出现错误时要及时纠正，确保变革的顺利进行。领导者适度的放权不仅不会引起组织的动荡，反而可以有效地推动组织的发展与变革。

五、案例思考题

1. 你认为杜邦公司不同时期的领导者身上有哪些优点或者缺点？

2. 你认为权力对于领导者来说意味着什么？

3. 当你是杜邦公司的领导者时，你认为自己是否能像科普兰一样舍弃自己的权力？

案例五

张瑞敏：在颠覆中前进

一、案例导读

海尔作为"中国制造"的成功典范，在2010年已超越欧美老牌企业，走向全球市场，实现了从"中国第一"到"全球第一"的目标。而这一切的成功离不开它的领导者张瑞敏。美国《财富》杂志评价张瑞敏有无可比拟的巨大影响力。正是在他与时俱进的不断变革与创新中，海尔集团紧跟时代潮流，注重产品创新，抓住互联网时代的命脉，从制造型向服务型转变，造就了今天的海尔集团。

二、案例正文

世界权威市场调查机构欧睿国际公布的调查结果显示，2010年，海尔在全球大型家电市场份额方面排名第一，连续两年蝉联全球白色家电第一品牌。海尔，这个"中国制造"最成功的典范，已超越欧美老牌企业，引领全球家电业进入"中国时代"。

从1984年那个资不抵债的集体所有制小厂发展到今天，海尔连续9年蝉联"中国最有价值品牌"榜首，目前品牌价值高达855.26亿元，并且实现了从"中国第一"到"全球第一"的目标。但海尔的领导者张瑞敏从来没有满足。这位62岁的山东汉子坚信："企业是时代的产物，必须与时俱进。如果跟不上时代的发展，就会被淘汰。而要跟上时代的步伐，则需要颠覆自己传统的观念。因此，海尔一直在颠覆中前进。"

用创新穿过面前的"墙"

2010年12月22日，美国《新闻周刊》网站公布"全球十大创新公司"名单，海尔是唯一入选的家电企业。创新，是海尔的企业精神，也是张瑞敏管理思想的核心和根本。"人类被束缚在地球上，不是因为地球引力，而是因为缺乏创造力。"张瑞敏非常喜欢这句话。他相信，只要有创新力，就一定能战胜一切困难。正如佛教禅宗的一句话："凡墙都是门。"只要你创新，所有竖在你面前的墙都可以通过；如果不创新，即使你面前是一扇门，也过不去。张瑞敏认为，中国有真正意义上的企业，但没有真正意义上创新的管理思想、管理理论和管理模式。

这些年，张瑞敏一直在潜心研究互联网时代海尔商业模式的创新。他深刻地认识到："互联网的迅猛发展彻底地改变着我们的生活和工作，进而改变着我们的思想和观念。每个人都变成了一个互联网的终端，拥有自己的网络空间、社交空间和精神空间。在这个空间里，每个人都是自己这个世界的中心，有多少人就会有多少个小小的世界。世界变‘碎’了。”

张瑞敏向全球客户承诺：在变“碎”了的未来世界，海尔也应是“碎”的。每一个自主经营体都是一个自主决策的小“海尔”，潜心捕捉客户的个性化需求，第一时间为客户送上最有竞争力的解决方案。

要从制造业向服务业转型

如何满足互联网时代客户的个性化需求？对于以大规模制造为强项的中国企业来说，这是巨大的挑战。以前，一个产品可以制造 100 万台，但现在的市场，需求的不是每个型号 100 万台，而是 100 个型号 100 万台，或者 1 000 个型号 100 万台。这就带来两个困难：一是如何实现大规模定制的生产流程？二是怎样做到准确把握这 1 000 个需求？

“我们需要一个转型。”张瑞敏做出了回答。从企业层面讲，海尔要从制造业向服务业转型；从员工层面讲，每个人都应该主动地发现用户的需求，创造用户需求，成为创新的主体。

什么是服务业？以用户需求为中心，满足用户的个性化需求，卖服务，就是服务业。什么是制造业？以企业为中心，生产、库存、销售，卖产品，就是制造业。后者意味着企业以自己的意愿向客户提供产品。前者是从客户的意愿出发，提供客户需要的产品——这正是海尔的目标：“要成为互联网时代领先的世界品牌”。

张瑞敏自豪地说：“我们的产品是即需即供的，没有库存。客户需要产品，我们马上生产，马上供货；客户没有需要，我们不生产，也不会压货。中国过去的模式恰好相反，很容易压货，然后是一系列纠纷，卖不掉，得降价，不降，就退回厂里。很多品牌卖到最后还亏钱，因为他们的产品不是客户需要的。”

着手整合全球资源

全球化的运营布局，是海尔能够准确把握客户需求的重要保证。目前，海尔在全球范围内构建了 29 个生产制造基地、19 个海外销售公司和 8 大综合技术研发中心。依托这一网络，海尔能够准确及时地把握全球消费需求变化，从而设计生产出最符合消费需求的产品。

对于全球化和国际化，张瑞敏也有独到的见解。“原来的公司需要国际化，现在的公司需要全球化。两者很不同。国际化是用企业自身的资源，在国际上闯荡出一条路。公司在母国之外的多个国家有组织，这就叫跨国公司。全球化是以全球的资源实现公司在全球的目标。"IBM 就是整合全球资源优势的典范——工厂放在中国，因为最好的制造业工人在中国；信息服务在印度，因为性能价格比最优；研发在美国，因为技术优势最突出。海尔也是这样，为打造全球化的品牌，在研发、制造、营销等环节，整合全球资源。海尔是"海"，有海一样的胸怀和海一样的理想。正如美国《财富》杂志所说："种种迹象表明，海尔开始进入有史以来最好的发展时期，而张瑞敏仍将保持无可比拟的巨大影响力。"在新世纪的第一个 10 年刚刚过去的时候，张瑞敏在给海尔员工的信中写道："我们一起站在一个新的年代的门口，憧憬美好的未来。但美好的未来不会在睡梦中不期而至，她需要我们从未来看今天，从今天起按未来的趋势创造美好的未来。"

案例改编自：谢湘. 张瑞敏，在颠覆中前进[J]. 环球人物，2011(1)：19-20.

三、案例分析

(1) 张瑞敏在变革中坚持创新，转变思维，用创新引领变革。他坚信创新可以战胜一切困难。他紧跟互联网时代的脚步，潜心研究互联网时代海尔商业模式的创新，捕捉客户个性化需求，最终让海尔在信息化时代中依然屹立于世界品牌之列。同时，他创新用户需求，使员工成为创新的主体，带动了整个企业的创新与进步，将创新的观念与思想传播到公司的每一位员工身上，树立重视创新的企业文化。由此可见，领导者在指引组织变革时，应该注重组织创新精神的培养，用创新带动组织的变革。

(2) 张瑞敏在时代潮流中，把握变革主动权，而不是被迫接受改革。在分析了企业的生产规模和生产流程后，他做出了企业需要转型的决定，由制造业向服务业转型，主动迎战市场，树立海尔要成为互联网时代领先的世界品牌的目标。正是张瑞敏把握海尔的外部环境，主动进行企业变革，促成企业转型，使海尔集团逐步走向成功。倘若当初的张瑞敏没有主动变革，而等到形势所迫时才不得不进行，则可能错失发展的优先权和良机，随波逐流，不能成为电器领域的领头羊。由此可见，领导者应该掌握组织变革的主动权，准确把握变革时机。

(3) 张瑞敏变革成功的另一个关键是，他善于学习借鉴，并不盲目效仿，最终发展出有自己领导风格的变革模式。他在海尔变革中领导公司借鉴 IBM 公司整合全球资源优势的典范，将生产、信息服务、研发分散在不同的适合的国家，整合全球资源，从 IBM 公司的成功中发掘出海尔成功的模式与风格，最终使海尔公司成为全球领先品牌。择其善者而从之，其不善者而改之。张瑞敏并不照搬 IBM 成功的所有模式，而是取其精华，弃其糟粕，发掘优势，统一整合，创造出海尔公司的美好未来。

四、案例拓展

（1）领导者在组织变革中应具有创新意识和创新能力，紧跟时代发展的步伐，用创新引领组织变革。创新是一个民族进步的灵魂，是一个国家兴旺发达的不竭动力，也是提高领导者水平和能力，引导组织变革成功的关键因素。解放思想、实事求是，是领导者进行创新的前提，要求领导者根据快速变化的实际情况不断做出变革。同时，实践是创新的动力。领导者必须在变革中深入实践，勇于实践，学会在实践中探索，在实践中提高自己。领导者的创新意识和创新能力不是与生俱来的，而是主要来自于后天的培养和锻炼。实践证明，根据时代发展的要求，不断培养和提高领导者的综合素质，是增强其创新意识和创新能力的基础和前提。

（2）领导者应该审时度势，认清组织现状后，准确把握组织变革的时机和变革的方向，掌握变革的主动权，而不是被迫进行变革。随着时代的发展，组织身处的环境会发生难以预料的变化，不论是宏观环境还是微观环境。组织能否在变化的潮流中持续生存，要看领导者能否抓住变革的时机与方向，把握变革的主动权。主动性变革也叫反应式变革，是组织根据环境变化做出的反应。把握变革的主动权才能把握组织变革的命运，抢占先机。被迫变革是在不得已的情况下组织做出的无奈的选择，它不是组织主动希望进行的。被迫变革可能使组织无法跟上时代的潮流，在历史的波涛中逐渐被抛弃。领导者在认清环境情况和组织现状后，应该准确把握变革的时机，在关键时刻进行组织变革，更有利于组织变革的成功。

（3）领导者要善于学习，善于借鉴成功组织的经验，取其精华，弃其糟粕，发展有自己风格的变革模式。领导者作为一个个体，其个人阅历和经验有限，坚持不懈地学习理论知识、历史经验，借鉴其他组织的成功之路，能够让自身知识不断丰富，视野不断开阔，经验不断丰足，素质不断提升。相同困境的经验借鉴可以使组织少走弯路，而成功的变革经验可以使组织拓宽思路，了解到更多成功变革的方法方式，最终引领组织成功变革。在科学技术飞速发展、信息网络高度发达的今天，“两耳不闻窗外事，一心只顾自家门”，不仅仅是愚昧，更是一种僵化。对于同样的问题，明明别的组织早已创出成功的经验，有现成的、已被实践证明行之有效的思路和措施，却犹自关起门来苦思冥想，就是在浪费时间和精力。面对众多组织的案例，要谨防不假思索、来者不拒、生吞活剥，应该取其精华、弃其糟粕，在其基础上有所发展，有所创新，有自己的原创，有自己的版权，不被任何东西包括好的东西所束缚。

五、案例思考题

1．你认为海尔集团成功的关键在于什么？

2．你认为张瑞敏在海尔集团的成功中扮演了什么样的角色？

3．作为一名领导者，你认为个人后天怎样可以做到具有远见卓识、把握时机？

案例六

丘吉尔：至暗时刻，坚韧成就伟大

一、案例导读

提到丘吉尔，大部分人会想到“20 世纪最重要的政治领袖之一”“有史以来最伟大的英国人”“近百年来世界最有说服力的八大演说家之一”“1953 年诺贝尔文学奖得主”等闪耀的头衔。他在第二次世界大战期间临危受命，接替张伯伦成为英国首相，用自己的铁腕政策为英军的反攻打下了基础。他是世人面前赫赫有名的首相，更是天才的领导者与政治家。

二、案例正文

温斯顿·丘吉尔，1874 年生于英格兰一个贵族家庭。少年时期的他是一个典型的差生和笨蛋。丘吉尔曾在《我的早年生活》写道：“刚满 12 岁，我就步入了‘考试’这块冷漠的领域。主考官们最心爱的科目，几乎毫无例外地都是我最不喜欢的。不仅如此，我乐意别人问我所知道的东西，可他们却总是问我不知道的。我本来愿意显露一下自己的学识，而他们则千方百计地揭露我的无知。这样一来，只能出现一种结果：场场考试，场场失败。”但即便是在这种情况下，丘吉尔却依然保持着自信，他坚信自己就是一枚会发光的金子：“每个人都是昆虫，但我确信，我是一个萤火虫。”

丘吉尔被学校分到最差的班级里，却获得了比那些聪明的学生更多的优势。在他们全都继续学习拉丁语、希腊语以及诸如此类的辉煌的学科的同时，丘吉尔只是专心地学习历史，每天阅读四五个小时的历史哲学著作，广泛涉猎国内外书籍，从柏拉图、吉本、麦考利、叔本华、莱基、马尔萨利、达尔文等世界著名思想家、哲学家、历史学家和生物学家的著作中吸取了丰富的思想营养。这种学习方式成为他终生保持的习惯。

丘吉尔在知识和能力之间寻找最佳的平衡点。在他眼里，每个人都有着自己闪光的地方，不要因为自己在某个方面不行就认定自己方方面面都不行，最终的成功不是看你有何卓越的才华，而是你自己对自己有没有信心。

二战时，丘吉尔临危受命，却并不被政治势力强大的张伯伦和哈利法克斯子爵看好，他们把丘吉尔推崇为首相只是应急之策，不乖乖听他们的话，丘吉尔就面临着滚蛋的命运。一边是德国闪电一般的装甲洪流迅速的吞并了欧洲诸国，很快便到来的战争危机，一边是内阁的张伯伦和哈利法克斯坚持与纳粹“和谈”的威胁。选择听话和谈，似乎还有一线希望，而反抗就意味着把全国人民的性命放在了赌桌之上，手上的30万军队面对的是数不尽的敌人，胜利的希望渺茫。

面对如此巨大的压力，丘吉尔像平常人一样地走进地铁，和车厢里的乘客闲聊。当得到市民无论如何都不支持和谈，即使血拼到最后一刻，也不想成为德国纳粹的奴隶的意愿之后，他下定决心。身为海军大臣的丘吉尔于危难关头挺身而出，登台组阁成为英国首相。他临危不惧，挽狂澜于既倒，扶大厦之将倾，力排众议，振臂一呼，坚决抗战，挽救了行将就木的英国和即将全线溃败的反法西斯阵营。

回到会场，不顾张伯伦和哈利法克斯的威胁反对，丘吉尔发表了这段著名的演讲：

“我们只有一个目标，一个唯一的、不可变更的目标。我们决心要消灭希特勒，肃清纳粹制度的一切痕迹。什么也不能使我们改变这个决心。什么也不能！我们决不谈判；我们决不同希特勒或他的任何党羽进行谈判。

我们将在陆地上同他作战；我们将在海洋上同他作战；我们将在天空中同他作战，直至借上帝之力，在地球上肃清他的阴影，并把地球上的人民从他的枷锁下解放出来。我们绝不投降！”

丘吉尔的演讲鼓舞了英国民众，始终坚持救援法国并与德国作战。

没有人知道，20世纪最伟大的演讲家曾经是一个口吃。少年时期，老师发现在教室角落里的丘吉尔又不知道在想什么。于是，老师很生气地问：“丘吉尔，你在干什么？”可是丘吉尔似乎沉浸在自己的世界里，根本没有听到老师在叫他。老师更生气了，他走到丘吉尔的面前，气愤地拍着桌子说：“如果你还不回答我的问题，我就把你赶出去。”丘吉尔惊慌地站了起来，但还是什么都没有说。

老师发怒了，大喊着：“你把你父亲的脸都丢光了，将来你只能做个可怜的寄生虫。”“不，不，不，我，我，我要做，做个演讲，讲，讲家。”丘吉尔的话还没有说到一半，同学们就“哈哈哈”地大笑起来。放学的路上一群同学追了上来，他们围住丘吉尔嘲弄地对他喊：“讲话都讲不全，还想当演讲家，做梦去吧！”

丘吉尔想辩解几句，但自己就是说不出来。他开始着急，结果越是着急越是说不出来。同学们嘲弄够了，就一哄而散，转眼间就剩下了丘吉尔自己在空荡荡的路上。

自那以后，丘吉尔在家就对着镜子大声地一遍一遍地说话，直到最后，他能够很连贯地说一个句子甚至一大段话。后来，他还背诵了大量著名的演讲词。

谁能想到，这个口吃的孩子，后来竟然成了英国历史上最伟大的首相，在第二次世界大战中用他那富有激情的演讲鼓舞了千千万万的人，为英国军民提供了精神支持。

时至今日人们依旧怀念他那代表着"永不屈服"和标志着胜利的手势"V"，他已成为那个时代英国精神的化身，那种英勇不屈的精神至今仍像一盏明灯鼓励着人们前行。没有一种伟大是天生的。伟人是在黑暗来临前树立在芸芸众生中岿然不动的旗帜，是疾风骤雨到来时坚忍不拔的信念。

案例改编自：常识君. 丘吉尔：你的至暗时刻，恰恰成就了你的与众非凡[EB/OL].（2018-03-09）[2018-07-28]. https：// baijiahao. baidu. com/s? id＝1594440521643299416&wfr＝spider&for＝pc.

三、案例分析

（1）丘吉尔作为一位领导者，有着超凡的信念与自信，坚忍不拔的毅力与决心是他身上迷人的个人魅力。在他还是少年时期时，面对学业的挫败，同学对其口吃的耻笑等挫折，他没有放弃自己，始终坚信自己就是一枚会发光的金子。"每个人都是昆虫，但我确信，我是一个萤火虫。"在他眼里，每个人都有着自己闪光的地方，不要因为自己在某个方面不行就认定自己方方面面都不行，最终的成功不是看你有何卓越的才华，而是你自己对自己有没有信心。成年时期面对二战内忧外患的紧迫时期，面对至暗时刻，他又是凭借着内心的一份执着与信念，隐忍中不断挽救英国于水火之中。当然，仅仅凭着他的信念与自信还是不能让他有如此的成就，更重要的是他在信念中不放弃拼搏。他可以每天看四五个小时的历史哲学著作来学习历史，他可以每天一遍一遍对着镜子练习说话和背诵，他可以临危不惧，挽狂澜于既倒……这些都不仅仅是一份信念可以做到的，更多的还有他的拼搏努力、坚持不懈。俗话说笨鸟先飞，勤能补拙。也正是由于他的这份勤勉，打开了他的人生之路。

（2）丘吉尔作为二战时期英国的领导者，能够体察民意、顺应民心，始终代表人民的利益，为人民而奋斗。在丘吉尔接任英国首相之职后，一边面对德国闪电一般的装甲洪流，一边面对内阁的张伯伦和哈利法克斯坚持与纳粹"和谈"的威胁，他始终不忘英国的利益与人民的未来，他像平常人一样地走进地铁，和车厢里的乘客闲聊。当得到市民无论如何都不支持和谈，即使血拼到最后一刻，也不想成为德国纳粹的奴隶的意愿之后，他下定决心，临危不惧，挽狂澜于既倒，扶大厦之将倾，力排众议，振臂一呼，坚决抗战，挽救了行将就木的英国和即将全线溃败的反法西斯阵营。当时的丘吉尔倘若做一个乖乖听话于政治势力庞大的张伯伦和哈利法克斯子爵的“哈巴狗”，或许也可以享尽荣华富贵与满身荣耀，但是他却可以做到排除万难，真正的担当起首相的职责，不惜冒着从首相之位滚蛋的命运，也要发表演说，鼓舞全英人民誓不做德意志的奴隶。他是那个时代英国精神的化身，是至暗时刻来临时芸芸众生中的一抹亮光，鼓舞和激励着一代又一代年轻的英国人民站起来保卫自己的国家，最终带领大家赢得了战争的胜利。

(3) 丘吉尔身上另一个领导魅力便是他的口才。从一个少年口吃的孩童到一个妙语绝伦、口若悬河的伟大演说家，其深厚的个人功底和激动人心的演说词无时无刻不在散发着其领导人的魅力和影响力。动荡即变革时期的领导者，庞大的个人领导影响力更可以帮助他在乱世中获得支持，顺利地推进一系列改革举措，帮助其事业向着自己理想的方向去发展。丘吉尔的口才无异于帮助他收获了民众的支持与追捧，大家希望有这样一位领导者带领英国人民站起来，不再被列强所欺凌。口才不是每个领导者都必需的才能，但倘若拥有好的口才，无疑会锦上添花，增加个人魅力与领导影响力。

四、案例拓展

(1) 变革时期的领导者应该有信念和毅力，有充足的自我效能感。自我效能感是指个体对自己是否有能力完成某一行为所进行的推测与判断。班杜拉学者对自我效能感的定义是：“人们对自身能否利用所拥有的技能去完成某项工作行为的自信程度。”领导者在组织环境面临动荡、不安定的时候，应该表现出强烈的自我效能感，即面对问题时超强的自信心和必胜的信念与毅力。组织内部人员面临困境时本就惊慌失措、无所适从，此时一位自我效能感强的领导者更能稳定组织成员的内心，稳固慌乱的局面，帮助组织树立坚定的信仰，从而带领组织突出重围，有条不紊地应对变革，展开后续有效的工作，最终斩获成功。当然自我效能感强并不意味着领导人是自负的，不意味着要过分地高估自己。自我效能感的成因主要有个人自身行为的成败经验、替代经验、言语劝说、情绪唤醒、情境条件等。所以说，领导者在平时的领导活动中也应加强自身经验积累，为日后可能出现的各种情况打下基础。

(2) 领导者在领导活动中需要时刻以人民为重，顺应民心、体察民意，始终代表人民的利益。《荀子·哀公》中有句名言：“水则载舟，水则覆舟”。这句话虽是描述古代统治者与百姓的关系，但在当今社会中，这句话同样适用于领导者与其追随者。自十九大以来，习近平总书记就不止一次提出了党的领导干部要时刻以人民为重的发言。2016 年 1 月 18 日，在省部级主要领导干部学习贯彻十八届五中全会精神专题研讨班上，习总书记指出："要着力践行以人民为中心的发展思想。人民为中心的发展思想，不是一个抽象的、玄奥的概念，不能只停在口头上、止步于思想环节，而要体现在经济社会发展的各个环节。"2016年1月26日，在主持召开中央财经领导小组会议上，习总书记指出：供给侧结构性改革的根本目的是提高社会生产力水平，落实好以人民为中心的发展思想。2016年1月29日，中共中央政治局第三十次集体学习时，习总书记讲道：这就决定了我们必须坚持以经济建设为中心，坚持以人民为中心的发展思想。2016年2月19日，习总书记主持召开党的新闻舆论工作座谈会时指出：党的新闻舆论工作是党的一项重要工作，要坚持以人民为中心的工作导向。2016年5月17日，他在主持召开哲学社会科学工作座谈会时指出：我国哲学社会科学要有所作为，就必须坚持以人民为中心的研究导向。脱离了人民，哲学社会科学就不会有吸引力、感染力、影响力、生命力。这一系列重要的讲话都在向我们展现一个领导者、一个领导团队，要想带领组织和组织成员在变革环境中得到发展和进步，就必须时刻关注人民，一切以人民利益为重，以人民为中心，关心人民，亲近人民。

(3) 领导者在变革时期需要提高自身的领导影响力，因为具有较高领导影响力的人既是动荡时期的"定海神针"，又可以团结民众，汇聚民心。领导影响力就是领导者在领导过程中，有效改变和影响他人心理和行为的一种能力或力量。任何领导活动都是在领导者与被领导者的相互作用中进行的。领导工作的本质就是人与人之间的一种互动关系。在领导过程中，领导者如果不能有效影响或改变被领导者的心理或行为，那他就很难实现领导的功能，组织目标也就无法实现。这种能力在组织变革时期显得尤为重要。只有当领导者有了一定的影响力以后，才能更好地领导组织内部人员齐心协力应对变革挑战。领导影响力是整个领导活动得以顺利进行的前提条件；同时，领导影响力影响着组织群体的凝聚力与团结；再者，领导影响力可以改变和影响组织成员的行为。构成领导影响力(或者说权力)的基础有两大方面，一是权力性影响力；二是非权力性影响力。权力性影响力又称为强制性影响力，它主要源于法律、职位、习惯和武力等。权力性影响力对人的影响带有强迫性、不可抗拒性，它是通过外推力的方式发挥其作用的。在这种方式作用下，权力性影响力对人的心理和行为的激励是有限的。构成权力性影响力的因素主要有：法律、职位、习惯、暴力。与权力性影响力相反的另一种影响力是非权力性影响力，非权力性影响力也称非强制性影响力，它主要来源于领导者个人的人格魅力，来源于领导者与被领导者之间的相互感召和相互信赖。构成非权力性影响力的因素主要有：品格因素、才能因素、知识因素、情感因素。身为领导者，光有权力性影响力是不够的，还要多多提高个人素质与领导魅力，提升自己的非权力性影响力。

五、案例思考题

1. 你认为丘吉尔是靠着什么从一个笨蛋差生蜕变成了日后杰出的伟人？
2. 丘吉尔提高其个人领导影响力的关键与其妙语绝伦的口才有关系吗？
3. 你认为还有哪些举措可以提高领导者的领导影响力？

案例七

黄明端：战胜了所有对手，却输给了变革的时代

一、案例导读

黄明端，大润发董事长兼CEO。1997年，他在中国海峡两岸各地开设大润发量贩店，不到10年，在黄明端的领军下，大润发已经成了横跨两岸、年营业额突破千亿新台币的量贩帝国。然而，在2018年初，身为大润发董事长的他却宣布辞职，并放言：我赢了所有竞争对手，却输给了时代！

二、案例正文

黄明端，一个曾在赌场门口站岗把风的小混混，30年后竟变身量贩界天王，一手打造出横跨两岸、营收突破千亿的大润发。他出生在台南西港乡的一个小渔村。高中之前，他是个成绩不好又不爱念书的小混混，下了课，就在赌场门口站岗把风。他常带头打架，到现在身上还有几处不知从何而来的伤疤。所幸后来浪子回头，才逆转了命运，"否则依我的个性，当大混混，还蛮适合的"，黄明端放声笑说。

外表看来温文平静，但潜藏在黄明端骨子里的，是截然不同的性格。一位和他相识超过10年的记者说，润泰集团总裁尹衍梁曾用"狼"来形容黄明端，"聪明，肯拼，行动快、狠、准，是个能四处开疆辟土的战将"。在员工的眼里，黄明端不只是匹"狼"，更是匹"会咬钱的狼"。因为和尹衍梁是台大商研所同学，毕业后他到润泰纺织工作，一路从基层做到总经理，让润纺成为世界第一大格子布制造厂。1997年，黄明端人生第二个"大逆转"来了。他先后在台湾内地开设大润发量贩店，不到10年，在黄明端的领军下，大润发已经成了横跨两岸、年营业额突破千亿台币的量贩帝国。"他是一个能创造dynasty(朝代)的人，要称呼黄明端'师父'"，台湾大润发总经理魏正元说。

黄明端留人也留心。原来，大润发的发展也非一路顺遂，曾经，一位来自台湾地区在上海工作的总经理带着几位店长跳槽同业，造成内部不安。为此，黄明端亲自坐镇上海，发布员工分红制度(台湾大润发还未实施)，一位店长的本薪加上分红，一年超过百万台币。同年，他计划成立量贩学院，加强教育训练。"给大陆员工安全感，让他们可以学习，可以发挥，很重要"，黄明端缓缓说着他在大陆的经营心法，"在大陆，有很多体会不是本人来，还真不知道。"在地化不仅为大润发日后发展埋下稳固的人才基础，另一个好处是可以快速响应市场变

化。在大润发里流传一则故事:树上有只小鸟,在大润发不管是谁看到,觉得可以打,就拿枪把它打下来。可是在外商的量贩店系统得先写报告,请示能不能把鸟打下来?等到国外总部评估同意后,鸟早就飞走了。“有时候我自己也会开枪打鸟”,黄明端这匹“台湾狼”哈哈大笑地说。

2010 年,大润发取得营收 404 亿元人民币,取代家乐福,成为当时中国大陆零售百货业的冠军。2011 年 7 月 27 日,大润发与欧尚合并在香港上市。拥有“大润发”和“欧尚”的高鑫零售,市场占有率超过沃尔玛,一跃成为中国最大的零售商。黄明端也赢得了“陆战之王”的美誉。纵然他一直深居幕后,但在零售业若不知道黄明端的名声和业绩,是在这个行业还非常边缘的象征。

黄明端是一个向全世界学习,集众人之长做自己的人。他曾对媒体说:“我的生鲜一部分买货操作是学美国的,但是整个商店的设计是学欧洲的,商品的选择是学大陆。”起初,大润发模仿的是欧洲零售业巨头——万客隆的仓储式销售业态。1997 年,大润发在大陆成立上海大润发有限公司,开出第一家门店大润发平镇店,但反响并不好。

黄明端喜欢琢磨。走访观察大陆的大卖场市场后,他发现,相较于万客隆的冷清,家乐福却异常火爆。于是,在大陆开到第三家门店时,他果断叫停仓储模式,以家乐福为标杆,转为大卖场经营模式。效果随即显现。1999 年,大润发创下 240 亿元人民币的营收,将万客隆甩在身后。2000 年 12 月 21 日,润泰集团与法国欧尚集团合资,在大陆推进欧尚和大润发两大品牌的卖场业务。黄明端抓住契机,疯狂学习欧尚的营运经验,甚至拷贝了欧尚几乎所有的内部营运文档。随后一年,中国成功加入世界贸易组织,零售业正式对外开放,零售大卖场在中国迎来了黄金十年,沃尔玛和家乐福等世界巨头,都纷纷加快在中国攻城略地的步伐。通过研究沃尔玛、家乐福等零售巨头的经营模式,黄明端得出结论,沃尔玛是中央集权,虽然门店整体规范,但不会因地制宜。家乐福则是地方分权,由店长主导,弹性较大。最后,黄明端总结出一套独特的模式,介于中央集权和地方分权的“中庸之道”,即由中央负责开店、采购和配送,产品定价、会员经营和店内陈设交给地方自主。

2017 年 11 月 20 日,阿里巴巴入股高鑫零售,后者所经营的欧尚和大润发正是中国规模最大和发展最快的大卖场运营商。这次资本合作被认为是新零售发展的又一关键战略,但其落实速度之快,仍然出乎很多人的意料。在宣布与阿里合作的当天,面对媒体,黄明端多次表示,“阿里巴巴就是高鑫零售最好的合作伙伴,这对股东,对公司,对员工,对消费者都是最好的选择”。在不久后他便宣布了从大润发辞职。

面对着电商零售业的快速发展，曾经将沃尔玛、家乐福等大型零售巨头视作对手的大润发，万万没有想到会在今天被另一个行业的电商巨头打败。在现代电子信息技术迅猛发展的势头下，竞争几乎是无处不在。不仅是同行业间的竞争，当你的视野还局限于自己认识的那一方天地时，你就已经被这个时代所抛弃。就像打败尼康的不是索尼、佳能，而是异军突起的智能手机；导致康师傅、统一方便面销量急剧下滑的不是白象、今麦郎，而是新兴的互联网送餐平台。就像不久前的一则“滴滴骑手招募令”，让以打车起家的滴滴开始和美团、饿了么等争抢送餐业务了。在这个跨界打劫、迅速更迭的时代，竞争是此起彼伏，无处不在，每个人都如履薄冰。每一个人，都应该勇于面对社会的激流和动荡，既要居安思危，也要居危思安，支撑起中国的未来，不再留有像黄明端一样被时代抛弃的遗憾。

案例改编自：

[1] 徐立. 赌场门口小混混打败家乐福、沃尔玛，成中国超市之王[EB/OL]. (2017-04-05)[2018-07-28]. https://www.sohu.com/a/132187806_701030.

[2] 李睿奇. 大润发董事长黄明端：赢了所有对手却输给了时代[EB/OL]. (2018-01-12)[2018-07-28]. https://www.sohu.com/a/216310311_99915155.

三、案例分析

(1) 黄明端是一个交易型领导者，他不仅性格上干脆利落，有快、准、狠的“狼性”风范，更是在对待员工上留人也留心，通过对员工的物质激励增强团队凝聚力。他是润泰集团总裁尹衍梁眼里像“狼”一样“聪明，肯拼，行动快、狠、准”，能四处开疆辟土的战将，也是员工的眼里一匹“会咬钱的狼”。在面对上海地区总经理带着几位店长跳槽同业的内部不安局面时，黄明端亲自坐镇上海，发布员工分红制度(台湾大润发还未实施)，一位店长的本薪加上分红，一年超过百万台币。他计划成立量贩学院，加强教育训练，以保障给大陆员工安全感等举措，不仅留住了员工的人，也留住了员工的心。他用自己的领导手段凝聚了团队成员的心，及时遏制了组织内的跳槽风潮。

(2) 黄明端是一个善于学习借鉴，向全世界学习，集众人之长做自己的领导者。他曾对媒体公开表示，自己生鲜买货操作是学习美国的，但是店面设计是学欧洲的，商品选择是学大陆。他善于观察和模仿，集众家之长，学习先进的、有特点的、可以赢利的商业管理与销售模式。在面对沃尔玛的“中央集权制”和家乐福的“地方分权制”时，他并没有完全照搬两者的经营模式，而是推陈出新，琢磨出一套适合自身发展的模式，即介于中央集权和地方分权的“中庸之道”，让中央负责开店、采购和配送，而产品定价、会员经营和店内陈设交给地方做主。在面对瞬息万变的组织环境时，黄明端善于学习、琢磨、借鉴，但又不死搬硬套的举措很好地推动了大润发的发展。对于外来文化与经典，黄明端取其精华，弃其糟粕，最终让优秀得以传承，开拓出一条符合自身发展的道路来。

(3) 黄明端引领下的大润发一直将目光局限于本行业内，将竞争对手仅仅锁定为单一的零售巨头。尽管后来他也想搭上电商零售的顺风车，但终究晚了一步，沦落到被阿里巴巴收购的下场。2017 年 11 月 20 日，阿里巴巴入股高鑫零售，后者所经营的欧尚和大润发正是中国规模最大和发展最快的大卖场运营商。在宣布与阿里合作的当天，面对媒体，黄明端多次表示，“阿里巴巴就是高鑫零售最好的合作伙伴，这对股东，对公司，对员工，对消费者都是最好的选择”。在不久后他便宣布了从大润发辞职。面对着电商零售业的快速发展，曾经将沃尔玛、家乐福等大型零售巨头视作对手的大润发，万万没有想到会在今天被另一个行业的电商巨头打败。目光的局限在当今社会不再仅仅指对本行业本领域信息的匮乏，更包含了对其他行业领域，尤其是新兴行业、社会整体趋势等的关注和研究。

四、案例拓展

(1) 在组织变革时，领导者可以取众家之长，从模仿与借鉴中开辟组织发展新路径。领导者不一定每次都可以完美地应对各种类型的组织变革，但是，身为领导者，可以通过学习经典，将其他优秀的、值得学习的案例拿来参考，要注意分析、研究并借鉴其中有益的成分，从成功的例子中汲取智慧，获取自己应对组织困境的方法。但借鉴和模仿决不能离开组织具体实际而盲目照搬照套。他山之石，可以攻玉。习近平总书记曾在 2013 年接受媒体采访时指出：“中国特色社会主义必须随着形势和条件的变化而向前发展。我们愿意借鉴人类一切文明成果，但不会照抄照搬任何国家的发展模式。中国的改革是中国特色社会主义制度的自我完善和发展。只有走中国人民自己选择的道路，走适合中国国情的道路，最终才能走得通、走得好。”这句话同样适用于变革期的组织，是领导者实施自己的各类举措，推动改革发展的不二方针。

(2) 变革时期的领导者应时刻把握社会发展态势，对社会热点等一些新兴事物有一定的敏感性，学会鉴别它们的出现会给组织未来发展带来怎样的变化。放眼现在的社会，无论你是谁、身居什么职位、掌握了多少有价值的资源、积累了多少家业，总有一种变革会悄无声息地威胁到你。没有一种模式是永远长存与固定的，没有一种竞争力是永远不会被打败的。科技一直在不断地被创新，尤其是在资本和效益的催化之下，各种传统不断地被颠覆，各种社会力量不断地被重组。面对这样快速发展又充满变革与机遇的新社会，领导者不应将视野仅局限于传统的逻辑，而要打破思维，提高自身兼容性，无论当世界发生怎样的变化时，你都有一种化“变化”为“不变”的能力，从容应对各种即将出现的新挑战与新环境。

五、案例思考题

1. 你认为导致大润发被收购、董事长黄明端辞职的因素有哪些？

2. 面对当今不断更迭的社会，你认为怎样做才能使组织不会落后，保持持久发展呢？

第九章

领导与组织危机管理

在21世纪,没有危机感才是最大的危机。

——理查德·帕斯卡尔

“危机”本身具有两面性，可能是威胁，也可能是组织的机会。一般来讲，危机都有一定的生命周期，由若干个阶段组成，每个阶段都有自身的特点和需要解决的具体问题，也对危机管理的领导者提出了一定的挑战。领导者的危机管理过程，可以按照危机的发展状态分为三个阶段：危机前管理、危机中管理和危机后管理。

危机前的管理是指对可能引起组织危机事件的诱因、征兆和隐患进行监测、预警和预控的过程。组织要争取在危机来临前尽早地发现危机的预兆，建立一套能够感应危机的体制，提醒组织或个人制定相应的应急行动方案。领导者能在危机尚未全面爆发时预先识别出潜在的诱发因子、触发点和临界点，并采取相应措施将潜在危机化解于萌芽状态，是成本最低的危机管理方式，也是危机管理的最高境界。

危机中的管理也常常被称为应急处理，是指一旦危机事件形成或者爆发，领导者根据事先制定的应急预案，迅速采取应急行动，控制或者消除正在发生的危机事件，减轻危机可能给组织造成的危害。危机全面爆发后的转折点是危机治理的关键点，如果处置得当，危机很快就会得到化解；如果处置不当，危机就很可能恶化。因此，应急处理是组织危机管理的核心，也是整个危机管理过程中最困难、最复杂的阶段。此阶段，领导者要协调、整合一切应急资源来控制危机局面，遏制事态恶化，保证正常秩序。

危机后的管理是指在危机被妥善处置并受到有效控制而趋于稳定后，对危机事件造成的危害后果进行评估，在评估的基础上做好恢复与重建工作。在这个阶段，组织危机管理的重点是：根据危害评估结果，对危机恢复工作进行整体规划，有计划、有步骤地恢复重建，使组织或个人尽早地从危机状态中解脱过来，尽快地进入正常状态。

对于各级领导来说，危机管理是对其领导素质的巨大挑战。对风险性、不确定性问题进行非常规决策，并以此促进组织、社会的变革与创新，是领导活动的重要特点，也是“管理”与“领导”的重要区别。在极具风险性和不确定性的危机管理中，要求组织各级领导者具备高度的应变力、洞察力和创新力。危机管理一方面为领导者展示自己的能力、提升自己的形象提供了良好的机遇，同时由于其极大的挑战性又可能会给领导者的职业生涯带来负面影响。本章结合领导学和危机管理的知识，通过剖析真实案例，从经验中探究领导者的危机管理之道。通过本章学习，你将了解，面对危机时，领导者怎么做才能化险为夷，哪些是领导者万万不能做的，在危机的不同阶段，领导者应如何采取措施。

案例一

海底捞上午“沦陷”，下午“逆袭”

一、案例导读

海底捞作为餐饮行业的服务标兵，因其地道的口味、周到的服务，赢得了顾客良好的口碑。等位时的一盘跳棋一次美甲、就餐时一张贴心的眼镜布、在独自就餐顾客对面放只布偶熊……这些贴心的服务是海底捞公司理念的体现。但是在一锅尖声叫好的热汤中，2017 年 8 月 25 日海底捞却被浇了一瓢冷水。海底捞陷入“老鼠门”风波，负责人被约谈，公众对其食品安全表示质疑。然而两天后，海底捞却有惊无险，再次赢得公众的信任。面对公众的信任危机，海底捞的领导者是如何力挽狂澜的呢？

二、案例正文

食品安全问题被曝光 海底捞陷入信任危机

8 月 25 日上午，媒体曝出海底捞北京劲松店、太阳宫店出现“老鼠爬进食品柜、店员将打扫卫生用的簸箕与餐具同池混洗、用火锅漏勺掏下水道”等现象。此消息一出，舆论一片哗然。公众纷纷对自己舌尖上的安全表示担忧。

海底捞连发两份致歉信 网友为其点赞

下午海底捞连发两封致歉信。第一封致歉信回应称，经公司调查，媒体报道中披露的问题属实。对于此类事件的发生，表示十分愧疚，向各位顾客表示诚挚的歉意。公司愿意承担相应的经济和法律责任，请公众监督对事件的处理。同时公司也公布了整改措施，涉事的两家店停业整改、全面彻查，并排查所有门店，避免类似情况发生。第二份声明更是发布了 7 条具体应对措施：① 涉事门店主动停业整改、全面彻查，并请第三方公司对卫生死角排查除鼠。② 主动配合政府部门监察。③ 欢迎媒体和顾客检查。④ 联系虫害治理公司做专业性整改。⑤ 海外门店依法律法规严查整改。⑥ 员工无须恐慌，主要责任由公司董事会承担。⑦ 海底捞所有门店依法依规整改。所有整改措施都责任到人。网友评论海底捞公司的回应“有担当”，为其点赞。

公司负责人被约谈　食药监局严令整改

当日，北京市食药监局立即对上述两家门店进行立案调查，并对四川海底捞餐饮股份管理有限公司位于北京地区的 1 家中央厨房和 26 家门店开展全面检查，第一时间约谈该公司北京地区负责人。8月26日北京市食药监局再次约谈海底捞公司北京地区负责人，将本次对“海底捞”全面检查发现的问题进行通报，问题包括消毒记录不全、餐饮具混放、未戴工作帽及口罩等，要求海底捞总部按照承诺对北京各门店实现后厨公开化、信息化、可视化，限期1个月完成。

积极落实整改　走出“老鼠门”风波

8月27日，海底捞官网发布《关于积极落实整改，主动接受社会监督的声明》，表示对北京食药监局的约谈内容全部接受；同时将媒体和社会公众指出的问题和建议，全部纳入整改措施。至此，海底捞公司得到大众的原谅。几天之内，海底捞从“美誉的高峰”冲向“风评的低谷”继而又实现了“舆情的逆袭”，完成了一次过山车式的公众舆情转折。

案例改编自：

[1] 张运来，范姝君. 海底捞“后厨事件”危机公关触动了消费者的哪根弦？[J]. 公关世界，2017(19)：56-59.

[2] 黄沛.“海底捞事件”的危机公关与舆情观察[J]. 传媒观察，2017(10)：18-19.

三、案例分析

海底捞的3封公开信成了这次危机公关的三板斧，层层推进，刀刀见效。从“媒体报道披露问题属实”到“主要责任由董事会承担”再到“对约谈内容全部接受、自上而下责任到人”，每封信都有具体指向，言辞很恳切很真诚、态度不推诿不扯皮，整改方向细致清晰。整个危机领导和处理过程堪称是公关界的典范之举，海底捞发表的3篇声明也被奉为公关文的范本。

(1) 反应速度之快，令谣言无处可生。从被曝存在食品安全问题到平息舆论风波，海底捞用了短短3天时间。8月25日上午危机发生，短短3小时后，海底捞第一封致歉信就新鲜出炉，正面回应事件，抢抓发言先机，表明企业态度，避免了谣言的蔓延。紧接着公司又发表了第二封致歉信，主动承担责任，提出具体整改措施，表明解决问题的决心。8月26日负责人被约谈后，27日海底捞公司就发声明，表示对约谈内容全部接受，将积极落实整改。面对政府和公众的质疑，海底捞的次次声明都掷地有声，完美回应。

(2) 回应姿态低，态度诚恳。第一封致歉信中就主动承认媒体所披露事件全部属实，对公众表达十分歉意和愧疚。第二封致歉信表明主动配合政府部门监察，欢迎媒体和公众对门店食品安全进行检查，提出意见和建议。海底捞的公关文让公众和媒体隔着纸张都能感受到道歉的诚意，从心理上将公众和媒体都拉入了海底捞的阵营，成功化解了媒体的敌意和公众的质疑。

(3) 高层主动承担责任，为员工营造安全感。在海底捞公司的第二份声明中，有这样一条为人称道，“员工无须恐慌，只需继续做好本职工作，主要责任由公司董事会承担”。这一条声明不仅对于公司内部稳定具有重要意义，使公司全体员工上下一心，而且塑造了公司关爱员工、有担当的形象，极大地提高了公司的美誉度，增进了公众对海底捞的信任度。

(4) 整改措施强劲有力，对公众负责。“请第三方公司对卫生死角排查除鼠”“联系虫害治理公司做专业性整改”“对所有门店进行检查整改”“所有公众责任到人”，这一条条整改措施都表现出了公司整改的决心。

四、案例拓展

组织是在不断变化的环境中成长起来的，随时可能遇到风险和危机，这是所有组织都不可避免的事实。危机由“危”和“机”二字组成，顾名思义，危机既可能是危险，也可能是机遇，关键在于组织如何应对。对于组织领导者来说，处理危机时，应遵循5S原则：承担责任原则(shoulder the matter)、真诚沟通原则(sincerity)、速度第一原则(speed)、系统运行原则(system)、权威证实原则(standard)。

(1) 承担责任原则。当危机事件来临时，公众需要的不是解释和推脱，而是组织主动承担责任的担当。组织需要的也不是“找借口”和“打官司”，而是公众的信任。在处理危机时，以任何借口逃避责任都是不明智的选择，这会遭到公众的抵触和反感。相反，主动承担责任，让公众感受到自己的歉意和诚意，请求公众的原谅，能够将组织的损失降到最低。当然，向公众说声抱歉很容易，但有些企业同样的错误总是再犯，屡教不改，这让公众怀疑其道歉的诚意。道歉不仅仅是开个道歉会，发表个道歉函，更重要的是弥补已造成的伤害，终止正在进行的危害，让公众真真切切感受到你的诚意。满不满意，原不原谅，都是由公众说了算。

(2) 真诚沟通原则。组织陷入危机旋涡时，是公众和媒体的焦点。组织领导者应主动和新闻媒体联系，和公众沟通，消除媒体和公众的疑虑。沟通时，要表达歉意、态度诚恳、内容真实。

(3) 速度第一原则。在处理危机事件时，应当遵循24小时原则。在危机事件发生的12～24小时，各种谣言就像病毒一般瞬间爆发，繁殖性和传染性都极强。此时，关于危机事件的各种说法都有，公众处于观望状态，对谣言也将信将疑。因此，此时组织的态度和举动是外界评判组织的主要依据和关键因素。这时，组织领导者要果断决策，启动企业的公关预案。如果没有预案，组织领导者也应第一时间表明态度、主动承担责任。一般来说，在危机发生后的 24 小时，是处理危机的“最佳时机”；超过 24 小时，事态很可能会升级、恶化甚至失控。

（4）系统运行原则。组织不是孤立存在的，它是存在于一定环境之中的，由各个子系统共同组成。每个子系统对于组织都是至关重要的，一旦哪个子系统运作出现了问题，就会危及整个组织。有时候因为组织管理者个人视野的局限性，会使组织的各系统安全失衡。管理者往往会为了解决一方面的危险，而忽视另一方面的危险，从而致使整个组织陷入危机。因此，作为组织领导者，决策要着眼于大局，促进企业各个子系统的良性发展、协同发展，不能捡了芝麻，丢了西瓜。

（5）权威证实原则。在组织发生危机时，自身说再多的话都抵不过权威机构的一句话。由于权威机构的相对独立性，其发言具有客观性，易被公众接受。因此，遇到危机时，尤其是产品质量类型的危机，组织领导者可以采取“曲线救国”的策略，请公信力高的机构为企业说话，使消费者解除对组织的警戒心理，重获他们的信任。

五、案例思考题

1. 作为消费者，对于海底捞的危机公关，你是否满意？是否会继续信任它？为什么？

2. 海底捞的公关成功为公司化解了危机，但是，在食品安全问题上做危机公关是否应该提倡？这会出现哪些问题？

案例二

九寨沟"震情重"何能"伤害轻"?

一、案例导读

2017 年 8 月 8 日,四川九寨沟县发生了 7.0 级地震。地震是典型的公共危机事件,并且这次地震的震级大,给当地造成了不小的经济损失。但是值得一提的是,本次强震所造成的人员伤亡程度却相对比较轻,究其原因,相关领导部门在危机来临前就已经做好了预防措施,当危机突然来临时,便能够从容应对。这种未雨绸缪的危机管理思想,值得当今的领导者们学习。

二、案例正文

吸取经验　落实抗震设防工程

"5·12"汶川地震之后,根据中国地震动峰值加速度区划图和国务院相关指示,四川省政府经审慎思考后做出决策,决定在九寨沟县附近地区按 8 度进行抗震设防。抗震设防无疑是利国利民的重要工程,但其也有诸多问题需要考虑,如村民的安置问题、建筑成本问题、施工质量监测等技术问题。省住建厅及地震防御相关部门从规划选址、建筑设计、工匠培训、质量管理、宣传教育等方面,加强当地农村民居抗震设防指导和监管。

搬村重建　筑牢防震第一道防线

漳扎镇甘海子村是距离九寨沟地震震中仅几公里远的一个村子,地震局和相关部门在巡查时发现了村里的隐患:房子没有主体结构,仅仅是用斫石砌起来的。通过专家的考察分析,这个村子必须要选址重搬。"首先,这个地区周边山离得很近,有地质滑坡的危险。其次,这个地带本身地基不是太好,本身的地基也可能向河中心滑坡",中国地震局工程力学研究所研究员戴君武说,"另外,本地是 8 度抗震设防区。在这种条件下,完全达不到 8 度抗震设防的要求。"甘海子全村 100 多人,要从老村子全部搬离绝非易事。村民们在老村子住惯了,说起搬家都不太情愿。村干部们只好带头先动了起来。搬家建新房需要不少钱,政府了解村民们的难处,为解决村居重建资金不足的难题,当地实行村民贷款、政府贴息,并规划发展民宿旅游给村民们带来收入。

严把质量关　守好抗震第二道防线

搬离地质隐患地带是应对地震的第一道防线,而当地震来袭,考验的则是房屋建筑的抗震设防水平。房屋达到抗震设防要求，能够有效地减少地震带来的损失，但是，如何真正将抗震设防要求落到实处，也在考验着政府各级部门的执行力。业主建房，九寨沟县地震局下达抗震设防参数，要求业主必须根据参数进行设计。而设计怎么才能落到实处？达到设防等级的设计需要更多材料，建设成本增加。为此，四川省阿坝州建筑设计院九寨沟分院工程师何世昌常常和业主发生争论。当地星光大酒店经理谭富贵想节约一些资金。“整层楼全部弄完的话，多花十一二万”，他说，“什么抗震不抗震，都不懂。能节约一点钱，就节约一点钱。”但作为设计方，为了保障工程质量，何世昌跑了好几次，几乎磨破了嘴皮子，把国家标准给他一个一个讲。最终，谭富贵按要求完成了施工。

抗震设防等级高，能够有效抵抗地震，但与此同时，建造成本也提高了，一刀切地提高抗震设防等级显然很不实际。如何能够满足本地区的抗震需求，在地震来临时起到抗震作用，又能够不造成资源的浪费？两者的平衡，需要科学作为依据。我国各类工程抗震设防的主要依据是中国地震动峰值加速度区划图，区划图将四川省九寨沟标为地震高发区，因此在工程抗震设防上不能马虎。

做好应急预案　设好救灾第三道防线

从地质隐患地带搬迁，到房屋、工程的抗震设防，是防震、抗震的两条重要防线，这样的防线都是以科学为基础来构筑的。而救灾作为应对地震的第三条防线，同样离不开科学指导。九寨沟地震之后，四川省地震局第一时间公布了地震烈度图，为之后的救援及重建工作提供了科学依据。此外，九寨沟地震的特殊性在于当地游客较多，而在地震来临时，在不到 24 小时的时间里成功疏散并转移 61 000 多名游客，最大限度减少了余震或次生灾害可能带来的危险。

四川省九寨沟县委书记罗智波说，《突发事件应对法》和《防震减灾法》在九寨沟县贯彻得比较到位。九寨沟县各行各业都制定了预案，特别是九寨沟国际旅游度假区，做了专门应急预案，每次一有突发事件直接就启动预案。

中国地震局地质研究所研究员徐锡伟说，在应急救援启动以后进行了交通管制，避免了像 2013 年芦山地震那样，社会各界纷纷救援，无序救援，造成爱心拥堵这种现象，所以使得九寨沟的救灾有序、高效。

我国是世界上自然灾害最为严重的国家之一，灾害种类多，分布地域广，发生频率高，造成损失重。如何更好地处理人与自然的关系，如何正确地处理防灾减灾救灾和经济社会发展的关系，如何提高抵御各种自然灾害的能力，是个始终需要思考的命题。

案例改编自：焦点访谈栏目组．“震情重”为何“伤害轻”[EB/OL]．(2017-09-24)[2018-11-02]．http：//m．news．cctv．com/2017/09/24/ARTIJgR3Wjkg6L5fEF6

WhlWU170924. shtml.

三、案例分析

九寨沟地震震级高，而人员伤害轻，关键在于四川省各级政府的科学领导和部署。不论是在震前、震中还是震后，四川省各级政府的各项措施都具有示范和借鉴意义，对人民生命和财产安全起到了重要的保障作用。

(1) 尊重自然规律，咨询专家意见，科学决策。四川省政府依据中国地震动峰值加速度区划图，结合四川省特殊的地理位置和自然条件，做出在九寨沟县附近地区按 8 度进行抗震设防的科学决策。听取专家考察意见，漳扎镇甘海子村搬迁重建。这些都是科学决策的表现。也正是因为四川省政府的未雨绸缪，才极大地提升了九寨沟地区的抗震能力。

(2) 注重沟通，以身作则，积极促进问题的解决。甘海子全村 100 多人，全村搬迁并非易事：一是故乡情结，村民们不愿意离开家乡；二是资金问题，搬家建新房是需要一大笔资金的，增加了村民们的负担。当地政府注重与百姓的沟通，了解村民们的难处，积极促进村居重建资金问题的解决，实行村民贷款、政府贴息、民宿旅游，给村民增加收入；同时注重发挥村干部的带头作用，带动搬迁工作的开展。

(3) 重视执行质量，将政策落到实处。九寨沟县地震局下达抗震设防参数，要求业主根据参数建房。但如何能保证业主按质施工呢？制度的生命在于执行，只有执行得好，制度才能发挥其预期效果。四川省阿坝州建筑设计院九寨沟分院工程师何世昌为了保障工程质量，深入村民家中，为村民讲国家标准，监督施工质量。

(4) 3 条防线齐发力，应急预案效果好。地质隐患地带搬迁，房屋抗震设防，救灾是防震、抗震的 3 条重要防线。7 级地震下，九寨沟能够免于灾祸，得益于 3 条防线共同发挥作用。此外，九寨沟县各行各业都制定了预案，特别是九寨沟国际旅游度假区，做了专门应急预案。当地震来临时，九寨沟政府立即启动预案，保证了救援的有序、高效。

四、案例拓展

(1) 领导者要树立危机意识，设置危机应对预案。组织生存于社会之中，由于社会环境总是处于变化之中，没有任何一个组织敢于说自己永远不会遇到危机。因此，最佳的防御就是做好准备。这样，一旦发生危机，组织就可以集中力量控制局面、化解危机。一般来讲，应对预案可以从以下几方面着手：① 建立危机事件的处理机构。② 制订完整的危机事件处理计划。③ 与第三方机构建立盟友关系。④ 定时检查组织运行存在的问题。⑤ 不间断地排练。

(2) 领导者在危机时期也要坚持科学决策。首先,决策环境是相当复杂的,既要考虑外部因素的变化,又要从组织实际出发。其次,领导者的个人能力、精力都是有限的,存在一些视线盲区或认识偏见,这些都会影响领导者决策的科学性。而在危机环境下,领导者的决策关系着组织的生死存亡,一旦出现失误,对组织则是毁灭性的打击。因此,领导者要做到科学决策:一是要准确全面掌握危机的真实状况,根据实际情况,做出有针对性的决策;二是要拓宽沟通渠道,听取下属意见;三是要发挥智囊团的作用,咨询专家意见。

(3) 领导者要善于沟通,找到问题症结,对症下药。沟通分为上行沟通、下行沟通和平行沟通。上行沟通是指下级的意见向上级反映,有层层传递和越级反映两种形式。下行沟通是指领导者对员工进行的自上而下的信息沟通。平行沟通是指组织中各平行部门之间的信息交流。领导者要全方位进行沟通。当然,这种沟通不能是单向的,而必须是双向的,这样才能得到和发出准确的信息。只有通过多方沟通,了解到了危机事件的全貌,才能采取有效措施。

(4) 领导者要监督政策执行,保证政策执行不走样。政策的有效性会由于各种原因受到影响,表现为政策失真现象。政策失真有 4 种表现形式,即政策表面化、政策扩大化、政策缺损、政策曲解。因此,在政策执行中需要建立政策监督,以抑制政策失真现象的蔓延。

五、案例思考题

1. 领导者如何在危机中进行科学决策?
2. 危机应对预案一般要从哪些方面入手?

案例三

阿里史上最大危机，马云含泪裁一半员工

一、案例导读

阿里巴巴网络技术有限公司(简称：阿里巴巴集团)是以马云为首的 18 人于 1999 年在浙江杭州创立的。2015 年阿里巴巴集团在中国企业国际传播力排名中位列第二；2016 年 8 月，在“2016 中国企业 500 强”排名中位列第 148 位；2017 年位居“BrandZ 最具价值全球品牌 100 强”第 14 位。然而阿里巴巴的腾飞也不是一帆风顺的。马云经常开玩笑说，如果他以后要写一本关于阿里巴巴经验的书，书名应该是《阿里巴巴和一千零一个错误》。虽然犯过的错误没有 1 001 个那么多，但是阿里从初创到现在的近 20 年时间里也是经历了多起关乎生死存亡的危机。其中最严重的当属 2000 年的“互联网寒冬”。

二、案例正文

遭遇寒冬

2000 年 4 月 3 日开始，美国 NASDAQ 股票狂跌，到了年底，中国的网站开始纷纷倒闭。至此，持续 3 年的互联网浪潮突然从峰顶跌入谷底，互联网的冬天来临了。阿里巴巴“第一届西湖论剑”是 2000 年 9 月 10 日召开的，热闹过后仅 10 天，马云就宣布阿里巴巴进入 6 个月紧急状态。“未来半年是非常严峻的半年，随时做好加班准备。”在 2000 年 10 月召开的阿里巴巴“遵义会议”上，马云和决策层做出了 3 个“B To C”的战略决定：Back To China(回到中国)，Back To Coast(回到沿海)，Back To Center(回到中心)。所谓“回到沿海”是指将业务重心放在沿海六省。“回到中心”是指回到杭州，正是这次会上，第一次确认杭州为阿里巴巴总部。当时的阿里巴巴有 5 个战场：在国内是中国内地、中国香港特别行政区，在国外是美国、欧洲和韩国，但这 5 颗子弹里只有一颗子弹能够制胜，只有一个地方能够活命，那就是大陆，就是杭州。

自断其臂

2001 年 1 月，阿里巴巴的账面上只剩能维持半年多的 700 万美元，更可怕的是，当时的阿里巴巴并没有找到赚钱的办法。当网站的钱快烧完仍找不到盈利模式时，几乎所有的投资商都本能地捂住了自己的口袋。于是，融资上亿元人民币的瀛海威倒了，融资 5 000 万美元的美商网倒了……3 年前，网站兴起如

雨后春笋;3 年后,网站倒下如纷纷落叶。阿里面临的形势异常严峻。当务之急是开源节流。首先是节流,控制成本。于是撤站裁员、全面收缩就是必然的选择。然而做出这样的决定不是件容易的事。当马云、蔡崇信、吴炯为大裁还是小裁而犹豫不决时,关明生(2001 年 1 月,马云任命关明生为阿里巴巴的 COO)果断地说,要杀就杀到骨头!一场空前惨烈的大封杀开始了,一场于危境之中拯救阿里巴巴的战役打响了!最后美国办事处只剩六七个人,韩国办事处直接关闭,香港办事处 30 人裁得只剩下 8 人,上海办事处调整到不到 10 人。收缩和封杀使阿里巴巴的决策层陷入郁闷之中。尤其是性情中人的马云,所受伤害最大。副总裁彭蕾说:"马云说作为一个领导者,永远知道向团队说什么,不说什么。被动时没人能从他脸上看出来。在遭受质疑、收缩美国战线、撤掉外面公司时,裁员使他遭受很大压力。那时马云很沮丧,他总说是不是真的那么错误那么失败,要去削减人?马云是重感情的人,看着一起工作的人离开他受不了。他骨子里是喜欢热闹的人,恨不得大家工作在一起,工作完了还在一起。"

事后马云说:"虽然人少了,但我们的成本控制住了。现在公司的成本处于一个稳定的阶段,几乎每个月都可以做到低于预算 15%左右。控制成本其实没有什么秘诀,就是做到花每一分钱都很小心。我们公关部门,公关预算几乎为零,请别人吃饭是自己掏钱。我自己应该是网络公司里最寒酸的 CEO 了,出差住酒店只住三星级的。我们不是用钱去做事,而是用脑子去做事。"大封杀的效果立竿见影。每月的成本立刻从 100 万降到了 50 万美元,阿里巴巴赢得了宝贵的一年喘息时间!

跪着过冬

2001 年新浪王志东、8848 王峻涛辞职事件给这一段时期的中国电子商务带来重大的负面影响,面对寒流滚滚、四面楚歌,马云大喊:"Never never never give up!"(永不放弃)他对阿里巴巴的团队说:"中国网站 6 个月之内有 80%会死掉,就像新经济,有 70%的想法要扔掉,只有 30%能实现下去。这时你跟竞争者拼谁能活着,谁能专注。不管多苦多累,哪怕是半跪在地下也得跪在那儿。跪着过冬,就是你站不住了也得跪着,不要躺下,不要倒。坚持到底就是胜利。如果所有的网站公司都要死的话,我们希望我们是最后一个死。这是个 3 000 米的长跑,不是 100 米的短跑,所以我说,需要有兔子一样的速度,有乌龟一样的耐力。我们要学会半跪生存。"在互联网最冷的冬天,马云说过一句名言:今天很残酷,明天更残酷,后天会很美好,但绝大多数人都死在明天晚上,却见不到后天的太阳。

使出“撒手锏”

从2000年下半年到2001年西湖论剑召开阿里做了3件大事：延安整风运动、抗日军政大学和南泥湾开荒。延安整风运动，用马云的话概括就是统一思想，灌输价值观。阿里巴巴当时提炼总结出来九大价值观，并将其命名为阿里巴巴的“独孤九剑”。他们借鉴GE的经验，把价值观制成卡片，装进员工的兜里。他们还把价值观列为绩效考核的硬指标，跟员工的钱袋挂上了钩。但最终的努力还是通过各种办法把价值观放进员工的心里，溶进员工的血液里。马云说：“我们提倡的价值观、文化不要停留在口号上，而要落实在行动上。”抗日军政大学，是指两个名为“百年大计”和“百年阿里”的培训班。在阿里巴巴不赚钱没盈利的时候，投资100万做培训，这是个很大的动作。用马云的话说：“抗日军政大学，团队管理，干部管理。阿里巴巴要在3年以内培养出一批人才。人是最关键的产品，所以，我们要在3年内锻炼我们的队伍。我们盼望着3年内培养出最优秀的互联网员工。当然，我们要耐心，一个企业要成功要靠捕捉机会，但是练内功是最累的，灌输价值观是最累的。”南泥湾大生产，从某种意义上讲，整风和培训都是为了大生产。大生产的成败关乎阿里巴巴的命运，关乎阿里巴巴最终能否熬过冬天走进春天。阿里巴巴正是在这个关键时刻召开了自己的“遵义会议”，确定了盈利模式和主打产品。正是在这个关键时刻，阿里巴巴开始组建销售团队，开始了“中国供应商”的销售大战。

迎接春天

在那个严酷的冬天，中国90%的互联网企业都倒下了。而阿里巴巴却完成了决定其生死和命运的三大举措，奠定了迎接春天的坚实基础。马云说过：“冬天并不一定每个人都会死，春天并不会每个人都会发芽。”但为什么有人会在冬天死掉？为什么有人能在春天发芽？这里面必有道理在。2001年底，软银首席执行官孙正义到北京来，开一个他投资的三十几家公司的会议，每人讲15分钟。前面的人都使用Powerpoint，讲得很漂亮。马云最后一个讲，他只讲了3句话：“孙先生，我问你要钱时是这个梦想，今天我告诉你，今天我还是这个梦想，唯一的区别是，我向我的梦想走近了一步，我还在往前走。我们很自豪，阿里巴巴仍是.com公司，我们以前是，今天是，以后还将是。我们的vision说阿里巴巴要做世界十大网站，而不是世界十大电子商务服务公司。我们坚信在未来，我们可以达到这个目标，而且我们为.com骄傲。”

案例改编自：孙燕君．阿里巴巴神话[M]．南京：江苏文艺出版社，2007.

三、案例分析

（1）阿里高层做出了正确的战略决策。在阿里巴巴的危急时刻，马云和决策层做出了3个“B To C”的战略决定，实行回归和收缩政策。对于处于生死边缘的阿里巴巴，这次战略转移无疑是一次伟大决策，挽救了阿里巴巴集团，使阿里巴巴能够破冬生长。“回归中国”是阿里巴巴一次明智的舍弃。当企业资金不足以支持企业的全球化发展，阿里巴巴选择回归本土，保存阿里集团成长的土壤。在本土发展，既能降低企业运营成本，又能利用国内的资源优势。“回归沿海”是阿里巴巴发展重心的转移，转向发达地区开辟市场，既有利于获得更多机会，也符合互联网企业发展的需求。“回归中心”确定了杭州为阿里巴巴的总部。这次战略转移为阿里巴巴的发展指明了方向。

（2）阿里集团重视人才培养，关键时刻用对人。作为领导者，马云深刻意识到人是最关键的产品，企业要重视培养员工。在阿里巴巴的寒冬季节，阿里花100万开展“抗日军政大学”，培训员工。正是通过培训，阿里巴巴这支游击队变成了正规军，阿里巴巴从激情创业走进了制度运营。培训使一大批技术出身、销售出身的干部懂得了现代化管理，培训使广大员工认同了阿里巴巴的价值观。马云不仅重视培养员工，而且善于用人。在阿里巴巴危急时刻，启用关明生，关明生也不负众望，挑起裁员的重任，为阿里发展赢得了宝贵的时间。

（3）马云有坚持到底的决心和必胜的信心，不断前进的行动力。在互联网最冷的冬天，马云说过一句名言：今天很残酷，明天更残酷，后天会很美好，但绝大多数人都死在明天晚上，却见不到后天的太阳。面对寒流滚滚，面对四面楚歌，马云大喊：“Never never never give up!”（永不放弃）马云说过的这些话至今仍激励着人们。在阿里巴巴生死存亡的时刻，马云的这些话绝不仅仅只是口号，而是领导者内心散发出来的决心和信心。在那个特殊时刻，这些话激励和支撑着每一位员工。当马云再见孙正义时，他说：“孙先生，我问你要钱时是这个梦想，今天我告诉你，今天我还是这个梦想，唯一的区别是，我向我的梦想走近了一步，我还在往前走。我们很自豪，阿里巴巴仍是.com公司，我们以前是，今天是，以后还将是。”从中可见，马云对互联网公司梦想的执着和其不懈的努力。这也是阿里巴巴能够破冬重生的重要原因。

四、案例拓展

（1）紧急决策是需要有领导者智慧的。在无压力的状态下，领导者有充分的时间、精力和资源来进行决策，因此做出的决策往往较为正确。但在时间紧、形势急、资源极不充分的危急关头,正确决策则需要领导者的魄力、判断力与担当力。领导者的判断力一方面来自于天生的洞察力,一方面来自于后天经验、阅历、视野等积累和总结。危机时刻,组织面对的局势是错综复杂、瞬息万变的,这就需要领导者具备大局思维,具有“从大局着眼,从小处入手”的思维方式,能够抽身事外观察及发现问题的本质,找到解决问题的入口。

(2) 领导者日常要注重培养人才,关键时刻要善于用人。不论组织是处于正常状态还是危机状态,组织领导者都要注重对人才的培养,避免因人才阶梯断裂而使组织陷入二次危机。领导者首先要认识到人才培养的重要性,加大对人才培养的投资力度,增进员工对组织的认同。当组织遇到危机时,经过培训的员工更能与组织患难与共,共渡难关。用人是领导者最主要的职能,领导者要知人善任,发挥员工的长处,在危机时刻,能够启用核心员工挽救组织于危难之中。

(3) 领导者要注重组织文化的建设。组织文化对组织内部凝聚力和外部竞争力的提升具有潜移默化且深刻的意义。当组织发生危机时,健康的组织文化能够凝心聚力,为组织克服困难提供力量。组织文化建设是一项系统工程,是现代组织发展必不可少的竞争法宝。为此,应从建立现代组织发展的实际出发,树立科学发展观,讲究经营之道,培养组织精神,塑造组织形象,优化组织内外环境,全力打造具有自身特色的组织文化,为组织快速发展提供动力和保证。

(4) 领导者要有决心和信心。领导就是一种影响力,领导者的个人行为和态度会影响组织成员的表现。因此当组织陷入危机时,领导者要有必胜的信心,对自己的能力有信心,对自己的员工有信心,避免给员工带去消极的情绪。领导者的积极行为对于员工具有难以想象的激励作用。梦想的实现是需要坚持的,领导者对于组织成立的初衷要有坚持到底的决心,有梦想的领导者才能带出有梦想的团队。当组织遇到危机时,领导者更要坚定组织成员对于梦想的追求,当然,以身作则是最好的办法。

五、案例思考题

1. 你认为阿里能够熬过“寒冬”是偶然么?为什么?
2. 在你看来,为什么在危机时刻,阿里巴巴仍然投巨资培养人才?

案例四

提薪也止不住员工跳楼？

一、案例导读

2010年，富士康员工“十连跳”事件在社会上引起了轩然大波。此次事件中，富士康可谓处在了风暴漩涡的中心，一方面，人们质疑富士康是“血汗工厂”，肆意压榨工人导致其精神崩溃；另一方面，富士康要迅速采取措施避免出现“十一跳”，还要为跳楼自杀的员工进行相关善后工作。面对如此危机境遇，可谓是“内忧加外患”，那么，富士康是如何从泥潭中走出来的？

二、案例正文

富士康科技集团创立于1974年，是专业从事电脑、通讯、消费电子、电子元件数位内容、汽车零组件、通路等6C产业的高新科技企业。凭借扎根科技、专业制造和前瞻决策，自1974年在中国台湾肇基，特别是1988年在深圳地区建厂以来，富士康迅速发展壮大，拥有60余万员工及全球顶尖IT客户群，为全球最大的电子产业专业制造商。2008年富士康依然保持强劲发展、逆势成长，出口总额达556亿美元，占中国大陆出口总额的3.9%，连续7年雄居大陆出口200强榜首，跃居《财富》2009年全球企业500强第109位。

富士康集团成绩显著，离不开员工的努力。但富士康员工生活得并不如富士康公司那般健康。从2010年1月23日到2010年5月27日，短短4个月时间里，12名富士康员工跳楼，这引起了社会的广泛关注，同时，也将富士康公司推到了舆论的风口浪尖。

员工“十连跳”，富士康公司引人关注

2010年1月23日凌晨4时许，富士康19岁员工马向前死亡，公司悬赏50万元征集线索。

2010年3月11日富士康龙华基地生活区一李姓员工从宿舍楼5楼坠地身亡。

2010年3月29日龙华厂区，23岁湖南籍男性员工从宿舍楼上坠下，当场死亡。

2010年4月6日，观澜C8栋宿舍饶姓女工坠楼，仍在医院治疗，18岁。

2010年4月7日富士康观澜厂区外宿舍，宁姓女员工坠楼身亡，18岁，云

南人。

2010 年 4 月 7 日观澜樟阁村，富士康男员工孙丹勇身亡，死者 22 岁，湖北人。

2010 年 4 月 10 日，富士康集团媒体办主任刘坤、富士康集团卫生部部长芮新明以及富士康工会副主席陈宏方，一起接受《羊城晚报》的独家专访。富士康集团负责人接受采访时数度用“检讨”一词表态。

2010 年 5 月 6 日凌晨 4 时许，随着富士康员工卢新跳楼身亡，之前深陷“跳楼门”事件的富士康，再次被推到舆论的风暴中心。据知情人透露，郭台铭因跳楼频发事件，委托富士康副总裁何友成，请来五台山高僧做法事，祈求公司能平静下来，为员工祈福。

2010 年 5 月 11 日晚间，又传来一名女工跳楼的消息。这已经是自今年 1 月 23 日，富士康 19 岁员工马向前坠楼死亡后的第八起跳楼事件。

2010 年 5 月 14 日一名年仅 21 岁的安徽籍男工，从宿舍楼 7 楼楼顶坠下，当场身亡。富士康“九连跳”事件引发了媒体和社会的关注。

2010 年 5 月 19 日，深圳市副市长、公安局长李铭来到深圳富士康科技集团，就富士康近期连续发生员工跳楼事件进行调查，并与该集团高层商讨防范措施。

2010 年 5 月 21 日，一名年仅 21 岁的男性员工南钢从 F4 栋楼跳下身亡。富士康“十连跳”事件引发公众关注。22 日晚间，深圳市政府新闻办表示，该市已组成市区两级联合工作组，协助富士康科技集团改善企业内部管理。

企业领导者首度回应，邀媒体共同参观工厂

2010 年 5 月 24 日，郭台铭首度回应，富士康绝对不是血汗工厂，他也有信心在短期内把状况稳住。

2010 年 5 月 25 日凌晨，富士康发生今年“第十一跳”，坠楼者不幸身亡。一名富士康员工告诉《南方都市报》记者，“十一跳”发生后，他收到了两封公开信，后一封来自老板郭台铭，除了慰问员工之外，还称会继续努力改进厂区软件、硬件建设；前一封名为《致富士康同仁的一封信》，以富士康科技集团的名义发出，大意为，今后员工再发生诸如跳楼自杀等事件，本人或家属绝不向公司提出法律法规之外过当诉求，要求每位员工均须签字。同时，深圳市公安、劳动保障、卫生、工会等职能部门已组成专题工作组进驻富士康，针对管理模式、企业文化等方面的问题提出多项指导意见和改善建议，并派出心理医生等人员加强对企业员工的关怀工作。

2010 年 5 月 26 日，富士康负责人、台湾鸿海集团总裁郭台铭上午从台湾飞赴深圳，揭开危机处理序幕。郭台铭首度开放工厂，全球媒体同时进入富士康大本营——深圳龙华厂采访及拍摄，上午共有200多名台湾、香港、大陆及外籍媒体记者参观富士康部分厂房，其间郭台铭陪同参观。在随后的新闻发布会上，郭台铭向全社会、富士康所有员工和死者及家属表示道歉，并再三鞠躬；同时宣布，此前富士康要求员工签订的所谓“不自杀协议”立即废止。不过他也表示，初步结论认为，跳楼事件与员工天生的个性和情绪管理有关，工厂管理并无问题，并呼吁媒体多正面报道。

官方调查介入

2010年5月26日下午，深圳市委书记王荣率该市有关部门负责人来到富士康科技集团，调研该公司连日发生的员工跳楼事件。5月26日晚间消息，针对富士康员工跳楼自杀事件，深圳市政府在市民中心举行新闻发布会。深圳市政府发言人李平在会上表示，员工连续坠楼事件涉及员工、企业和社会多个方面的因素，情况比较复杂。

2010年5月26日，国务院台办发言人杨毅在例行新闻发布会上说，大陆各级政府对接连发生的富士康员工坠楼事件高度重视，当地政府、有关部门已组成工作组进入富士康，督促、协助企业查找原因，采取切实有效的措施，做好善后和预防工作。国台办将密切配合当地政府和有关部门，认真做好相关工作。

2010年5月26日23时27分，在龙华富士康科技园C2宿舍楼有人跳楼死亡。尽管富士康科技集团总裁郭台铭25日专程邀集全球媒体，为园区发生的“第十一跳”道歉，并公布了4项实施措施等，但12小时后的“第十二跳”，将管理者和社会的期望残酷击碎。

2010年5月27日4时10分许，龙华富士康宿舍E楼有一男子割脉。

2010年5月27日，中央部委联合调查组紧急启程前往深圳，该调查组成员由人力资源和社会保障部、全国总工会、公安部组成，人保部部长尹蔚民亲自带队。调查组将至少在深圳调查一周。

给员工加薪股价下跌

2010年6月2日富士康宣布，深圳厂区一线作业员6月1日起将获得加薪，幅度超过30%，从900元提升至人民币1 200元。6日，富士康宣布再度加薪。若考评合格，深圳厂区一线作业员薪水将由1 200元提升到2 000元，增幅超过66%。据外电报道，富士康进一步上调薪资，可能对股价造成困扰。

2010年6月4日，《经济参考报》报道说“烟台富士康拒为8万员工缴公积金”，年避交公积金资金近2亿元，引发社会关注。富士康科技（烟台）工业园随即表示，目前，已向烟台开发区管委正式报告，确定按照国家法规标准和要求，为职工缴纳住房公积金。

2010年6月8日，据路透社报道，在大陆深圳厂发生数起员工连续坠楼事件，导致10人死亡后，台湾鸿海董事长郭台铭表示，企业无法承担太多的社会责任，将把宿舍管理交给大陆当地政府。上午11:52时，鸿海股价重挫4.26%至112.50台币。自5月以来，鸿海股价累积跌幅约26%。

6月12日，国台办发言人范丽青就“富士康坠楼”事件接受记者采访时表示，媒体报道“很多富士康员工抗争”有些言过其实，“对于个别台资企业发生的劳动纠纷，当地政府都非常重视，做了妥善处理”。

6月12日，人力资源和社会保障部副部长张小建表示，对于“富士康事件”，由多个部委组成的联合调查组正在进行调查中，调查结果将向社会公布。针对“富士康事件”，张小建表示，我国整体就业政策不会因“富士康事件”改变，但今后人力资源和社会保障部会引导企业和工会共同处理类似的问题。他说：“连续跳楼不光属于劳动关系层面的问题，其中还有企业管理、青年人心理等问题，有人还说媒体的报道导致自杀情绪传染。”

沸沸扬扬的富士康事件，最终将由人力资源和社会保障部、全国总工会、公安部等多部门组成的部委联合调查组赴深圳富士康进行调查的结果盖棺定论。在整个危机公关过程中，富士康经历了一场惊心动魄的磨难！

案例改编自：游昌乔，陈棋．富士康符合5S原则的危机公关[EB/OL]．(2010-06-22)[2018-11-02]．http://www.boraid.cn/training/training_baodianread_137372.html.

三、案例分析

富士康“员工跳楼”事件是一个典型的危机事件，富士康领导者在处理“员工跳楼”危机事件的表现上，既有可圈可点之处，也有亟待改进之处。

可圈可点之处：

(1) 公开致歉，积极补偿，树立负责任的企业形象。富士康公司领导者在接受采访时数度用“检讨”一词表态，在新闻发布会上，郭台铭向全社会、富士康所有员工和死者及家属表示道歉，并再三鞠躬。郭台铭的这一系列的表现都表达出了企业领导者的态度，给死者家属吃了一颗定心丸。不仅如此，富士康公司还采取了一系列的补救和安抚措施，主要有：① 请五台山高僧做法事，为员工祈福。② 开展心理干预工作，如开设心理咨询热线，开设发泄室，聘请心理咨询师、歌手、健身教练。③ 在公司部分宿舍的楼顶安装和加高防护栏。④ 提高工人待遇，深圳厂区一线作业员薪水将由 1 200 元提升到 2 000 元，增幅超过 66％。⑤ 为职工补交公积金。这些都是勇于承担责任、解决问题的表现。

（2）积极与政府部门和媒体合作。富士康领导者郭台铭邀请媒体参观工厂，并在新闻发布会上致歉，利用媒体的影响力，展示了公司的人道主义。人力资源和社会保障部、全国总工会、公安部等多部门组成的部委联合调查组深入富士康工厂，对危机事件进行调查，不仅帮助富士康公司找原因还为富士康公司解决危机提供各种服务和指导。这对于解决“跳楼事件”、安抚员工情绪具有重要作用。

亟待改进之处：

（1）公司高层领导回应时间晚。“十连跳”后公司领导者才首度回应；“十一跳”才首度开放工厂并道歉。这样的致歉似乎来得太晚了些。同时，由于 25 日富士康传出今年第十一宗员工坠楼事件，加上亚洲股市当日普遍表现不佳，在香港上市的富士康及台股鸿海集团股普遍出现重挫。其中，富士康单日跌幅近一成，总市值单日蒸发新台币 913 亿元，终场下跌 0.57 港元、收 5.31 港元，跌幅达 9.69％。受到全球股市下挫的冲击，鸿海集团股价禁不住员工“十一跳”的压力，股价大幅下滑。

（2）“头痛医头，脚痛医脚”，未看到危机本质。危机发生后，富士康做了一系列的补救措施，有人跳楼就筑网，有人心理异常就疏导，宿舍难管就交政府管。补救措施始终停留在就事论事的层面，未深究问题的本质，找到危机事件发生的真正原因，最终只能“指标不治本”，未能阻止“十二连跳”的悲剧。

四、案例拓展

（1）危机发生第一时间，领导者要致歉并进行补偿。在企业发生危机时，公众希望看见的是企业的态度和行动。企业负责任的态度和及时恰当的行动会给企业带来转危为安的机会。那么，在发生危机时，具体来说，企业应该如何做呢？首先就是要向危机事件的受害群体进行道歉，让受害群体和公众感受到公司的歉意和诚意。其次就是要对危机事件造成的损失进行补偿，包括物质和精神两个方面。补偿要具有针对性、全面性。这两项措施，基本可以平息事件，给企业修正错误腾出时间和空间。

（2）在危机发生时，领导者要做好统一战线工作。作为领导者，要有统一领导、协调八方的能力，在组织发生危机时，能调动一切可以调动的资源，助组织化险为夷。组织应积极配合政府部门的工作，主动为媒体提供危机事件的第一动态，争取最广泛大众的支持和信任。这样就可以多方发力，一同解决企业危机。

(3) 领导者要学会透过现象看本质。有时候，领导者所看见的并不是危机产生的根源，而只是其外在表现。表现的形式可能是多种多样的，领导者不能被表象欺骗。相反，领导者应追根溯源，运用自己的逻辑分析能力，拨云见日，从危机的本质出发，才能对症下药，药到病除。

五、案例思考题

1. 在富士康危机公关中，你认为哪些地方做得最好？说明你的理由。
2. 针对富士康“十二连跳”的危机事件，如果你是公司的领导，你会如何做？

案例五

“至于你信不信，我反正信了”

一、案例导读

“至于你信不信，我反正信了”这句话一度成为网络上的流行语，被网友戏称为“高铁体”，也直接导致了这句话的发言者被免职。“7·23”甬温线动车追尾事故是一场人间惨剧，它的发生本就是一场灾难，而后来有关部门和相关负责人的处理方式，再次使其饱受诟病。尤其是时任铁道部发言人王勇平的一句不当发言，将民众的愤怒彻底点燃。当今领导者，应该从这个案例中吸取深刻的教训，面对危机事件时，除了科学化解危机外，还要照顾民众的情绪。

二、案例正文

“7·23”甬温线动车追尾事故是一场令人痛心的悲剧。2011 年 7 月 23 日 20 时 30 分 05 秒，甬温线浙江省温州市境内，由北京南站开往福州站的 D301 次列车与杭州站开往福州南的 D3115 次列车发生动车组列车追尾事故，造成 40 人死亡、172 人受伤，中断行车 32 小时 35 分，直接经济损失 19 371.65 万元。“7·23”甬温线特别重大铁路交通事故是一起因列控中心设备存在严重设计缺陷、上道使用审查把关不严、雷击导致设备故障后应急处置不力等因素造成的责任事故。铁道部原部长刘志军、原副总工程师兼运输局原局长张曙光等 54 名事故责任人员受到严肃处理。

层层失职酿大祸

7 月 23 日晚 19 时 30 分左右，雷击温州南站沿线铁路导致列控中心设备采集驱动单元保险丝熔断，信号跃变，出现异常。值班人员确认设备故障，在信号仍然变化不定的情况下，温州南站工作人员上道检查，却认为设备良好，交付使用。上海调度局发现了调度所终端与现场实际终端信号显示不一，却仍同意了 D3115 车辆进入该段。该动车进入事故站段后，一方面被站段电路强行停车，另一方面车辆信号中断，不能联系调度员。此时，永嘉站显示正常，调度员又连续发出列车 D301。随后 D3115 启动目视行车，时速 16 公里每小时，而 D301 以正常速度 99 公里每小时行驶，在事故发生前 33 秒，车站技教员告知 D301 前方有车辆，但信号又一次中断，最终导致事故发生。

不当言行引民愤

事故集中搜救仅仅持续了 8 个小时左右，上海铁路局声称人员搜救行动已经完成，开始组织挖坑就地掩埋受损车头和散落部件。这一简单粗暴的处置行为引起了公众的强烈质疑。24 日晚 22 点 43 分，铁道部在浙江温州召开甬温线特大事故新闻发布会。铁道部新闻发言人王勇平在答记者问环节时回应了掩埋车体一事，他表示主要是当时现场抢险情况复杂，施救人员把车头埋在土里，主要是为了便于抢险。有网友质疑，为何车体被实地掩埋，为什么不拉走，为什么不推在一边，是不是为了掩盖证据？对此，王勇平说，对于为什么要掩埋，当时上海铁路局给出了这样的解释——因为当时环境非常复杂，下面是一个泥塘，抢险工作施展开来很不方便，还要对其他的车体进行处理，所以他们把车头埋在下面，盖上土，主要是便于抢险。“至于你信不信，我反正信了”王勇平说。这次发言引得网络上骂声一片。

救援工作反应慢

2011 年 7 月 24 日 14 时许，张德江主持召开现场会，指示成立事故救援和善后处置工作指挥部，由浙江省省长吕祖善任总指挥，国家铁道部部长盛光祖任副总指挥。会上宣布成立国务院“7・23”甬温线特别重大铁路交通事故调查组，由安全监管总局局长骆琳任组长。中国国家总理温家宝 2011 年 7 月 28 日上午来到温州，他察看了“7・23”甬温线特别重大铁路交通事故现场，悼念遇难者，并看望受伤人员，对伤亡人员家属表示深切慰问。随后，温总理会举行中外媒体见面会，向 70 余家媒体和 150 多名记者介绍事故善后情况。

言辞不当食恶果

事后国家铁道部新闻发言人王勇平向大众致歉，表示“铁路部门对这起事故的发生，向广大旅客表示深深的歉意，对事故遇难者表示沉痛的哀悼，对受伤的旅客和死伤人员家属表示深刻的慰问”。8 月 16 日国家铁道部表示，国家铁道部新闻发言人王勇平因“7・23”甬温线特别重大铁路交通事故首次新闻发布会上言辞不当被停职。

案例改编自：国务院“7・23”甬温线特别重大铁路交通事故调查组.“7・23”甬温线特别重大铁路交通事故调查报告[EB/OL].(2011-12-29)[2018-11-02]. http://www.gov.cn/gzdt/2011-12/29/content_2032986.htm.

三、案例分析

(1) 层层审查把关不严是“7・23”甬温线重大交通事故产生的根源。虽然此次动车事故因素存在技术上的缺陷，但在事故产生前，曾有多次机会避免。如果在温州南站工作人员检查到了设备存在故障，不予交付使用，排除故障，事故可以避免。如果上海调度局在发现调度所终端与现场实际终端信号显示不一的情况下,不同意 D3115 车辆进入该车段,事故也可以避免发生。然而正是这一次又一次的把关不严,成为最后一根稻草,致使悲剧酿成。机器出现问题是很正常的,人与机器的区别之一就是人具有主观能动性,人能够主动化解危机、解决问题。在动车上路前的这一道道审查,本应该成为动车运行的安全护卫,却因为层层失职,成为断送人民性命和毁坏国家财产的刽子手。

(2) 领导者的不当决策和言论引发舆论危机。事故发生 8 小时后,上海铁路局就宣称搜救工作完成,开始实施车头和零部件的掩埋工作。这一行为受到广大网友的质疑。政府的有关部门也代表着政府的形象,而我国政府的宗旨是为人民服务。在如此重大事故面前,上海铁路局理应安慰公众情绪,全力开展救援工作,给公众带去安全感和责任感,而不是简单粗暴地开展掩埋工作,引发公众的误会。而作为铁道部新闻发言人,王勇平更是应该谨言慎行。但事实上,王勇平的言论"至于你信不信,我反正信了"却给铁道部带来了舆论危机,失去了公众对政府部门的信任,带来了极其恶劣的影响。最后他也自食恶果,被停职。

四、案例拓展

(1) 树立危机意识,"防火"胜于"救火"。"海恩法则"告诉我们任何不安全事故都是可以预防的。"海恩法则"是德国飞机涡轮机的发明人帕布斯·海恩提出的一个在航空界关于飞行安全的法则。"海恩法则"指出:每一起严重事故的背后,必然有 29 次轻微事故和 300 起未遂先兆以及 1 000 起事故隐患。可见"海恩法则"主要强调两点:一是事故的发生是量的积累;二是再好的技术也无法取代人自身的素质和责任心。根据"海恩法则"所强调的第一点,我们可以知道危机的最佳管理办法就是预防危机。在一个组织的发展过程中,危机事件经常发生,但由于特征不明显,很容易被管理者忽略。也正因为如此,管理者才更应该重视,潜在的危机比局部冲突往往更能致组织于死地。如果平时不注重危机事件的预防,等到危机真正爆发,便会手足无措,犹如温水煮青蛙。

(2) 领导者处理危机时,要谨言慎行。在危机发生后,组织领导者的言行是公众关注的焦点。组织领导者良好的态度与表现能够挽救组织于危难之中,同样,不当的言行也能够让组织死无葬身之地。如果是自己发言,要考虑到公众的接受能力和言语产生的效果。如果派新闻发言人发言,一定要派遣高情商、高应变能力的新闻发言人。不要做让公众误会的事,不要说容易让公众误解的话。

（3）领导者可以通过危机公关小组，掌握危机动态。由于领导者在组织中的特殊地位，工作多是决策类，相对远离基层，仅靠个人可能不能及时掌握到危机事件的第一手消息。而且由于个人精力的有限，领导者也不可能时时监测危机事件的动态。因此应当成立一个危机公关小组，专门负责危机事件，适时地向领导汇报情况。当然，危机公关小组能不能发挥作用，能发挥多大作用，这取决于领导者的领导和指挥。有些盲目自大的领导者，耳里听不进下属的意见，对下属的汇报不屑一顾，对存在的潜在危机置之不理。这样的话，公关小组则形同虚设。高层决策者也不能及时掌握危机动态，让危机的萌芽不断生长，直至其长成一棵参天大树，才看见它的存在，然而，这时已经难以撼动它了。

（4）做好危机的善后工作，实现组织的再生长。组织生命周期理论告诉我们组织会经历一个诞生—成长—壮大—衰退甚至死亡的过程。有些组织寿命长，有的寿命短，有的甚至夭折于摇篮。为什么会出现这种情况呢？就是因为危机的存在。危机存在于每一个组织当中，每个组织都会受到它的威胁。组织就是通过在危机当中不断修正自己的状态来实现成长的。到底是继续顽强生长还是就此停止，这取决于组织处理危机的方式。有的组织经历一次危机后，就一蹶不振；而有的组织，特别是那些国际大公司，就是在危机中壮大的。因此，做好危机事件的善后工作尤为重要。善后工作一般包括：对危机受害者的补偿，对内部员工的鼓励，对记者朋友的感谢以及建立危机预警机制。

五、案例思考题

1. 请仔细阅读案例，分析铁道部新闻发言人王勇平的言论会对事故后续事态发展有哪些影响。

2. 如果你是领导者，你会如何开展此次善后工作？

第十章

领导与组织文化建设

“领导者所要做的唯一重要的事情就是创造和管理文化，领导者最重要的才能就是影响文化的能力。”

——埃德加·H.沙因

当今，个人主义兴起，个人意识日益增强，以控制和惩罚为主要手段的管理方式已经逐步被时代淘汰。在新时代，文化的概念得到了前所未有的重视，文化建设与管理成了领导工作的重要内容，许多领导者试图通过构建一种新的文化生态或者变革旧的文化生态来突破其所面临的组织发展瓶颈。那么，文化是否真的有这样的魔力，能够使组织发生翻天覆地的变化？

文化是组织竞争的软实力，对于人的影响是潜移默化并且深远持久的。组织文化具有导向、凝聚、激励、约束等功能，对于塑造个体、实现组织目标发挥着不可或缺的作用。组织文化不仅仅是组织写在墙上、门上或公告牌上的内容，也不仅仅是每天喊的口号，而是深深植根于组织成员心中对于共同文化的感知与认同。成功的组织文化建设标准是：组织领导者所奉行的文化信条能够获得下属真诚的认同并将其作为自己持守的价值判断标准和行为指导。

领导者是组织文化的倡导者、维护者和管理者，领导者的思想意识、个人品行、道德准则、思维方式和习惯、价值观和经营哲学，直接决定着组织文化的走向和实质性内容，是组织文化建设的最重要的力量。

简单来说，领导者构建组织文化的秘诀就蕴藏于“文化”这个词本身。“文化”一词可以拆分为两个部分：一是“文”，即组织文化的显性内容，可以被人所感知的部分，通过文字、语言、符号等形式表现出来；二是“化”，以文化之，侧重于组织文化的隐性内容，将组织文化的价值观嵌入组织成员的价值体系中，内化于心，外见于行。“文”是“化”的载体，“化”是“文”的目的。所以，在组织文化建设中，领导者工作的重点有两个方面：一是塑造“文”，重点是组织文化的显性内容，锻造优秀的组织文化，剔除消极文化，努力打造有吸引力、生命力的文化内容；二是实现“化”，将组织文化推广到组织上下，使之成为组织成员的共同精神诉求和价值追求，完成组织成员的自我同化。

组织文化建设失败的常见错误有两种：一种是“文而不化”，文化停留在表面工作，只追求形式上的物质环境布置，而组织成员对组织文化的价值层面毫无感知；另一种是“化而少文”，缺乏对组织实践中优秀文化的总结、提炼，组织文化本身存在问题，或者盲目移植其他组织文化而在本组织中产生“排异反应”。

建设组织文化，不能靠一时脑热，而必须有计划、有目标、有方法、有策略。成功的组织文化建设经验往往有迹可循，而不成功的组织文化却各有缺陷。在本章中，我们主要分析几个组织文化建设成功的当代案例，从中探寻他们成功的奥秘。通过这几个案例，你将会明白，组织文化是如何影响人，组织文化如何构建，以及领导者行为对于组织文化的重要意义。

案例一

华为的狼性文化——合作、执行力、永不言弃！

一、案例导读

“狼”是一种凶猛的食肉动物，在人们心目中的形象往往是凶残、冷酷的。但是，狼还有另一面，在追捕猎物时，它们彼此协作、秩序森严、服从命令，追捕猎物时目标坚定、穷追不舍。华为能够成为当今中国的名片式企业，其领导者任正非功不可没。也许是受到狼群的启发，在任正非领导下的华为，发展出了特有的“狼性文化”，每个员工都是一匹“狼”，他们紧密合作，执行力极强，谈客户永不言弃。

二、案例正文

今天，中国的市场风起云涌、瞬息万变；在创业的大潮下，众多企业忽生忽死、兴亡衰败，但却有一家企业能够一直屹立不倒、勇立潮头，并且愈发壮大，它就是华为。华为，既有多年深耕专业领域的深厚积淀，也有引领技术前沿的创新能力。华为的产品，伴随着“中国制造”走向“中国创造”的步伐，走向全世界，成为当今中国的一张靓丽的名片，让世界上更多的人了解到中国的企业和中国的发展。提到华为，就必须提到华为的灵魂人物——任正非。他是华为的创始人，一手将华为缔造成世界前100强的知名企业。华为之所以能有今天这样的发展，与其领导者任正非用人有方、管理有术是分不开的。任正非管理企业的方式方法现已经被众多商学院作为经典案例教材，其中，最具有代表性的是任正非在组织文化建设方面的成功经验。组织文化是全体成员为实现共同目标不懈努力的精神依托，狼性文化则是华为众多优良组织文化的一个重要方面，也是华为组织文化建设成功的一个典型例证。这种狼性文化渗透到华为的方方面面，成为每个“华为人”共同的价值追求。

狼性文化的第一个体现是华为员工追求目标永不言弃的精神。华为的销售团队是极具“狼性”的一群人，他们有着敢打敢拼、百折不挠的作风，不仅能够在市场上开疆拓土，甚至能将本来被别人拿走的项目再抢回来。在华为，你可以经常听到市场人员说的一句话是：“这个客户跟其他家签了吗？大签了吗(终审通过)？只要他们还有最后一个字没签，我们就要去争取过来。”2000年互联网在国内兴起时，浙江省拨号接入服务器项目，各市分头建设，其中一个富裕的地市已经决定购买一家国外公司的产品了，但华为的销售团队并不因此而气馁、放弃，而是连夜赶到该市，从给技术工程师讲技术开始，一个一个地介绍华为产品的优点，最后讲到负责技术的数据局长，使原来对华为设备一无所知的局长决定写报告向市电信局局长。华为团队又去拜访市电信局局长，一开始不见，就等，还不见，就再等，一直等到局长愿意见他们为止。这一次见面，华为的技术人员便成功说服了该局长。原来只有把握做 5 个地市的项目，其他公司不敢奢望的项目，华为硬是通过锲而不舍的精神一下子把全省 11 个地市全部拿下。

狼性文化的第二个体现是合作精神。狼群在捕猎的过程中，相互呼应，协同行动。独狼也许不是最强大的，但通过合作，狼群的力量却能够战胜比自身体型大许多倍的对手。在当今这个协作取胜的年代，华为的员工也非常重视合作的力量。任正非在《致新员工书》中写道："华为的企业文化是建立在国家优良传统文化基础上的企业文化，这个企业文化黏合全体员工团结合作，走群体奋斗的道路。有了这个平台，你的聪明才智方能很好发挥，并有所成就。没有责任心，不善于合作，不能群体奋斗的人，等于丧失了在华为进步的机会"。华为非常厌恶的是个人英雄主义，主张的是团队作战，"胜则举杯相庆，败则拼死相救。"华为在管理上，采用矩阵式管理模式，要求企业内部各部门之间相互配合，通过互助网络，对任何问题都能做出快速回应；工作安排上，常常采取任务小组的模式，KPI 考核也通常是以部门为单位的整体考核，风险共担，责任共担，荣誉共担。

狼性文化的第三个体现是纪律性和超强的执行力。狼是群居动物，以头狼为首，服从命令性极强，善于团队作战，在追捕猎物时配合严密，纪律严明。华为的执行力首先来源于任正非本人对于执行力的高度重视。任正非是军人出身，多年的军旅生涯使他在为人、行事上具有一种雷厉风行、执行力极强的军人作风。当今社会科技与市场处于高度复杂性和不确定性之中，华为作为一家科技企业，必须及时掌握市场的前沿信息，迅速占领科技的制高点，因此，追求"快"已经成为华为从上到下的共识。华为的内部管理执行力之强，速度之快，令对手胆寒。在华为，从签合同到实际供货只需要 4 天的时间，给予客户良好的体验感。在这样一个庞大的协作系统下，能做到如此速度，靠的是华为的 ISC 主流程制度，一切工作在严密的组织流程下进行，而团队成员的强大执行力则是保证流程顺畅的一个主要因素。

华为之所以能够有今天这样的成就和良好的文化氛围，得益于领导者任正非多年来的苦心孤诣。任正非认为，必须时刻提醒"群狼"，猎物是有限的，如果不努力去争取，就会被自然淘汰。在这种时刻萦绕在头上的危机感下，员工的

“狼性”才能发挥出来，才能齐心协力去捕捉更多的机会。任正非认为，华为最大的危机就是丧失危机感，追求安逸的员工不适合留在华为。

除了狼性文化之外，华为还有诸多优秀的文化建设成果，如“床垫文化”“口号文化”“运动文化”“奋斗文化”“批评文化”等。这些具有特定含义的文化共同构成了华为的整体文化，形成了每个“华为人”深入骨子里、凝结在行为中的“华为精神”。

案例改编自：

[1] 曹希绅. 经营管理经典案例大课堂[M]. 北京：机械工业出版社，2009：255.

[2] 包季鸣，杨莹雪，刘丽珍. 领导力与职业责任[M]. 上海：复旦大学出版社，2012：104.

[3] 冯付凯. 狼性团队[M]. 北京：东方出版社，2006：59.

[4] 乔布云. 最受欢迎的哈佛管理课[M]. 上海：立信会计出版社，2014：219.

三、案例分析

(1) 组织文化具有导向功能、凝聚功能和激励功能。[①] 首先，组织文化决定着组织的价值取向，规定着组织所追求的目标以及达成目标的途径，对组织成员及其行为起着引导作用。华为的“狼性文化”给员工的行为提出了要求，规定了“华为人”的品质，塑造了华为员工的行为模式，使他们在工作中表现出乐于合作、勇于拼搏、永不言弃的特质。其次，组织文化可以增强组织的凝聚力。组织成员对于共同文化的认同使得其具有相同的奋斗目标和协作基础。组织文化具有同化、规范和融合作用。华为的“狼性文化”内涵中十分强调团队合作的重要性。“华为人”对于组织文化的共同认可使得他们具有了共同的目标追求和精神共鸣。最后，组织文化通过满足员工的需要，引导员工强大的内在动力，起到激发、调动员工积极性的作用，使之为实现组织目标而努力奋斗。华为优秀的企业文化使员工倾向于将该群体的优秀特质归纳为自身的特质，在一定程度上满足了员工的归属需求、自我实现需求等精神需求。“华为人”从心底认可华为的文化，因而具有较高的组织认同和组织承诺，愿意为团队目标、组织目标做出贡献。这种意愿会体现在工作行为中，产出比预期更高的绩效和有利于组织的组织公民行为。

① 杨利勤. 管理学原理与方法[M]. 北京：首都师范大学出版社，2009：162-164.

(2) 组织文化需要与组织制度高度匹配,避免产生“双头怪物”。对于一个组织来说,组织制度是刚性特质,而组织文化是柔性特质,但这两者本质上具有高度的关联性。组织制度是组织文化外在表现,而组织文化则是组织制度的内在要求;制度是组织文化建设的重要手段,组织文化是制度设计和施行的基础。一旦文化与制度发生脱节,就会产生“双头怪物”,适得其反。例如,华为一直以来采用矩阵式管理模式,极大地培养和锻炼了员工的团队协作精神。也正因为华为的团队协作文化深入人心,所以才能适用矩阵式管理模式。相反,如果缺乏高度的协作精神作为基础,矩阵式管理模式将会暴露出极大的弱点:多头管理,职责不清,相互推诿扯皮,争权夺利,等等。所以,华为的“狼性文化”并不能通配所有阶段、所有类型的组织。例如,有些组织致力于构建平等、民主、开放的组织文化,但却制定了极其苛刻的管理制度,在这种情况下,组织文化与制度相互脱节、相互排斥,组织成员则迷茫无措,无所适从。

(3) 组织文化不能照搬照抄,“狼性文化”本身带有华为基因。组织文化的形成伴随着组织的发展过程,是对组织发展实践经验的总结与提炼,因此每个组织的文化理念都不尽相同,不能全盘照搬照抄。即便是对优秀公司的文化进行借鉴,也要秉持批判的态度,不能全盘接收。为什么组织文化照搬照抄的效果并不好?原因在于,组织文化是组织发展过程实践经验的总结。组织成员都是组织文化建设的亲历者、实践者甚至创造者,自然对组织文化有极高的认同感,但是,照搬照抄来的组织文化在新组织缺乏实践土壤,更得不到员工的普遍认同,缺乏认同的组织文化是得不到发展的。华为所特有的“狼性文化”,伴随着华为从无到有、从小到大的发展过程,是新一代年轻人对任正非等老一辈创业者的实干精神的传承,其本身有深厚的历史积淀做土壤,后随着时代的进步、公司的发展而不断演化至今。可以说,“狼性文化”本身就带有华为基因,是华为精神的具体表现,其他公司抛开具体情况而盲目移植,效果必然差强人意。

四、案例拓展

(1) 建设组织文化首先要讲好组织故事。一个组织中,不同层次的成员对于组织文化的理解是有差异的,领导者桌上的文化建设方案与基层员工手中的文化手册是有区别的。同样内涵的组织文化,对于不同层次的组织成员要有不同的编码过程,才能收到良好的成效。讲故事实际上是对组织文化进行再编码的过程。组织文化要想成为全组织的共识,必须经历文化的下沉过程。抽象、泛泛的描述性概念并不能切实地起到对个人行为的指导作用,而故事则是组织文化教育的良好载体。首先,文化故事中的正面或负面榜样表明了领导者对某种行为的态度，通过搜集故事、讲故事的方式进行行为锚定，告诉新老员工：什么行为是组织所提倡的，什么行为是组织文化所排斥的。其次，故事传播形式本身具有自传播能力，使组织文化富有生命力。对于领导者来说，如何让组织文化经久不衰、口耳相传是一个难题，而故事本身具有传播力，容易为人们所津津乐道。正是一个个鲜活的故事，构成了员工对于组织文化的基本感知和整体印象。最后，故事的再创造过程可以突出文化要求。由客观事实到故事要经过人为的加工和再创造，故事的重点应该是领导者以往宣传和突出的精神内核。

(2) 若想组织文化有吸引力，它就必须能够满足下属的特定需求。个体认同一种文化，首先是因为这种文化符合其原有的认知和价值判断。但若要求个体按照文化要求，成为组织文化的捍卫者和传播者，则需要组织文化必须能够满足个体的某种需要，因为只有需要得到满足时，才能产生动机。

很多领导者在构建组织文化时，都注重组织文化本身是否精致，是否足够美好宏大，但最终效果却差强人意，原因在于：组织文化构建过程并没有对下属的需求给予回应。例如，“狼性文化”得到大家的认同，除了强调付出以外，还强调付出以后所得的回报。高付出、高回报一直是华为公司的特点，所以这种文化就能够得到大家的认同。组织文化建设并不是一个外界强制施压而个体被迫顺从的过程，而是一个由内而外个体自身主动接受熏陶的过程。组织文化建设成功的关键不是领导层而是基层，只有组织成员认同、接受并推崇组织文化，组织文化才能发挥其作用，否则其一文不值。个体愿意接受一种文化，必然是因为这种文化能够满足其内心的某种渴望。所以，组织文化的精神内核必须对组织中个体给予充分的尊重，要让组织中的个体有存在感，这也是专制、独裁类型的组织文化难以延续的原因。

根据马斯洛的需求层次理论，人的需求从低到高有五种：生理需求、安全需求、社交需求、尊重需求和自我实现需求。组织文化能够满足的，主要是后三种精神需求。组织文化是特定组织与外界划分界限的特征。组织文化给组织中的个体贴上了“标签”，它在一定程度上规定了这个组织中的个体是“怎样的一群人”，以及“他们有什么共同特征”。物以类聚、人以群分，个体也有归属于某个群体的需要，一种好的组织文化，要能够让人渴望成为这种文化所描述的那种人，实现自我归类。

所以，在进行组织文化建设的过程中，领导者必须对组织成员真正需要什么、渴望什么有所了解，进行充分的前期调研。如果他们渴望证明自己，就强调进取、奋斗和颠覆权威；如果他们渴望自我实现，就突出其工作的社会意义或组织未来发展的光明前景；如果他们渴望获得良好的人际关系，就突出组织的凝聚力建设和协作氛围。

五、案例思考题

1. 你认为华为在塑造、推广组织文化的过程中有哪些成功的地方?

2. 你认为华为的狼性文化值得推广吗?你认为这种组织文化有何优势或弊端?

3. 你认为其他组织是否能够借鉴华为这种狼性文化?如果不能,阻碍在哪里?

案例二

Facebook 文化如何让两万员工痴迷？

一、案例导读

去过 Facebook（脸书）公司或者是看过该公司报道的人，都会惊讶于该公司里面有如此奇特且活力十足的文化。在中国，企业文化是一个被滥用但是又缺乏解读的概念，很多国内企业对保持公司的文化显得有心无力，甚至一些领导者直接觉得这东西虚无缥缈，毫无用处。那么，组织文化究竟是否有用？Facebook 的案例或许能够给出答案。

二、案例正文

在美国的年轻人中，Facebook 是当下最流行的社交方式。Facebook 的成功，源于对年轻人文化的精准把握。那么，Facebook 何以如此了解年轻人的爱好与兴趣？答案是：Facebook 本身就是由一群年轻人组成的。在美国，出生于 1980 年以后的人被称为千禧一代，这些员工在 Facebook 公司占绝大多数，可以说 Facebook 是当前互联网公司中最为年轻化的公司之一。正是因为这群充满激情与理想的年轻人，Facebook 才更懂年轻人的世界。

千禧一代员工有个性，但不服从管理；有激情，但缺乏经验；有能力，但缺乏奉献意识。如何用好千禧一代，对于当下的所有公司来说都是一个难题，但 Facebook 不仅没有受制于这些员工的缺点，反而使其变成了公司最大的优势，秘诀就是组织文化建设。

鼓励“以下犯上”

Facebook 甚至鼓励低级别员工质疑和批评经理。丹·福尔（Don Faul）在 2008 年从谷歌跳槽至 Facebook 在线运营团队担任负责人后不久，计划与员工在早上 8 点开会。结果，员工们对此抵制，这让福尔这位前海军陆战队特种部队指挥官十分恼火。

“上任开始，我就如履薄冰。”福尔说。员工最后还是服从了福尔的决定，原因是他表示，为了让员工适应即将在爱尔兰投入运营的办事处，提前开会是有必要的。在 Facebook，只有讲明道理，才能让大家遵守规矩。

福尔表示，谷歌的管理结构更为森严，成为一名“经理”意味着拥有更大的权力。而在 Facebook，“职称毫无用处，”他说，“大家只看你的工作质量、信念的力量以及影响其他人的能力。”

硅谷研究员、顾问阿妮卡·斯泰博(Annika Steiber)曾写过一本关于谷歌的书。她表示,谷歌和Facebook的企业文化之所以不同,部分原因是Facebook更年轻、规模更小。“谷歌在组织结构发展道路上走的更为长远,”她说,“Facebook还没有这种正规化或严格的管理层结构。”

一名工程师表示:“产品经理在这儿基本上没什么作用。”工程师可以修改一些尚在处理期间的产品,并且可以随时提出新的点子。

自由与开放

Facebook与那些世界上著名的互联网公司如谷歌、苹果等一样,都倡导自由、开放的组织氛围,但在程度上却远超其他公司。

Facebook告诉所有经理,在对员工进行业绩评估时有80%应该专注于他们的优势而不是关注缺点。员工们不是要听命于谁,而是拥有“强烈的主人翁精神”。他们在选择、调整任务方面被赋予了不同寻常的自由,根据兴趣去做自己想做的项目和工作,即便这超出了他们的专业领域。今年28岁的帕蒂·安德伍德在2011年以律师的身份加盟Facebook隐私团队。两年后,安德伍德决定去开发产品,不再做律师。

安德伍德将他的主管约到了会议室,并提出了变换工作的想法。两周后,安德伍德被任命为隐私和信任分部的产品经理。安德伍德非常喜欢他的新职务,他说:“需要我干多少小时的工作我也十分高兴。”

Facebook的工作场地与企业文化一脉相承。在Facebook,办公室就是网吧式的结构,大家集中在一起办公,可以随时进行沟通。并且对于个人的管制也是极其放松的,只要能完成自己的任务,无论是你打个游戏,刷刷社交软件都不会受到限制。Facebook的园区是完全开放的空间,没有墙作为隔离,这意味着在穿过办公区域时,你一定会遇到同事。用Facebook自己的话来说,这是一个愉快、协作和创意的空间。

“黑客”(Hacker)文化

在人们听来,“黑客”貌似是个偏向于负面的词语,但是却成了Facebook员工引以为豪的称谓。

在Facebook组织文化建设初期,负责文化建设的格雷厄姆充分动员了一切可以动员的力量,广泛听取员工们的意见,尤其是老员工的意见。当她要求员工们用一个词来形容Facebook时,由于担心“黑客”这个不够积极正面,没有人提到这个词。Facebook选择了“创业家”之类的词来替代“黑客”称谓。

但是在后来的组织文化发展中，大家发现“创业家”等词语并不够给力，似乎没有比“黑客”这个词更为合适的了。公司的一名高管保罗·布克海特在公司内部发表了一篇文章，重新定义“黑客”为“应用哲学”，能够快速打破规则，实现新的命令。他还明确指出，这个词不是只能用于软件工程师，任何人都可以用它来加速专业技术或项目进程。

格雷厄姆说：“当保罗写下那篇文章的时候，他也写出了 Facebook 的文化 DNA。他将‘黑客’写得如此有感染力，这成为扎克伯格和整个公司的转折点。从那以后，我们就真正拥有了‘黑客’文化。”在 Facebook 公司内，“黑客”代表着对互联网技术的狂热，以及敢于打破常规、不屈从权威的创新精神。这让 Facebook 显得卓尔不群。它标志着 Facebook 始终拥有着最先进的生产力，旨在通过不断的创新和实验来拉近它与世界的距离。所以，后来的时间里，大家逐渐习惯了以“黑客”自居。

如今，Facebook 的公司文化建设已经成为众多商学院课堂上的经典案例。但是，Facebook 的文化并不是一开始就存在的，而是经过了一系列的文化建设工作的成果。在 Facebook 创业上升期，大量的新员工涌入，组织文化零碎、混乱给管理带来了很大难度，员工的目标没法统一，也缺乏共同的精神和价值追求。扎克伯格意识到，必须要对组织文化进行整合与建设了。如何使这些文化渗透到日常工作中，并且取得不同层级员工的认同？

扎克伯格定方向

首先，扎克伯格征求了各位高管的意见，他得到的最好的建议之一就是：列一个简洁的单子，告诉别人成为我们之中的一员意味着什么。于是，他列出了这样一张单子：

高智商
目的性强
对成功的持续专注
侵略性和竞争性
高标准、高要求、完美主义
热爱改变和革新
有让东西变得更好的新点子
正直
与优秀的人相处
做真正有价值的事而不是自以为是

扎克伯格个人的这些期许，帮助格雷厄姆与全公司一起重写了 Facebook

的文化。格雷厄姆看到这张单子的时候不禁为之动容，因为它不仅准确地描述了 Facebook 的早期文化，还是马克扎克伯格自己的真实写照。这些价值观奠定了 Facebook 的文化和哲学。

于是，从这些基本的价值观出发，Facebook“自主研发”了很多新奇酷炫的口号，把它们写在公司 blog 里，印在公司文化衫上，还做成好看的海报贴在公司的每一个角落。

扎克伯格谈到自己对于组织文化建设的心得：“作为一个创始人，这件事是必须做的。我曾经看到很多人尝试让公司其他人完成这项工作，但是通常都会失败，只有造这个的人是公司创始人或 CEO 时才会有用。”

文化不能停留在“口头”上

Facebook 对于组织文化的重视并不是停留在口头上的，而是不惜血本地把文化融合到公司的建筑、活动、制度以及公司产品中。扎克伯格说：“你必须一直把你想要建立的公司文化挂在嘴边。你必须在每次会议上，都反复讲你想要传达的文化，把它们写在每一封邮件里，尤其是 CEO 或创始人。即使是管理层，也要把这个工作当成所有工作中很重要的一部分。”在 Facebook，企业文化的信条确实不是停留在“口头”上，而是出现在墙上、桌上、大门上、衣服上、手册上……目之所及之处，都有 Facebook 的企业文化展示，让员工时刻身处组织文化氛围的环绕之中。

神奇的文化手册——“小红书”

Facebook 有一本神奇的“小红书”，从高管到普通员工，人手一本。这本“小红书”中浓缩了 Facebook 的企业文化，是外界人士了解该公司的不二之选。

设计小红书的目的是，一方面，将现有的组织文化信条、格言整理成册以保证文化的承续；另一方面，有了小红书便可以较方便地向陆陆续续新加入公司的员工介绍公司的理念、追求、使命和文化，以寻求、培育具有相同价值观的人。

一本小册子，成了公司里人手一本的“圣经”。上面并没有繁杂的条例规矩和条条框框，每页只有精美的配图和一两句话。但是，少即是多，足够简单易懂的话语很容易被人所记住，使之成为每一个 Facebook 员工的人生信条。这些格言例如：

创办 Facebook，是为了完成一个社会使命——连接世界，更加开放。

改变人们的沟通方式，将会改变这个世界。

伟大和安逸很难共存。

我们向用户提供服务不是为了赚更多的钱，我们赚钱是为了向用户提供更好的服务。

与其让别人创造出可以毁灭 Facebook 的东西，不如我们自己来！……

案例改编自：

[1] 邓纯雅. 在 Facebook 里学沟通[J]. 中外管理，2013(2)：126.

[2] 田源. Facebook：企业文化不是与生俱来的[N]. 华夏酒报，2015-09-08.

[3] 周恒星. 程序猿们的 Facebook[J]. 中国企业家，2013(21)：94-96.

三、案例分析

(1) 组织规模愈大，组织文化的作用会愈加凸显。在古代封建社会，经常上演这样一幕：皇帝在开疆扩土完成以后，为巩固统治、稳定人心，都会下大力度搞文化建设，通过统一文化来统一思想。在当代，组织目标实现的基础，是组织成员将个人目标与组织目标统一起来，将实现组织目标视为自己的目标，这需要成员对于组织有高度的组织认同和领导认同。组织规模较小时，领导者尚可以凭借个人魅力或对愿景的描绘来感染其他成员，使其愿意分享组织目标和做出努力；但当组织规模日益扩大后，组织成员的目标就呈现出多元化的趋势，领导者也很难凭一己之力感染所有人，这就需要构建一套完整的组织文化体系，使组织成员通过学习组织文化进行自我教育，在组织文化的浸润下同化个人目标。Facebook 创立之初，几个有共同目标的人通过沟通、交流就可以统一行动和开展协作，但随着 Facebook 的规模日益庞大，组织发展过程中的众多问题也逐渐暴露出来。对于一家跨国公司来说，如何将散布于全球各地、不同文化背景下的几万名员工统一起来，就共同的目标开展协作？扎克伯格此时便开始重视组织文化建设的重要性。组织文化的凝聚功能在于它可以增强组织的凝聚力。组织成员对于共同文化的认同使得其具有相同的奋斗目标和协作基础，组织文化具有同化、规范和融合作用。个人对于组织文化的认同是协作的基础，几万人的庞大组织，没有组织文化作为基础是难以想象的。

(2) 组织文化与环境之间的权变关系。组织文化本身并无“好”或“坏”之分，评判标准是对于一个组织来说“有效”或“无效”，并且这并不单单由文化来决定，而是取决于文化与它存在的环境之间的适配关系。组织文化与存在环境之间应是一种权变关系。其一，不同类型的组织有其各自的文化导向。通常来说，军队文化强调严明的纪律性和服从，传统制造业企业文化强调秩序和绩效，而新兴科技企业文化则强调自由、开放和创造力。Facebook 是一家以广大年轻人为服务对象的互联网公司，其员工也多是年轻人，所以这家公司的文化必然要体现出年轻人的特点和喜好。其二，组织发展的不同阶段在文化上也需要进行相应的调整。Facebook 创立初期，组织文化只是单纯地追求技术创新和足够“酷”，是一种小众文化；但随着组织规模的扩大，组织文化更多地被赋予社会责任的内涵，以及加入更多维系组织良性运转、规定组织发展方向的文化内容。

(3) 组织文化建设既要注重显性内容，更要注重隐性内容。组织文化的内容可以归纳为显性和隐性两大类。显性内容就是指那些以精神的物化产品和行为作为表现形式的，通过直观的视听器官能够感受到的，又符合组织文化实质的内容，包括组织标志、工作环境、规章制度和领导者的领导行为等方面的内容。隐性内容是组织文化的根本，是最重要的组成部分，其直接表现为精神活动。组织文化的隐性内容大致包括组织哲学、价值观念、道德规范、组织精神等方面。成功的组织文化建设，必然包括显性和隐性两个方面的内容，并且，通常是从构建显性内容开始，后逐步深入到隐性内容。

从组织文化的结构角度来讲，完整的组织文化构成可以分为三个层次：物质层、制度层和精神层。

① 物质层文化是组织文化最直观、最具象的部分，包括组织标志、工作环境、产品、广告等可以被人们直接看到和感受到的物化部分。

② 制度层文化是指具有本组织文化特色的各种规章制度、道德规范和员工行为准则等的总和。

③ 精神层文化是指组织成员长期以来形成并共同接受的思想意识活动，包括组织精神、组织哲学、价值观念、道德规范和管理思维方式等。

组织文化三个层次的内容相互依存、相互作用并且不断发展，形成了各具特色的组织文化：① 精神层的内容决定了物质层和制度层的内容，精神层是组织文化的核心；② 制度层是精神层和物质层的中介；③ 物质层和制度层是精神层的直观体现。①

文化对人的影响是潜移默化的，组织文化建设是一个渐进式、长期的过程。个体接受组织文化，首先要从周围的环境和同事、领导者的行为和态度中获得关于组织文化的最初印象，因此，组织文化氛围和规范员工行为的制度对于构建组织文化尤为重要。

Facebook 公司“不惜血本地把文化融合到公司的建筑、活动、制度以及公司产品中”，随处可见的标语、涂鸦和颇具特色的“小红书”，办公场所开放的格局等都是组织文化的物质层表现，通过广泛布置物质层文化，使得公司有了良好的文化氛围，为制度层和精神层文化的构建创造了条件。

---

① 朱国云.组织理论：历史与流派[M].南京：南京大学出版社，1997：344.

Facebook 公司员工在工作上有极大的自主性，在选择、调整任务方面被赋予了不同寻常的自由，可以根据兴趣去做自己想做的项目和工作。此外，Facebook 颠覆了传统的自上而下的管理格局，鼓励员工“以下犯上”，不迷信于权威，不屈从于权威。这些都是当代年轻人所固有的特征。Facebook 迎合年轻人的特征建设组织文化，宽松的人事管理制度和领导风格正是制度层文化的表现。

物质层、制度层显性文化的建设最终目的是精神层的隐性文化建设。精神层文化才是真正能够指导人的行为、影响人的认知的文化层次。由于 Facebook 在物质层、制度层贯彻了其所倡导的文化，将组织文化与组织工作甚至员工的个人生活情境巧妙融合在一起，最终成功地构建了良好的组织文化，使员工心甘情愿被组织文化所同化，并通过行为表现出来。

四、案例拓展

(1) 组织文化建设步骤。组织文化建设是一个系统工程，要遵循由浅入深、循序渐进的过程，各个组织要根据组织的实际情况，实事求是，因时、因事制宜。根据先进组织的经验，组织文化的建设可以归纳为以下几个步骤：

① 领导班子先行。领导者是组织文化的设计者、倡导者、推动者，组织文化建设的前提和保障是领导者的高度重视和配合，这样才能切实把组织文化建设深入推行下去。因此，企业应首先成立组织文化建设领导小组来领导组织文化建设工作。

② 建立组织文化建设的实施机构或专门的职能部门。为了进行组织文化建设，应设立专门的职能部门，如组织文化中心、组织文化部门等，专门承接和负责组织文化建设工作的进行，以保障组织文化建设的顺利进行。

③ 对组织现存文化的盘点和评估。通过深入调查研究，应对组织在发展过程中，各个部门以及各层次所形成的优良组织文化表现进行深入甄别和透彻分析，形成文化现状的报告。

④ 制定目标文化及建设计划。应审视组织内外部状况，明确变革需求，开展目标组织文化的设计，根据企业的现状、特点和一系列科学标准进行组织文化策划。为了组织文化建设工作的有序进行，还应拟订相应计划，通过编制预算等工作使资源投入、进度考核和监督等都能落到实处，保证组织文化建设有章可循。

⑤ 征求组织文化建设意见。可以发布并宣传组织文化的内容，采取培训教育的方式，发动组织全体成员学习、了解。还可以组织成员进行讨论，集思广

益，在讨论中实现新旧价值观及文化的碰撞及交替，确立并完善组织文化的内涵。

⑥ 导入组织文化系统。完成组织从现存文化向目标文化的过渡。制定组织文化手册，进行组织形象策划，完善组织文化制度层，将组织文化以制度的形式确立下来。组织全体成员进行文化再培训，对比原有组织制度、组织风气及现象中与组织文化主旨不符的，加以修改或重新制定有关的组织管理制度，从而形成整套完整的优秀组织文化。

⑦ 组织文化革新与演进。一个组织的核心价值观不是一成不变的，随着组织面临的内外部环境的不断变化，组织会面对新的问题和挑战，其文化也会产生变革，组织文化的建设和实施是一个动态过程。①

(2) 组织文化建设的基本原则。社会上的组织有许多不同的类型，各种不同类型的组织也就发展出了截然不同的组织文化；但是，无论何种类型的组织，优秀的组织文化总有一些共性的特征，即遵循了组织文化建设的基本原则，符合客观规律性。组织文化虽然以主观形式存在，但也具备一定的客观性，表现为它并不完全以领导者个人的主观意志为转移，而是有一定的规律性。组织文化必须遵循人的认知规律和组织发展规律。为了不违背规律，组织文化建设必须遵循一些原则，组织的基本原则有如下：

① 注重实际原则。

组织文化建设过程中最大的危险就是流于形式，搞花架子。如果只是走走过场，那么还不如不做。要让组织文化深深地扎根于每个员工的心中，使他们在日常的工作中潜移默化地向组织文化靠拢。所以，在实施组织文化建设的过程当中，要认认真真地去做，不做表面文章，并在执行的过程中及时地收集反馈信息，发现问题，保证组织文化的实施效果。

② 全员参与原则。

全员参与原则要求发动全体员工参与组织文化建设的讨论及实施工作。员工在组织文化建设中扮演着双重的角色：他们既是组织文化建设的主体，是推动者和参与者；也是组织文化建设的客体，是接受者和被改变者。离开了全体员工，就失去了推行组织文化建设的根本意义。因此，在组织文化建设的实施过程中，一定要摆脱把员工只看作被动接受者的认识，而要把员工当作文化建设的主体，通过各种形式吸引员工参与到各项工作中去。只有这样，才能使组织文化建设落到实处，取得良好的效果。

---

① 袁凌. 组织行为学[M]. 长沙：湖南大学出版社，2008：452.

③ 领导身体力行的原则。

组织文化作为一种上层建筑的表现形式，应该从上到下贯彻实施，首先领导要达成对这一问题的共识。只有领导层充分认识到了组织文化建设的重要性，才会重视组织文化建设，从而使组织文化建设得以顺利进行。要充分发挥组织领导对文化的推动作用。有能力的领导者不仅要善于选择与组织文化一致的人作为自己的员工，更要善于使与组织文化不一致的员工改变初衷，转而与组织文化相协调。相应地，中层管理者也要起到模范带头作用，才能使员工信服，自觉以组织的共同价值观来指导自身的行为。

④ 战略化原则。

组织的战略要与组织文化建设相匹配，要全面重新审视组织的竞争力，为组织的长远目标和策略服务，包括组织的最高目标、核心价值观、哲学等基础内容，因此所制定的组织战略、结构、管理制度与组织文化都要互相一致，不能出现相互矛盾的地方。

⑤ 动态完善原则。

树立卓越的组织文化是一项贯穿于组织整个生命周期的活动，会为组织带来持久动力。但是在组织发展的不同阶段，受外界环境和内部条件的约束与影响，组织文化也将表现出不同的内涵与外延。也就是说，任何组织的组织文化建设都是一个动态完善和调整的过程，它不是一成不变的。组织文化建设是一个复杂的系统工程，涉及组织从最高层到普通员工的每一个人、每一个部门、每一个方面。要在实践中不断完善组织文化建设。[①]

五、案例思考题

1. 在你看来，当前很多组织建立企业文化失败，主要原因是什么？
2. 领导者的价值观是如何上升为组织文化的？

① 赵恒平.人力资源开发与管理[M].武汉：武汉理工大学出版社，2008：274.

案例三

卫哲大意失诚信，马云挥泪“斩”卫哲

一、案例导读

文化是一个组织的灵魂，是渗透于每个组织成员心底最深处的无形力量。近年来，物质主义泛滥给领导者掌舵组织带来了冲击，组织成员将物质作为第一追求成为常态，忠诚、诚信、善良等美好的品质却常常被人所忽视。领导者对此必须对此有清醒的认识，提高警惕，并力挽狂澜，毕竟，缺乏灵魂的组织是走不远的。一次“黑名单”事件，将马云和阿里巴巴推到了风口浪尖。在欺诈行为的背后，是马云引以为傲的组织文化出现了问题。这一次，马云面临两难抉择，一边是公司一直以来奉若圭臬的价值观，另一边是堪比马云“左膀右臂”的得力干将，马云该何去何从？

二、案例正文

2011 新年伊始，本该是欢庆的时候，但阿里巴巴公司高层们却高兴不起来，这期间，爆发了阿里发展史上的一次重大危机——“黑名单”事件。在对这件事情的处理中，我们看到了马云作为公司最高领导者对于价值观的坚守，也看到了组织文化对于维系一个组织的发展的重大作用。一边是自己最器重的下属，一边是奉为圭臬的价值观，领导者面临两难时该做出怎样的抉择？在“黑名单”事件中，马云给了我们答案，价值观对行为的导向作用在这里展现得淋漓尽致。

中国供应商（以下简称“中供”）是阿里巴巴集团最早的业务部门之一，主要业务是帮助中国制造企业获得海外订单。由于中供的销售团队斗志昂扬，凝聚力强，自创业以来一直秉持阿里巴巴能吃苦、肯奋斗、坚韧不拔的团队文化，业绩斐然，不仅深受马云喜爱，更是在阿里内部享有“铁军”的美誉。

2010 年年底，阿里巴巴联合创始人蒋芳被调任管理中供的诚信安全，一场大戏就此拉开。2011 年 1 月 22 日，蒋芳在一封工作邮件中披露了工作中发现的问题：近段时间国外客户投诉中供是骗子的数量剧增，原因在于中供团队的部分销售人员大量与国内的骗子公司签约。在 2010 年年初，阿里巴巴就对这些不能签的公司列出了“黑名单”，但部分中供销售员为了拿回扣，为“黑名单”企业伪造资料，协助其获得“中国金牌供应商”身份，而正是这些企业通过中供的平台对全球买家进行诈骗，使得阿里巴巴在国际上遭遇了严重的信任危机。

马云看到这封邮件后，首先向蒋芳了解相关情况，发现事态很严重，随后，又向当时主管中供业务的卫哲询问。事实上，卫哲早就对中供平台上的商家欺诈有所察觉，也一直在用常规的方法调查、处理、防范并取得了一定的效果，因此并未引起其高度重视，也不清楚内部员工与黑名单客户内外勾结的情况。马云对于卫哲的这种态度并不满意，尤其是对于中供员工内外勾结的情况大为恼火。他认为曾经最能体现"阿里精神"的中供团队出现这样的问题是不可饶恕的。

1月26日，马云召集所有高管人员听取关于"黑名单"事件的汇报。会上，马云将"黑名单"一事定义为"非常严重"。会议宣布，在场所有人都"把脑袋别在裤腰带上"，公司随时可能会调查。第一，大家年前就待在杭州，不要回所在区域了；第二，B2B公司所有的庆典、仪式活动暂停，不批准相关费用的申请，同时在调查清楚之前暂停发放所有在场人士的年终奖。随后，阿里巴巴成立了独立调查组专门调查此事。成立独立调查组之后，卫哲才意识到，自己原先的处理措施是不到位的。

时任阿里巴巴B2B公司COO的李旭晖认为自己责无旁贷，便毫不犹豫第一时间向马云提出了辞职。但是，这样一场社会影响极其恶劣的风波，李旭辉的离开并不足以显示阿里巴巴对待该问题的严肃性。

卫哲当时是阿里巴巴集团的副总裁，也是主管中供业务的最高领导。根据会议要求，年后，他必须对此事件做出表态。这期间，卫哲十分纠结。"怎么办呢？我的COO辞职了，你说我怎么办？这个事，我很难处理。因为我宣布李旭晖辞职，但我不辞职，这算什么？责任就全部归到李旭晖头上了。""明天的新闻报道全部会说，卫哲该承担什么责任。有人会说，卫哲没承担自己该承担的责任，把李旭晖干掉就算结束了，李旭晖是替罪羊，一定的。"

当然，纠结的不只有卫哲，还有马云。卫哲是否该对此事承担重大责任？这令马云犯了难。一方面，卫哲早就认识到了问题并做出了对策，在事发前已经做过预防，只是效果并不理想，从这个角度来说，他没有主观上的错误；另一方面，卫哲是阿里巴巴的重要骨干，自2006年加入阿里巴巴以来业绩斐然，是马云的"左膀右臂"，也为阿里巴巴的发展做出了巨大贡献。根据《中国企业家》的报道，马云"难过"在于如何处理"人"的问题。被处理的人难受，处理别人更难受，要把与自己一起奋斗的兄弟、同事降级或者辞退，"处理人与人的沟通是最痛苦的。这一个月我痛苦、纠结，这是真话"。

为了寻找答案，也为了放松沉重的心情，那个春节，马云去了福建省龙岩市上杭县的笔架山——"古田会议"的旧址。"古田会议"确立了人民军队建设的基本原则，加强了党对军队的领导，规定了红军的性质、宗旨和任务等事关党的事业兴衰成败的根本性问题。在这次笔架山之旅中,马云感悟到:“业绩和政治思想是对立起来的,但是毛泽东把它们合起来。这就是当年红军为什么能够成功的原因,它不是纯粹打仗的组织……”马云心中的答案愈加清晰:任何人都应该坚持业绩和价值观的双重目标,缺一不可。

春节过后,到了卫哲表态的时候。卫哲也深刻认识到了事态的严重性,他认为既然要严肃对待这件事,纠正公司的歪风邪气,仅辞退几个区域负责人是远远不够的,即便是李旭辉辞职,到他这个层面还是不够的,因此,为了避免“信号不对”,卫哲辞职。马云也做出了抉择,在得力干将与公司长期坚持的价值观之间,他选择了坚守价值观,批准了卫哲的辞职。马云在公司内部邮件中提到:“过去的一个多月,我很痛苦,很纠结,很愤怒……但这是我们成长中的痛苦,是我们发展中必须付出的代价,很痛!但是,我们别无选择!我们不是一家不会犯错误的公司,我们可能经常在未来判断上犯错误,但绝对不能犯原则妥协上的错误。如果今天我们没有面对现实、勇于担当和刮骨疗伤的勇气,阿里将不再是阿里,坚持102年的梦想和使命就成了一句空话和笑话!”

卫哲为事件进行公开道歉时表示,“这四五年里,我刻骨铭心地体会到以客户第一为首要的阿里巴巴的价值观是公司存在的立命之本!尽管我们是一家上市公司,但我们不能被业绩所绑架,放弃做正确的事!阿里巴巴公司存在第一天就不在乎业绩多少,业绩是结果,不是目标!我学习到作为阿里人要勇敢地面对并承担自己的责任”。

在马云看来,卫哲这次碰上了阿里巴巴的高压线。“这个一亮,谁都跑不掉的。当我发现公司内部的员工,对诚信问题的看法居然是可以睁一眼闭一眼的时候,那是大问题。”“这事(诚信)谁也别碰我,其他事都可以讨论。”这是马云的底线,也是阿里巴巴的价值观。

“我很喜欢卫哲,当发现这个事情时,我就开始难过,这件事情一旦确定是真的,真有这么多员工涉及这个事情的话,解决的方案只有一条,一定有人为此付出代价,而承担最大的代价一定是CEO。否则阿里巴巴价值观就是只针对员工,就是贴在墙上的(废纸)。”马云对此态度坚决,但是,马云认为自己也付出了代价:“我承担的就是卫哲的离开,这是我在阿里巴巴11年来最大的痛,因为是兄弟,失去的是亲情。”

事后,在马云致员工的公开信中,他要求所有阿里人对不诚信行为采取零容忍态度。他说:“客户第一的价值观意味着我们宁愿没有增长,也决不能做损害客户利益的事,更不用提公然的欺骗。”“诚信,是阿里巴巴最珍贵的价值观基础,这包括我们员工的诚信以及我们为小企业客户提供一个诚信和安全的网上交易平台。我们希望释放一个强烈信息，就是任何有损我们文化和价值观的行为均不可接受”。

据阿里巴巴披露，“黑名单”事件爆出后，除了高管震荡，阿里巴巴共清退了约 1 200 家涉及不诚信问题的“中国供应商”会员，辞退了上百名涉事员工，问题严重者已移交司法机关处理。

案例改编自：

[1] 敖祥菲. 马云铁腕整肃阿里巴巴，CEO 卫哲引咎辞职[EB/OL].(2011-02-22)[2018-08-10]. http://it. sohu. com/20110222/n279457772. shtml.

[2] 和阳. 卫哲辞职：阿里巴巴史上最震撼的人事地震调查[EB/OL].(2018-03-15)[2018-08-10]. https://www. sohu. com/a/225620864_403354.

三、案例分析

(1) 组织故事、组织礼仪和仪式是领导者最常用的传递和强化组织文化的方式。

① 组织故事。组织的标志性事件能够成为组织文化传递的重要节点，领导者捍卫组织文化的标志性事件将以“故事”的形式在组织中传承下来，以“故事”的形式阐述抽象的组织文化及价值观。组织故事是指在组织内曾经发生的能够体现组织的价值观、反映组织情境的、经过演化和加工而流传下来的叙述性事件。故事的内容大多与组织领导者、违反组织制度的事情、从乞丐到富翁的发迹史、裁减劳动力、员工重新安置、反省过去的错误以及组织处理应急事件等有关。①

叙事性的故事具有良好的传播性和生命力，通过故事承载组织文化，可以将抽象的组织文化和价值观具象化。这比枯燥的文化条款更能彰显组织的价值取向，也更容易被人们所铭记和接受，使组织文化和价值观保持长久活力，为新、老员工提供一种共享的理念。当阿里巴巴员工描述其公司的文化与价值观时，“黑名单”事件将成为阿里“诚信”文化的最有力、最生动的佐证。

本案例中，马云对“黑名单”事件的处理方式不啻当年张瑞敏“砸冰箱”的效果，对内表达了高层领导者捍卫“诚信”的信心和决心，表明了公司管理层高度重视对于组织核心价值观的坚守，而绝不是停留在口头上，在“诚信”问题面前，即便是高管犯错也毫不手软，对外则做了一次成功的危机公关，不仅将“信任”危机转化为了机遇，还充分展示了阿里巴巴“诚信第一，客户第一”的企业文化。

---

① 郭志达，王岩. 组织行为学[M]. 北京：经济管理出版社，2014:273.

② 礼仪和仪式。礼仪和仪式是组织日常的、成为习惯的一系列文化活动的总称,体现了组织对员工的期望和要求。它以生动的、形象的形式向员工灌输本组织的价值观。礼仪和仪式,实际上是一种培养人们一定价值观念和行为方式的手段和载体。同组织文化故事一样,礼仪和仪式也可以使抽象的价值观和文化变为具体的、有形的东西,成为组织文化不可缺少的部分。[①] 而与组织文化不同的是,礼仪和仪式具有极强的参与性,能让所有员工都参与其中,亲身体验组织文化的熏陶,使员工对组织文化产生认同,同时也使员工之间产生共同的纽带和良好的感情,增进员工对组织的认可度。

(2) 领导者是组织文化的塑造者、管理者、倡导者、推动者和变革者,对于组织文化的形成、发展、变革具有至关重要的作用。组织的领导者通常都知道,他们自己的外在行为对他们与其他人,特别是新成员沟通时具有很重要的作用。因此,领导者必须有意地进行角色示范、教授和指导。[②]

领导者用什么样的价值标准去要求部下,用什么样的理想和信念去带队伍,将会对组织文化的形成发挥关键性的作用,而这一切都是在他个人价值观的指导下发生的。组织的主导价值观是领导者个人价值观的延伸、扩展和群体化。组织文化实质上是组织成员对组织领导者个人价值观认同的结果。因此,领导者应有意识地发扬积极、优良的文化,克服消极、劣性文化。具体而言,领导者在塑造和维护组织文化的过程中可以采取的主要手段有正强化、负强化、自我教育、外在教育。[③]

当组织所珍视的文化体系和价值观受到内在或外在的挑战时,领导者必须做组织文化最坚定的捍卫者,表明维护组织文化及价值观的决心,并借此机会对组织成员进行教育。在危机事件中,领导者的行为选择和表现是组织文化发展或衰落的关键。在这件事情的处理上,马云作为公司的最高领导者,其处理方式充分体现了公司所坚持的价值观,以对价值观的持守而成功化解了危机。卫哲虽然主观上并没有做违背组织价值观的事情,但由于其管理不善,导致阿里巴巴出现了严重的诚信危机,在马云看来,这种行为严重地触犯了公司一直珍视的“诚信至上、客户至上”的理念,为在全公司范围内提高成员对于组织价值观的重视,辞退卫哲是以儆效尤之举。而且,在马云看来,高管辞职造成的组织震荡甚至是阵痛是必要的也是健康的,虽然付出了一定的代价,但这将巩固

① 郭志达,王岩.组织行为学[M].北京:经济管理出版社,2014:273.

② 沙因.组织文化与领导力[M].北京:中国人民大学出版社,2011:190.

③ 赵麟斌.公共人力资源开发与管理研究[M].延边:延边人民出版社,2002:263.

阿里巴巴的组织文化，重新唤醒阿里人的使命感和价值感，有利于公司的长远发展。

四、案例拓展

优良的组织文化能够创造和谐、进取的组织氛围，源源不断地产生动力，对组织的存续与发展起到重要的推动作用；而恶劣的组织文化不仅会阻碍组织前进的步伐，甚至会将组织推向衰落和灭亡的深渊。那么，为了建立积极、优良的组织文化，领导者应该扮演什么样的角色？总的来说，领导者是组织文化的塑造者、管理者、倡导者、推动者和变革者。

(1) 领导者是组织文化的塑造者。组织文化是以组织价值观为核心的独特的思维方式、行为方式和群体形象。它是组织在长期的互动过程中形成的，并为全体组织成员遵守和奉行的价值观念、行为准则和审美理念的综合反映。由于组织领导者在组织中所处的特殊地位，对组织承担了更多的责任，相应地，对组织的经营哲学、组织精神、组织价值观等也都能施加较大的影响，因此，组织领导者实际上是组织文化的塑造者。

组织的创始人追求什么，用什么样的价值标准去要求员工，用什么样的理想和信念去引导员工，将会对组织文化的形成发挥关键性的作用。组织文化要形成体系，离不开领导者的总结、归纳和加工，离不开领导者的才智以及对组织文化建设的高度重视。很多组织的组织文化内容甚至都是直接来自领导者的思想和主张。

总之，领导者作为组织文化的塑造者，一方面要对组织已有的文化进行总结和提炼，保留其积极成分，去除其消极因素；另一方面又要对提炼后的文化进行加工，加入自己的信念和主张，再通过一系列活动，将其内化为职工的价值观，外化为职工的行动。这就对领导者的素质提出了很高的要求，领导者的品格、信念、智慧、胆识在很大的程度上决定了组织文化的水准。

(2) 领导者是组织文化的管理者。组织文化是一种先进的管理理论，对组织文化的管理是当代组织领导者的主要职能。在当今世界，明智的组织领导者已将组织文化作为经济运行的深层背景和操作方式，将视野扩展到整个文化领域，以对内加强凝聚力，对外增强竞争力，并努力将文化效应转化为经济效益。美国管理学家埃德加·H. 沙因甚至说："领导者所要做的唯一重要的事情就是创造和管理文化，领导者最重要的才能就是影响文化的能力。"

领导者所塑造或设计的组织文化是组织的目标文化，它源于现实组织文化，又高于现实组织文化。组织文化建设是组织有意识地发扬其积极的、优良的组织文化，克服其消极的、劣性的文化的过程，亦即使组织文化不断优化的过程，也是把组织管理工作同思想政治工作密切结合的过程。

（3）领导者是组织文化的倡导者和推动者。领导者应该在组织文化的建设中起示范和表率作用。新的组织文化的形成是一个学习的过程。在这一过程中，领导者的一言一行都将被员工有意无意地效仿。这时领导者言行就不只是个人的言行，它还具有示范性、引导性。

领导者要发挥好示范、表率作用，就需要具备优秀的素质，包括完善的价值观、高尚的道德品质、创新精神、管理才能、决策水平、技术业务能力、人际关系协调能力等，尤其是要有良好的道德品质。只有这样，领导者才能自觉地以身作则，才会真正信任、尊重员工，而不是凌驾于员工之上，把员工看成自己的工具；员工也才会敬重和支持领导者，心甘情愿地接受领导者的领导，并且自觉地以领导者为榜样，齐心协力共同进行组织文化建设。

（4）领导者是组织文化的变革者。由于组织的内外环境在不断变化着，组织文化也不是静止的、永恒不变的。社会在发展，也需要对组织文化进行变革，以适应变化的、新的形势。这种变革必须依靠组织领导者自上而下地进行，否则组织文化的发展就势必陷入一种混乱、无序的状态，新的良性的组织文化就不可能形成。

那么，组织文化在什么时候需要变革呢？这就要求组织领导者具有敏锐的观察能力和强烈的辨别能力。一般来说，当发生以下几种情况时，组织文化必须要变革：

① 当组织的内外环境发生重大变化时，例如，国家的经济法律政策发生重大的改革并且对本组织造成重大影响，组织的产品结构有重大调整，组织的技术、设备条件有重大改进，组织规模发生了较大的变化等；

② 当组织的业绩平平，甚至每况愈下时；

③ 当组织的主导文化与宏观文化发生严重冲突时。

由于文化具有很强的惯性，领导者对组织文化变革一定要采取慎重的态度，要尽可能维持组织文化的稳定性；而一旦决定变革，就应当冲破层层阻力构筑新的组织文化体系。无论何时，组织都要有明晰的组织文化，切忌使组织陷入文化混乱状态，在这一点上，领导者的旗帜鲜明、当机立断是至关重要的。[①]

---

① 赵恒平．人力资源开发与管理[M]．武汉：武汉理工大学出版社，2008：277-280.

五、案例思考题

1. 如果你是马云，在面对“黑名单”事件时，你会选择开除卫哲吗？为什么？

2. 在你看来，马云应对“黑名单”事件的一系列举措对于维护公司文化有何意义？

案例四

福耀玻璃"出海记"

一、案例导读

2016 年 10 月，福耀玻璃在美国俄亥俄州投资 10 亿美元的工厂竣工投产，中国企业"出海"队伍中又添新成员。但是，福耀玻璃这次海外建厂并非一帆风顺，从 1995 年尝试国际化到 2014 年在美国大规模投资建厂，福耀玻璃为全球化准备了 19 年。即便这样，它的美国工厂仍然屡遭跨文化挑战，正在热议赴美投资的中国企业家从中可以学到什么？

二、案例正文

伴随着改革开放的脚步，我国与世界其他国家在贸易、文化、政治等方面的接触和联系不断加强。为了在更大范围和更深程度上参与国际经济合作与分工，我们不仅要将外资企业"引进来"，还要努力"走出去"。中国企业走向国际舞台主动迎接国际化的挑战成为一种必然趋势，福耀玻璃"出海"是中国企业参与国际化经营的一次实践。

曹德旺的福耀玻璃在美国建厂，必然面临中美文化的冲突问题。从一开始，国内很多媒体就并不看好福耀玻璃的"出海"之路，纷纷唱衰，甚至有媒体打出了"曹德旺痛不欲生""用 10 亿美元换来辱骂、游行、罚款""曹德旺美国公司员工上街游行"等标题夺人眼球，而身为福耀集团董事长的曹德旺对此表示：国内的"标题党"让我感到惊讶。那么，福耀玻璃在美国的真实情况如何呢？福耀玻璃是否真的如传闻所说，被文化之墙撞得头破血流？

曹德旺的"成本账"

福耀玻璃是世界最大的玻璃厂商之一，也是当今中国制造业的龙头企业。到 2017 年为止，福耀玻璃在中国的市场份额已经达到 70%左右，进军海外市场成为企业进一步发展的必然选择。

"车轮上的国家"美国，是福耀最重要的海外市场。早在 2011 年，福耀玻璃就与通用汽车签订了战略合作协议，协议规定福耀玻璃是通用汽车的第一大供应商，但前提是 2016 年必须在美国建厂，以保证稳定供货。

在曹德旺的成本账中，美国的天然气价格是中国的 1/5，汽油、电的价格是中国的一半……中国除了人工便宜，其他都比美国贵。

看起来，在美国建厂是一项符合收益最大化的战略选择。但是，显性成本容易看清，而隐性成本就像海面下的冰山。

员工管理上的差异

福耀玻璃选择建厂的地址是俄亥俄州，这是个极其需要魄力的选择。俄亥俄州是美国的老牌工业地带，汽车制造产业是当地的传统支柱型产业之一，但是，伴随着悠久的汽车产业发展起来的，还有强大的汽车工人工会(UAW)。美国按照行业原则组织工会，工会的主要职能是为地方、企业基层员工提供集体谈判服务以及游说议员参与立法。但是，工会对于企业来说却不是什么好事情，一旦企业达不到员工的某些要求，工会便会组织工人罢工、游行，工厂就会被迫停产。如今，俄亥俄州是工会的强势地区。因不堪忍受工会“折磨”，美国本土的汽车厂商通用、福特、菲亚特-克莱斯勒等均将生产线迁出此地，亚洲汽车企业如丰田、现代、日产等公司为了规避这一风险也纷纷将厂址设在美国南部。福耀玻璃选择俄亥俄州，曹德旺并不是没有考虑到工会的因素，但他曾经乐观地认为，只要尽量满足员工的需求，工会的问题就可以得到解决。但是，问题远比他想象的要复杂。

美国蓝领工人与中国蓝领工人对待工作环境的要求不一样，平等、维权的意识也不一样，很多在国内不成问题的问题，到美国以后都成了工厂正常运转的“拦路虎”，罢工、赔偿接踵而来。2016 年 6 月，工人投诉福耀玻璃未能保证安全生产，并主动向 UAW 求助；2016 年 11 月，UAW 宣布支持工人安全生产权利，随后联邦职业安全与卫生署(OSHA)对福耀玻璃处以 22.5 万美元罚款，后经过谈判，将罚款金额减至 10 万美元；2017 年 4 月，在 UAW 的支持下，工人在当地市政厅举行集会，对福耀玻璃表示抗议；2017 年 5 月，UAW 要求民众联署请愿，希望劳方和资方进行联合谈判。

除此之外，中美员工在对待工作态度上的差异，也使得福耀公司简单照搬在中国的管理方式是行不通的。一个简单的例子：在中国往往采用计件制，大家拼命往多做，多做多拿钱。但在美国你不能实行计件制，只能计时。计时制，就意味着我 8 小时后下班走人，你管我今天做了多少片(玻璃)。

沟通交流上的差异

中美之间文化上的差异，集中体现在日常的沟通、交流方面，因文化差异而造成的沟通问题不胜枚举。曹德旺结合自己在美国的工作经历，感叹道：“蓝领工人这个群体其实是最难管的，美国文化又这么多元，你以为会说英语就可以沟通，人家说的都是俚语。最好的解决方法就是找合适的当地人来管。”因此，曹德旺找到了在美国文化环境中浸润多年的刘道川来管理美国的公司事务。尽管刘道川在美国已生活了足足28年，安家美国，并长期在美企就职，深谙美国文化与各种规则，但如今受老板曹德旺的重托操盘这样大的一家工厂，"吃螃蟹"的刘道川既颇有心得却又战战兢兢。

"现在我们高管人员唯一的障碍，就是语言问题，能讲英文的不多。但你要知道，英文的意义不仅仅是对付日常生活，而是要讲到背景、文化，你和他仍可以谈到一起，这就需要持久地下功夫。"

"比如开会时，我们中国人的口气往往都是'I want、I need(我需要、我想要)'等，都带有命令色彩。我在旁一看，老美都板着脸，就知道完了。在美国，命令人没有用，骂人也没有用。这种会开了以后效果都极差，老美觉得我跟你是同事也没法多说什么，但对你是不屑一顾的。咱们中国人要在一个地方受到别人尊重，你首先要了解他们。其实你以前不如人家，现在以老板或有钱人自居，人家首先就很不舒服。这种心理你要明白，所以你要做得更优秀，你才能管人家。"

"再比如谈判。老美会在谈判桌上观察你的每个动作，来决定跟你合不合作。比如谈判讲英文的时候你突然想讲个中文，你要问：对不起，我能不能讲个中文？然后你再讲中文。如果你不事先说，讲着英文突然蹦中文，他就会认为你有些信息是故意不想让他知道，接着会对谈判有负面影响。这就是语言层面反映出的文化差异。"

人际交往上的差异

刘道川移民美国多年，对跨文化的差异感知比其他人更加深刻。这种文化差异不仅体现在工作领域，还体现在日常的人际交往领域。一旦处理不好人际关系，工厂的正常运转就会受到影响。

"我在美国学到三个事。第一个，要学会尊重。尊重是挣来的。你想被人尊重，要先尊重别人。第二个是懂得感恩。第三个就是妥协。老美心中有一个底线，一旦超过底线他就会反抗，但是底线划了以后他不会变。而咱们中国人的底线有时会变，一切都看情况。但底线一变了以后，你整个的原则就会变，这是老美最不喜欢的。"

"美国人非常看重公众形象问题，而我们中国往往更看重爱岗拼搏。比如，熬夜加班间隙，为了便于一会儿接着干，我们往往就会在工作现场打个盹。但在美国这是绝对不行的。因为别人不知道你已经加班一宿了，你也没法逐一去解释，他们就是认为在工作场合，你不可以睡觉。你再累，可以申请到车里去打盹，但不能在机器旁边。再有，美国人非常忌讳在公开场合剪指甲、向洗脸池吐瘊等细节。美国人的公共形象意识是从小训练的。这种训练代表了一个文化。你也许认为他们假，但你必须尊重，并这样去做。”

“既然到美国来，就要天天吃披萨”

中国企业到美国来投资，成功的很少。在刘道川看来，造成这种局面的原因是中国企业的管理层不能用美国人的思维来考虑事情。而中国企业要想在美国落地生根，发展起来，最重要的是将落户在美国的公司真正变成一家“美国公司”。

“我们现在特别努力，注意倾听员工的声音。我每个月都做一次宣讲会，所有高管都去。有一个月我给全体员工从早上讲到了夜里。讲什么东西？就是讲我们怎么变成一家美国企业！既然到美国来，你就要天天吃披萨，别想着吃你的炸酱面。这个过程我们要永远无止境，文化的底蕴是一辈一辈积累的，不是一蹴而就的。”

“比如说，我们曹老板来美国以后，他吃饭就天天吃西餐。他就说西餐比中餐好吃。他说我们到美国投资，第一就要爱上美国。那么爱上美国表现的第一个方面，就是爱上他们的食物。所以我们没有给中方员工专门的中餐食堂。如有差别待遇，美国人嘴上不说，但心里是介意的。而且美国公司也基本没有食堂。”

“所以我们这三年一直在改变。我们马上弄棒球，因为老美喜欢棒球。办聚会都是按老美的方式弄，而不能像在中国那样办个卡拉 OK。我们就是让老美知道，我们这些中国人和以往其他中国人不太一样。当他们通过隧道看到前面的希望之光了，他们就会跟着你。”

在美国招贤纳士

“我们拥有自己的技术、自己的资金，但我们现在唯一缺的是真正懂玻璃的专业人才。所以我们需要用高待遇和企业文化来吸引。只要是人才，我们老板都会花重金请过来。今年 4 月起我们还把基层员工的每小时工资涨了 2 块钱，非常有效。我希望把优秀人才吸引到我这来，然后把一些不合格的人淘汰出去。”

“我可以明确说，我招的关键岗位都必须是美国人，而且是要业内有经验的人，同时也需要很多跨界人才。这就很困难，特别是吸引到代顿这种小地方，你得有本事。因此，除了薪酬，企业文化很重要。比如对我们曹老板的一些报道评价，老美也看。包括我们俄亥俄州长，都会关注我们做过多少慈善。我们马上会引进一个对手企业的高管，这个老美就是自己慕名而来。他说：我以前在日本公司干过，懂丰田管理，我可以帮助你。他不仅毛遂自荐，而且要求的薪酬还没现在多。为什么呢？一是他以前上班很远，他愿意回到家门口来。老美非常在意家庭。二是他需要挑战。”

“这么大的工厂日常运行，怎么把人拿住？就靠公司文化。曹老板 70 岁时，还每月飞一趟美国，而且每天坚持早上 4 点半准时起床，试问有多少人能坚持？对于用人，第一，他很公正。用人就看对公司发展有利还是不利。第二，他爱才如命，用人不看年龄、背景，只看才干，而且承诺一定都会兑现。第三，他对所有人都关心，很会替员工想。比如前一阵子公交车罢工，而有一些员工是坐公交的，公司就组织专车接送这些员工。另外，我们会关心员工的纪念日。比如我们厂有很多老兵，给他们弄一些小活动，送一点小东西，只要你能够想到对方就可以了。一家企业在海外能够凝聚人，靠什么？除了钱，就是大家在一块干活的氛围舒服。”

案例改编自：

[1] 朱冬，杨光. 福耀美国　既然来了就要天天吃披萨[J]. 中外管理，2017(07)：72-79.

[2] 曹德旺. 福耀在美国不会被“吓倒”[N]. 环球时报，2017-06-20(15).

三、案例分析

(1) 跨文化领导是指领导者在由不同国籍、不同价值观和不同文化背景的员工构成的组织中为实现组织目标而实施的以统领、协调为主的领导工作，是在经济交流和市场扩展的过程中逐渐产生的一种独特的领导现象。跨文化领导者是跨文化领导活动中的关键因素。一个组织想融入东道国的文化环境中，必须提高、发展领导者的跨文化领导力。跨文化领导力是领导者在跨文化环境下所需要的新型的、有效的领导力，它是指领导者在跨文化情境下进行经营管理活动中，及时洞察、敏锐识别跨文化环境中的具有文化独特性的各类信息，通过自我主动学习和积极调适，迅速获得与之相适应的领导行为的能力。

企业“出海”投资或并购，文化差异将是面临的一个重大障碍，因为把握不准东道国的产业环境、当地文化和政策法规而吃亏“碰壁”的，绝不仅只有福耀玻璃一家，很多企业在“出海”道路上铩羽而归。相比之下，福耀玻璃成为近年来“走出去”的较为成功的案例，也是被媒体关注较多的企业样本。福耀玻璃的“出海”之路给我们的启示是：

有效识别并招募具有跨文化潜质的领导者。选择对本国文化和东道国文化都有深入理解的领导者对于组织跨文化领导是十分有益的。福耀玻璃在美国设厂，曹德旺任用刘道川这位美国华裔资深经理人来负责其海外业务，这比直接外派本土领导者更有效。

跨文化领导者必须从日常生活层面融入东道国的文化环境中。跨文化组织不仅仅涉及工作上的合作，更多的是生活中的关系搭建。跨文化领导者必须善于跟当地人打交道，在生活习惯、人际交往、社会风俗等多个方面融入东道国文化环境。福耀玻璃在这方面做出了很多努力，例如全公司上下都吃西餐，按照美国人的方式办聚会，关心员工的纪念日等等，都是加强跨文化组织凝聚力的举措。

让跨文化领导者成为总部与海外分公司联结的桥梁。跨文化领导者一方面要在分公司宣传总部的政策、文化、目标和价值观，另一方面也要"入乡随俗"，为分公司的发展争取条件。刘道川定期给高管开会，致力于将美国工厂变成一家地道的美国公司，促进文化融合，同时，他也注重宣传曹德旺的思想和作为，宣传总部的价值观和文化，为曹德旺在分公司树立认同感。

（2）福耀玻璃在美国建厂的过程中，遵循了跨文化领导"四步走"的策略：第一步，正确认知，识别共性和差异。对文化差异的识别和敏感性训练等，可以提高组织成员对文化的鉴别和适应能力，在文化共性认识的基础上，根据环境的要求和组织目标的需要建立起强有力的组织文化，通过文化的微妙诱导，使个体与集体相互律动，不断减少文化摩擦，个体能够把自己的思想和行为与组织目标的实现结合起来。刘道川作为福耀玻璃美国负责人，他做到了对文化差异的良好认知。不仅如此，他还每月给高管召开宣讲会，努力提高高管的文化识别能力和敏感性。

第二步，发展共感，理解对方文化。认识到文化差异后，便可以有方向性地发展共性文化，但要注意几个问题：一是对自身文化有正确的认知，消除自身的优越感和种族主义偏见，用比喻来说，"既然到美国来，你就要天天吃披萨"，不能因为觉得"炸酱面"好，就只想着吃"炸酱面"。二是要站在他人的立场上看待问题，用"换位"意识进行思考，排除对不同文化各种成见的干扰。刘道川之所以带领福耀玻璃克服重重困难坚持下来，是因为他对于美国的本土文化乃至美国人的价值观都有深刻的分析和理解，可谓"知己知彼"，有的放矢地进行领导。

第三步，求同存异，弱化文化冲突。跨文化领导不可避免地会遇到文化差异所带来的冲突情境。本案例中，福耀玻璃就遇到了员工管理、沟通交流、人际交往等多方面的冲突。这种由文化引起的冲突若不能及时妥善解决，很可能发展为组织分崩离析的诱因。解决这种冲突的思想便是"求同存异"，尽可能达成一致意见。例如，福耀玻璃在美国试图与工会和谐共处，尽量满足员工的要求，根据美国蓝领工人的工作习惯放弃国内的“计件薪酬制”而采用“计时薪酬制”，在会议沟通中不使用中文，在公司内不设中餐食堂等等。

第四步，取长补短，坚持开放心态。文化背景差异导致人的价值观和行为方式不同，可能会给跨文化领导带来不便，但同时也给组织带来了取长补短、共同发展的机会。跨文化领导要保持开放心态，坚持“属地原则”，入乡随俗，同时也要掌握“适度原则”，在不触碰文化底线、文化平等的基础上广泛合作。福耀玻璃在美国招聘员工时，给予美国本土居民的机会甚至高于中国人，坚持关键岗位必须要选用美国人，而且是要业内有经验的人，同时也任用了很多跨界人才。

四、案例拓展

随着经济全球化的日益加深，国家与国家、组织与组织、个人与个人之间的交流越来越广泛，这种交流常常跨越了国别的界限，不同文化背景人们有更多机会在一起学习、工作、生活。各国之间在政治、经济、文化之间相互渗透、相互影响的局面愈加凸显，领导行为、领导方式也在不断变化和发展，以适应组织的需要。跨文化领导是在这一时代背景下产生的一种独特的领导现象。

可以说，跨文化领导效能的高低，跨文化领导的成功与否在很大程度上决定了组织在跨文化背景下能否存续和发展。因此，当中国走向世界的时候，领导者在跨文化组织中的领导方式就成了一个重要课题。

跨文化领导对领导者提出了三种要求：一是跨文化敏感性，二是文化商，三是跨文化胜任力。

跨文化敏感是指跨文化交际能力的情感层面，是理解和接受文化差异的积极动机。领导者跨文化敏感性，首先体现在对不同文化的尊重、理解和包容上，集中体现在礼仪、宗教、制度三个方面。首先，领导者应遵循国际交往活动中约定俗成的一些共同的礼仪习惯；其次，在与宗教信徒交往时，一定要尊重其文化禁忌和风俗习惯；最后，时刻维护社会主义核心价值体系，同时遵守所在国家的法律、制度文化。

文化商衡量的是一个人在处理不同国家、民族和组织文化差异时游刃有余的能力。[①] 文化商的构成要素包括：自我激励能力、文化理解能力和跨文化沟通能力。自我激励能力是指个体能够不断激励自己去适应新文化、新环境的能力、文化理解能力是指个体拥有关于文化与个性特征的知识，并能够从中敏锐

① [美]利弗莫尔．文化商引领未来[M]．2版．北京：北京大学出版社，2016：24-25.

地找出差异性所在；跨文化沟通能力是指个体能够与来自不同文化背景的人有效交往的能力。文化商良好的领导者可以辨别出不同文化导致的个人行为、民众行为和组织行为的偏差，从而更加充分地了解所处环境以及人们对领导行为的反应。因此，文化商已经成为一种当今社会关键的领导技能。

跨文化胜任力指的是个体在陌生的文化背景下适应环境、实现工作绩效的能力，它的形成包括三个阶段。首先，个体获得文化差异的意识和领悟，能够体会所处文化的关键特征；其次，产生融入其他文化中的动机，有信心和热情面对不同文化带来的挑战；最后，采取有效的跨文化适应措施，通过行为细节体现跨文化沟通、合作的意图，并产生正向效果。①

中国企业、社会组织等组织的国际化并非一蹴而就，需要做好长期的战略准备。组织中不同文化的融合是一个渐进过程，也是必然要经历的发展阶段，未来中国将会有更多类似福耀玻璃这样的企业"走出去"，但我们还有很长的路要走。

五、案例思考题

1. 你认为福耀玻璃在美国最终能否成功？为什么？

2. 在你看来，对于跨文化领导者来说，最重要的素质是什么？

3. 假如你是跨文化领导者，在下属因文化差异而发生冲突时，你会怎样处理？

---

① 彭忠益. 领导科学基础[M]. 长沙：中南大学出版社，2012：174.

参考文献

[1] 阿弗利.领导学:模式与案例[M].上海:上海财经大学出版社,2006.
[2] 巴尔多尼.卓越领导者的沟通技巧[M].北京:电子工业出版社,2014.
[3] 包季鸣,杨莹雪,刘丽珍.领导力与职业责任[M].上海:复旦大学出版社,2012.
[4] 本尼斯.领导的轨迹[M].北京:中国人民大学出版社,2008.
[5] 伯恩斯.领袖论[M].北京:中国社会科学出版社,1996.
[6] 曹希绅.经营管理经典案例大课堂[M].北京:机械工业出版社,2009.
[7] 岑丽莹.中外危机公关案例启示录[M].北京:企业管理出版社,2010.
[8] 陈红讲.心理学与领导力[M].北京:中国法制出版社,2014.
[9] 德鲁克.卓有成效的管理者[M].北京:机械工业出版社,2009.
[10] 胡立君,唐春勇.组织行为学[M].武汉:武汉理工大学出版社,2010.
[11] 黄勋敬.领导力模型与领导力开发[M].北京:北京邮电大学出版社,2008.
[12] 惠特利.领导力与新科学[M].北京:中国人民大学出版社,2008.
[13] 李超平.变革型领导研究[M].北京:新华出版社,2006.
[14] 李华君,陈先红.公共传播研究蓝皮书:中国危机公关案例研究报告(2012卷)[M].武汉:华中科技大学出版社,2013.
[15] 林存华.公共危机管理典型案例[M].北京:人民出版社,2017.
[16] 林颖.领导沟通案例[M].北京:人民出版社,2010.
[17] 刘峰.管理创新与领导艺术[M].北京:北京大学出版社,2007.
[18] 刘峰.领导科学与领导艺术[M].北京:高等教育出版社.2014.
[19] 刘建军.领导学原理:科学与艺术[M].上海:复旦大学出版社,2001.
[20] 马役军,赵辰昕.公共政策学案例:危机警示研究报告[M].北京:人民出版社,2008.
[21] 纳哈雯蒂.领导学[M].北京:中国人民大学出版社,2009.
[22] 邱霈恩.领导学[M].2版.北京:中国人民大学出版社,2008.
[23] 邱霈恩.领导学原理[M].北京:清华大学出版社,2012.
[24] 邱霈恩.领导理论与实践[M].北京:中国人民大学出版社,2016.

[25] 沙因. 组织文化与领导力[M]. 北京：中国人民大学出版社，2011.
[26] 尚普. 组织行为学[M]. 北京：清华大学出版社，2004.
[27] 斯努克，诺瑞亚，库拉纳. 领导力教学手册[M]. 北京：北京大学出版社，2015.
[28] 孙朦. 总经理授权管理的 100 个经典案例[M]. 吉林：吉林出版集团有限责任公司，2015.
[29] 唐华山. 不懂授权，你会把自己累死[M]. 北京：人民邮电出版社，2015.
[30] 王宏伟. 公共危机与应急管理原理与案例[M]. 北京：中国人民大学出版社，2015.
[31] 王乐夫. 现代领导科学[M]. 广州：中山大学出版社，1992.
[32] 吴晓波. 大败局[M]. 杭州：浙江人民出版社，2011.
[33] 吴晓波. 大败局 2[M]. 杭州：浙江大学出版社，2013.
[34] 西蒙. 管理行为[M]. 北京：机械工业出版社，2007.
[35] 尤克尔. 组织领导学[M]. 北京：中国人民大学出版社，2004.
[36] 岳晓东. 历史中的心理学[M]. 北京：机械工业出版社，2010.
[37] 曾仕强，刘君政. 领导与激励[M]. 北京：清华大学出版社，2004.
[38] 张丽. 每天一个管理学案例[M]. 北京：中国纺织出版社. 2012.
[39] 张廷伟. 营销女皇董明珠[M]. 北京：中华工商联合出版社，2007.
[40] 张晓峰. 行政领导学经典案例释义[M]. 哈尔滨：黑龙江人民出版社，2017.
[41] 郑一群. 跟马云学说话[M]. 北京：北京工业大学出版社，2014.
[42] 周振林，王项东. 领导者语言艺术[M]. 北京：中国经济出版社，1990.
[43] 周振林，王学杰. 领导情绪及其调控[M]. 北京：中共中央党校出版社，1998.
[44] 周振林，杨娟，刘兰芬. 领导科学案例[M]. 北京：中国经济出版社，2001.
[45] 朱立言. 行政领导学[M]. 北京：中国人民大学出版社，2005.
[46] 朱立言，孙健. 领导科学与艺术[M]. 2 版. 武汉：华中科技大学出版社，2013.
[47] 朱志忠，唐和平. 组织行为学[M]. 北京：北京大学出版社，2005.

后　记

在江苏省研究生培养创新工程研究生教育教学改革与实践课题“公共管理(MPA)案例教学的理论与实践研究”、中国矿业大学研究生教育教学改革与实践项目“《领导学》案例教学理论与实践研究”、中国矿业大学“十三五”品牌专业建设培育项目的共同资助与支持下，本书得以顺利出版，与读者们见面。

一本教材从构思到出版，需要多方的密切配合与辛勤劳动，本书也是集体智慧的结晶。在这里，我要对参与本书编写和案例搜集的团队成员表示衷心感谢，他们是李杨、王雅楠、刘怡、马逍遥、谢小雨、司莹雪、张伊桐，主要参与章节如下：

段鑫星、李杨：第一章、第二章、第七章、第十章；

李杨、张伊桐：第三章；

段鑫星、王雅楠：第四章；

司莹雪、李杨：第五章；

段鑫星、刘怡：第八章；

段鑫星、马逍遥：第六章；

段鑫星、谢小雨：第九章。

同时，也要感谢中国矿业大学出版社责任编辑侯明老师为本书出版所付出的努力，其认真负责的工作态度和一丝不苟的专业精神着实让人敬佩。

本书是领导学案例教学的一次有益尝试。本着对读者负责的态度，我们从案例搜集、整理、写作到校对、排版，每个环节都尽心去做，争取呈现出最好的作品。但是由于时间仓促和水平有限，本书难免存在一些疏漏和不足之处。在此，我们真诚希望，广大教师和学生多提宝贵意见，以便今后再版时修订完善。

段鑫星

2018 年 11 月 20 日